Pays-Bas
Bruxelles
Aix-la-Chapelle
Belgique
Rhin
Luxembourg
Luxembourg
Sarrebruck
Allemagne
Reims
Champagne
Strasbourg
Alsace
Vosges
Seine
Autriche
Rhin
Suisse
Lausanne
Rhône
Genève
Loire
Saône
Lyon
Massif Central
Italie
Grenoble
Rhône
Alpes
Nice
Avignon
Nîmes
Arles
Provence
Marseille
Toulon
Côte d'Azur
Corse
0
50 km
Ajaccio
Mer Méditerranée

Etudes Françaises – Découvertes 1 – Série verte – Lehrerbuch

von:
Hans G. Bauer, München; Roland Graef, Kempten; Günther Leidinger, Mons/Belgien; Dr. Andreas Müller, Hannover; Prof. Dr. Heribert Rück, Biebertal

Abkürzungen und Zeichenerklärungen:
Diese Abkürzungen können für alle Flexionsformen der folgenden Wörter im Singular und Plural stehen.

Abb.	=	Abbildung
best. Art.	=	bestimmter Artikel
CdA	=	Cahier d'activités
dir. Objekt	=	direktes Objekt
DLAL	=	D'un leçon à l'autre
Dt.	=	Deutsch
Engl.	=	Englisch
Erg.	=	Ergänzung
Ex.	=	exercice (Übung)
F.	=	Folie
f.	=	feminin
GBH	=	Grammatisches Beiheft
indir. Objekt	=	indirektes Objekt
Imper.	=	Imperativ
Inf.	=	Infinitiv
L	=	Lehrerin/Lehrer
LB	=	Lehrerbuch
Lk.	=	Lektion
m.	=	maskulin
Mit-S	=	Mitschülerin/Mitschüler
Pl.	=	Plural

Bei Übersetzungen:
[Text] = wird nicht übersetzt
(*Text*) = französische Übersetzungshilfe
(Text) = deutsche Übersetzungshilfe

Präs.	=	Präsens
Pron.	=	Pronomen
Ps.	=	Person
qc	=	quelque chose (etwas)
qn	=	quelqu'un (jemand)
Rév.	=	Révisions (Wiederholung) im Schülerbuch
S	=	Schülerin/Schüler
SB	=	Schülerbuch
Sg.	=	Singular
TB	=	Tafelbild
unbest. Art.	=	unbestimmter Artikel
V	=	Vorbereitung notwendig
Wdh.	=	Wiederholung
▽	=	neuer Ausdruck

Bei den Hinweisen zu den Schülerbuchübungen verweist dieser Pfeil ➛ auf ergänzende Übungen im *Cahier d'activités* sowie auf die betreffenden Paragraphen des Grammatischen Beiheftes und auf die betreffenden Folien oder Kassetten.

Die Zahlen in den Kästen 'Leicht erschließbare Ausdrücke' bezeichnen den Textabschnitt, in dem das jeweilige Wort auftaucht.

Dieses Lehrerbuch enthält das vollständige Schülerbuch.
Die Lehrerbuchseiten sind gelb unterlegt und mit L I, II ... für den Allgemeinen Teil und die Spielkiste und L 1, 2, ... ab Lektion 1 fortlaufend paginiert.
Auf den Textseiten des Schülerbuches sind in diesem Lehrerbuch die neu einzuführenden Wörter und Strukturen unterstrichen:
Bonjour: neues Wort
Une: neue Struktur
Une: weiterer Beleg für eine neue Stuktur

Die Seiten L XX, L XXI, L XXII, L XXIII, L 41, L 52 und L 118 sind zum Kopieren freigegeben.

1. Auflage 1 8 7 6 5 | 2003 2002 2001 2000
Alle Drucke dieser Auflage können im Unterricht nebeneinander benutzt werden, sie sind untereinander unverändert. Die letzte Zahl bezeichnet das Jahr dieses Druckes.

Internetadresse: http://www.klett-verlag.de

Redaktion: Marguerite Pélissier

Umschlaggestaltung: Christian Dekelver, Weinstadt
Zeichnungen: Gilles Bonotaux, Paris; Bernd Bürkle, Fellbach
Kartographie: Karl-F. Harig, Berlin: Vorsatz vorne;
Klett-Kartographie: Joachim Krüger, Korntal: Vorsatz hinten
Druck: Manfred Dörler, Aichwald
ISBN 3-12-523243-0

Gedruckt auf Papier aus chlorfrei gebleichtem Zellstoff, säurefrei.

Etudes Françaises

Découvertes 1

Série verte

Lehrerbuch

von
Hans G. Bauer
Roland Graef
Günter Leidinger
Andreas Müller
Heribert Rück

Ostmann

ERNST KLETT VERLAG
Stuttgart Düsseldorf Leipzig

INHALTSVERZEICHNIS DES LEHRERBUCHES

A Allgemeiner Teil

ALLGEMEINER TEIL

1. Ziele des modernen Französisch-Unterrichts

Über die Ziele des modernen Französisch-Unterrichts besteht so weitgehend Einigkeit, daß eine stichwortartige Aufzählung zur Erinnerung genügen dürfte. Die Schüler sollen:

- die Sprache situativ angemessen verstehen und gebrauchen
  (Kommunikationsfähigkeit)
- die Strukturen der Sprache durchschauen
  (Sprachbewußtsein)
- die fremde Sprache und Kultur mit der eigenen vergleichen und in Beziehung setzen
  (interkulturelles Lernen)
- sich Techniken des Sprachenlernens aneignen und so den eigenen Sprachlernprozeß aktiv mitgestalten
  (Lern- und Arbeitstechniken)

Diese Ziele sind sehr anspruchsvoll; sie können nur erreicht werden, wenn Lehrwerk, Schüler und Lehrer aufeinander eingespielte Partner werden.

Découvertes bemüht sich, die Erreichung dieser Ziele dadurch zu erleichtern, daß die Schüler von Anfang an (vom Vorwort bis zu den letzten Übungen) als Partner angesprochen und einbezogen werden. Sie werden aufgefordert mitzudenken, eigene Erfahrungen einzubringen, eigene Lerngewohnheiten aufzubauen.

Zugleich bemüht sich *Découvertes* um den Lehrer als Partner, indem ihm fakultative Angebote gemacht werden, die er gemäß seinen Erfahrungen, Notwendigkeiten oder Vorlieben heranziehen bzw. ausklammern kann.

2. Didaktisch-methodische Leitlinien von Découvertes

Im Lehrwerk *Découvertes* werden zur Erreichung der Lernziele zwei didaktisch-methodische Leitlinien beachtet, die – jede auf ihre Weise – dem grundlegenden Prinzip der Schülerorientierung Rechnung tragen: Transparenz und Training.

2.1 Transparenz

Transparenz bedeutet, daß der Schüler durch die Art der Darbietung das ihm gebotene Sprachmaterial gut verstehen und die an ihn gestellen Aufgaben ohne Schwierigkeiten lösen kann. Dazu tragen u. a. die folgenden Mittel bei:

2.1.1 Übersichtlichkeit

Zu den wesentlichen Lernbereichen 'Redemittel', 'Wortschatz' und 'Grammatik' werden regelmäßig Übersichten angeboten, die das neue bzw. zu wiederholende Sprachmaterial optisch einprägsam zusammenstellen. Diese Orientierungshilfen münden zudem immer in Anwendungsübungen, so daß der Schüler direkt vom Kennen zum Können geführt wird.

2.1.2 Kniffe, Tips/Vorentlastung

Vor den meisten Lektionen stehen Seiten mit der Überschrift *'D'une leçon à l'autre'*. Auf diesen – fakultativen – Seiten erhält der Schüler Tips zum Lernen (z. B. zum Auswendiglernen) oder wird auf eine sprachliche Schwierigkeit vorbereitet, die in der nächsten Lektion auf ihn wartet (z. B. der unbestimmte Artikel Plural). Lerntips finden sich darüber hinaus auch im Grammatischen Beiheft und im *Cahier d'activités*.

2.1.3 Anschaulichkeit

Eine wichtige Lernhilfe sind die Illustrationen, denn sie machen Wortbedeutungen und Situationszusammenhänge anschaulich. Reich illustriert mit Zeichnungen und vielen Fotos sind nicht nur die Lektionstexte, sondern auch viele Übungen. Illustrationen sind sogar in der Mittelspalte des Lektionsvokabulars zu finden, wenn sich dies anbietet, damit sich neben der deutschen Übersetzung dem Schülergedächtnis auch ein Bild einprägen kann.

2.1.4 Einbeziehung des Deutschen

Wenn Arbeitsanweisungen erstmals erscheinen, wird die deutsche Übersetzung in Klammern angeführt. Die Seiten zu Lern- und Arbeitstechniken sind insgesamt auf deutsch abgefaßt. Bestimmte Aufgabentypen gehen von der Mutterspache aus (Übersetzungs- und z. T. Dolmetsch-Aufgaben). Wo das Französische dem Deutschen ähnlich ist, wird darauf und ggf. auf die dennoch vorhandenen Unterschiede hingewiesen (z. B. in Wortschatzübungen und in der Mittelspalte des Vokabelverzeichnisses).

Wichtig jedoch: das Deutsche ist nur Mittel zum Zweck (der Transparenz) und kann deshalb schon im Verlauf des ersten Bandes von *Découvertes* immer sparsamer eingesetzt werden. Der einsprachig französisch geführte Unterricht bleibt Leitziel und Orientierungsrahmen.

2.2 Training

Training bedeutet, daß im Lehrwerk viele Angebote gemacht werden, um die Kenntnis von sprachlichen Mitteln in sicheren Umgang mit ihnen zu verwandeln. Entsprechend reichhaltig ist das Übungsangebot.

2.2.1 Vielfalt der Übungsbereiche

Découvertes bietet nicht nur die obligaten Übungen zu den neuen grammatischen Strukturen. Geübt werden ebenso Redemittel für die Bewältigung bestimmter sprachlichen Situationen. Geübt wird der Umgang mit dem Vokabular. Geübt wird schließlich die Aussprache der französischen Laute. Was immer vom Schüler an sprachlichen Leistungen erwartet wird, er soll auch Gelegenheit haben zu üben.

2.2.2 Vielfalt der Übungen

Die Übungen stellen vielfältige Anforderungen an den Schüler. Sie unterscheiden sich u. a. in der bevorzugten Durchnahmeart (mündlich/schriftlich), in ihrem Schwierigkeitsgrad und in der empfohlenen Sozialform (Einzelarbeit, Partnerarbeit, Gruppenarbeit). Die neuen Lerninhalte werden zunächst einzeln geübt; anschließend treten sie in den Integrationsübungen entweder gebündelt auf und/oder werden dort in die Wiederholung von bereits bekanntem Lernstoff integriert. Das Schülerbuch sowie das Lehrerbuch geben Hinweise auf die Übungsart, um die Benutzung zu erleichtern.

2.2.3 Ökonomie

Bei begrenzter Unterrichtszeit ist es wichtig, daß möglichst wenig Zeit auf die Hinführung zu sprachlichen Phänomenen verwandt wird, um mehr Zeit für die Sprachanwendung übrig zu haben.

Damit Übungen ihren Übungseffekt in diesem Sinne voll entfalten können, müssen sie rasch durchführbar sein und möglichst vielen Schülern möglichst viel Gelegenheit zu Äußerungen verschaffen. Das Prinzip der Übungsökonomie schlägt sich u. a. nieder in knappen Übungsanweisungen, hoher Zahl von Einzelitems sowie Offenheit für improvisierte Fortsetzung in der Unterrichtssituation.

2.2.4 Wiederholung

Damit Sprachkenntnisse dauerhaft zu Sprachkompetenz führen, müssen die Redemittel den Schülern immer wieder in Erinnerung gebracht und abverlangt werden. Dazu gehört in *Découvertes* u. a. eine systematische Umwälzung des eingeführten Vokabulars in den Lektionstexten und Übungen; dazu gehört auch ein Übungsapparat, der frühere Grammatikstoffe durch neue Strukturen und neuen Wortschatz ergänzt, wieder aufgreift und vertieft.

2.2.5 Handlungsorientierung

Ein besonderes Gewicht haben andererseits im Übungsangebot solche Übungen, die den Schülern zum sprachlichen Handeln Gelegenheit geben. Der Schüler begrüßt, drückt Vorlieben aus und kann sich so mehr als bei rein formalen Übungen mit der jeweiligen Aufgabe identifizieren.

2.2.6 Spielerischer Ansatz

Nicht jede grammatische Übung läßt sich gleichermaßen gut kommunikativ einbetten. Damit die Motivation der Schüler in einem solchen Fall dennoch nicht auf der Strecke bleibt, kommt das Prinzip des spielerischen Übens zum Tragen: Die Übung präsentiert sich als Wettspiel oder Rätsel, verlangt den Einsatz von Würfeln, Spielkarten usw.

2.2.7 Kreativität

Zumeist führen Übungen zur eindeutig richtigen Lösung. Aber Sprache ist ein offenes System, und als solches muß sie auch Unvorhersehbares, Originelles zulassen. Ein Teil des Übungsangebots von *Découvertes* trägt dieser Seite von Sprache Rechnung. Wenn Schüler z. B. selbst Reime finden und Dialoge schreiben und vortragen bzw. vorspielen, leisten sie einen kreativen Beitrag zur Sprache und beziehen aus dieser Eigenaktivität Vergnügen und Selbstvertrauen.

3. Lerninhalte

3.1 Themen/Situationen

Die Lehrbuchwelt von *Découvertes 1* ist überschaubar: ein Haus, eine Straße, ein Stadtviertel, eine Schule. Die Lehrwerkhelden sind Jugendliche im Alter unserer Schüler. Alltagssituationen und Alltagsprobleme werden aus ihrer Sicht erfahren und altersgemäß sprachlich bewältigt: Einzug, Einkauf, Geschwisterkonflikt, Schulbesuch, Ausflug usw.

Diese Konzentration auf die Jugendlichen erlaubt es, ihnen jeweils ein klares Profil zu geben, das unsere Schüler zur Identifikation anregt (vgl. Lektion 7A). Aber auch die Erwachsenen bekommen Profil, indem sie aus der Sicht der Jugendlichen wahrgenommen werden: als Eltern, die ihre Autorität durchsetzen wollen (vgl. Lektion 2, 5, 6), aber auch als Berufstätige, deren Arbeit das Alltagsleben überschattet, wie beim *épicier maghrébin* (vgl. Lektion 4, 8).

3.2 Redemittel

In *Découvertes* erscheint die Sprache primär als Kommunikationsmittel, d. h.: Bei der Darstellung der sprachlichen Elemente hat deren Leistung eine Vorrangstellung. Dies zeigt sich schon bei den Lektionstexten, die klare kommunikative Schwerpunkte aufweisen. Noch wichtiger aber: Diese Schwerpunktsetzung findet sich zuverlässig im Übungsapparat wieder. Der kommunikative Anspruch wird also auch eingelöst – am deutlichsten in der Übungsrubrik *On dit*, die zu jeder Lektion gehört. Sie führt vom Begrüßen und Verabschieden (Lektion 1) bis zum Metrofahren (Lektion 10) und verbindet Überblick mit Anwendung.

Ein weiterer wichtiger Schwerpunkt bei den Redemitteln: Die Schüler sollen befähigt werden, als sie selbst zu sprechen. Dazu gehört neben der regelmäßigen Übungsaufforderung *A vous* auch, daß die Redemittel der Unterrichtssituation selbst früh vorgestellt und eingeübt werden (vgl. z. B. S. 33, Übung 3: *Ecoute le texte, s'il te plaît)*.

3.3 Grammatik

Die Grammatikprogression bildet nach wie vor einen wichtigen Strang innerhalb des Lehrwerks. In jeder Lektion werden neue Strukturen eingeführt, bereits eingeführte wiederholt und komplettiert. Aber die Lektionstexte sind nicht primär als Fundstellen für Form-Belege angelegt. So bleiben ihre Natürlichkeit und Lebendigkeit erhalten.

Während die Lektionstexte im Interesse der Textqualität grammatisch entlastet sind, bietet der Übungsapparat verstärkte Orientierung, z. B. durch Vorentlastungs-Angebote auf den Seiten *D'une leçon à l'autre* (vgl. Lektion 2/3: u. a. Plural des unbestimmten Artikels) oder durch Übersichten (vgl. Lektion 6B, Übung 3 des Schülerbuches: *Des questions*). Zudem befinden sich im Vokabularteil des Schülerbuches *Révisions*-Kästen, in denen die schwierigen Formen der neuen Verben zusammengefaßt sind.

Insgesamt ist das Grammatikpensum von *Découvertes 1* darauf angelegt, wirklich in einem Schuljahr bewältigt zu werden. Das führt z. B. dazu, daß das *Passé composé* sowie die Objektpronomen *lui* und *leur* für den Beginn des zweiten Bandes aufgehoben werden.

3.4 Wortschatz

Die Auswahl des Wortschatzes orientiert sich an der Häufigkeit und kommunikativen Nützlichkeit der Wörter und Wendungen. Wichtige weitere Auswahlkriterien sind Aktualität und Jugendnähe. So lernt der Schüler mit *Découvertes* schon im ersten Jahr Wörter wie *minitel* und *bandes dessinées* einerseits, *prof* und *bof!* andererseits.

Aber für den Lernerfolg noch wichtiger ist, daß der Wortschatz immer wieder Thema wird. Der Übungstyp *A propos du vocabulaire* ist ein durchgehendes Element des Übungsapparats von *Découvertes.* Hier werden Sachfelder erschlossen (vgl. Lektion 2B: Wohnung), Bedeutungsbeziehungen hergestellt (vgl. Lektion 5: Oberbegriffe), Kollokationen vorgestellt (vgl. Lektion 6A: Kollokationen mit bestimmten Verben), Sprachebenen gegenübergestellt (Lektion 9B: *français familier* vs. *français standard)*. Grundüberlegung dabei ist, daß erfolgreiches Vokabellernen keine mechanische Arbeit ist, sondern am besten funktioniert, wenn Einzelwörter dank Sprachbewußtsein im Kopf zielstrebig vernetzt werden.

3.5 Aussprache

Im ersten Lernjahr fallen bei den meisten Schülern die Würfel in Sachen Aussprache. Es ist wichtig, daß der Lehrer rechtzeitig den Blick der Lerner auf die neuen Laute, die Bindungen, die Intonation lenkt. Und es ist wichtig, daß ihn das Lehrwerk dabei unterstützt. Dafür bietet *Découvertes* zu jeder Lektion eine Übung *Jeu de sons*: ein zumeist spielerischer Anlaß, Laute zu üben, sie besser zu unterscheiden und die Beziehung zwischen Schrift und Aussprache zu erkunden.

Darüber hinaus ist eine *Stratégies*-Seite dem lauten Lesen gewidmet, mit einigen Grundregeln und dem Echolesen als Lesetrainings-Technik (vgl. S. 30).

3.6 Landeskunde

Die Vermittlung von landeskundlichem Wissen ist ein klarer inhaltlicher Schwerpunkt von *Découvertes*. Sie geschieht natürlich zunächst durch die Lektionstexte selbst. Besonders deutlich wird dies bei der Lektion 8 über den *épicier maghrébin*, bei der Lektion 9 zum französischen Schulsystem und bei der Lektion 10 mit dem Sightseeing in Paris.

Darüber hinaus aber lenken deutschsprachige Hinweise am Ende des Vokabelverzeichnisses zu jeder Lektion den Blick auf interkulturell interessante französische Besonderheiten. Unter der Überschrift *En France* erfährt man schon zu Lektion 3, was es mit der französischen *baguette* und dem französischen *café* auf sich hat. Die Reihe dieser Hinweise setzt sich fort bis zur *métro* in Lektion 10.

Aber Landeskunde stellt sich in *Découvertes* nicht als eine Sammlung von fremden Merkwürdigkeiten dar, sondern wird immer wieder explizit in Beziehung zu der Lebenserfahrung unserer Schüler gesetzt. Insofern ist die deutsche Austauschschülerin Martina der Lektion 9 nur die Spitze des interkulturellen Eisbergs, zu dem auch vielfältige Übungen gehören, in denen die deutschen Schüler französischen Partnern brieflich oder mündlich ihre persönlichen Lebensverhältnisse, Gewohnheiten und Vorlieben darlegen können (vgl. z. B. die Schülerbuchübung 8 auf S. 65: *Une carte et une lettre*).

4. Aufbau des Lehrwerkes

4.1 Schülerbuch

Das Schülerbuch der *série verte* besteht aus zehn Lektionen. Die meisten Lektionen sind in sich zweiteilig, d. h., es gibt zwei Lektionstexte, an die sich jeweils Übungen anschließen. Die Lektionen 1, 4 und 5 sind einteilig. Bei zweiteiligen Lektionen ist der grammatische Stoff aufgeteilt, um eine zu steile Progression zu vermeiden.

Zwischen den Lektionen befindet sich in der Regel eine fakultative Übergangsseite unter dem Titel *D'une leçon à l'autre*, die die folgende Lektion vorentlastet oder allgemeine Lernhilfen gibt.

Im Anschluß an den Lektionsteil steht das *En plus*-Angebot von Materialien zur Binnendifferenzierung (für leistungsstärkere Gruppen) und für längere Schuljahre. Es dient der inhaltlichen Vertiefung des jeweiligen Lektionsthemas sowie dem Training von Hör- und Leseverstehen. Hinzu kommt ein Angebot für die Projektarbeit in Gestalt des Quartettspiels zu Pariser Sehenswürdigkeiten (*Le jeu des sept familles*, S. 109 ff.).

Das Lektionsvokabular steht in einem dreispaltigen Verzeichnis, das neben der Übersetzung der neuen Ausdrücke auch Lern- und Übungshilfen anbietet (Mittelspalte). Außerdem finden sich dort Wiederholungskästen zu Redemitteln, Verbkonjugationen und Sachfeldern sowie die Landeskunde-Informationen *En France*.

Eine *Liste des mots* am Ende des Buches gibt einen kompakten alphabetischen Gesamtüberblick über die Vokabeln des ersten Bandes von *Découvertes* mit einem Verweis auf das erste Auftreten sowie mit einer knappen deutschen Übersetzung. Ergänzend findet man eine Übersicht über das Vokabular der Übungsanweisungen sowie eine Übersicht über nützliches Unterrichtsvokabular.

4.2 Cahier d'activités

Der Name ist Programm, denn das Arbeitsbuch für die Hand des Schülers soll vielfältige Schüleraktivitäten ermöglichen. Neben altbewährten Übungstypen findet sich im *Cahier d'activités* eine ganze Palette von spielerischen Übungen, die z. T. im kommunikativen Austausch mit einem Mitschüler (in Partnerarbeit) zu machen sind.

Das *Cahier d'activités* ergänzt den Übungsapparat der Lektionen im Schülerbuch und bietet – wie das Schülerbuch, jedoch zeitversetzt – im Lektionstakt eine Lese- oder eine Hörverstehensaufgabe. Am Ende von Lektion 10 werden die unregelmäßigen Verben wiederholt. Im Anschluß an die Lektionen 4, 7 und 10 können die Schüler den Lernstoff der letzten Lektionen bei dem Spiel *La course* auf ansprechende Art und Weise wiederholen.
Vom *Cahier d'activités* gibt es eine Lehrerausgabe, die alle Lösungen enthält, insbesondere auch Lösungsvorschläge für die freien Übungen.

4.3 Grammatisches Beiheft

Das Grammatische Beiheft stellt die neuen Strukturen an den Lektionen entlang vor, wobei der Aspekt der Lernhilfe für den Schüler allgegenwärtig ist. Die persönliche Ansprache durch Finaud, Finesse und den Papagei Arthur dient ebenso wie das übersichtliche Layout, die kleinen Illustrationen und die Piktogramme dazu, Besonderheiten und Schwierigkeiten ins rechte Licht zu rücken.
Das Verzeichnis der grammatischen Begriffe (deutsch-französisch mit Beispielen), das Stichwortverzeichnis sowie die *Révisions* in Form von Übersichten erhöhen die Nutzbarkeit als individuelles Nachschlagewerk neben dem Unterricht.

4.4 Weitere Unterrichtsmedien

4.4.1 Kassetten/CD

Auf der Schülerkassette und der Schüler-CD (beide sind für Schüler und Lehrer gedacht und vom Inhalt her identisch) befinden sich die Lektionstexte, die Schülerbuchübungen *Jeu de sons* sowie der Inhalt der Zusatzseite *Une chanson et un poème*.
Auf der Lehrerkassette und der Lehrer-CD finden Sie die Hörverstehenstexte und die Versprachlichung der Bildgeschichten des Schülerbuches und des *Cahier d'activités*.

4.4.2 Folien/Wandbilder

Der Satz von dreißig Folien beinhaltet die Abbildungen der meisten Lektionstexte, die Bildgeschichten des Schülerbuches und Transfer-Folien. Diese sind bei der Semantisierungs- und/oder bei der Festigungs- bzw. bei der Transferphase einsetzbar und bieten weitere Sprechanlässe in Form von Bildgeschichten, Sachfeldern und weiteren Übungen.
Der Metroplan, die Frankreichkarte und die Karte von Paris sind Bestandteile des Foliensatzes.
Was die Wandbilder angeht, so sind die Abbildungen mit denen der Folien identisch.

4.5 Lehrerbuch

Das Lehrerbuch ist darauf angelegt, dem Lehrer vielfältige Hilfen zur Unterrichtsvorbereitung zu bieten. Das sind zum einen Übersichten über das, was Schülerbuch, *Cahier d'activités* und Grammatisches Beiheft zu den jeweiligen Lektionen bereithalten. Zum anderen sind es zwei alternative Lektionsdurchgänge, die nicht gängeln, sondern anregen wollen. Sie werden durch Zusatzübungen ergänzt.

4.6 Face à face zu Découvertes

Mit *face à face* werden alle Schüler im Sinne eines modernen schülerorientierten Unterrichts zu häufigem Gebrauch der französichen Sprache aktiviert. Die Schüler brauchen nicht ständig kontrolliert zu werden, sie kontrollieren sich selbst (die Lösungen liegen dem jeweiligen Partner vor).

Die häufigsten Übungstypen sind Tandem- und Partnerbögen; sie sind so angelegt, daß immer ein Gespräch geführt wird, wobei der eine Partner die Impulse, der andere die Antworten gibt, oder es wird wechselseitig verfahren.

Darüber hinaus gibt es Frage- und Antwortkarten, Zuordnungsaufgaben, Vokabelnetze usw. Neben der Hervorhebung von Lernschwierigkeiten und häufigen Fehlerquellen werden an mehreren Stellen Lernhilfen gegeben, Tips und Tricks verraten, wie man zu einem sicheren Umgang mit der Fremdsprache gelangt. Diese Hilfestellung leistet immer Finaud, die liebenswerte Leitfigur von *face à face*.

Die Materialien decken die drei Lernbereiche Wortschatz, Grammatik und vor allem Kommunikation ab; sie sind sprachlich auf *Découvertes 1* abgestimmt.

Zu *face à face* gibt es auch ein Heft mit Lehrerhinweisen.

4.7 Software für das individuelle Lernen

Manche Schüler haben das häusliche Üben von Vokabeln und Grammatik besonders nötig, und für diese Schüler stehen auf das Lehrwerk abgestimmte Lernprogramme für den PC zur Verfügung.

Das Vokabellernprogramm zu *Découvertes 1* enthält das gesamte Vokabular des ersten Bandes. Das Vokabular kann vom Deutschen und vom Französischen her abgefragt werden, auf Wunsch mit dem jeweiligen Lektionskontext. Die Bedienung des Programms erfordert keine speziellen Computerkenntnisse; eine grafisch orientierte Benutzeroberfläche sowie kontextabhängige Hinweise, die man mit den Hilfe-Tasten abrufen kann, führen den Lerner. Die Fehleranzeige unterscheidet Tippfehler von Denkfehlern und hilft dem Lerner so vorsichtig auf die Sprünge. Die Lernzielkontrolle ist ebenfalls eingebaut: an der Kurz- und Langzeitstatistik lesen Schüler (und ihre Eltern) den Lernfortschritt ab.

Das Grammatiklernprogramm zu *Découvertes 1* festigt die grammatischen Strukturen, die im Schülerbuch vorgestellt werden. Die Übungsformen wechseln zwischen Lückentexten, Auswahlantworten, Satzbau- und Zuordnungsaufgaben. Die vergessene Grammatikregel kann durch ein Grammatikfenster schnell ins Gedächtnis gerufen werden. In puncto Bedienungskomfort und Lernzielkontrolle ist das Grammatiklernprogramm ebenso leistungsfähig wie das zum Vokabular.

Neben den „Pflichtprogrammen" zu Vokabular und Grammatik gibt es zu *Découvertes 1* auch ein unterhaltsames Kür-Programm: das Sprachabenteuer '*Bonjour, Paris!*'. In diesem Programm, das auf den Kenntnisstand am Ende von *Découvertes 1* eingestellt werden kann, unternimmt der Schüler eine Reise nach Paris. Er wird dort anhand von Bildern und Texten u. a. mit landeskundlichen und geschichtlichen Themen konfrontiert, die natürlich nicht erschöpfend dargestellt werden können: Der Schüler lernt vor allem, daß es in Paris nicht nur den Eiffelturm, sondern noch viel Interessantes mehr zu entdecken gibt – Anregung zum Weiterforschen, auch über dieses eine Abenteuer hinaus.

5. Zur Konzeption des Lehrerbuches

Vorbemerkung

Das Lehrerbuch zu *Découvertes 1* will dem Lehrer eine nützliche Arbeitshilfe sein, stets zu seinen Diensten, ohne ihm zur Last zu fallen. Dieses Ziel verfolgt das Lehrerbuch auf dreierlei Weise:

- indem es Überblick schafft,
- indem es konkrete Anleitung bietet und
- indem es weitergehende Tips und Anregungen liefert.

Den Überblick kann jeder Nutzer gut gebrauchen; konkrete Anleitung stützt den, der das neue Lehrwerk zum ersten Mal benutzt, und weitergehende Tips und Anregungen schätzt der, dem methodische Variation am Herzen liegt.

5.1 Die Teile des Lehrerbuches

5.1.1 Lektionsübergreifende Teile

Übersichten

Schon das integrierte Schülerbuch bietet manchen Gesamtüberblick. Im Inhaltsverzeichnis wird man über Themen/Situationen, kommunikative Schwerpunkte, grammatische Gegenstände und *En plus*-Teile informiert (vgl. SB S. 2-5). Im Anhang findet man u. a. ein alphabetisches Wörterverzeichnis mit zugehörigem Lektionsnachweis (SB S. I-IX), eine Liste der im Buch verwendeten Übungsanweisungen (SB S. X) sowie eine Aufstellung von den häufigsten Ausdrücken für das Unterrichtsgespräch (SB S. XI f.). Aber um seinen Unterricht langfristig zu planen und das Buch zielstrebig einzusetzen, braucht der Lehrer weitere Übersichten, die sich zu einem Gesamtbild des Lehrwerkes fügen:
- ein Verzeichnis der **Folien und Wandbilder** (S. L XII f.)
- eine Übersicht über die **Lehrwerk-Figuren** (S. L XIV f.)
- eine Übersicht über die **Lehrwerkteile** (S. L XVI)

Spielkiste

Der spielerische Ansatz ist eine der Säulen von *Découvertes*. Deshalb gibt es spielerische Elemente nicht nur im Schülerbuch und im *Cahier d'activités*, sondern es werden auch in den didaktisch-methodischen Hinweisen immer wieder spielerische Arbeits- und Übungsformen empfohlen. Um zu vermeiden, daß sich vieles wiederholt, werden weitere Vorschläge in der 'Spielkiste' (S. L XVII-L XXIII) zusammengefaßt, jeweils mit Angabe der Lektionen, bei denen diese Spiele zum ersten Mal eingesetzt werden können.

5.1.2 Lektionsbegleitende Teile

Übersichtskästen

„Alles auf einen Blick" – nach diesem Motto sind die Übersichtskästen zu Beginn jeder Lektion angelegt. Man findet natürlich die Lerninhalte der Lektion, von den kommunikativen Schwerpunkten über die Landeskunde bis hin zur Phonetik. Man überschaut mit einem Blick, wo im Schülerbuch, aber auch im *Cahier d'activités* die zugehörigen Übungen zu finden sind, und welcher Paragraph im Grammatischen Beiheft heranzuziehen ist. Eine zusätzliche Spalte 'Anmerkungen' enthält u. a. Hinweise zum früheren bzw. späteren Auftreten verwandter Lerninhalte. So erfährt man zu Lektion 5 nicht nur, daß die Zahlen 1 bis 20 hier Lerninhalt sind, sondern auch, daß die übrigen Zahlen bis 100 in Lektion 8 A an die Reihe kommen.

Bei zweiteiligen Lektionen enthält die Übersicht zum A-Teil zusätzlich eine knappe Charakterisierung der Folien für die gesamte Lektion. In der Übersicht zum B-Teil gibt es kurze Angaben zu den Hör- und Leseverstehenstexten des Schülerbuches und des *Cahier d'activités* sowie zu *D'une leçon à l'autre*.

Itinéraires-Seiten

Die *Itinéraires*-Seiten sind die Parallelseiten zu den Lektionstexten des Schülerbuches. Sie zeigen zwei Wege der Erarbeitung des jeweiligen Lektionstextes. Der jeweilige Unterrichtsverlauf wird nur skizziert; Detailinformationen findet man im Teil 'Didaktisch-methodische Hinweise'. Durch das Angebot zweier *Itinéraires* wird konkrete Hilfe geboten, ohne daß sich der Lehrer gegängelt fühlen muß. Darüber hinaus enthalten die *Itinéraires*-Seiten in der Regel eine Zusammenstellung der schwer erschließbaren Ausdrücke des Lektionstextes sowie knappe Vorschläge zur Festigung des Textes.

Hinweise und Lösungen zu den Schülerbuch-Übungen

Ebenfalls parallel zum Schülerbuch angelegt, bieten diese Seiten das klassische Begleitinstrumentarium zu den Übungen, also neben den Lösungen die gewählten Schwerpunkte sowie Hinweise auf evtl. vorkommende neue Vokabeln, Möglichkeiten der praktischen Durchnahme der Übung im Unterricht, Alternativen usw.

Didaktisch-methodische Hinweise

Dieser Teil befindet sich am Ende des jeweiligen Lektionsteils, also im Anschluß an die Parallelseiten zum Schülerbuch. Von den Platzzwängen der Parallelseiten befreit, gibt er ausführliche Hinweise zu den *Itinéraires*, u. a. durch Vokabelkästen, die aus dem Lektionswortschatz die leicht erschließbaren Ausdrücke herausfiltern. Zu den schwer erschließbaren Vokabeln werden konkrete Semantisierungsvorschläge gemacht. Es gibt direkt übernehmbare Tafelbilder. Bei den zusätzlichen Übungen und Spielen, die dargestellt werden, ist jeweils vermerkt, ob Vorarbeiten nötig sind (kalkulierbarer Aufwand).

Vorschläge zur Leistungsüberprüfung

Am Ende der gesamten Lektion, also nach den Didaktisch-methodischen Hinweisen zum B-Teil (bei zweiteiligen Lektionen), bietet das Lehrerbuch Vorschläge zur Leistungsüberprüfung, z. B. Diktat- und Transfertexte, Übersetzungsaufgaben, Aufgaben zur Textproduktion (Dialog, Brief usw.) mit Musterlösungen. Damit der Lehrer diese Vorschläge auch dann übernehmen kann, wenn er nicht **alle** Übungen der vergangenen Lektionen durchgenommen hat, wird dort in Fußnoten die erste Fundstelle der Vokabeln angegeben, die nur in den Übungen vorgekommen sind.

Ecouter et comprendre

Parallel zu den *En plus*-Seiten des Schülerbuches werden die Hörverstehenstexte abgedruckt, die sich auf der Lehrer-Kassette und der Lehrer-CD befinden.

5.2 Die Nutzung des Lehrerbuches

Wer etwas vom Lehrerbuch haben will, wird schnell seine persönliche Methode finden, es für seine Unterrichtsvorbereitung nutzbar zu machen. Wer genaue Anleitung sucht, geht naturgemäß anders vor als der, der nur auf punktuelle Anregungen aus ist.

5.2.1 Die intensive Nutzung

Für den intensiven Nutzer, der sich allmählich in *Découvertes* einarbeitet, ist der Dreischritt sinnvoll:

a) Orientierung in der Übersicht **vor** dem Lektionstext
b) Wahl eines *Itinéraire* **neben** dem Lektionstext
c) Planung des Unterrichtsverlaufs anhand der Didaktisch-methodischen Hinweise **nach** dem Lektionstext und den Übungen

Ein Beispiel: Bei der Vorbereitung der ersten Stunde zu Lektion 7 A (*Les copains de la rue Daguerre*) verschafft sich der Nutzer die Übersicht auf S. L 82, wählt einen *Itinéraire* auf S. L 84 und holt sich die zugehörigen didaktisch-methodischen Hinweise auf S. L 89 f.

5.2.2 Die extensive Nutzung

Wer *Découvertes* schon etwas besser kennt oder grundsätzlich nicht gern Lehrerbücher liest, sondern vorzugsweise „überfliegt", der wird von diesem Lehrerbuch auch gut bedient. Denn für seine „diagonale" Lektüre sind die Kästen die besten optischen Ruhepunkte:

a) die tabellarische Lektionsübersicht **vor** dem Lektionstext
b) der Kasten mit den schwer erschließbaren Ausdrücken in der Regel **neben** dem Lektionstext
c) die möglichen Tafelbilder **neben** dem Lektionstext oder im didaktisch-methodischen Teil nach den Übungen
d) die Übersichten zu den leicht erschließbaren Ausdrücken, den neuen Strukturen usw. im didaktisch-methodischen Teil **nach** dem Lektionstext und den Übungen

Vielleicht reizt es gerade den „Überflieger", bei dem Signal **V** innezuhalten, mit dem eine Übung – selten auch ein *Itinéraire* – markiert ist, wo Vorbereitungsaufwand verlangt wird. Denn eine solche – oft spielerische – Übung kann für die Schüler zu einem motivierenden Höhepunkt im Unterrichtsalltag werden. Unter Vorbereitungsaufwand sind in den meisten Fällen nur geringfügige Vorarbeiten zu verstehen, wie z. B. das Besorgen von bestimmten Materialien oder das Kopieren einer Vorlage.

Folien und Wandbilder für das Schülerbuch und das Lehrerbuch

Lk.	Wandbild/ Folie Nr.	Inhalt	Anmerkungen
1	1	– Abb. Text 1, SB S. 8	– zu Lk. 1
	2	– Abb. Text 1 (Fortsetzung), SB S. 9	– zu Lk. 1
	3	– Transfer: Bildgeschichte: Lerninhalte von Lk. 1	– zu Lk. 1; Hinweise: LB S. L 10
2	4	– Abb. Text 2 A, SB S. 14	– zu Lk. 2A – teilw. zu Lk. 2B; Hinweise: LB S. L 23 – zu Lk. 2B SB Ex. 3; Hinweise: LB S. L 21
	5	– Transfer: Erweiterung von Lk. 2A, SB Ex. 3 (3. Ps. Sg. der bekannten Verben auf *-er)*	– zu Lk. 2A; Hinweise: LB S. L 16 – zu Lk. 2B SB Ex. 3; Hinweise: LB S. L 21
	6	– Transfer: Grundriß einer Wohnung	– zu Lk. 2A + B • Zu *Rév.*-Kasten: *'L'appartement'*, SB S. 121 • Hinweise: LB S. L 19, L 23 – zu Lk. 2B SB Ex. 3; Hinweise: LB S. L 21
3	7	– Photos der *rue Daguerre*	– zu Lk. 3A – zu Lk. 3A, SB Ex. 1; Hinweise LB S. L 29 – zu Lk. 3A + B, *Rév.* -Kasten: *'Une ville'* (teilw.), SB S. 126
	8	– Abb. Text 3B, SB S. 25	– zu Lk. 3B
	9	– Bildgeschichte: SB S. 29, Ex. 10	– zu Lk. 3 A + B; Hinweise: LB S. L37
4	10	– Transfer: • Stammbaum einer Familie • *TGV, conducteur* • *infirmière, hôpital*	– zu Lk. 4; Hinweise: LB S. L43, L49, L50 – zu Lk. 4, *Rév.*-Kasten: *'Une famille'*, SB S. 130
	11	– Transfer: • *Les «Bidules»*; die Lacroix im Wald von Fontainebleau: Abb. SB S. 31 • Sachfeld 'Natur'	– zu Lk. 4; Hinweise: LB S. L43, L49, L50 – zu Lk. 4, *Rév.*-Kasten: *'La nature'*, SB S. 130
5	12	– Abb. Text 5 SB S. 38 und S. 39 (Photos 1, 2)	– zu Lk. 5
	13	– Transfer: Uhr mit beweglichen Zeigern [Auf der Wandkarte: Uhren mit verschiedenen Uhrzeiten]	– zu Lk. 5; Hinweise: LB S. L 62 – auch zu Lk. 9A; Hinweise: LB S. L 121, L 127
	14	– Transfer: Bildgeschichte: Lerninhalte von Lk. 5	– zu Lk. 5; Hinweise: LB S. L 63
6	15	– Abb. Text 6A, SB S. 46	– zu Lk. 6A
	16	– Abb. Text 6B, SB S. 50, 51	– zu Lk. 6B
	17	– Bildgeschichte: SB S. 54, Ex. 7	– zu Lk. 6A + B; Hinweise: LB S. L 76

Lk.	Wandbild/ Folie Nr.	Inhalt	Anmerkungen
7	18	– Transfer: • Abb. Lk. 7A, SB S. 56 • Freizeitaktivitäten	– zu Lk. 7A – zu Lk. 7A, SB Ex. 7; Hinweise: LB S. L 88 – zu Lk. 7A + B, *Rév.*-Kasten über die Freizeitaktivitäten (teilw.), SB S. 141 f.
	19	– Transfer: • Abb. Lk. 7B, SB S. 61 • Freizeitaktivitäten	– zu Lk. 7B – zu Lk. 7A SB Ex. 7; Hinweise: LB S. L 88 – zu Lk. 7A + B, *Rév.*-Kasten über die Freizeitaktivitäten (teilw.), SB S. 141 f.
8	20	– Abb. Text 8A, SB S. 67	– zu Lk. 8A
	21	– Abb. Text 8B, SB S. 72	– zu Lk. 8B
	22	– Transfer: *Dans une épicerie*	– zu Lk. 8A; Hinweise: LB S. L 103, L 108, L 109 • zu *Rév.*-Kasten: *'Des fruits'* und *'Des légumes'* (teilw.), SB S. 148 f. • zu Zahlen von 1-99 (Preise) • zu Mengenangaben
9	23	– Abb. Text 9A SB S. 77 (oben) und S. 78	– zu Lk. 9A
	24	– Abb. *En plus*, Lk. 9 Julies Stundenplan SB S. 106	– zu Lk. 9A; Hinweise: LB S. L 128, L 138 – zu Lk. 9, *'En plus'*, SB S. 106
	25	– Bildgeschichte: SB S. 87, Ex. 11	– zu Lk. 9A + B; Hinweise: LB S. L 133 – auch zu Lk. 9B, Texterarbeitung: Hinweise: LB S. L 129
10	26	– Abb. Text 10A (teilw.) und 10B (teilw.), SB S. 89 (oben) und S. 94 (Photos 1-4)	– zu Lk. 10A (teilw.) und Lk. 10B (teilw.)
	27	– Abb. Text 10B (Fortsetzung) SB S. 94 (Photos 5, 6) und S. 95 (Bilder 1, 3)	– zu Lk. 10B (teilw.)
	28	– Frankreichkarte (Innenumschlag vorn)	– zu Lk. 3A, Ex. 6; Hinweise: LB S. L 30 – zu Lk. 5; Hinweise: LB S. L 54, L 61
	29	– Metroplan SB S. XIV	– zu Lk. 10A; Hinweise: LB S. L 141, L 145, L 146
	30	– Karte von Paris (Innenumschlag hinten)	– zu Lk. 3A + B; Hinweise: LB S. L 31 – zu Lk. 10B; Hinweise: LB S. L 149

Übersicht über die Lehrwerk-Figuren

Les sept copains de la rue Daguerre – 'Steckbriefe'

Julien Rigot: 13 ans (Lk. 5)

est de Rennes (Lk. 4)
habite 10, rue Daguerre (comme Julie) (Lk. 3A)
ses parents: | Bernard Rigot: conducteur de TGV (Lk. 4)
| Catherine Rigot: infirmière (Lk. 4)
aime les BD, les «Bidules» et bien sûr son perroquet Arthur (Lk. 1, 2A, 4)
a un ordinateur (Lk. 2A)
écrit un roman policier avec François (au club d'écriture du collège) (Lk. 9A)

Julie Lacroix: 12 ans (Lk. 5)

à Paris depuis quatre ans (Lk. 4)
habite 10, rue Daguerre (comme Julien) (Lk. 3A)
a une petite sœur: Isabelle, 8 ans (Lk. 2B, 5)
ses parents: | Patrick Lacroix: inspecteur de police (Lk. 4)
| Marie Lacroix: comptable dans un magasin (Lk. 4)
grands-parents: à Fontainebleau (Lk. 4)
aime le rock (les «Bidules») (Lk. 4)
déteste les promenades dans la forêt (Lk. 4)
a une correspondante allemande (Martina) (Lk. 9A)
joue du piano (Lk. 7A)
écrit des petites histoires sur Paris (au club d'écriture du collège) (Lk. 9)
ne parle pas beaucoup (Lk. 7A)

Nathalie Noblet: 13 ans (Lk. 5)

sœur de Luc (Lk. 4)
habite 16, rue Daguerre (Lk. 3B)
très sportive: fait du foot, du skateboard et du patin à roulettes (Lk. 3B, 6B, 7A)
aime les «Bidules» (Lk. 4)
«Ce n'est pas une fille, c'est un garçon!» dit sa mère (Lk. 7A)

Luc Noblet: 14 ans (Lk. 5)

frère de Nathalie (Lk. 4)
habite 16, rue Daguerre (Lk. 3B)
le sportif du groupe (Lk. 7A)
fait du foot et du patin à roulettes (Lk. 3B, 6A+B, 7A)
est au club de la tour Montparnasse (Lk. 6A)
aime les «Bidules»
adore les sucreries (Lk. 7A)

Ahmed Saïd: 15 ans (Lk. 5)

frère de Yasmina (Lk. 6A, Ex. 2)
ses parents: M. et Mme Saïd (Lk. 6A, Ex. 2) ont une petite épicerie (Lk. 4)
aide souvent son père à l'épicerie (Lk. 4, 7A)
sportif: fait du foot et du patin à roulettes (Lk. 6A+B)
fait du patin au club de la tour Montparnasse (Lk. 6A)
passe les devoirs d'anglais aux copains (Lk. 7A)

Yasmina Saïd: sœur d'Ahmed (Lk. 6A, Ex. 2)

pense souvent aux problèmes de l'épicerie de ses parents (Lk. 8B)
a toujours la tête dans ses livres (Lk. 7A)
sportive: fait du patin à roulettes (Lk. 6B)
aime les «Bidules» (Lk. 8B)

François: le clown de la bande (Lk. 7A)

a une fois une jambe dans le plâtre (Lk. 7A)
écrit un roman policier avec Julien (au club d'écriture du collège) (Lk. 9A)
aime Martina, la correspondante de Julie (Lk. 9B)

Auftreten der sieben Hauptfiguren in den Lektionstexten des Schülerbuches

Lektion	Julien	Julie	Nathalie	Luc	Ahmed	Yasmina	François
1	x						
2	x	x					
3	x	x	x	x	x		
4	x	x	x	x	x		
5			x	x			
6		x	x	x	x	x	x
7	x	x	x	x	x	x	x
8		x			x	x	
9	x	x		x			x
10			x	x			x

Weitere Personen im Schülerbuch (alphabetisch)

Arthur	le perroquet de Julien
Bidules, les	les sept copains aiment ce groupe de rock
Blanchard, Brigitte	une voisine des Rigot et une cliente de M. Saïd
Charvet, M.	le prof d'histoire-géo de Julie
grands-parents, les	(de Julie) habitent à Fontainebleau
Lacombe, Charles	un voisin des Rigot
Lacroix, Isabelle	la sœur de Julie
Lacroix, Marie	la mère de Julie (comptable)
Lacroix, Patrick	le père de Julie (inspecteur de police)
Minnie	la souris d'Isabelle
Nicole	la cousine de Luc et de Nathalie
Noblet, Mme	la mère de Luc et de Nathalie
Noblet, René	le père de Luc et de Nathalie
Pennec, Laurent	un ami de Julien, habite à Rennes
Rigot, Bernard	le père de Julien (conducteur de TGV)
Rigot, Catherine	la mère de Julien (infirmière)
Roche, M.	un client de M. Saïd, malade
Saïd, M.	le père d'Ahmed et de Yasmina (épicier)
Saïd, Mme	la mère d'Ahmed et de Yasmina (épicière)
Wagner, Martina	la correspondante allemande de Julie

Übersicht über die Lehrwerkteile

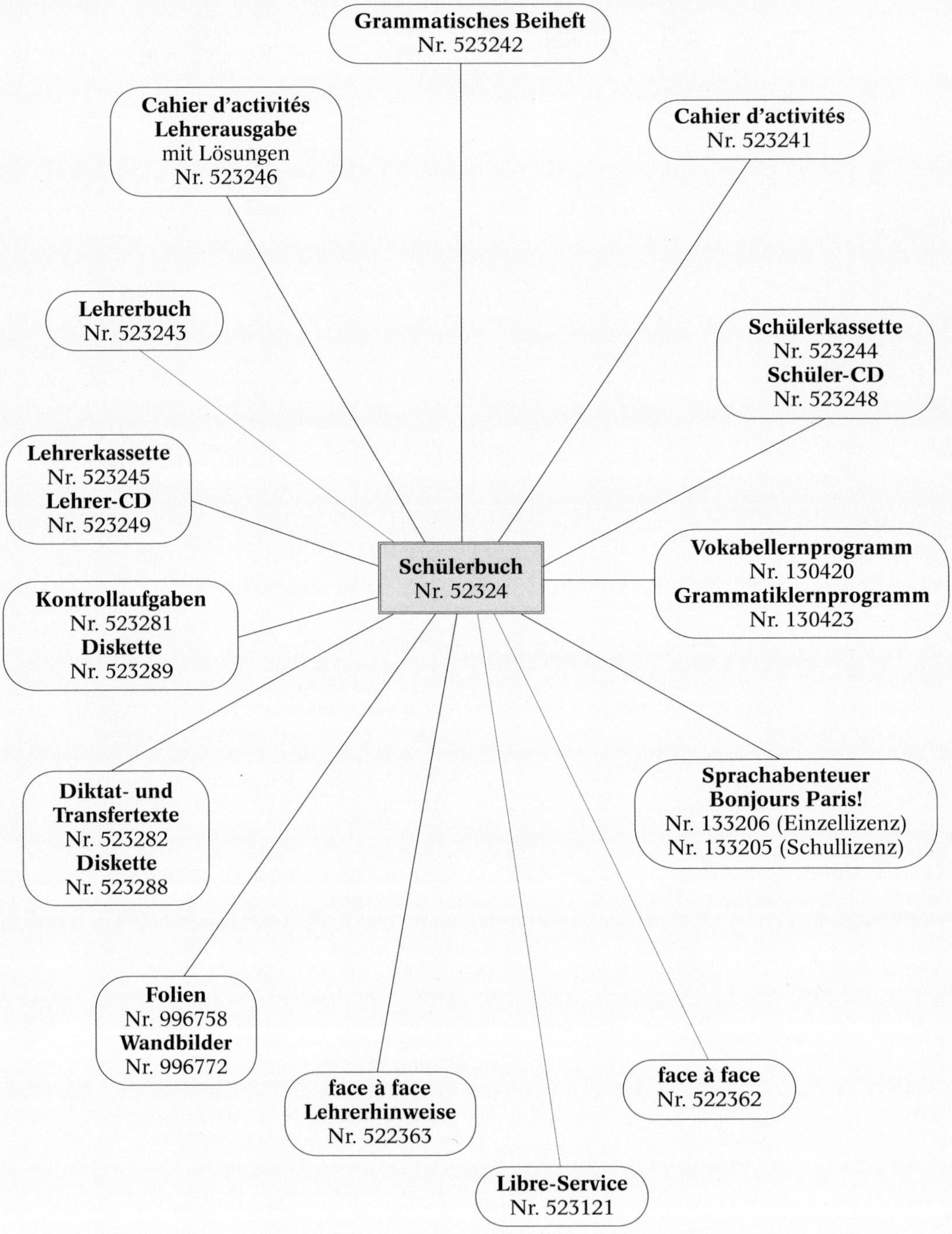

SPIELKISTE

Vorbemerkung:

Im folgenden werden einige didaktische Spiele angeboten, in denen es zwar nicht immer Gewinner und Verlierer gibt, die aber Möglichkeiten aufzeigen, wie man bestimmte Lerninhalte im Klassenverband oder in kleinen Gruppen spielerisch festigen oder wiederholen kann.

1. Le pendu (Galgenraten, auch 'Hangman' genannt)

Gegenstand: Wortschatzwiederholung durch Wörterraten. Ggf. auch Buchstabieren

Hinweis:
Ab Lk. 1 einsetzbar. Wenn die Buchstaben auf französisch zugerufen werden, erst bei Lk. 10 einsetzbar (s. die Phonetik des französischen Alphabets im Schülerbuch, auf S. XII).

Verlauf:
Ein S schreibt den ersten und letzten Buchstaben eines Wortes an die Tafel, das seine Mit-S erraten sollen. Die Anzahl der übrigen fehlenden Buchstaben wird durch Striche angegeben. Die Klasse wird in zwei Gruppen eingeteilt. Das Los entscheidet, wer anfangen darf. Aus der ersten Gruppe werden nacheinander Buchstaben gerufen, die ggf. so oft in das Wortbild eingetragen werden, wie sie im Wort vorkommen. Wird ein Buchstabe genannt, der im zu erratenden Wort nicht enthalten ist, so zeichnet der Spielleiter den ersten Strich des Galgenmännchens an die Tafel. (Es gibt insgesamt zehn Striche.) Die andere Gruppe fährt nun mit dem Spiel fort usw. Die Gruppe, die das Wort als erste errät, hat gewonnen.

2. Le texte invisible (Der unsichtbare Text)

Gegenstand: Festigung und Memorierung eines Textausschnitts oder eines Gedichtes

Hinweis: Ab Lk. 1 einsetzbar

Verlauf:
Der gewählte Textausschnitt bzw. das gewählte Gedicht wird an der Tafel festgehalten. S lesen ihn immer wieder vor, wobei die Wörter nach und nach weggewischt werden. Ziel des Spiels ist es, den Text auswendig vortragen zu können.

3. V Les mots-images (Gezeichnete Begriffe)

Gegenstand: Wiederholung des Wortschatzes

Hinweis: Ab Lk. 3 einsetzbar

Verlauf:
Variante 1: Die Klasse wird in zwei Gruppen eingeteilt, aus deren Mitte Vertreter entsandt werden. Der Spielleiter nennt Gegenstände auf französisch. S zeichnen sie jeweils um die Wette an die Tafel. Es hat die Gruppe gewonnen, die am häufigsten als erste den Gegenstand nach Meinung des Spielleiters fertig dargestellt hat.

Variante 2: L bereitet Kärtchen vor, auf denen jeweils die französische Bezeichnung eines Gegenstandes steht. Abwechselnd zieht ein S der einen, dann der anderen Gruppe ein Kärtchen und zeichnet den Gegenstand an die Tafel. Die Gruppe, die als erste das Gezeichnete auf französisch benennen kann, bekommt einen Punkt. Gewonnen hat die Gruppe, die die meisten Punkte hat.

4. Le texte menteur (Der verlogene Text)

Gegenstand: Festigung eines Lektionstextes

Hinweis: Ab Lk. 1 einsetzbar

Verlauf:
S lesen den Lektionstext abwechselnd und abschnittweise vor, wobei sie einige Wörter austauschen. Die Mit-S sollen den richtigen Wortlaut des Textes rekonstruieren.

5. Devinettes (Rätselraten)

Gegenstand:
Variante 1: 1. und 2. Ps. Sg. Präs. der bekannten Verben. Die Intonationsfrage
Variante 2: 3. Ps. Sg. Präs. der bekannten Verben. Die Intonationsfrage
Variante 3: Zusätzlich wird die Verneinung mit *ne ... pas* geübt.

Hinweis: Variante 1 und 2 ab Lk. 2, Variante 3 ab Lk. 5 einsetzbar

Verlauf:
Variante 1: Ein S wählt eine Schülerbuch-Rolle aus vereinbarten Lektionsteilen. Diese Rolle soll erraten werden, indem die anderen S einfache Entscheidungsfragen auf der Basis der Lektionstexte stellen. Der Befragte beantwortet jeweils die Fragen mit *oui* und der Wiederholung des Satzes in der Aussageform oder einfach mit *non*.
Beispiel: – *Tu cherches Minnie avec Isabelle?*
– *Oui, je cherche Minnie avec Isabelle./Non.*

Variante 2: Die Fragen und die Antworten können in der 3. Ps. formuliert werden.
Beispiel: – *Elle cherche Minnie?*
– *Oui, elle cherche Minnie./Non.*

Variante 3: Bei den negativen Antworten können S mit dem vollständigen verneinten Satz auf die Frage reagieren.

6. V Le tiercé (Das Pferdewettrennen)

Gegenstand: Konjugation von bekannten Verben

Hinweis: Ab Lk. 4 einsetzbar

Verlauf: s. Spielfeld und Spielregel auf S. L 118

7. V Jeu de dominos (Verbdomino)

Gegenstand: Konjugation von bekannten Verben

Hinweis:
Variante von Lk. 7B, SB Ex. 2. Zur Vorbereitung des Spiels wird auf die Empfehlungen zu dieser Übung im Lehrerbuch, S. L 92, verwiesen. Ab Lk. 4 einsetzbar

Verlauf:
Die Dominokarten werden so hingelegt, daß die Aufschrift verdeckt ist. Der erste Spieler deckt eine Karte auf, z. B.

comprends	nous

:

Variante 1: Der Spieler muß nun von *comprendre* die 1. Ps. Pl. bilden. Ist sie richtig, so darf er die Karte behalten; ist sie falsch, muß er die Karte wieder verdeckt hinlegen. Gewonnen hat, wer die meisten Karten hat.

Variante 2 (nach Art des 'Memory'-Spiels): Der Spieler muß nun eine Karte suchen, die ein Verb in der 1. Ps. Pl. im linken Kästchen zeigt. Falls er zufällig beim ersten Mal Glück hat und z. B. die folgende Karte aufdeckt:

répondons	je/j'

, darf er die Karte behalten und weiterspielen, um nun ein Verb in der 1. Ps. Sg. zu finden. Gelingt es ihm nicht, so legt er die Karte wieder verdeckt an dieselbe Stelle zurück, und sein Spielpartner ist jetzt an der Reihe. Es gewinnt, wer am Ende des Spiels die meisten Karten hat.

8. Bingo

Gegenstand: Die Zahlen von 1-100

Hinweis: Ab Lk. 8 einsetzbar

Verlauf:
Jeder S zeichnet auf einen Zettel ein Gitternetz mit neun Feldern, in das er neun beliebige – verschiedene – Zahlen von 1-100 einträgt. Der Reihe nach nennen S Zahlen auf französisch, die auf ihrem Blatt nicht stehen. Um Wiederholungen zu vermeiden, werden die genannten Zahlen an der Tafel festgehalten, jedoch erst, nachdem jeder S Zeit gehabt hat, die Zahl zu rezipieren. Die S, die die genannten Zahlen auf ihren Zettel aufgeschrieben haben, streichen sie durch. Gewonnen hat der S, der als erster alle seine Zahlen durchgestrichen hat.

9. La chasse aux nombres (Der Zahlensalat)

Gegenstand: Die Zahlen von 1-100

Verlauf:
Die Zahlen von 1-100 werden in bunter Mischung an die Tafel geschrieben. Die Klasse wird in zwei Gruppen aufgeteilt. Aus jeder Gruppe geht ein S an die Tafel – der nach einer Weile abgelöst werden kann. L nennt eine Zahl auf französisch, die die S um die Wette finden und mit farbiger Kreide (eine Farbe je Gruppe) einkreisen sollen. Dabei helfen die beiden Gruppen jeweils ihrem Vertreter, indem sie ihm Orientierungshilfen – möglichst auf französisch – zurufen. Diejenige Gruppe hat gewonnen, welche die meisten Zahlen als erste gefunden hat.

Hinweis:
Zur Vereinfachung des Spiels kann eine Auswahl unter den Zahlen getroffen werden (z. B werden nur die ungeraden Zahlen angeschrieben) . Außerdem können die Zahlen eventuell zweifach angeschrieben werden, damit die S an der Tafel sich gegenseitig nicht stören. Ab Lk. 8 einsetzbar

10. Le bingo lexical (Vokabel-Bingo)

Gegenstand: Wiederholung von thematischem Wortschatz

Hinweis: Ab Lk. 4 einsetzbar

Verlauf:
L läßt den französischen Wortschatz zu bestimmten Sachgebieten oder Lektionen an der Tafel sammeln. Ausgewählte Folien oder Wandbilder, und für L das lektionsbegleitende Vokabular sowie die *Révisions*-Kästen, können als Stützen dienen. S zeichnen auf einen Zettel ein Raster mit neun Feldern, in die sie jeweils eines der zusammengetragenen Wörter eintragen, während L das Tafelbild für sich sorgfältig abschreibt. Die Tafel wird gewischt. L sagt nun die Begriffe, die er notiert hat, in beliebiger Reihenfolge und auf deutsch auf. S streichen jeweils die Begriffe durch, die sie auf französisch in ihre Raster notiert hatten. Der erste S, der alle seine neun Felder durchgestrichen hat, gewinnt das Spiel.

11. Ma grand-mère va au marché (Großmutter geht einkaufen)

Gegenstand:
Kettenspiel zu Mengenangaben mit Angabe der Zahl oder mit Mengennomen, nach dem Prinzip des 'Kofferpackens'

Verlauf:
Ein S beginnt mit dem Satz «*Ma grand-mère va au marché et achète deux kilos de pommes de terre.*» Der nächste wiederholt den Satz und fügt einen weiteren Bestandteil hinzu: «*Ma grand-mère va au marché. Elle achète deux kilos de pommes de terre et une bouteille d'eau.*» Der dritte S wiederholt den so erweiterten Satz und ergänzt ihn seinerseits um ein Element usw.

Hinweis:
Die Verwendung des in Band 1 noch nicht bekannten Partitivs ist zu vermeiden. Ab Lk. 8 einsetzbar

12. L'oeuvre collective (Das Gruppenbild)

Gegenstand: Die Präpositionen

Hinweis: Bei Lk. 10 einsetzbar

Verlauf:
Die Klasse wird in zwei Gruppen aufgeteilt. L zeichnet einen Gegenstand an die Tafel. Ein S zeichnet einen weiteren Gegenstand. Die S-Gruppe, welche die Position des zweiten Gegenstandes gegenüber dem ersten auf französisch richtig ausdrückt, bekommt einen Punkt. (Der Satz heißt z. B.: *L'arbre est à côté de la maison.*) Ein anderer beliebiger S fügt dem Bild ein neues Element hinzu usw. Mit der Komplexität des Bildes wächst die Anzahl der möglichen Bildbeschreibungen. Für jeden richtigen Satz wird der Gruppe ein Punkt vergeben. Gewonnen hat die Gruppe, die die meisten Punkte hat. Zum Schluß beschreibt jeder S das Bild schriftlich.

13. V Jeu de l'oie (Gänsespiel)

Gegenstand: Wiederholung von Grammatik und Wortschatz. Intonationsgerechtes Vorlesen

Vorbereitung:
- L erstellt eine auf DIN-A4-Format vergrößerte Kopie des Spielplans (S. XXII) auf Folie.
- L bereitet (z. B aus Holzdübeln, kurzen Buntstiftresten oder Knöpfen) drei Spielfiguren vor, die sich im Grundriß unterscheiden sollen (z. B rund, viereckig und sechseckig), damit sich auf der Overhead-Projektion die drei Figuren voneinander abheben können.
- Die einzelnen Aufgaben (s. LB S. L XX, L XXI und L XXIII) werden auf Kärtchen geschrieben oder als vergrößerte Fotokopien aufgeklebt. Auf der Rückseite der Kärtchen wird die jeweilige Aufgabenart vermerkt (V für *verbes*, GRAMM für *grammaire* usw.) und die Lektion, bei der die Aufgabe zum ersten Mal gestellt werden kann, damit L je nach Wissenstand der Klasse die vorgreifenden Fragestellungen aussortieren kann. Für Lektüre müssen nicht unbedingt Kärtchen erstellt werden. L entscheidet jeweils, welcher Absatz aus einem Lektionstext zu lesen ist. Die Kärtchen werden nach Aufgabenart getrennt mit der Aufgabenseite nach unten in vier Stapeln sortiert.

Verlauf:
Die Klasse wird in zwei oder drei Gruppen eingeteilt, die nacheinander an der Reihe sind und aus denen bei jedem Zug ein neuer Vertreter entsandt wird. Das Los entscheidet, welche Gruppe beginnt. Der Spieler würfelt und rückt auf dem Overheadprojektor seinen Stein um die Zahl der gewürfelten Augen vor. Trägt das Spielfeld ein Aufgabensymbol, so zieht er die oberste Karte des entsprechenden Stapels und beantwortet die Frage laut. Wenn die Antwort falsch ist, muß der Spieler den Stein um die Zahl der Fehler zurücksetzen. Sieger ist die Gruppe, deren Spielfigur zuerst das Ziel erreicht. (Der Stein muß genau ins Ziel kommen.)

Hinweise:
- Aufgrund der Vielzahl der Aufgaben kann das Spiel auch mehrmals gespielt werden, ohne daß sich dabei Aufgaben wiederholen. L muß sich in diesem Falle merken, bis zu welcher Aufgabe die Klasse beim letzten Spiel jeweils gekommen ist.
- Vor Beginn des Spiels sollten die neuen Ausdrücke erklärt werden: *Le jeu de l'oie:* Das Gänsespiel – *DÉPART:* Start – *Passez le tour suivant:* Einmal aussetzen (wörtl.: Setzen Sie ... aus.) – *Avancez au numéro ...:* Rücke vor bis Feld ... (wörtl.: Rücken Sie vor ...) – *Retournez à la case DÉPART:* Gehe zum Start zurück. (wörtl.: Gehen Sie ... zurück.) – *Retournez au numéro ...:* Gehe zum Feld ... zurück. (wörtl.: Gehen Sie ... zurück.) – *ARRIVÉE:* Ziel
- Das Spielfeld kann auch vergrößert fotokopiert und Kleingruppen von 4 oder 5 S zur Verfügung gestellt werden. In diesem Falle sind Aufgabenkärtchen und Würfel für jede Gruppe vorzusehen.
- Nach Lk. 8 einsetzbar

Jeu de l'oie: Aufgabenkärtchen M/F (für *masculin/féminin*): Setze den unbestimmten Artikel:

ambiance (9A) après-midi (9A) artichaut (8A) arbre (4)	bâtiment (7B) carnet (10A) chat (8A) béquille (7B)	chocolat (7A) cour (3B) cours (9A) courses (8A)	devoir (5) faute (6B) fruit (3A) geste (10A)	groupe (2B) immeuble (3A) interview (6A) jean (3B)	légume (3A) lundi (9A) lunettes (9B) paquet (8A)
métro (10A) micro (8B) orangina (10B) paquet (8A)	partie (7B) phrase (1) piano (7A) pique-nique (10B)	pont (10A) problème (6B) promenade (4) public (6B)	quartier (3B) radio (6B) repas (2B) symbole (10B)	tableau (9A) téléphone (8A) télévision (5) temps (8A)	tour (3B) tour (6B) verre (5) voiture (8B)

Jeu de l'oie: Aufgabenkärtchen

GRAMM (für *grammaire*): Grammatikwiederholung:

Nenne die best. und unbest. **Artikel** Sg. und Pl. (3B)	Bilde die 3 **Imperativformen** des Verbs jouer. (4)
Nenne alle **Subjektpronomen** (z. B *je*). (2B)	**Zähle** von null bis zwanzig. (5)
Nenne folgende **Uhrzeiten** in der Umgangssprache: 12:00, 24:00, 13:15, 16:45, 18:30. (9A)	Nenne 3 Formen der **Verneinung** und bilde Sätze mit ihnen. (10B)
Direktes und indir. Objekt: Was ist das? Unterschied zum Dt.? Bilde je einen Beispielsatz. (5)	**Possessivbegleiter:** Nenne alle Formen der 1.-3. Ps. Sg. jeweils mit einem passenden Nomen. (7A)
Bilde 3 *est-ce que* - **Fragen** mit verschiedenen Fragewörtern. (6B)	Sage die **Zahlen:** 20, 21, 25, 34, 43, 57, 69. (8A)
Sage die **Zahlen:** 60, 70, 71, 75, 80, 90, 97. (8A)	Bilde 3 Sätze mit unterschiedlichen **Mengenadverbien**, nach denen *de* steht. (8A)
Das ***Futur composé***: Konjugiere *Je regarde la télé* im Futur: Sg. bejaht, Pl. verneint. (8B)	Sage folgende **Uhrzeiten** in der Umgangssprache: 3 h 05, 4 h 25, 12 h 18, 17 h 45, 19 h 55. (9A)
Sage folgende **Uhrzeiten** in der Umgangssprache: 0 h 02, 3 h 10, 7 h 15, 10 h 50, 11 h 49. (9A)	Nenne die **feminine Form der Adjektive:** *cher, français, petit, joli, intéressant.* (9A)
Nenne die **feminine Form der Adjektive:** *vrai, grand, bon, dangereux, faux.* (9A)	Nenne die **Objektpronomen** der 1. und 2. Ps. Sg. und Pl. Gib 4 Beispielsätze. (9B)
Bilde 3 Sätze mit dem **verneinten Imperativ.** (6A)	Nenne die **Possessivbegleiter** der 1.-3. Ps. Pl. Bilde 3 Beispielsätze. (9B)
Nenne 3 **Verneinungsadverbien,** nach denen *de* steht. Nenne je einen Beispielsatz. (10B)	Bilde die **Pluralformen der Nomen** *bateau, animal, monsieur, salle de bains.* (10A)
Bilde die **Pluralformen der Nomen** *cadeau, hôpital, madame, carte postale.* (9A)	Bilde die **Pluralformen der Nomen** *tableau, jeu, mademoiselle, sandwich.* (10B)

Jeu de l'oie (Gänsespiel)

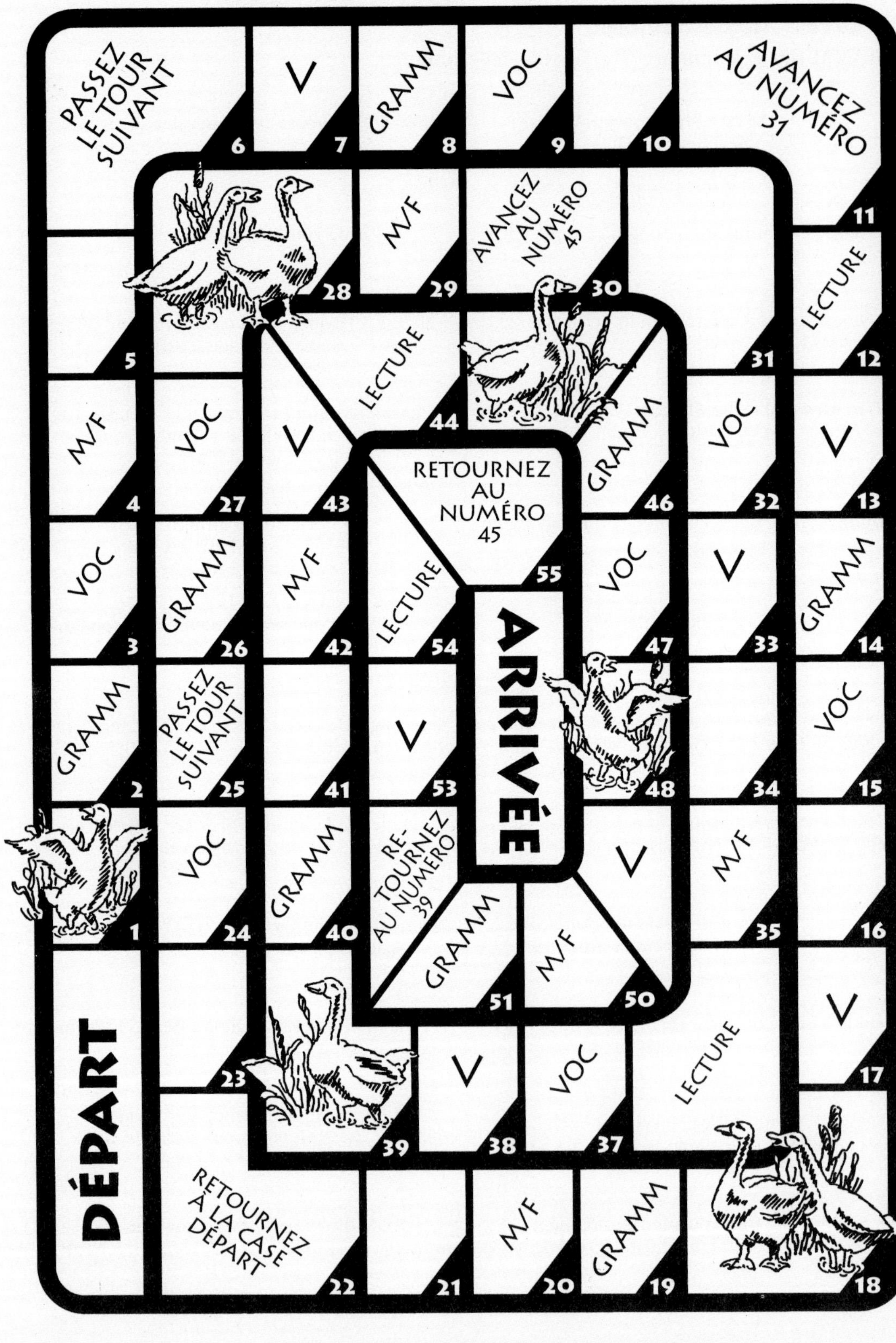

Jeu de l'oie: Aufgabenkärtchen

V (für *verbes*): Konjugiert die Verben (evtl. nur: *je, nous, ils*):

travailler (2A)	commencer (8B)	dire (9A)	ouvrir (9B)
acheter (8B)	répondre (7A)	écrire (9A)	pouvoir (8A)
répéter (9A)	attendre (7A)	être (4)	prendre (7B)
appeler (8B)	aller (7A)	faire (6A)	savoir (10A)
payer (8A)	avoir (6A)	lire (9B)	voir (10 A)
manger (8B)	apporter (3B)	mettre (9B)	vouloir (8A)

VOC (für *vocabulaire*): Wiederholung der *Révisions*-Kästen:

L'appartement (2B): Nenne 4 Zimmer einer Wohnung.	**Une ville** (3B): Nenne 4 Begriffe aus dem Wortfeld 'Stadt'.	**Les magasins** (3A): Nenne 4 Geschäfte.
La nature (4): Nenne 4 Begriffe aus diesem Wortfeld.	**La famille** (4): Nenne 6 Familienmitglieder.	**Des sports** (7A): Nenne 4 Sportarten.
Les instruments de musique (7A): Nenne 4 Musikinstrumente.	**Les jeux de société** (7A): Nenne 4 Gesellschaftsspiele.	Nenne 3 Ausdrücke, mit denen man **nach dem Weg fragen** kann. (7B)
La lettre (7B): Nenne 4 Redewendungen, die man in Briefen braucht.	**Des fruits** (8A): Nenne 4 Früchte.	**Des légumes** (8A): Nenne 4 Gemüse.
Faire les courses (8A): Nenne 4 Ausdrücke, die man beim Einkaufen braucht.	**Les animaux** (8B): Nenne 4 Tiere.	**Les jours de la semaine** (9A): Nenne die Wochentage.
Les moyens de transport (10B): Nenne 6 Verkehrs-/Fortbewegungsmittel.	**L'école** (9B): Nenne 6 Ausdrücke aus dem Wortfeld Schule.	**L'école** (*DLAL* 3-4): Nenne 4 Dinge, die Schüler brauchen.
Nenne je 2 Ausdrücke, mit denen du ausdrückst, daß du etwas **magst oder nicht magst**. (6B)	Nenne 4 **Mengennomen** (z. B. Paket, Flasche ...). (8A)	Nenne 5 französische **Städtenamen.** (3A)

LECTURE: L gibt S jeweils einen Absatz aus einem Lektionstext zum Lesen.

Etudes Françaises

Découvertes 1

Série verte*

von

Monika Beutter, Esslingen; Lothar Kaup, Germering/München; Léo Koesten, Versailles; Günter Leidinger, Mons/Belgien; Dr. Andreas Müller, Hannover; Wolfgang Spengler, Solingen; Udo Wolff, Solingen

Weitere Mitarbeit:

Dr. Elke Arndt, Gernrode; Vera Sybille Chougrani, Wuppertal; Dr. Alfred Göller, Stuttgart; Dr. Friedholt Heftrich, Freiburg; Walter Hornung, Münster; Ulrike Kunert und Dieter Kunert, Uelzen; Irmhild Reimers, Buxtehude; Prof. Dr. Heribert Rück, Biebertal; Klaus Sturm, Stadtbergen; Christiane Treugut-Deschamps, München; Dr. Dieter Walz, Greifswald

Begleitende Tonmaterialien zu diesem Band:

- 1 *Kassette für Schüler und Lehrer* mit Lektionstexten, Ausspracheübungen, Gedichten und Liedern, Klettnummer 523244.
- 1 *CD für Schüler und Lehrer* (identisch mit der Kassette für Schüler und Lehrer), Klettnummer 523248.
  Lieferung über den Buchhandel oder, wo dies auf Schwierigkeiten stößt, zuzüglich Portokosten per Nachnahme vom Verlag.
- 1 *Kassette für Lehrer* mit Hörverstehenstexten und Versprachlichung der Bildgeschichten, Klettnummer 523245.
  Lieferung ausschließlich direkt an Lehrerinnen und Lehrer, Schulstempel erforderlich.

* Von „Découvertes" gibt es auch eine „Série bleue" für die Bundesländer, deren Lehrpläne ein umfangreicheres Stoffangebot vorsehen. Nähere Informationen sind dem aktuellen Fachkatalog Französisch des Ernst Klett Verlages zu entnehmen.

1. Auflage A 1 6 5 4 | 2003 2002 2001 2000

Alle Drucke dieser Auflage können im Unterricht nebeneinander benutzt werden, sie sind untereinander unverändert.
Die letzte Zahl bezeichnet das Jahr dieses Druckes.

Internetadresse: http://www.klett-verlag.de

Redaktion:
Martin Bernard, Hélène Gukelberger-Limpaler, Dr. Rudolf Hildebrandt, Michèle Périgault

---

Umschlaggestaltung: Christian Dekelver, Weinstadt
Zeichnungen: Gilles Bonotaux, Paris
Kartographie: Karl-F. Harig, Berlin: Vorsatz vorne; Klett-Kartographie, Joachim Krüger: Vorsatz hinten
Typographische Gestaltung: Eveline Wiest, Stuttgart
Satz: Lihs GmbH, Medienhaus, Ludwigsburg
Reproduktionen: Repro-Maurer, Tübingen
Druck: Druckerei Appl, Wemding
ISBN 3-12-523240-6

Gedruckt auf Papier aus chlorfrei gebleichtem Zellstoff, säurefrei.

Etudes Françaises

Découvertes 1

Série verte

für den schulischen Französischunterricht

von
Monika Beutter
Lothar Kaup
Léo Koesten
Günter Leidinger
Andreas Müller
Wolfgang Spengler
Udo Wolff

ERNST KLETT VERLAG
Stuttgart Düsseldorf Leipzig

INHALTSVERZEICHNIS

* Die Texte zu den Hörverstehensaufgaben sind auf der Lehrerkassette (Klettnummer 523245) und im Lehrerbuch (Klettnummer 523243) zu finden.
⟨ ⟩ Alle Stücke in Winkelklammern sind fakultativ.

Liebe Schülerinnen, liebe Schüler,

wir sind Finesse und Finaud und wollen euch mit unseren Tipps beim Französischlernen helfen.
Jetzt aber erst einmal ein paar Hinweise, damit ihr euch schnell im neuen Buch zurechtfindet.

Am Anfang des **Lektionstextes** weist in der Regel das Symbol darauf hin, dass der Text auf der **Schülerkassette** bzw. auf der **CD** zu hören ist.

Nach jedem Textteil stehen die entsprechenden **Übungen**. Oft findet ihr in der Überschrift der Übung einen Hinweis auf die Paragraphen (= §§) des **Grammatischen Beihefts**.

Die Übungen mit dem Symbol eignen sich besonders dafür, dass ihr sie auch schriftlich in eurem Heft macht.

Bei den Übungen mit dem Symbol lernt ihr, etwas über euch selbst, eure Freunde, eure Familie mitzuteilen oder eure Meinung zu sagen.

Übungen mit dem Symbol können notfalls ausgelassen werden, ohne dass damit etwas Wichtiges versäumt würde.

Zwischen den **Lektionen** findet ihr häufig die Seite **D'une leçon à l'autre**, das heißt „Von einer Lektion zur anderen". Hin und wieder geben wir euch hier wichtige Lerntipps („Stratégies"), oft wird das Verständnis der folgenden Lektion vorbereitet.

Nach den Lektionen 1–10 steht der **En plus**-Teil mit Übungen und Texten zum Hören bzw. zum Lesen. Die Hörtexte befinden sich auf der **Lehrerkassette**, die jedoch nur eurer Lehrerin bzw. eurem Lehrer zur Verfügung steht.

Im Anschluss an den **En plus**-Teil beginnt das **lektionsbegleitende Vokabular** mit einer Tabelle zu den **Lautzeichen** und **Hinweisen zum Aufbau des Vokabulars**. Hier werden auch alle verwendeten Abkürzungen erläutert.

Auf das Vokabular folgt die **Liste des mots**. Diese **Wortliste** ist euer erstes französisches Wörterbuch, denn alle Wörter des ersten Bandes stehen hier in alphabetischer Reihenfolge! Falls ihr also die Bedeutung eines Wortes vergessen habt, findet ihr an dieser Stelle neben dem französischen Wort die deutsche Übersetzung und den Hinweis auf die Lektion, in der das Wort eingeführt wird.

Wenn ihr einmal eine Übungsanweisung nicht auf Anhieb versteht, seht nach auf S. X: Der Teil **Pour faire les exercices du livre** stellt die wichtigsten Übungsanweisungen auf Französisch und Deutsch zusammen.

Die Liste **D'autres expressions utiles en classe** (S. XI) bietet weitere Redewendungen, die ihr im Unterricht gebrauchen könnt. Dort findet ihr auch das französische Alphabet.

Soweit die ersten Hinweise. Und nun viel Erfolg!

LEÇON 1 Arthur à Paris

Themen: Leben in der Großstadt. Tiere
Situativer Rahmen: Einzug in eine neue Wohnung in Paris
Textsorte: Dialog mit kurzer deskriptiver Einführung

Anmerkungen		Lerninhalte	SB Ex.	CdA Ex.
		Kommunikative Schwerpunkte:		
Erg. in Lk. 2B (*Ça va?*)	◄	– Jdn. begrüßen	1, 3, 4, 8	1
		– Jdn. nach dem Namen fragen	1, 2	1, 5, 7
		– Sich verabschieden	7, 8	
Lexikal. Einführung von *je m'appelle, tu t'appelles; il s'appelle* in Lk. 3 A	◄	– Sich oder einen anderen vorstellen	1, 2, 4	1, 3
		– Informationen einholen und geben, insbes. *Qui est-ce?*	5	2
		Wortschatz:		
Rév. S. 118	◄	– *Je, tu; moi, toi*	1,2	1
Erg. in Lk. 2B *(ça va?)*	◄	– Soziale Kontakte	1,2,3,4,7,8	1
In den versch. Übungen	◄	– Ausdrücke für das Unterrichtsgespräch		
		– *c'est*	5	1,2,3,5,7
		Grammatik:		
Der best. Art. Sg. in Lk. 2A	◄	– Der unbest. Art. Sg., das Genus, GBH § 1	6	3, 4
Erg. in Lk. 3A und Lk. 4	◄	– Das Verb *être* Präs. Sg., GBH § 2	2, 4, 5, 6	1,2,3,4
Est-ce que – Fragen in Lk. 6 B	◄	– Die Entscheidungsfrage, GBH § 3	2, 5	2, 3
Est-ce que – Fragen in Lk. 6 B	◄	– Die Ergänzungsfrage: *Qui est-ce?*; *Tu t'appelles comment?*, GBH § 4	2, 5	1, 2
Erg. in Lk. 5	◄	– Einfacher Satzbau	6	3, 4
		Phonetische Schwerpunkte:		
		– [ʒ], [r], [k], [y], [ɛ], [ɑ̃], [õ], [wa], [ɛ̃]: [in]	9	6
		Rechtschreibung:		
		– *et/est*		4

Integration und Transfer:	– Mots croisés. Redemittel der Lektion	CdA	Ex. 5
	– Bildgeschichte. Jdn. begrüßen, sich verabschieden	SB	Ex. 8
	– En français	CdA	Ex. 7
Landeskunde:	– Bild S. 7 – Paris aus der Vogelperspektive	LB	S. L 10
Interkulturelles:	– Umgangsformen	LB Kasten Nr. 3	S. L 3

Folien:	– Nr. 1: Abb. Text 1, SB S. 8 – Nr. 2: Abb. Text 1 (Fortsetzung), SB S. 9 – Nr. 3: Transfer: Bildgeschichte, Lerninhalte von Lk. 1; Hinweise: LB S. L 10

LEÇON 1

Arthur à Paris

1 Une rue à Paris
BOULANGERIE.PÂTISSERIE
PARIS PARIS!
HAUT
BAS
2 C'est monsieur Rigot avec Julien et Arthur. Arthur est un perroquet.
3 *M. Lacombe, un voisin:* Bonjour, madame! Bonjour, monsieur! Et bienvenue!
Mme Rigot: Bonjour, monsieur! Je m'appelle Catherine Rigot.
M. Rigot: Moi, je suis Bernard Rigot. Bonjour!
M. Lacombe: Et moi, je m'appelle Charles Lacombe. A bientôt!

In der ersten Stunde ist es üblich, S berichten zu lassen, was sie über Frankreich und über die französische Sprache schon wissen. U.a. können Fremdwörter französischen Ursprungs Anlaß geben, das kontrastive Hören und das Sprechen französischer Laute spielerisch einzuüben.
L kann sich überlegen, ob er dieses stets nützliche und motivierende Gepräch am Ende der ersten Stunde durchführt, damit er die Realsituation der Kontaktaufnahme zur Vorentlastung der Lektion (hier bei *Itinéraire I*) benützen kann, oder, ob er es als Einstieg nimmt und erst danach die ersten Redemittel einführt. Es empfiehlt sich in jedem Fall, S langsam an die französische Sprache heranzuführen, das Hörverstehen zu schulen und mit dem Lesen und Schreiben noch abzuwarten.
In den folgenden Ausführungen ist der Einsatz der Folien und der S-Kassette vorgesehen. Sollten diese dem L nicht zur Verfügung stehen, so können sie durch die Schülerbuchabbildungen und durch den L-Vortrag ersetzt werden.

Itinéraire I

Begrüßung. Vorentlastung:

- L begrüßt S, heißt sie willkommen und stellt sich vor.
- Unter dem Vorwand, eine Sitzordnung zu erstellen, demonstriert L wiederholt den Gebrauch der neuen Redemittel (s. Kasten Nr. 1 und 'Did.-meth. Hinweise' zu *Itinéraire I*, S. L 8).
- Zur Auflockerung kann L einige Vornamen französisch aussprechen oder auf entsprechende französische Vornamen verweisen. Damit lassen sich erste Einblicke in die Besonderheiten der französischen Aussprache (stimmhafte Konsonanten, Nasale) vermitteln.

Bonjour. Bienvenue!

Moi, je m'appelle / je suis (Mme) (M.) | [Vor- und/oder Nachname].

Et toi? / la voisine? / le voisin?

C'est … avec …? | Oui, … / Non, …

[S-Name], qui est-ce?

Toi, tu es …?

Nr. 1

Einführung der Abschnitte 1-3 (Folie Nr. 1):

Variante 1:

- Die neuen Vokabeln werden eingeführt und die Personen werden vorgestellt (s. Kasten Nr. 2 und 'Did.-meth. Hinweise', S. L 8).
- Text auf der Kassette wird vorgespielt. Gleichzeitig zeigt L auf die Folie.
- S versuchen jeweils einen Dialogpart nachzusprechen. L gibt Hilfen.
- Nach dem zweiten Textvortrag versuchen S, den gesamten Text zu Bild 3 nachzuvollziehen.
- Die Bedeutung von *à bientôt* soll von S erraten werden.

Variante 2:

- Die neuen Vokabeln werden eingeführt, und die Personen werden vorgestellt (s. Kasten Nr. 2 und 'Did.-meth. Hinweise', S. L 8).
- L wiederholt die bisher durchgenommenen Wendungen zur Begrüßung und Vorstellung.
- S entwerfen in Gruppenarbeit den vermutlichen Dialogverlauf auf deutsch.
- Im Unterrichtsgespräch werden die französischen Formulierungen eingesetzt.
- Abspielen des Textes von der Kassette und Nachsprechübungen.

C'est une rue à Paris.
Qui est-ce? C'est Julien (Rigot) avec M. (Bernard) Rigot et Arthur (A. est un perroquet).
C'est Mme (Catherine) Rigot et un monsieur: M. (Charles) Lacombe, un voisin.

Nr. 2

LEÇON 1

Folien: 1, 2

TEXTERARBEITUNG

Einführung der Abschnitte 4-8 (Folie Nr. 2):

- L legt die Folie auf, stellt Isabelle und Mme Blanchard vor und fragt, wie sich die dargestellten Figuren auf deutsch begrüßen und verabschieden würden. Dabei wird auf die adressatenbedingten Unterschiede aufmerksam gemacht. Mit Hinweis auf die Unterschiede im Französischen werden die entsprechenden Redemittel an die Tafel geschrieben (s. Kasten Nr. 3).
- Der Text wird abschnittweise vorgespielt. S versuchen, die Dialoge nachzusprechen. *Tu t'appelles comment?* (Abschnitt 4) soll aus dem Kontext heraus in Verbindung mit dem vorangestellten *Et toi* zunächst nur global erfaßt werden. Nach einem weiteren Durchgang kann es auch übersetzt werden.
  Für *Tu es bête* dürfte die bekannte Geste genügen.

Vorspielen des gesamten Textes (bei offenen Büchern)

Formelle Ausdrucksweise		**Informelle Ausdrucksweise**	**TB**
Bonjour,		Salut (, Isabelle)!	
Oui,	madame.	Oui.	
Non,	monsieur.	Non.	
Au revoir,	mademoiselle.	Salut (, Julien)!	
A bientôt,		A bientôt (, Arthur)!	

L erklärt, daß in der formellen Ausdrucksweise madame/monsieur/mademoiselle ohne Namen steht. *Nr. 3*

Itinéraire II

Der Unterricht beginnt sofort mit der muttersprachlichen Erörterung der Folien. L lenkt S bei der Erstellung von deutschen Dialogvarianten zu den Abschnitten 3 bis 7. Abschnitt 8 wird vorläufig ausgeklammert. Wie in *Itinéraire I* wird besonders auf die Unterscheidung formeller und informeller Grußformen Wert gelegt (s. Kasten Nr. 3).

Die Präsentation und Verarbeitung des französischen Textes erfolgt wie oben getrennt (Abschnitte 1 bis 3 und 4 bis 8) unter Vorlage der jeweiligen Folie:

- Abspielen der Kassette ohne weiteren Kommentar. L prüft, was schon verstanden wurde und ob die Dialoge den richtigen Personen zugeordnet wurden.
- Nochmaliges Abspielen des Textes. L betätigt an den Stellen, die beim ersten Durchgang nicht verstanden wurden, die Pausentaste und schiebt eine kurze muttersprachliche Erläuterung ein.
- In einem dritten Durchgang drückt L wiederum nach schwierigeren Ausdrücken wie *Je m'appelle* oder *Tu t'appelles comment?* die Pausentaste, gibt kommentarlos die Übersetzung und veranlaßt S mit Blickkontakt, die kurz vorher gehörte französische Entsprechung zu produzieren.
- Zusammenstellung der Redemittel nach pragmatischen Kategorien (Kästen Nr. 1 und 3).

FESTIGUNG

- S lesen den Text mit verteilten Rollen vor.
- Die mündlichen Übungen 1 und 2 aus dem Schülerbuch können an dieser Stelle bereits mit einbezogen werden.
- Die Folien (Nr. 1, 2) werden aufgelegt. L spricht jeweils den Dialogpart von Isabelle, Mme Blanchard und Arthur und fordert S auf, den Part von Julien zu übernehmen.
  Anschließend können mehrere S die Rollen vorlesen, die zunächst L übernommen hatte, und einen S oder mehrere S bitten, den Part von Julien aus dem Gedächtnis und aus dem Zusammenhang heraus zu rekonstruieren. Varianten zum ursprünglichen Text sind möglich und wünschenswert.
- Der gesamte Text wird – mündlich und auf französisch – rekonstruiert.
- Einzelne Szenen werden mit Hilfe der Folien nachgespielt. S werden zu Textvariationen ermutigt.
- Weitere Vorschläge: s. 'Did.-meth. Hinweise', S. L 8 ff.

4 Isabelle: Salut!
Je m'appelle Isabelle.
Et toi, tu t'appelles comment?
Julien: Julien.
Salut, Isabelle!
Julien
10
5 Isabelle: Oh!
Un perroquet!
Qui est-ce?
Julien: C'est Arthur.
Isabelle: Bonjour, Arthur!
Julien
ÉPICE
6 Isabelle: A bientôt, Julien!
Julien: Salut!
7 Mme Blanchard, une voisine:
Bonjour! Tu es Arthur?
Julien: Non, madame. Je suis Julien,
Julien Rigot.
M. et Mme BLANCHARD
ARTHUR, ARTHUR, ARTHUR!
8 Arthur: Au revoir, monsieur!
Julien: Arthur! Tu es bête.
Arthur: Oui, monsieur.
Au revoir, monsieur!
A bientôt!

EXERCICES

1 Salut!

Stellt euch vor.

Exemple (Beispiel):

A vous. *(Jetzt seid ihr dran.)*

Continuez. (Macht weiter.)

▽ Wörter mit diesem Zeichen sind in der Übung neu. Sie werden im Vokabelverzeichnis erklärt.

2 Tu t'appelles comment?

Fragt euch nach dem Namen.

a

– Tu t'appelles comment?

– Je m'appelle ... / Je suis ...

b

– Tu es ...? / Tu t'appelles ...?

– Oui. / Non. Je m'appelle ... / Je suis ...

Ex. 1

Schwerpunkte: Transfer: jdn. begrüßen; sich vorstellen unter Jugendlichen

Hinweise:
Diese Übung ist mündlich im Klassenverband durchzuführen. Sie kann als Kettenspiel gestaltet werden: S fragen immer den Nachbarn. Oder sie kann mit einem Gegenstand gespielt werden – z. B. mit einer selbstgebastelten Handpuppe (dem Papagei Arthur) oder einem Softball – der jeweils einem beliebigen S zugeworfen wird.

Neu: Arbeitsanweisungen: *A vous; Continuez.* Übungshinweis: *Exemple.* Name: *Christine*

Ex. 2

Schwerpunkte: Transfer: sich vorstellen; nach dem Namen fragen; *oui, non*; die Intonationsfrage

Hinweis: s. Hinweis zu Übung 1

Ex. 3

Schwerpunkt: Redemittelübersicht zur Begrüßung mit Berücksichtigung der Registerunterschiede

Hinweis: Diese Übung dient der Vorbereitung der Übungen 4 und 8.

Neu: *Mademoiselle.* Überschrift: *On dit.* Arbeitsanweisung: *Maintenant, faites l'exercice 4.*

Ex. 4

Schwerpunkte:
a, **b**, **c** Jdn. begrüßen. Sich vorstellen. **a** Leseverstehen. **b** Identifizieren der Schülerbuchfiguren. **c** Transfer

Hinweis:
Dieser Übung wird eine Redemittelzusammenstellung der Begrüßungsformeln (Übung 3) vorangestellt.

Lösungen:

b 1. *M. Rigot:* Bonjour, monsieur!
Je m'appelle Bernard Rigot.
M. Lacombe: Bonjour, monsieur!
Moi, je suis Charles Lacombe.

2. *Julien:* Bonjour, monsieur!
Je m'appelle Julien Rigot.
M. Lacombe: Bonjour, Julien!
Moi, je suis Charles Lacombe.

3. *M. Lacombe:* Bonjour, madame!
Je m'appelle Charles Lacombe.
Mme Rigot: Bonjour, monsieur!
Moi, je suis Catherine Rigot.

4. *Julien:* Bonjour/Salut!
Je m'appelle Julien.
Isabelle: Bonjour, Julien!
Moi, je suis Isabelle.

Neu: Arbeitsanweisungen: *Lisez les exemples; Faites des dialogues.* Name: *Brigitte*

3 On dit … (Man sagt …)

So begrüßt man sich:

Maintenant, faites l'exercice 4. (Nun macht die Übung 4.)

4 Bonjour! Salut!

a *Lisez les exemples. (Lest die Beispiele.)*

Exemple:

b *Faites des dialogues. (Macht Dialoge.)*

1. Bonjour, monsieur! …
2. …
3. …
4. …

c ☞ ***A vous.*** *Begrüßt euch und stellt euch vor.*

EXERCICES

5 Qui est-ce?

Posez des questions et répondez. (Stellt Fragen und antwortet.)

a *Exemple:*

– Qui est-ce?  – C'est Julien.

1. – Qui est-ce? – C'est ... *Continuez.*

b *Exemple:*

– Qui est-ce? C'est Arthur?  – Non, c'est Julien.

1. – Qui est-ce? C'est M. Blanchard? – Non, c'est ... 2. ... C'est Mme Rigot?
3. ... C'est M. Rigot? 4. ... C'est Mme Blanchard? 5. ... C'est Isabelle?

6 Arthur et Brigitte

Faites des phrases. (Macht Sätze.)

1.
2.
3.

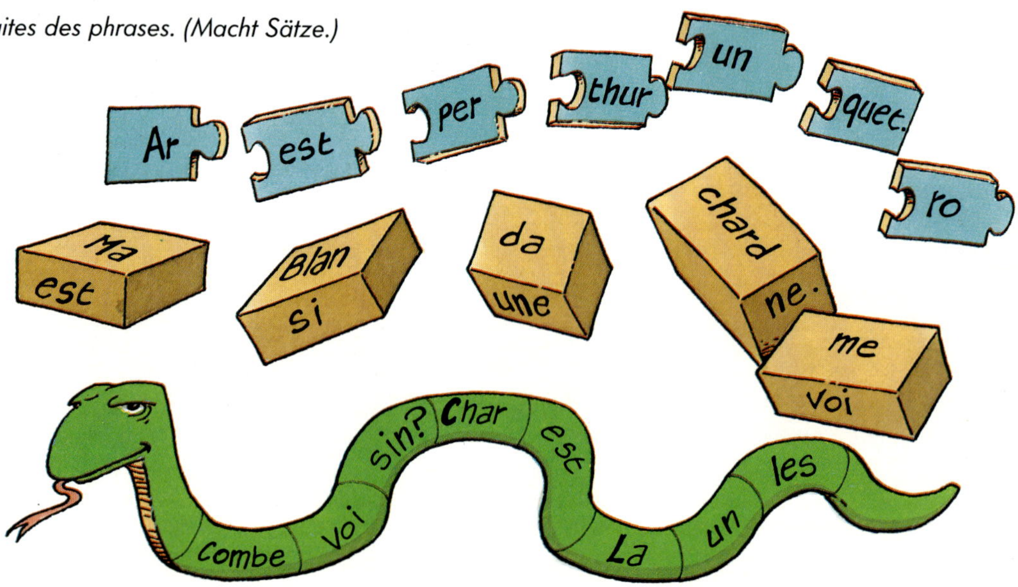

Ex. 5 ➛ CdA 2

Schwerpunkte:
a, b *Qui est-ce?. Oui, non.* Identifizieren der Schülerbuchfiguren. **b** Die Intonationsfrage

Lösungen: (In Klammern: Lösungsergänzungen zum **b**-Teil)
a b
1. – (Non,) C'est M. Lacombe.
2. – (Non,) C'est Mme Blanchard.
3. – (Oui,) C'est M. Rigot.
4. – (Non,) C'est Mme Rigot.
5. – (Oui,) C'est Isabelle.

Neu: Arbeitsanweisung: *Posez des questions et répondez.*

Ex. 6 ➛ CdA 4a

Schwerpunkte: Einfacher Satzbau (Satzrekonstruktion). Der unbest. Art. Sg.

Lösungen:
1. – Arthur est un perroquet.
2. – Mme Blanchard est une voisine.
3. – Charles Lacombe est un voisin.

Hinweis:
V S können dazu aufgefordert werden, einen eigenen Satz oder einen Satz aus der Lektion groß und deutlich auf ein Blatt Papier zu schreiben. Der Satz wird dann auseinandergeschnitten. Der Tischnachbar soll versuchen, den Satz wieder zusammenzusetzen.

Neu: Arbeitsanweisung: *Faites des phrases.*

Ex. 7

Schwerpunkt:
Zusammenstellung der Redemittel zu *sich verabschieden* mit Berücksichtigung der Registerunterschiede

Hinweis: Diese Übung dient der Vorbereitung der Übung 8.

Neu: *huit*

Ex. 8

Schwerpunkte:
Jdn. begrüßen, sich verabschieden: Integration und Transfer. Versprachlichung von Bildmaterial. Einüben bestimmter kommunikativer Grundmuster durch darstellendes Spiel

Hinweis:
Dieser Übung wird eine Zusammenstellung der Redemittel zu *sich verabschieden* vorangestellt (Ex. 7).

Lösungen:
1. – *Isabelle:* Bonjour, madame!
   Mme Rigot: Bonjour Isabelle!
2. – *Isabelle:* Au revoir, Julien!
   Julien: Salut!
3. – *M. Rigot:* Bonjour, madame!
   Mme Blanchard: Bonjour, monsieur!
4. – *M. Lacombe:* Au revoir!
   Le boulanger/La boulangère: Au revoir, monsieur!

Neu: Arbeitsanweisung: *Faites des dialogues et jouez les scènes.*

Ex. 9 ➛ CdA 6 ➛ S

Schwerpunkt: Schulung der Aussprache

Hinweise:
Diese spielerische Übung kann im Chor gesprochen werden. S können sich den Text anschließend zu Hause aneignen und in der nächsten Stunde einzeln vortragen.

Neu: Überschrift: *Jeu de sons.* Namen: *Martine, Lecombe, Martin*

7 On dit …

So verabschiedet man sich:

Maintenant, faites l'exercice 8.

8 Bonjour! Au revoir!

Faites des dialogues et jouez les scènes.
(Macht Dialoge und spielt die Szenen.)

9 Jeu de sons

(Spiel mit Lauten)

[ʒ]
Je suis Julien.
Je suis Brigitte.
Bonjour, Julien!
Bonjour, Brigitte!

[r]
Bonjour, Paris!
Bonjour, Catherine!
Bonjour, Arthur!
Bonjour, Martine▽!

[wa]
Toi et moi,
moi et toi.
Au revoir!
Au revoir!

[õ]
M. Lecombe▽?
Non, non, Lacombe,
Charles Lacombe.
Bonjour, M. Lacombe!

[ɑ̃]
Je m'appelle
Mme Blanchard.
Comment?
Blan-chard,
Brigitte Blanchard!

[ɛ̃] : [in]
Moi, un voisin.
Toi, une voisine.
Moi, je suis Martin▽.
Et tu t'appelles Catherine.

Zu Itinéraire I

Begrüßung, Vorentlastung:

- L: Bonjour! *Willkommen im Französisch-Unterricht. Bienvenue! Je m'appelle [Vor- und/oder Nachname]. Je suis Mme/M. [Nachname]; je suis le prof. de français.* (*Je m'appelle* und *je suis* sind im Prinzip nicht völlig austauschbar. *Je suis* … findet vorzugsweise Verwendung, wenn der Angesprochene von der sich vorstellenden Person schon einmal gehört hat. Im Lektionstext stellt sich z. B. B. Rigot als der Ehemann von C. Rigot vor, die ihren Namen als erste nennt: *Je m'appelle C. Rigot.)*
- L ermuntert mit Gestik zum Nachsprechen: *Bonjour, madame/monsieur!* L übt *je m'appelle* ein, indem er einige S nach ihren Namen fragt: *Moi* (Gestik), *je m'appelle X. Et toi?* (Blickkontakt). *Je m'appelle*, wenn erforderlich, vorgeben.
- Beim Ausfüllen des Sitzplans (vgl. Texterarbeitung S. L 2) werden zunächst *tu es* …, *le voisin, la voisine* eingeführt: *Tu es [schon eingeführter S-Name]. Et le voisin, la voisine?* (Blickkontakt) *Toi, tu es …?* (Der bestimmte Artikel wird in Lektion 2 systematisch eingeführt; S verstehen ihn aus dem Zusammenhang heraus.)
- L überprüft dann seine Aufzeichnungen, z. B.: *C'est Brigitte, et la voisine, c'est Claudia. C'est Brigitte avec Claudia.* Ist der/die Nächstsitzende abwesend, so kann man fragen: *Et la voisine/le voisin, qui est-ce?*
  Qui est-ce? läßt sich auch einführen, indem man vorgibt, einen Namen falsch eingetragen zu haben, z. B.: *Tu es Marco? Oui? – Ah non? Toi, tu es …? Et Marco, qui est-ce?*

Einführung der Abschnitte 1-3 (Folie Nr. 1):

Variante 1 (nur französisch):
Bild 1 – L: *C'est une rue à Paris.* Rückfrage: *C'est une rue à Bonn/Berlin?*
Bild 2 – L: *C'est Julien, Julien Rigot* (zeigen) *avec M. Rigot et avec Arthur* (zeigen). *Arthur est un perroquet.*
Bild 3 – L: *Et c'est M. Rigot avec Mme Rigot et un monsieur. C'est M. Lacombe, un voisin.*
Rückfragen:
L (zeigt auf M. Lacombe): *C'est M. Rigot?* S: *Non, c'est M. Lacombe.* L: *M. Lacombe, qui est-ce?* S: *C'est un voisin.* L: *Arthur est un voisin?* S: *Non, c'est un perroquet.*
Es ist nicht zu erwarten, daß die Antworten auf Anhieb kommen, doch sollen S verstehen, daß sie zum Sprechen aufgefordert sind.

Variante 2 (Der Dialog zu Bild 3 wird auf deutsch vorbereitet.):
s. Texterarbeitung S. L 2. Die Vermittlung der Rahmenbedingungen geschieht wie oben (Variante 1).

Einführung der Abschnitte 4-8 (Folie Nr. 2):
s. Texterarbeitung S. L 3

Zu Itinéraire II

Diese kürzere, bilingual orientierte Einführung bietet sich an, wenn die Texterarbeitung vorwiegend unter dem Gesichtspunkt der Aufprägung und der bloßen Bedeutungserhellung gesehen wird und in dieser Phase auf ein interaktives Vorgehen weniger Wert gelegt wird. Wichtig ist bei dieser Methode, daß nicht ein Bedeutungsraten in der Muttersprache veranstaltet wird, sondern daß durch muttersprachliche Stimuli kurz vorher gehörte Ausdrücke der Zielsprache eingeprägt werden.
Diese muttersprachlichen Einschübe sollen innerhalb des Kurzzeitgedächtnisses erfolgen und so schnell ablaufen, daß die Bedeutung nur global erfaßt wird und Wort-für-Wort-Übersetzungen verhindert werden. Die längere rezeptive Phase dieses Verfahrens kann in manchen Unterrichtssituationen von Vorteil sein.

Zu Itinéraires I und II

- S können versuchen, das Wort *Boulangerie-Pâtisserie*, das auf Bild 1 erscheint, nachzusprechen. Es wird übersetzt und kann zum Anlaß phonetischer Betrachtungen gemacht werden.
- Auf den Apostroph wird nicht näher eingegangen. Die Wörter werden zunächst als Einheiten gelernt.

Zur Festigung des Textes

Im Bereich der Aussprache muß man sich darüber klar sein, daß die Fülle der von der Muttersprache abweichenden Laute nicht auf Anhieb in der ersten Lektion bewältigt werden kann. Hier hilft nur geduldiges Üben von Stunde zu Stunde. Deshalb sind auch jeder Lektion Ausspracheübungen beigegeben, und zwar in Lektion 1 die Übung 9 aus dem Schülerbuch und die Übung 6 aus dem *Cahier d'activités*.
Durch die erforderlichen phonetischen Korrekturen darf die Sprechbereitschaft der S nicht beeinträchtigt werden. Im Unterrichtsgespräch wird man die falsch gesprochenen Ausdrücke korrekt wiederholt in neuen Bezügen verwenden und sich die wichtigsten Verstöße für eine spätere gezielte Übung notieren. Die Kassetten sollten nicht nur zur Texteinführung Verwendung finden. S müssen zum Hören angeleitet werden.
Von der Muttersprache, bzw. vom jeweiligen Dialekt abweichende Laute werden erfahrungsgemäß nicht oder nur unvollständig wahrgenommen. Jeder S sollte möglichst auch zu Hause über die S-Kassette verfügen, um das Hören und die Aussprache zu schulen und ggf. Teile der Lektionstexte als Diktat schreiben zu können.
Sowohl in den Übungen, z. B. in der Übung 8 aus dem Schülerbuch, als auch in den Vorschlägen zur Festigung sind bereits Ansätze zum freieren Sprechen vorgezeichnet. Die in Lektion 1 eingeführten Redemittel eignen sich in besonderem Maße zur Reorganisation. So benützt man das in der Festigung praktizierte Nachspielen der Dialoge, um Varianten zu produzieren. Dabei wird die Tatsache, daß sich S die genaue Reihenfolge der kommunikativen Versatzstücke nicht immer merken kann, positiv genutzt.

Zu den Strukturen

Der unbestimmte Artikel im Singular

- L stellt Fragen zum Text anhand der Folien (Nr. 1, 2) und schreibt die Antworten an die Tafel in zwei Spalten (s. Kasten Nr. 4).
- S finden heraus, daß es im Französischen zwei Geschlechter gibt, und vergleichen mit dem Deutschen.
- S wird klar gemacht, daß sie die Substantive immer mit den Artikeln lernen müssen. Das *Cahier d'activités* bietet in der Übung 2 der Lektion 2 A einen Lerntip zur Memorierung der Geschlechter.

		TB
M. Lacombe, qui est-ce?	C'est **un** voisin.	
Mme Blanchard, qui est-ce?		C'est **une** voisine.
Arthur, qui est-ce?	C'est **un** perroquet.	
C'est une rue à Bonn/Berlin?		Non. C'est **une** rue à Paris.

Nr. 4

Das Verb être im Präsens Singular

Spiel: Stimmen identifizieren

S steht mit dem Rücken zur Klasse oder hinter einer an einem Kartenständer aufgehängten Wandkarte.
Er muß erraten, wer von seinen Mit-S eine kürzere Passage aus der Lektion liest. Wenn dies nicht gelingt, liest der nächste.

Gesprächsverlauf: – Tu es Martina. Oui, c'est Martina!
– Oui, c'est moi, Martina./
Non, je suis Claudia.

LEÇON 1 DIDAKTISCH-METHODISCHE HINWEISE

Die Intonationsfrage
Die nachstehende Liste von Sätzen wird ohne Satzzeichen an die Tafel geschrieben mit der leeren Tabelle daneben. S übertragen beides in ihr Heft.
L fügt ggf. weitere Sätze hinzu. L liest die Sätze mit der entsprechenden Intonation vor. Aufgabenstellung: *Hört die folgenden Sätze an; stellt fest, welche unter ihnen Fragen sind und welche nicht, und macht ein Kreuz in die entsprechende Spalte.* Nach Korrektur der Übung werden die Satzzeichen gesetzt. S lesen die Sätze mit der richtigen Intonation vor.

	Frage	Aussage
1. Julien est un perroquet?		
2. M. Lacombe est un voisin.		
3. Mme Blanchard est une voisine?		
4. C'est une rue à Paris?		
5. C'est un exemple.		

Zur Landeskunde

- Es bietet sich an, zunächst einmal das Paris-Photo S. 7 mit S anzusehen und im Unterrichtsgespräch zu kommentieren: Triumphbogen, Eiffelturm, *Arche de la Défense* und *Boulevard périphérique* (die Stadtgrenze) können so u.a. erwähnt werden. Ebenfalls wird besprochen, daß die Endnummer des Autokennzeichens Auskunft über das *département* gibt, in dem der Wagen angemeldet ist:
  Hier steht 35 für *l'Ille-et-Vilaine,* dessen *Chef-lieu Rennes* ist. S schließen also daraus, daß die Familie Rigot zumindest aus der Gegend von Rennes kommen muß (s. Frankreichkarte).
- In Frankreich spricht man jüngere, nicht selten auch ältere unverheiratete Damen mit *mademoiselle* an.

VORSCHLÄGE ZUR LEISTUNGSÜBERPRÜFUNG

Bildgeschichte ➛ Folie Nr. 3
L zeigt die Bildgeschichte auf der Folie, nachdem er folgende Sätze an die Tafel geschrieben hat:

a) – Qui est-ce?
b) – Je suis madame Lacombe.
c) – C'est toi, Julien? Tu es bête!
d) – Je m'appelle Lacombe. Je suis une voisine.
e) – C'est Arthur, un perroquet.
f) – Bonjour, madame! Je suis Julien Rigot!

L liest nun die Übungsanweisungen vor:
Madame Lacombe möchte auch die Familie Rigot kennenlernen. Sie läutet an der Wohnungstür. Sie hat schon von Julien, aber noch nichts von Arthur gehört. *Wählt die passenden Inhalte für die Sprechblasen aus.*
S schreiben ihre Lösungen auf und besprechen sie dann im Klassenverband.

Lösungen: 2 b; 4 d; 5 c; 6 f, a; 7 e

LEÇON 2 A Que fait Julien?

Thema: Wohnung: einige Räumlichkeiten und Möbelstücke
Situativer Rahmen: Einräumen der neuen Wohnung
Textsorte: Dialog mit Einleitung und Überleitungen

Anmerkungen		Lerninhalte	SB Ex.	CdA Ex.
		Kommunikative Schwerpunkte:		
s. u. (Grammatik)	◄	– Informationen einholen und geben: *Que fait …? Qu'est-ce que c'est? Qui est …? Il travaille ou il joue? C'est une BD.*	1, 2, 3	3
s. u. (Grammatik)	◄	– Auffordern: *Regarde.*	4	4
		Wortschatz:		
Erg. in Lk. 2 B	◄	– Wohnung, Möbel	2, 4	1, 2
Erg. in Lk. 4	◄	– Familie	1	1, 2
		Grammatik:		
Zusammenfassung des Artikelsystems im Sg.	◄	– Der best. Art. Sg. (inkl. Elision), GBH § 5	1, 2, 4	2
Sous in Lk. 10 A	◄	– Die Präpositionen *dans, de, sur, pour*		
		– Die Verben auf *-er:*		
1. und 2. Ps. Sg. in Lk. 2 B	◄	• 3. Ps. Sg. Präs. *(il* und *elle,* GBH § 6)	3	3
Schwerpunktmäßig in Lk. 2 B	◄	• Imper. Sg.	4	4
Qui est-ce? bereits in Lk. 1 eingeführt	◄	– Die Fragen: *Que fait …? Qu'est-ce que c'est?*	1, 2, 3	
Interkulturelles:		– Die Comics in Frankreich	LB	S. L 18

Folien: (A + B)	– Nr. 4: Abb. Text 2A, SB S. 14 – Nr. 5: Transfer: Erweiterung von Lk. 2A, SB Ex. 3 (3. Ps. Sg. der bekannten Verben auf *-er*); Hinweise: LB S. L 16 – Nr. 6: Transfer: Grundriß einer Wohnung; Hinweise: LB S. L 19, L 23

Thema: Wohnung: weitere Räumlichkeiten
Situativer Rahmen: Suche nach entlaufenem Haustier
Textsorte: Dialog

Anmerkungen		Lerninhalte	SB Ex.	CdA Ex.
		Kommunikative Schwerpunkte:		
Erg. zu Lk.1; jdn. begrüßen, sich verabschieden: s. *Rév.* S. 121	◀	– Jdn. begrüßen	5	
s. u. (Grammatik)	◀	– Auffordern: *Cherche dans la salle de bains. Entre.*	4	6, 7
s. u. (Grammatik)	◀	– Informationen einholen und geben: *Où est …?, Qui est …?*	2, 3	8, 10
s. in den verschiedenen Übungen	◀	– Ausdrücke für das Unterrichtsgespräch		
		Wortschatz:		
Erg. zu Lk. 2A; *Rév.* S. 121	◀	– Wohnung (weitere Räumlichkeiten)	2	
Trouver bereits in Lk. 2A	◀	– *Chercher, aimer*	1	
Erst in SB Ex. 4; *merci* in Lk. 3B	◀	– *S'il te plaît*	4	
		Grammatik:		
		– Das Personalpronomen *on*	4	6
		– Die Verben auf *-er*, GBH § 7:		
Zusammenfassung des Sg. der Verben auf *-er*	◀	• Die 1. und 2. Ps. Sg. Präs.	4	6, 7
Der Imper. Pl. in Lk. 4	◀	• Der Imper. Sg. (Vertiefung)	4	6, 7
		– Die Fragen:		
		• Die Intonationsfrage		8, 10
Qui est …? bereits in Lk. 2 A, SB Ex. 1	◀	• Die Ergänzungsfrage: *Où est …?, Qui est …?*	2, 3	8, 10
		Phonetische Schwerpunkte:		
		– [ɛ], [e], [ə]; [i], [ɥi], [wi]; [ɛ̃]: [in]	6	

Textverständnis:	– A propos du texte	SB	Ex. 1
Integration und Transfer:	– En français: Redemittel von Lk. 1 und Lk. 2	SB	Ex. 5
	– *Qui est-ce? Qu'est-ce que c'est? Que fait …?*; Der best. und unbest. Art. Sg.	CdA	Ex. 5
	– Einige Präpositionen	CdA	Ex. 8
	– Übersetzung	CdA	Ex. 9
	– Redemittel von Lk. 1 und Lk. 2	CdA	Ex. 11
	– Bildgeschichte	CdA	Ex. 12
Interkulturelles:	– *Ça va? Ça va.*	LB	S. L 25
Ecouter et comprendre:	– Hörszenen, Rundfunkmitschnitt: Redemittel von Lk. 1 und Lk. 2	SB	S. 100
Lire et comprendre:	– Lesevergnügen	CdA	Ex. 13
D'une leçon à l'autre:	– Vorentlastung: Der unbest. Art. Pl.; Sachfeld Schulsachen; *qu'est-ce qu'il y a …?*	SB	S. 21

LEÇON 2

A Que fait Julien?

(1) M. Rigot, le père de Julien, entre dans la cuisine.
Il porte un carton. Il pose le carton sur une étagère.
M. Rigot: Ouf!
Mme Rigot: Encore un carton?
M. Rigot: Oui, chérie.

(2) La mère de Julien regarde l'étiquette.
Mme Rigot: Mais regarde, Bernard.
Le carton est pour Julien.
A propos, que fait Julien?
Il travaille ou il joue?
M. Rigot: Il installe l'ordinateur.

(3) Mme Rigot porte le carton dans la chambre de Julien.
Elle entre … et elle trouve Julien sur le lit.
Mme Rigot: Alors, monsieur travaille ou il regarde une BD?
Julien: Mais maman! Regarde.
Mme Rigot: Qu'est-ce que c'est?
Julien: C'est une BD en allemand.

Folie:
4

LEÇON 2

A TEXTERARBEITUNG

Itinéraire I

Vorbemerkung: Bei diesem Verfahren werden die neuen Strukturen lexikalisch eingeführt.

- Abschnittweise Erarbeitung des Textes. Bei den Abschnitten 1 und 3 eventuell Einführung der dialogischen und der nicht-dialogischen Teile in zwei Schritten:
  - L führt zunächst die Ausdrücke ein, die sich mit Hilfe der Folie oder der Abbildungen zum Text leicht erschließen lassen (s. 'Leicht erschließbare Ausdrücke', Kasten Nr. 4, S. L 17).
  - Die schwer erschließbaren Ausdrücke (s. u. Kasten Nr. 1) können anhand der Semantisierungsvorschläge S. L 17 vorgestellt werden.
  - Die neuen Vokabeln werden nach und nach an die Tafel geschrieben. S lesen und übersetzen sie.
  - Der Abschnitt wird von der Kassette abgespielt oder vorgelesen.
  - L überprüft das globale Verständnis.
- Der gesamte Text wird von der Kassette abgespielt oder vorgelesen. S lesen mit.
- Die verbliebenen Schwierigkeiten werden geklärt. L stellt Fragen zum Text.

Schwer erschließbare Ausdrücke:

Abschnitt 1 und Überschrift:	Que fait ...?; entrer; il entre; poser qc; encore; chérie
Abschnitt 2:	regarder qc, regarde (Imper.); mais ; pour; travailler; jouer; installer qc
Abschnitt 3:	elle; trouver qc; en allemand

Nr. 1

Itinéraire II

- Zur Vorentlastung des Textes kann man das Tafelbild im Kasten Nr. 2 einsetzen. (Die neuen Strukturen werden hier lexikalisch eingeführt.)
- Zusätzlich können mit Hilfe der Folie Nr. 4 oder der Abbildungen im Schülerbuch die Strukturen *Qu'est-ce que c'est?, Que fait ...?, il/elle* + einige Verben auf *-er* in der 3. Person Singular vorweg eingeführt werden (s. 'Vorschlag zur Vorentlastung der Strukturen', S. L 17).
- Die restlichen Ausdrücke werden zu einem Teil mit Hilfe der Folie Nr. 4 oder der Abbildungen im Schülerbuch (s. 'Leicht erschließbare Ausdrücke', Kasten Nr. 4, S. L 17) und zum anderen Teil im Rahmen einer Hinführung zum Text (s. 'Hinführung zum Text', S. L 18) erschlossen. Die neuen Vokabeln werden nach und nach an die Tafel geschrieben. S lesen und übersetzen sie.

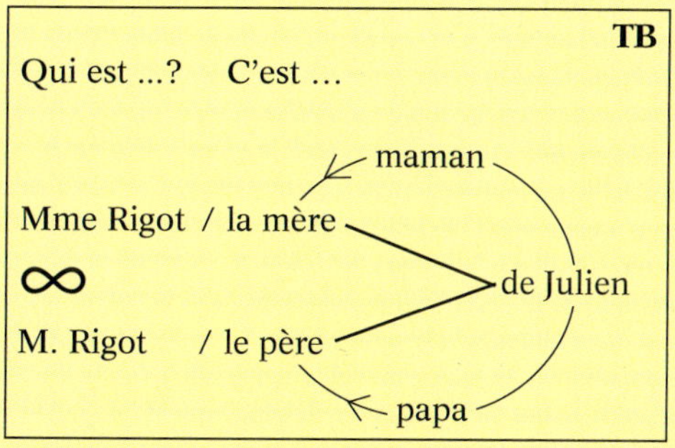

Nr. 2

- Der Text wird nun abschnittweise erarbeitet:
  - Der Abschnitt wird von der Kassette abgespielt oder vorgelesen.
  - L stellt Fragen zum globalen Verständnis.
- Der gesamte Text wird von der Kassette abgespielt oder vorgelesen. S lesen mit.
- Die verbliebenen Schwierigkeiten werden geklärt. L stellt Fragen zum Text.

FESTIGUNG

- Der gesamte Text wird satzweise erst still mitgelesen, dann laut nachgelesen (durch einzelne S oder im Chor); L achtet auf die phonetische und intonatorische Korrektur.
- Anschließend wird der Text mit verteilten Rollen vorgelesen.
- L geht auf orthographische und phonetische Besonderheiten wie accent aigu und accent grave und die dadurch gekennzeichneten Varianten des *e*-Lautes sowie auf die Elision ein.
- Der Text wird entweder anhand von L-Fragen oder nur mit Hilfe der Folie Nr. 4 und/oder mit den Vorgaben aus dem Kasten Nr. 3 rekonstruiert.
- s. weitere Vorschläge S. L 18

Abschnitt 1:	entre/cuisine; carton/étagère; encore?
Abschnitt 2:	regarde/étiquette; pour Julien; Julien? ... ou ...?; installe
Abschnitt 3:	carton/chambre; Julien/lit; alors; ... ou ...? regarde; ?; BD

Nr. 3

LEÇON 2 A EXERCICES

Ex. 1 ➛ CdA 2 ➛ GBH § 5

Schwerpunkte: Identifizieren der Schülerbuch-Figuren. *Le, la. Qui est …?*

Lösungen:

1. – Qui est Mme Blanchard? – C'est **la** voisine de M. et de Mme Rigot.
2. – Qui est Arthur? – C'est **le** perroquet de Julien.
3. – Qui est M. Lacombe? – C'est **le** voisin de M. et de Mme Rigot.
4. – Qui est Mme Rigot? – C'est **la** mère de Julien.

Hinweis:
Diese Übung kann auf die Klassensituation übertragen werden, wobei jeder S als *le voisin* oder *la voisine* eines anderen bezeichnet werden kann.

Ex. 2 ➛ CdA 1, 2 ➛ GBH § 5

Schwerpunkte:
a, b Bezeichnung von bestimmten Gegenständen und Räumlichkeiten. Der unbest. Art. (Wdh.).
b Der best. Art. (einschl. *l'*). *Qu'est-ce que c'est?*

Hinweis: Bei dieser Übung können S abwechselnd die L-Rolle übernehmen.

Lösungen:

a
1. C'est **un** lit.
2. C'est **une** étagère.
3. C'est **un** ordinateur.
4. C'est **un** carton.
5. C'est **une** BD.
6. C'est **une** chambre.

b
1. – C'est **le** lit de Julien?
   – Oui. C'est **le** lit de Julien.
2. – C'est **l'**étagère de Catherine Rigot?
   – Non. C'est **l'**étagère de Brigitte Blanchard.
3. – C'est **l'**ordinateur de Charles Lacombe?
   – Non. C'est **l'**ordinateur de Bernard Rigot.
4. – C'est **le** carton d'Arthur?
   – Oui. C'est **le** carton d'Arthur.
5. – C'est **la** BD d'Isabelle?
   – Oui. C'est **la** BD d'Isabelle.
6. – C'est **la** chambre de M. et de Mme Blanchard?
   – Oui. C'est **la** chambre de M. et de Mme Blanchard.

Neu: *en français*

A EXERCICES

1 Qui est qui? *(§5)*

Posez des questions et répondez.

Exemple: – Qui est M. Rigot?
– C'est **le** père de Julien.

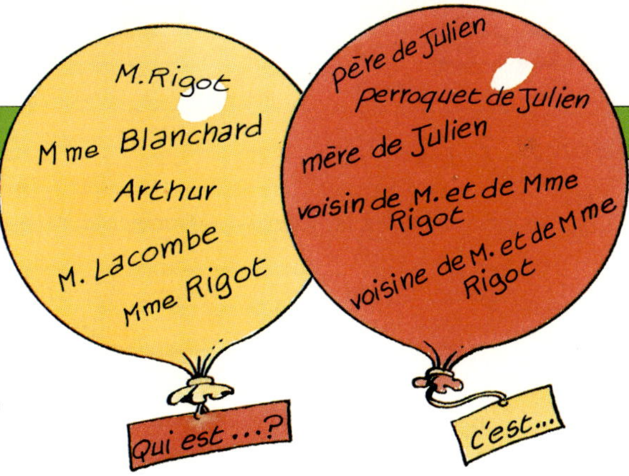

2 Qu'est-ce que c'est? *(§5)* *Posez des questions et répondez.*

a *Exemple:*
– Qu'est-ce que c'est en français▽?
– C'est **une** cuisine.

1. – Qu'est-ce que c'est en français?
– C'est ... *Continuez.*

b *Exemple:*
– C'est **la** cuisine de M. et de Mme Blanchard?
– Non. C'est **la** cuisine de M. et de Mme Rigot.

1. – C'est le lit de Julien?
– Oui. C'est ... *Continuez.*

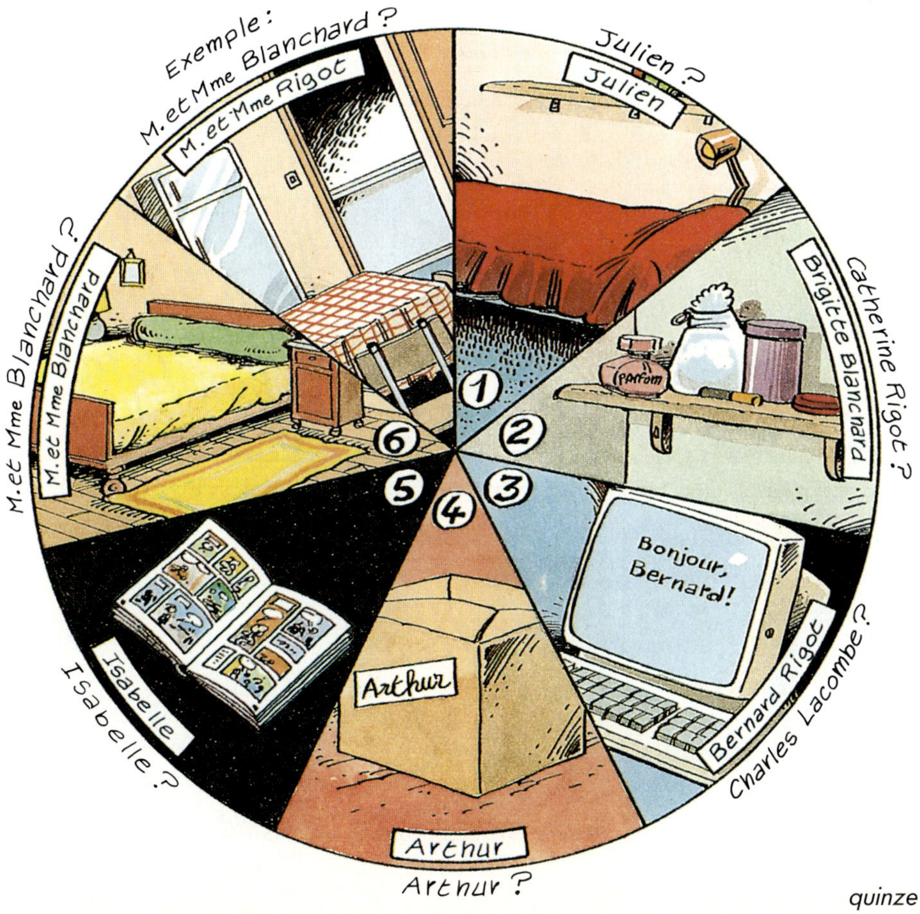

2 EXERCICES

3 Que fait ...? *(§§ 6, 7)*

Trouvez les verbes et complétez les phrases. (Findet die Verben und vervollständigt die Sätze.)

Exemple: E T E R N
– Que fait Isabelle?
– **Elle entre** dans la chambre de Julien.

1. O S P E
– Que fait Julien?
– ... une BD sur le lit.

2. S I T L E A N L
– Que fait M. Rigot?
– ... l'ordinateur de Julien.

3. E A R G R E D
– Que fait Isabelle?
– ... une étiquette.

4. P R T O E
– Que fait Mme Rigot?
– ... un carton.

5. O U E J
– Que fait Arthur?
– ... avec Julien.

6. L E L V I A R T A
– Que fait Brigitte Blanchard?
– ... dans la cuisine.

4 Un carton pour Julien *(§ 5)*

un	une	
le	l'	la

Complétez les phrases.

Ex. 3 ➛ CdA 3 ➛ GBH §§ 6, 7 ➛ Folie Nr. 5

Schwerpunkte: Verben auf *-er* in der 3. Ps. Sg. Präs. *Il, elle. Que fait …?*

Hinweis: Schriftliche Durchnahme wird empfohlen.

Lösungen:
1. **Il pose** une BD sur le lit.
2. **Il installe** l'ordinateur de Julien.
3. **Elle regarde** une étiquette.
4. **Elle porte** un carton.
5. **Il joue** avec Julien.
6. **Elle travaille** dans la cuisine.

Neu: Arbeitsanweisung: *Trouvez les verbes et complétez les phrases.*

Transfer:
Diese Übung kann durch einen Transfer auf der Grundlage der Folie Nr. 5 ergänzt oder ersetzt werden. Aufgabenstellung: *Betrachtet die Bilder auf der Folie und beschreibt, was die abgebildeten Figuren tun.* Dieser Transfer kann schriftlich oder mündlich gemacht werden.

Lösungen:
1. Mme Rigot **trouve** Arthur dans un carton.
2. M. Rigot **travaille** dans la cuisine.
3. Isabelle **joue** avec Arthur.
4. Mme Blanchard **entre** dans la cuisine.
5. M. Rigot **porte** une étagère avec M. Lacombe.
6. Mme Rigot **installe** l'ordinateur.
7. Isabelle **regarde** une BD.
8. Julien **pose** un carton sur le lit.

Ex. 4 ➛ CdA 4 ➛ GBH § 5

Schwerpunkt: Integration von best. und unbest. Art. Imper. Sg.

Lösungen:
1. M. Rigot entre dans **la** cuisine: Il porte **un** carton.
   M. Rigot: Encore **un** carton, chérie! **Le** carton est pour Julien ou pour toi?
2. *Mme Rigot*: Mais regarde **l'**étiquette, Bernard. **Le** carton est pour Julien. […]
3. Alors, M. Rigot porte **le** carton dans **la** chambre de Julien.
4. M. Rigot entre dans **la** chambre. Julien est sur **le** lit. Il regarde **une** BD.
   La BD est en français.
   M. Rigot: Julien, pose **la** BD sur **l'**étagère et installe **l'**ordinateur. […]

Neu: *pour toi; papa*

LEÇON 2 A DIDAKTISCH-METHODISCHE HINWEISE

Zu Itinéraires I und II

Leicht erschließbare Ausdrücke:

vom Dt./Engl. her	vom Visuellen her		vom Kontext her	
1 un carton	1 une cuisine	2 un ordinateur	1 le père	2 l' *(m./f.)*
1 Ouf!	1 porter qc	3 une chambre	1 de	2 ou
2 une étiquette	1 une étagère	3 un lit	1 dans	3 alors
2 à propos	2 la mère	3 une BD	1 la	3 monsieur
3 maman			1 sur	3 Qu'est-ce que c'est?

Nr. 4

Zu Itinéraire I

Vorschläge zur Einführung der schwer erschließbaren Ausdrücke

Vorbemerkung: Im folgenden sind nur die schwer erschließbaren Ausdrücke unterstrichen.

- Abschnitt 1:
  Tafelbild zu *entrer:* . L (deutet auf Bild 1 und auf das Tafelbild): *M. Rigot entre dans la cuisine. Que fait M. Rigot? Il entre dans la cuisine.* Kontrollfrage: L (deutet auf Bild 3): *Et que fait Mme Rigot?*
  S: *Mme Rigot entre dans la chambre de Julien.*
  L (deutet auf Bild 1 und legt zugleich ein Buch auf den Tisch): *M. Rigot pose le carton* sur *une étagère.* Kontrollfrage: L: *Que fait M. Rigot?* S: *M. Rigot pose le carton sur une étagère.*
  encore und *chérie:* versuchen S aus dem Zusammenhang heraus zu erschließen; diese Wörter werden ggf. übersetzt.
- Abschnitt 2:
  L (deutet auf Bild 2): *C'est un flipper▽? Julien joue au▽ flipper▽? Il joue? Mais non, c'est un ordinateur. Julien installe l'ordinateur. Il travaille* (TB: *jouer ≠ travailler). Et que fait Mme Rigot? Mme Rigot regarde l'étiquette. Le carton est pour Mme Rigot? Mais non! Il est pour Julien.* Kontrollfragen: L: *Julien joue?* S: *(Mais) non. Il travaille.* L: *Julien installe une radio▽?* S: *(Mais) non. Il installe un ordinateur.* L (zeigt auf die Etikette): *Que fait Mme Rigot?* S: *Mme Rigot regarde l'étiquette.* L: *Le carton est pour M. Rigot?* S: *Non. Le carton est pour Julien.*
  L: *Mme Rigot dit: Regarde, chéri▽. Regarde l'étiquette. Le carton est pour Julien. Regarde* durch Gestik verdeutlichen oder übersetzen lassen.
- Abschnitt 3:
  L (deutet auf Bild 3): *C'est la cuisine?* S: *Non, c'est la chambre de Julien.* L (deutet auf den Karton und macht die Geste des Tragens): *Que fait Mme Rigot?* S: *Mme Rigot porte un carton dans la chambre de Julien.* L: *C'est exact▽. Elle porte un carton. Elle entre dans la chambre et elle trouve Julien sur le lit.* Kontrollfragen: L: *Elle trouve Julien dans le lit?* S: *Mais non. Elle trouve Julien sur le lit.* L: *Julien travaille?* S: *Non! Il regarde une BD.* L (deutet auf den Titel der Comics, die auf Bild 3 in der Lupe erscheinen): *Mais oui, Julien travaille! Il regarde une BD en allemand!*

Zu Itinéraire II

Vorschlag zur Vorentlastung der Strukturen

- Best. Artikel + Nomen + *de*
  Alternative zur Einführung durch das vorgeschlagene Tafelbild (Kasten Nr. 2, S. L 14) oder Hinführung zu diesem Tafelbild:
  - Arthur, qui est-ce?
  - Arthur, c'est un perroquet.
    C'est **le** perroquet **de** Julien.
  - Mme Blanchard, qui est-ce?
  - Mme Blanchard, c'est une voisine.
    C'est **la** voisine **de** M. et **de** Mme Rigot.
  - Et Mme Lacombe?
    (als Kontrollfrage)

  (Zeigen auf die Bilder 2 und 3, Abb./Folie Nr. 4)
  - C'est un ordinateur.
    C'est **l'**ordinateur **de** Julien.
  - C'est une étagère. C'est **l'**étagère **de** Julien.
- *Qu'est-ce que c'est?, il, elle* und *que fait …?* (Bilder 1 und 2)

	– **Qu'est-ce que c'est?**	– C'est un carton. – C'est une étiquette.	**TB**
M. Rigot porte un carton. →	– **Que fait** M. Rigot?	– **Il** porte un carton.	
Mme Rigot regarde l'étiquette. →	– **Que fait** Mme Rigot?	– **Elle** regarde l'étiquette.	

Nr. 5

Hinführung zum Text
Vorbemerkung: Im folgenden sind die schwer erschließbaren Ausdrücke unterstrichen, die in der Vorentlastungsphase noch nicht vorgekommen sind.
Tafelbild zu *entrer*: 
L (zeigt auf Bild 1 und auf dieses Schema): *M. Rigot entre dans la cuisine. Il porte un carton.*
L (zeigt auf Bild 1 und legt zugleich ein Buch auf den Tisch): *M. Rigot pose le carton sur une étagère. Mme Rigot dit: Regarde l'étiquette. Encore un carton pour Julien!*
L (deutet auf Bild 2): *Mme Rigot dit: Que fait Julien? Il joue? Il joue au*▿ *football*▿*? M. Rigot dit: Mais non, chérie. Julien travaille* (TB: *jouer ≠ travailler*). *Il installe l'ordinateur.*
L (deutet auf Bild 3): *Mme Rigot porte le carton dans la chambre de Julien. Elle trouve Julien sur le lit. Julien joue? Non. Il travaille. Il regarde une BD en allemand.*

Zur Festigung des Textes

- Beim Vorlesen des Textes können die Rollen von Vater und Mutter vertauscht werden. Dabei lassen sich in Abschnitt 1 die männliche Form *chéri* und in Abschnitt 3 analog zu *maman* die für S problemlose (und in der Übung 4 erscheinende) Anrede *papa* mühelos einführen.
- Zur Umwälzung des Textes können auch S abwechselnd Fragen stellen. L weist darauf hin, daß man mit den Strukturen *Qui est-ce?/Qu'est-ce que c'est?/Que fait …?* und mit zum Widerspruch provozierenden Fragen (*C'est la chambre de Mme Rigot?*) operieren kann.
- Text eventuell auswendig lernen lassen. In einer der folgenden Stunden können die Situationen nachgespielt werden (ggf. noch mit Vorgabe der Bilder zu den einzelnen Textabschnitten).

Zu den Strukturen

Der bestimmte Artikel im Singular
L entwirft ein vierspaltiges Tafelbild mit den Überschriften le/la /l'/?
- Stillarbeitsphase. Aufgabenstellung: *Sammle die Nomen des Textes und ordne sie den verschiedenen Formen des bestimmten Artikels zu. Wenn du nicht sicher bist, trägst du das Wort mit dem unbestimmten Artikel in die letzte Spalte ein.*
- Auswertung im Unterrichtsgespräch: Die Ergebnisse werden an der Tafel zusammengetragen. S stellen fest, daß *le* und *un* vor *carton* vorkommen können. Mit der Unterstützung von L können S zu folgendem Schluß kommen: Wenn *le* (*père*) maskulin ist, so ist *la* (*mère*) vermutlich feminin. S bilden nun eine Hypothese über den Sinn der Elision. Zum Schluß werden *étagère* und *BD* den entsprechenden Spalten zugeordnet, und das Genus der Wörter in der dritten Spalte wird nachgetragen.
- Das Tafelbild wird eventuell durch bereits bekannte Vokabeln ergänzt.
- Weitere Aufgabenstellung: *Bildet Sätze, die je mindestens ein Wort aus dem Tafelbild enthalten.*

TB

le	**la**	**l'**	**?**
père	cuisine	étiquette (f)	
carton	mère	ordinateur (m.)	
lit	chambre	étagère (f.) ←	une étagère
	BD ←		une BD

Nr. 6

Verben auf *-er* in der 3. Person Singular Präsens
- Leitfrage: *Que fait M. Rigot/Mme Rigot/Julien?*
L zeichnet an die Tafel ein dreispaltiges Tafelbild mit den Überschriften M. Rigot/Mme Rigot/Julien.
- Stillarbeit oder Gruppenarbeit. Aufgabenstellung: *Sammelt die Verben des Textes, die ausdrücken, was die Figuren wirklich oder vielleicht tun. Tragt die Verben in die verschiedenen Spalten ein.*
- Auswertung: Die Ergebnisse werden an die Tafel geschrieben. S können jetzt nacherzählen, was die einzelnen Figuren im Verlauf des Textes wirklich oder vermeintlich tun, ohne dabei die zeitliche Abfolge im Text beachten zu müssen. Die Verwendung der Personalpronomina bietet sich nun ganz natürlich an. Damit sie in dem Kasten nachgetragen werden können, ist beim Tafelbild und in den Heften vorher entsprechend Platz zu lassen.

TB

M. Rigot *(il)*	**Mme Rigot** *(elle)*	**Julien** *(il)*
entre	regarde	travaille
porte	porte	joue
pose	entre	installe
	trouve	regarde

Nr. 7

Interkulturelles

Comics sind bei jungen Franzosen (aber auch bei älteren) beliebt: weitere Verbreitung, größere Akzeptanz als Teil der Kultur (im weiteren Sinne) als in Deutschland (Beispiele: *Astérix, Boule et Bill, les Stroumpfs, Tintin*).

Folien:
4, 6

B TEXTERARBEITUNG

Itinéraire I

- Anhand der Folie Nr. 6 zum Sachfeld Wohnung oder eines Tafelbildes werden bei geschlossenen Büchern die bereits bekannten Wörter (*cuisine, chambre*) wiederholt und die neuen (*appartement, salle de bains* und *salle de séjour*) eingeführt.
- L führt die schwer erschließbaren Ausdrücke des gesamten Textes ein (s. Kasten Nr. 1 und die dazugehörigen Semantisierungsvorschläge S. L 23).
- S öffnen ihre Bücher und verdecken den Lektionstext so, daß die Abbildungen sichtbar bleiben. Der Text wird nun abschnittweise erarbeitet:
  - L liest den Abschnitt vor und erklärt die leicht erschließbaren Ausdrücke, die einer Erklärung bedürfen (s. Kasten Nr. 2, S. L 23), durch Gestik, Mimik und mit Hilfe der Abbildungen zum Text.
  - Der Abschnitt wird von der Kassette abgespielt oder vorgelesen.
  - L stellt Fragen zum globalen Verständnis.
- Nun wird der gesamte Text von der Kassette abgespielt oder vorgelesen. S lesen mit.
- Die verbleibenden Schwierigkeiten werden geklärt. L stellt Fragen zum Text.

Schwer erschließbare Ausdrücke:

Abschnitt 1 und Überschrift: où; Ça va?; Ça va; chercher qn/qc; Qui est …?; aimer qn; Et alors?
Abschnitt 3: la sœur d'Isabelle; on; ensemble*

* Vermutlich ist dieses Wort im Unterrichtsgespräch bereits vorgefallen. *Nr. 1*

Itinéraire II

- Wie bei *Itinéraire I* wird zunächst das Sachfeld Wohnung um die neuen Begriffe (*appartement, salle de bains, salle de séjour*) erweitert. Zu einer raschen Einführung kann der *Révisions*-Kasten auf S. 121 herangezogen werden.
- S öffnen die Bücher und verdecken den Text so, daß die Abbildungen sichtbar bleiben.
- L erzählt den gesamten Text mit eigenen Worten, semantisiert dabei die sinntragenden Wörter und stellt Kontrollfragen (s. 'Hinführung zum Text', S. L 23).
- Der gesamte Text wird von der Kassette abgespielt oder vorgelesen. S lesen mit.
- Die verbliebenen Schwierigkeiten werden geklärt. L stellt Fragen zum Text.

FESTIGUNG

- Der Text wird mit verteilten Rollen vorgelesen.
- Anschließend wird die Übung 1 aus dem Schülerbuch durchgenommen.
- Die bereits bekannten Ergänzungsfragen (s. Ex. 3 a, S. 19) werden an der Tafel zusammengetragen. S stellen Fragen zum Text.
- S tragen die im Text auftauchenden Formen des Verbs *chercher* zusammen und schreiben sie in richtiger Reihenfolge ins Heft. Die Endungen werden unterstrichen.
- S spielen den Text. Der Klassenraum verwandelt sich in Juliens Wohnung.
- s. weitere Vorschläge S. L 24 f.

B Où est Minnie?

1 *Isabelle:* Minnie? Minnie!
Julien: Salut, Isabelle! Ça va?
Isabelle: Oui, oui, ça va. Mais je cherche Minnie. Elle est dans l'appartement.
Julien: Qui est Minnie?
Isabelle: C'est une souris.
Julien: Tu joues avec une souris?
Isabelle: Oui. J'aime Minnie. Et alors?

2 *Isabelle:* Tu cherches Minnie avec moi?
Julien: D'accord. Cherche dans la salle de bains. Moi, je regarde dans la salle de séjour.
Isabelle: Minnie! Minnie!

3 *Julie:* Isabelle?
Julien: Entre.
Julie: Bonjour! Je suis Julie, la sœur d'Isabelle.
Julien: Salut, Julie!
Julie: Tu es Julien, non?
Julien: C'est ça.
Julie: Où est Isabelle?
Julien: Elle est dans la salle de bains. Elle cherche Minnie. On cherche la souris ensemble?
Julie: D'accord.

4 *Arthur:* Au secours! Au secours!
Julie: Regarde, Isabelle.
Julien: Hé! Minnie! Tu aimes le repas d'Arthur, hein?
Isabelle: Pauvre Arthur!

B EXERCICES

1 A propos du texte *(Zum Text)*

Relisez la leçon 2 B et complétez les phrases. (Lest noch einmal die Lektion 2 B . . .)

Exemple: Julien / Mme Blanchard / Isabelle | entre dans l'appartement de M. et de Mme Rigot.

→ Isabelle entre dans l'appartement de M. et de Mme Rigot.

1. Isabelle cherche | M. Rigot. / Minnie. / Julie.
2. Minnie est | la sœur de Julie. / la souris de Julien. / la souris d'Isabelle.
3. Isabelle | aime / regarde / porte | Minnie.
4. Isabelle cherche Minnie dans | la salle de bains. / la cuisine. / la salle de séjour.
5. Julien regarde dans | la chambre. / la salle de bains. / la salle de séjour.
6. Julie | trouve / cherche / est | la sœur d'Isabelle.
7. Julie | regarde une BD. / cherche Minnie avec Isabelle et Julien. / joue avec Arthur.
8. Julien trouve Minnie dans | la cuisine. / la salle de bains. / la salle de séjour.
9. Minnie aime | l'ordinateur de Julien. / le repas d'Arthur. / la BD de Julien.

2 A propos du vocabulaire *(Zum Wortschatz)*

a *Posez des questions et répondez.*

Exemple:

– Où est l'ordinateur de M. Rigot?
– Il est dans la cuisine.

1. souris d'Isabelle
2. BD de Julie
3. Arthur
4. carton de Mme Rigot
5. étagère de Julien
6. repas d'Arthur

b ☞ ***A vous, les architectes!*** *Dessinez le plan d'un appartement.*
(Hallo, Architekten! Zeichnet den Plan einer Wohnung und beschriftet die Zimmer.)

Ex. 1

Schwerpunkt: Textverständnis

Lösungen:
1. Isabelle cherche Minnie.
2. Minnie est la souris d'Isabelle.
3. Isabelle aime Minnie.
4. Isabelle cherche Minnie dans la salle de bains.
5. Julien regarde dans la salle de séjour.
6. Julie est la sœur d'Isabelle.
7. Julie cherche Minnie avec Isabelle et Julien.
8. Julien trouve Minnie dans la cuisine.
9. Minnie aime le repas d'Arthur.

Neu: Überschrift: *A propos du texte.* Arbeitsanweisung*: Relisez la leçon …*

Ex. 2 ➛ CdA 1

Schwerpunkte:
a Etwas räumlich ordnen. Sachfeld Wohung. *Où est …?*. Das Personalpron. der 3. Ps. Sg. (Wdh.).
b Spielerische Reaktivierung des Wortschatzes zum Sachfeld Wohnung

Hinweise:
b Dieser Übungsteil ist fakultativ. Schriftliche Durchnahme wird empfohlen. Dieser Übungsteil eignet sich zur Gruppenarbeit: Die Zimmer werden gemeinsam beschriftet.

Lösungen:

a

1. Où est la souris d'Isabelle?	– Elle est dans la cuisine.
2. Où est la BD de Julie?	– Elle est dans la salle de séjour.
3. Où est Arthur?	– Il est dans la chambre de M. et de Mme Rigot.
4. Où est le carton de Mme Rigot?	– Il est dans la chambre de Julien.
5. Où est l'étagère de Julien?	– Elle est dans la salle de bains.
6. Où est le repas d'Arthur?	– Il est dans la salle de bains.

Neu:
Überschrift: *A propos du vocabulaire.* In Arbeitsanweisung: *les architectes; Dessinez le plan d'un (appartement.)*

Ex. 3 ➛ CdA 5, 10 ➛ Folien 4, 5, 6

Schwerpunkte:
a, b, c Informationen einholen. Ergänzungsfragen: **a** Redemittelübersicht; **b** Anwendung; **c** Transfer in die Klassensituation

Hinweise:
S können versuchen, die bereits bekannten Formen der Ergänzungsfragen selbst zu rekapitulieren. L gibt jeweils an, wonach gefragt werden soll. S können die Redemittelübersicht heranziehen, um hier und bei gegenseitigem Abfragen bzw. Wiederholen von Redemitteln Fragen zu stellen. Für den fakultativen **c**-Teil wird der Gebrauch der Folien 4, 5 und 6 empfohlen.

Lösungen:
b *Dans l'appartement:*
1. Qui est Julie?
2. Et Isabelle, qui est-ce?
3. Que fait Isabelle dans la cuisine?
4. Minnie, qui est-ce?
5. Où est Minnie?

Dans la chambre de Julien:
1. Qu'est-ce que c'est?
2. Mais où est l'ordinateur?

Neu: Arbeitsanweisung: *Lisez les réponses.*

Ex. 4 ➛ CdA 6, 7 ➛ GBH § 7

Schwerpunkte:
a, **b** Verben auf *-er*. **a** Auffordern. Imper. Sg. **b** Auffordern. Zustimmen. Die Personalpron. *je, tu, on.* 1.-3. Ps. Sg. Präs.

Hinweis: Schriftliche Durchnahme wird empfohlen.

Lösungen:
a
1. **Cherche** la BD avec moi, s'il te plaît.
2. **Installe** l'ordinateur avec moi, s'il te plaît.
3. **Regarde** le texte avec moi, s'il te plaît.
4. **Joue** avec moi, s'il te plaît.
5. **Travaille** avec moi, s'il te plaît.
6. **Porte** le carton avec moi, s'il te plaît.

b
1. – **Je cherche** la BD. **Tu cherches** la BD avec moi? – D'accord, **on cherche** la BD ensemble.
2. – **J'installe** l'ordinateur. **Tu installes** l'ordinateur avec moi? – D'accord, **on installe** l'ordinateur ensemble.
3. – **Je regarde** le texte. **Tu regardes** le texte avec moi? – D'accord, **on regarde** le texte ensemble.
4. – **Je joue**. **Tu joues** avec moi? – D'accord, **on joue** ensemble.
5. – **Je travaille**. **Tu travailles** avec moi? – D'accord, **on travaille** ensemble.
6. – **Je porte** le carton. **Tu portes** le carton avec moi? – D'accord, **on porte** le carton ensemble.

Neu: In Überschrift: *s'il te plaît.* In Arbeitsanweisung: *Tu demandes ...*

3 Des questions

a On dit ... *So fragt man ...*

a) *nach einer Person:*
- **Qui est-ce?**
- C'est Bernard Rigot.
- **Qui est** Bernard Rigot? | Bernard Rigot, **qui est-ce**?
- C'est le père de Julien.

b) *nach einer Sache:*
- **Qu'est-ce que c'est?**
- C'est un ordinateur.

c) *nach einem Ort:*
- **Où est** M. Rigot?
- Il est dans la chambre de Julien.

d) *nach einer Tätigkeit:*
- **Que fait** M. Rigot?
- Il installe l'ordinateur de Julien.

b *Lisez les réponses et complétez les questions. (Lest die Antworten ...)*

Dans l'appartement:

Exemple: *Mme Rigot:* ~ ~ / *Julien:* **C'est Julie.** → *Mme Rigot:* Qui est-ce? / *Julien:* C'est Julie.

1. *Mme Rigot:* ~ ~ Julie?
   Julien: **C'est la sœur d'Isabelle.**
2. *Mme Rigot:* Et Isabelle, ~ ~?
   Julien: **C'est une voisine.**
   Elle est dans la cuisine.
3. *Mme Rigot:* ~ ~ Isabelle dans la cuisine?
   Julien: **Elle cherche Minnie.**
4. *Mme Rigot:* Minnie, ~ ~ ?
   Julien: **C'est la souris d'Isabelle.**
5. *Mme Rigot:* ~ ~ Minnie?
   Julien: **Dans la cuisine, maman.**
   Arthur: Au secours! Au secours!

Dans la chambre de Julien:

1. *Isabelle:* ~ ~?
   Julien: **C'est un ordinateur.**
2. *Isabelle:* Mais ~ ~ l'ordinateur?
   Julien: **Il est dans le carton.**

c ☞ ***A vous.*** *Posez des questions avec*

Qui est ...? / Qui est-ce? / Que fait ...? / Où est ...? / Qu'est-ce que c'est?

4 Porte l'étagère avec moi, s'il te plaît. *(§ 7)* *Tu demandes ... (Du bittest ...)*

a *Exemple:* porter l'étagère

→ **Porte** l'étagère avec moi, s'il te plaît.

1. chercher la BD
2. installer l'ordinateur
3. regarder le texte
4. jouer
5. travailler
6. porter le carton

b *Exemple:* porter l'étagère

→ – **Je porte** l'étagère. **Tu portes** l'étagère avec moi?
– D'accord, **on porte** l'étagère ensemble.

2 EXERCICES

5 En français

Du bist einige Tage zu Gast in der Familie deiner französischen Freundin Catherine/deines französischen Freundes Charles. Es klingelt. Du öffnest. Vor der Tür steht Julie/Julien. Ihr kennt euch noch nicht.

Travaillez en groupes. Jouez la scène. (Arbeitet in Gruppen ...)

a
1. Du begrüßt sie/ihn.
2. Sie/Er begrüßt dich und stellt sich vor. Sie/Er fragt, wie du heißt.
3. Du nennst deinen Namen.
4. Sie/Er fragt dich, ob es dir gut geht.
5. Du bestätigst, dass es dir gut geht.
6. Sie/Er fragt, wo Catherine/Charles ist.
7. Du sagst, dass sie/er im Wohnzimmer ist.
8. Du rufst Catherine/Charles.
9. Catherine/Charles kommt, begrüßt Julie/Julien und fordert sie/ihn auf hereinzukommen.

b *Imaginez la suite. (Denkt euch die Fortsetzung aus.)*

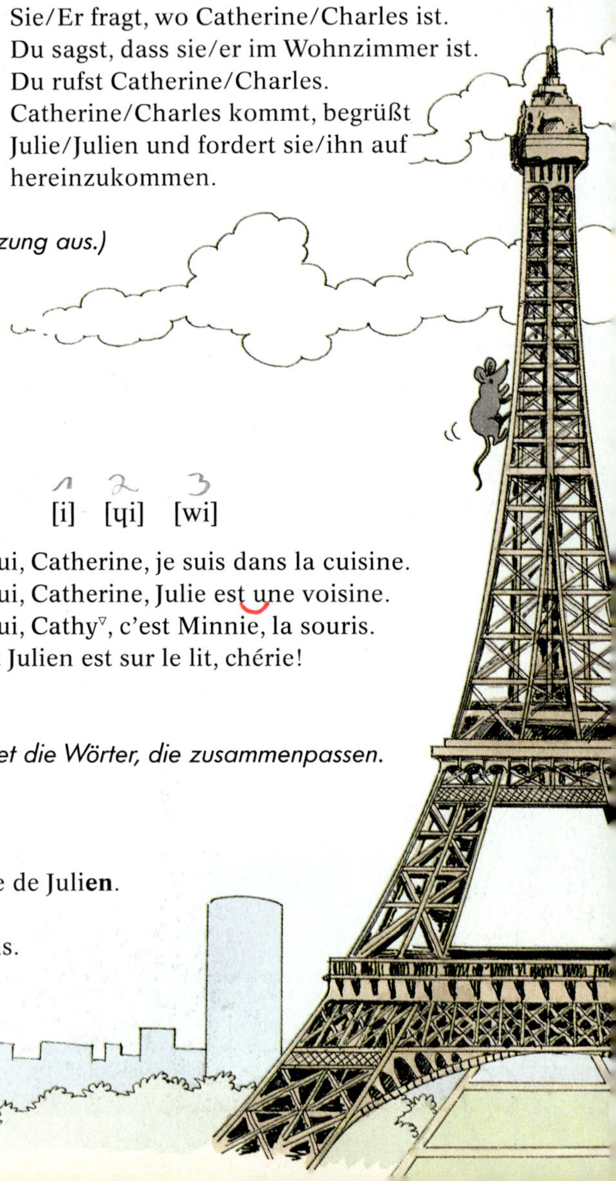

6 Jeu de sons

a *Répétez. (Sprecht nach.)*

[ɛ] [e] [ə]

La mère d'Isabelle cherche la souris.
Elle regarde sur le lit.
Et que fait le père?
Il regarde sur l'étagère.

[i] [ɥi] [wi]

Oui, Catherine, je suis dans la cuisine.
Oui, Catherine, Julie est une voisine.
Oui, Cathy▽, c'est Minnie, la souris.
Et Julien est sur le lit, chérie!

b *Trouvez les mots qui vont ensemble. (Findet die Wörter, die zusammenpassen. Das Reimwort bringt euch auf die Spur.)*

Exemple: Le voisin est ...
Le vois**in** est dans la chambre de Juli**en**.

1. Julie 2. La souris 3. Catherine 4. Julien	est	dans la salle de bains. dans la cuisine. sur le lit. à Paris.

Ex. 5 ➛ CdA 9, 11 ,12

Schwerpunkt: a, **b** Transfer: Integration der Redemittel der Lektionen 1 und 2

Hinweise:
Da diese Übung die erste ihrer Art im Schülerbuch ist, empfiehlt sich, S klarzumachen, daß sie nicht wörtlich übersetzen müssen. Schriftliche Durchnahme wird empfohlen. Der **b**-Teil dieser Übung ist eine fakultative Differenzierung für leistungsstärkere S.

Lösungen:
a 1. *[S]*: Bonjour!
2. *Julie/Julien:* Bonjour. Je m'appelle Julie/Julien. Et toi?
3. *[S]*: Je m'appelle … .
4. *Julie/Julien:* Ça va?
5. *[S]*: Oui, ça va.
6. *Julie/Julien:* Où est Catherine/Charles?
7. *[S]*: Elle/Il est dans la salle de séjour.
8. *[S]*: Catherine!/Charles!
9. *Catherine/Charles:* Salut, Julie/Julien! Entre.

b Julie/Julien entre dans l'appartement.
La sœur de Catherine/Charles est dans la cuisine.
Elle fait le repas.
La sœur de Catherine/Charles: On fait le repas ensemble?
Catherine/Charles: Oh, non!
[S]: Alors, on joue ou on regarde une BD ensemble?
Julie/Julien: Oh oui. Mais une BD en français!
Catherine/Charles: D'accord.

Neu: Arbeitsanweisungen: *Travaillez en groupes. Imaginez la suite.*

Ex. 6 ➛ [S]

Schwerpunkte: a Ausspracheschulung. **b** Wiedererkennen gleichlautender Endungen

Hinweise:
Der Text zum **a**-Teil kann im Chor nachgesprochen werden. S können den Text auch zu Hause auswendig lernen und in der nächsten Stunde einzeln aufsagen. Der **b**-Teil eignet sich für Stillarbeit, deren Ergebnisse mündlich überprüft werden.

Lösungen:
b 1. Julie est sur le lit.
2. La souris est à Paris. (vgl. Illustration: Maus auf Eiffel-Turm)
3. Catherine est dans la cuisine.
4. Julien est dans la salle de bains.

Neu: Arbeitsanweisungen: *Répétez. Trouvez les mots qui vont ensemble.* Name: *Cathy*

Zu Itinéraire I

Leicht erschließbare Ausdrücke:

vom Dt./Engl. her	vom Visuellen her	vom Kontext her	durch Gestik
1 Minnie 1 un appartement* 2 Julie 4 Hé! 4 …, hein?	1 une souris 2 une salle de bains 2 une salle de séjour 4 Au secours! 4 un repas	1 tu joues (als Struktur) 2 avec moi 2 je cherche (als Struktur) 3 Tu es Julien, non?	2 D'accord. 3 C'est ça. 4 pauvre

Nr. 2

* Soweit das Wort 'Appartement' dem deutschen Sprachgebrauch von S überhaupt zuzurechnen ist, gilt es hier, die Bedeutungsverschiebung zwischen dem Deutschen (: kleine Wohnung aus einem Zimmer, Bad und Küche bzw. Kochnische bestehend) und dem Französischen (: Wohnung im allgemeinen) zu thematisieren.

Vorschläge zur Einführung der schwer erschließbaren Ausdrücke

Anmerkung: Einige neue Ausdrücke werden anhand der Abbildungen der Lektion 2 A im Schülerbuch oder auf der Folie Nr. 4 semantisiert. Im folgenden sind nur die schwer erschließbaren Ausdrücke unterstrichen.

Ça va? Oui, ça va: In eine Begrüßungsszene einbetten und als Allein-Darsteller spielen. Dann S einbeziehen.

L: *Bon▽, maintenant▽, on regarde ensemble* (Gestik) *la leçon 2 A.* L (zeigt auf M. Rigot): *Qui est-ce?* S: *C'est M. Rigot.* L (zeigt auf M. Rigot und Julien): *Qui est M. Rigot?* S: *C'est le père de Julien.* Kontrollfragen: L: *Et qui est M. Lacombe/Mme Blanchard?* S: *C'est un voisin/une voisine.*

L: *Dans la leçon 2A, Julien est dans la cuisine?* S: *Non, il est dans la chambre.* L: *Où est Julien? Il est dans la chambre.*

Kontrollfragen: L: *Où est M. Rigot?* S: *Il est dans la cuisine.* L: *Où est la BD de Julien?* S: *Elle est sur le lit de Julien.*

L: *Que fait Julien?* S: *Il regarde une BD.* L: *Mme Rigot dit: Où est Julien? Mme Rigot cherche* (Gestik) *Julien.*

Kontrollfrage: L (zeigt auf Bild 1 der Lektion 2 B): *Isabelle cherche Julien?* S: *Non. Isabelle cherche Minnie.* L (legt seine Hand auf das Herz): Isabelle aime Minnie. L (zeigt auf Julie, Bild 3): *Et voilà▽ Julie.*

L reproduziert an der Tafel das Tafelbild im Kasten Nr. 3. L: *Julie est la sœur d'Isabelle.* Kontrollfrage: L (zeigt auf Julie und Isabelle): *Et qui est Isabelle?* S: *Isabelle est la sœur de Julie. Et alors*: übersetzen.

TB

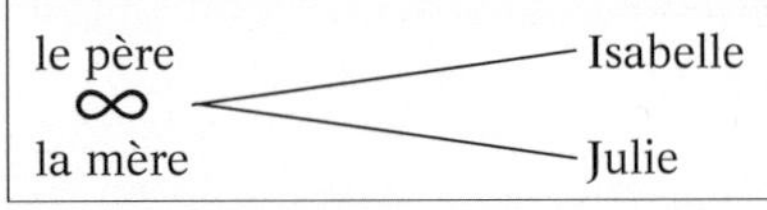

Nr. 3

Zu Itinéraire II

Hinführung zum Text

Vorbemerkung: Im folgenden sind alle unbekannten Wörter unterstrichen.

- Bild 1:
  L: *Isabelle cherche (Gestik) Arthur?* S: *Non, Isabelle cherche Minnie.* L: *Qui est Minnie?* (Auf Bild 4 zeigen): *C'est une souris. C'est la souris d'Isabelle.* Kontrollfrage: L: *Qui est Arthur?* S: *C'est le perroquet de Julien.* L: *Et qui est Minnie?* S: *C'est la souris d'Isabelle.* L: *Isabelle aime* (Gestik) *Minnie. Minnie est dans la chambre de Julien? Non.* (Gestik): *Où est Minnie?*

- Bild 2:
  L: *Isabelle dit: On cherche Minnie toi et moi? On cherche Minnie ensemble?*

- Bild 3:
  L: *Voilà▽ Julie.* L (zeichnet das Tafelbild aus dem Kasten Nr. 3, S. L 23 an die Tafel): *Julie est la sœur d'Isabelle.* Kontrollfragen: *Et qui est Isabelle?* S: *C'est la sœur de Julie.* L: *Julie cherche Minnie?* S: *Non. Julie cherche Isabelle.* L: *Julien dit: Julie, cherche Minnie avec Isabelle et moi.*

- Bild 4:
  L: *Arthur dit: Au secours! Au secours! Minnie est dans la cuisine et elle aime le repas d'Arthur* (L zeigt auf Arthurs Schüssel). Kontrollfragen: L: *Que dit Arthur?* S: *Au secours!* L (zeigt auf Arthurs Schüssel): *Minnie aime Arthur?* S: *Non. Minnie aime le repas d'Arthur.*

Zur Festigung des Textes V

L erstellt vergrößerte Photokopien der Textvorlage (eine Kopie für zwei S). Der Text wird nun in sechs Teile zerschnitten, und zwar nach den Zeilen 6, 10, 14, 20 und 26. Die Überschrift darf natürlich nicht vergessen werden. Wichtig ist es, darauf zu achten, daß auf jedem Papierstreifen genügend Platz für die Numerierung des jeweiligen Textausschnittes vorgesehen wird. Der zerschnittene Text wird in Briefumschlägen verteilt.
S sollen in Zweier-Gruppen versuchen, die Textteile in die richtige Reihenfolge zu bringen (Textteile numerieren).
Die vorgeschlagenen Lösungen werden im Unterrichtsgespräch erörtert. Ggf. fertigt L eine vergrößerte Kopie des zerschnittenen Textes auf Folie, damit die Lösungsvorschläge anhand des Overheadprojektors visualisiert werden können.
Dieses handlungsorientierte Verfahren bietet den Vorteil, daß S sich auf spielerische Weise und dennoch intensiv mit dem Text befassen können.
Weitere Vorschläge: s. Spielkiste, S. L XVII, Spiele Nr. 2 und 4

Zu den Strukturen

Präsens Singular von *être* und der Verben auf *-er;* Intonationsfrage
s. Spielkiste, S. L XVIII, Spiel Nr. 5

Zur Phonetik V

Unterscheidung der *e*-Laute
Aufgabenstellung: *Lest die folgenden Sätze und ordnet die halbfett geschriebenen Buchstaben jeweils einem der Lautzeichen zu.*

1. Il **est** dans la cuisine.
2. Le r**e**pas d'Arthur.
3. La m**è**re travaille.
4. Il trouve l'**é**tiquette.
5. Qu'est-ce qu**e** c'est?
6. Un carton d**e** Julien
7. Tu **es** Julien, non?
8. Non, ch**é**rie.
9. Tu t'app**e**lles comment?
10. aim**er**
11. Que f**ai**t Julien?

	1	2	3	4	5	6	7	8	9	10	11
[ɛ]	x		x				x		x		x
[ə]		x			x	x					
[e]				x				x		x	

LEÇON 2 DIDAKTISCH-METHODISCHE HINWEISE

Zur Rechtschreibung

Varianten in der Graphie von [k]: *c* oder *qu*?; [s]: *c* oder *ç*?; [s]: *c* oder *s*?

Aufgabenstellung: *Schreibt folgende Sätze in euer Heft und ergänzt die □ (Lücken) durch den oder die richtigen Buchstaben:*

- *[k]:* *c* oder *qu*?
  1. □i est dans la □uisine?
  2. Tu t'appelles □omment?
  3. □e fait le perro□et de Julien?
  4. □i est □atherine?
- *[s]:* *c* oder *ç*?
  1. Bonjour, Isabelle. □a va?
  2. «Übung», en fran□ais, □'est «exer□i□e».
  3. Une le□on
- *[s]:* *c* oder *s*?
  1. □alut, Julien!
  2. Au □ecours!
  3. Je □uis Julien.
  4. Julie, □'est la □œur d'Isabelle.
  5. Mon□ieur Rigot est dans la □alle de □éjour.

Die Buchstabenkombination: *œ*

S werden auf dieses Graphem aufmerksam gemacht. Die Oppositionen [œ]/[u]/[y] bei *sœur, souris* und *sur* werden angesprochen.

Zur Landeskunde

Ça va? bedeutet zwar eigentlich *Geht es?* und kann frei mit *Wie geht's?* übersetzt werden, aber diese Frage ist noch weniger als ihre deutsche Entsprechung ernstgemeint: Sie ist eine bloße formlose Begrüßungsfloskel, dem deutschen *Hallo!* am ehesten vergleichbar.

A+B VORSCHLÄGE ZUR LEISTUNGSÜBERPRÜFUNG

Transfertext

Dieser Text kann als Diktat-Text oder als Grundlage für eine Leseverstehensübung verwendet werden. In diesem letzten Fall werden zur Überprüfung des Verständnisses Fragen gestellt.

Julie: Bonjour, Julien. Ça va?
Julien: Salut, Julie! Ça va.
Julie: Je cherche Isabelle. Elle est dans l'appartement?
Julien: Oui, entre. Elle regarde une BD dans la salle de séjour. Tu cherches Isabelle pour le repas?
Julie: C'est ça. Isabelle!
Julien: Oh, regarde! Isabelle est dans la cuisine.
Julie: Mais que fait Isabelle dans la cuisine?
Isabelle: Arthur et moi, on joue ensemble. Et alors?

La table de Julie

Sur la table de Julie, il y a

une serviette,
un livre,
des cahier**s** [dekaje],
des étiquette**s** [dezetikɛt] et
une trousse avec
un stylo,
une gomme et
des crayon**s**. [dekrɛjõ]

1. Warum haben manche Nomen ein **-s** am Ende?
2. Du weißt bereits, dass es sich bei **un** und **une** um den unbestimmten Artikel Singular handelt. Wie nennt man wohl den Artikel **des**?
3. Was fällt dir auf, wenn du *des cahiers, des étiquettes, des crayons* ins Deutsche übersetzt?

Jouez en classe. (Spielt in der Klasse.)

Eure Banknachbarin/Euer Banknachbar schließt die Augen. Ihr legt einen der oben abgebildeten Gegenstände in einen Karton. Ihr könnt auch mehrere Exemplare des Gegenstandes nehmen.
Eure Banknachbarin/Euer Banknachbar errät nun, was im Karton ist.

Exemple:

– Qu'est-ce qu'il y a dans le carton?
– Un livre?
– Non.
– Des livres?
– Non.
– Des stylos?
– Oui.

LEÇON 3 A La rue Daguerre

Themen: Wohnort. Beschreibung einer Straße. Markt. Geschäfte
Situativer Rahmen: Vorstellung der Geschäfte und des Marktes in der *rue Daguerre*
Textsorte: Beschreibung

Anmerkungen	Lerninhalte	SB Ex.	CdA Ex.
	Kommunikative Schwerpunkte:		
	– Sache beschreiben: u. a. *Dans la rue D., il y a …*	1, 3, 4	3
Ici, là erst in SB Ex. 1; *à côté de* in Lk. 8 B ◄	– Räumlich ordnen: *ici, là, à côté*	1	
Sagen, wo man wohnt und woher man stammt: *Rév.* S. 126 ◄	– Information zum Wohnort und zum Herkunftsort einholen und geben	6	
	Wortschatz:		
Rév. S. 126 (*quartier* erst in Lk. 3 B) ◄	– Die Stadt, insbes. Markt und Geschäfte	1, 4, 6	1, 3
Erst in SB Ex. 6 ◄	– Einige französische Städte	6	
Je m'appelle, tu t'appelles in Lk.1 ◄	– *Il s'appelle* (lexikal. eingeführt)		
Erst in SB Ex. 3 und in *DLAL* S. 21 ◄	– *Qu'est-ce qu'il y a …?*	3, 4	3
Erst in SB Ex. 1 ◄	– *Ici, là*	1	
	Grammatik:		
Der best. Art. Pl. in Lk. 3 B; SB Ex. 2 zugleich Wdh. der bekannten Ausdrücke für das Unterrichtsgespräch ◄	– Der Plural des Nomens, GBH § 8	1,2,3,4,5	2, 3
Erg. zu Lk. 1; der best. Art. Pl. in Lk. 3 B; SB Ex. 2 zugleich Wdh. der bekannten Ausdrücke für das Unterrichtsgespräch ◄	– Der unbest. Art. Pl., GBH § 9	1,2,3,4,5	2, 3
1. und 2. Ps. Pl. in Lk. 4 ◄	– Das Verb être: 3. Ps. Pl., GBH § 10	5	
	– *est/sont* und *il y a*, GBH § 11	1, 3, 4	3

Landeskunde:	– Die *rue Daguerre*	LB	S. L 31
	– Einige französische Städte	SB	Ex. 6
Interkulturelles:	– Un café	SB	S. 127
	– Une boucherie	LB	S. L 32

Folien:
(A + B)
– Nr. 7: Photos der *rue Daguerre*
– Nr. 8: Abb. Text 3B, SB S. 25
– Nr. 9: Bildgeschichte: Lk. 3A + B, Ex. 10; Hinweise: LB S. L 37
sowie – Nr. 28: Frankreichkarte: Lk. 3A, Ex. 6; Hinweise: LB S. L 30
– Nr. 30: Karte von Paris; Hinweise: LB S. L 31

Themen: Brot kaufen. Kleidung. Freizeitaktivitäten: Fußball spielen, Skateboard fahren
Situativer Rahmen: Einkauf und ein Mißgeschick. Gang durch das Stadtviertel
Textsorte: Erzählung, teilweise dialogisch

Anmerkungen		Lerninhalte	SB Ex.	CdA Ex.
		Kommunikative Schwerpunkte:		
Rév. S. 126	◄	– Einen Vorschlag machen: *On fait un tour? On rentre?*		
		– Warnen: *Attention!*		
		– Bestürzung/Ärger ausdrücken: *Mince alors!*	2	
Font lexikal. eingeführt	◄	– Feststellen: *Deux et deux font quatre.*		
		– Bewunderung ausdrücken: *Hé! Tu es super!*		
In SB Ex. 5; *pardon* eingeführt	◄	– Information über Ort einholen und geben	5	
		Wortschatz:		
Erg. zu Lk. 3 A; *Rév.* S. 126	◄	– Stadt, Geschäfte	5	
Erg. in Lk. 4, 6 A, 6 B, 7 A	◄	– Freizeitaktivitäten: Skateboard fahren, Fußball spielen		
		– Verben auf *-er*	6	
Fait in Lk. 2 A; *faire* als Schwerpunkt in Lk. 6 A	◄	– *font*		
		– Die persönl. Beziehungen: Freundschaft, Familie, Nachbarschaft	5	8
		Grammatik:		
Zusammenfassung des Artikelsystems; der best. Art. Sg. in Lk. 2 A	◄	– Der best. Art. Pl., GBH § 12	2, 3, 4	5, 7, 8
Il, elle in Lk. 2 A	◄	– Die Personalpron. *ils, elles*, GBH § 13	5, 7	6, 7, 8
Präs. Sg. und Imper. in Lk. 2 A und Lk. 2 B; alle Formen des Präs. in Lk. 4	◄	– Die Verben auf *-er*: 3. Ps. Pl., GBH § 14	7	6, 7, 8
		Phonetische Schwerpunkte:		
		– [s] : [z]	9	
		– Die Bindung: *ils‿habitent, elles‿arrivent*, GBH § 14		

Textverständnis:	– A propos du texte	SB	Ex. 1
	– A propos du texte	CdA	Ex. 4
Integration und Transfer:	– Redemittel von Lk. 2 und Lk. 3	SB	Ex. 8
	– *Où est ...?/Où sont ...?; il y a/être*	{ SB	Ex. 3
		{ CdA	Ex. 11
	– Bildgeschichte	SB	Ex. 10
	– Verben auf *-er* und *être*: Präs. (außer 1. u. 2. Ps. Pl.) und Imper. Sg.	CdA	Ex. 9
	– Die Endungen beim Nomen und beim Verb	CdA	Ex. 10
	– Faites l'interprète.	CdA	Ex. 12
Interkulturelles:	– Une baguette	SB	S. 127
Ecouter et comprendre:	– Nathalie et Julie	CdA	Ex. 13
Lire et comprendre:	– Schilder entziffern	SB	S. 102
D'une leçon à l'autre:	– Stratégies: Lire à haute voix	SB	S. 30

LEÇON 3

A La rue Daguerre

1 Julien habite 10, rue Daguerre. Isabelle et Julie aussi.

A côté, il y a un café avec une terrasse. Il s'appelle «Le Daguerre». Dans la rue Daguerre, il y a des immeubles, des hôtels, des cafés et des restaurants. Il y a aussi des magasins: par exemple, une parfumerie, une poissonnerie, des boucheries, des épiceries et des boulangeries.

2 Aujourd'hui, c'est le marché. Alors, dans la rue, il y a des stands.

Ce sont des stands où on trouve des fruits, des légumes et des fleurs. On trouve aussi des vêtements.

Folien: 7, 30

A TEXTERARBEITUNG

Der Schwerpunkt dieses Lektionsteils liegt auf dem Wortschatz. Die neuen Strukturen sind hier relativ einfach. Zur Vorentlastung des Grammatik-Pensums können mit Hilfe von *D'une leçon à l'autre* (Schülerbuch, S. 21) der Plural des unbestimmten Artikels und des Substantivs sowie *Qu'est-ce qu'il y a ...?* im Vorfeld der Texterarbeitung vorgestellt werden.

Itinéraire I

- Vorentlastung des Textes anhand der Abbildungen im Schülerbuch oder der Folie Nr. 7 und mit Hilfe von Sachfeldern:
  - S suchen zuerst die Begriffe aus den Abbildungen, die ihnen vom Deutschen her verständlich sind, was ihnen sicherlich Erfolgserlebnisse verschafft.
  - Die Sachfelder *Dans la rue Daguerre*, *Des magasins* und *Le marché* werden vorgestellt. Dabei werden auch der Plural des Nomens und des unbestimmten Artikels sowie *il y a* und die 3. Person Plural von *être* eingeführt: s. u. Kästen Nr. 1, 2, 3.
  - Die neuen Ausdrücke werden im Unterrichtsgespräch eingeübt.
- Zwecks Erschließung der noch nicht vorgestellten Ausdrücke erfolgt eine kurze Hinführung zum Text (s. Vorschlag S. L 31).
- Der Text wird abschnittweise bei geschlossenen Büchern von der Kassette abgespielt oder von L vorgelesen. Die Folie Nr. 7 – wenn vorhanden – bleibt sichtbar.
- L stellt Fragen zum Globalverständnis.
- S hören den Text noch einmal und lesen still mit.
- Die letzten Verständnisschwierigkeiten werden geklärt.

Dans la rue Daguerre, il y a: TB	**Des magasins** TB	**Le marché** TB	
des cafés (m.)	une parfumerie	Qu'est-ce que c'est?	**Ce sont ...**
(un café avec une terrasse)	une poissonnerie		
des magasins (m.)	une boucherie		**des** fruits (m.)
des hôtels (m.)	une épicerie	**des** stands (m.) avec	**des** légumes (m.)
des restaurants (m.)	une boulangerie		**des** fleurs (f.)
des immeubles (m.)			**des** vêtements (m.)
Nr. 1	*Nr. 2*		*Nr. 3*

Itinéraire II

- Einen großen Teil der neuen Vokabeln kann L durch die Vorstellung der *Révisions*-Übersichten im Vokabularteil des Schülerbuches rasch einführen: s. das Sachfeld *Une ville* S. 126 und die rechte Spalte der Zusammenstellung *La nature* S. 130.
- Die neuen Strukturen werden mit Hilfe eines leicht verständlichen Tafelbildes (s. Kasten Nr. 4) eingeführt und kommentiert.

TB		
– «Le Daguerre», qu'est-ce que c'est?		– Ici▽, **il y a** deux cafés:
– **C'est un** café avec **une** terrasse.	**Pl.** ▷	**Ce sont des** cafés avec **des** terrasses.

Anm.: *Ici* wird erst in Übung 1 eingeführt. *Nr. 4*

- Der Text wird abschnittweise bei geschlossenen Büchern von der Kassette abgespielt oder von L vorgelesen. Die Folie Nr. 7 – wenn vorhanden – bleibt sichtbar.
- L überprüft das Globalverständnis.
- S hören den Text noch einmal und lesen still mit.
- Bei Bedarf stellen S Fragen zu den unbekannten Ausdrücken. (Aujourd'hui, *qu'est-ce que c'est en allemand?*)
- L stellt Kontrollfragen und läßt die noch nicht geklärten Ausdrücke übersetzen.

FESTIGUNG

- S lesen den Text vor.
- S beschreiben die *rue Daguerre* ohne Buch mit Hilfe der Folie .
- Die Übung 1 im *Cahier d'activités* zum Wortschatz der Lektion 3 A und zur Wiederholung des unbestimmten Artikels Singular kann vor den Schülerbuchübungen durchgenommen werden.

LEÇON 3 A EXERCICES

Ex. 1 ➛ CdA 1, 3 ➛ GBH §§ 8, 9 ➛ Folie 7

Schwerpunkte: Informationen einholen und geben. Sachfeld 'Geschäfte'. Der unbest. Art. Sg. (Wdh.). Der unbest. Art. Pl.

Hinweise: Als Vorbereitung auf diese Übung kann zuerst Übung 2 durchgenommen werden. Bei leistungsstärkeren Gruppen kann die Durchnahme ohne Buch, nur mit Hilfe der Folie, erfolgen. Übertragung auf die Klassensituation möglich: *Il y a des tables/trousses ..., ici?* Hierzu empfiehlt es sich, vorher das fakultative Sachfeld 'Schulsachen', S. 21, zu wiederholen oder einzuführen.

Lösungen:
– Il y a **des** cafés ici?
– **Des** cafés? Mais oui.
Là, par exemple, il y a **un** café.
– Il y a **des** boucheries ici?
– **Des** boucheries? Mais oui.
Là, par exemple, il y a **une** boucherie.
– Il y a **des** parfumeries ici?
– **Des** parfumeries? Mais oui.
Là, par exemple, il y a **une** parfumerie.
– Il y a **des** épiceries ici?
– **Des** épiceries? Mais oui.
Là, par exemple, il y a **une** épicerie.
– Il y a **des** poissonneries ici?
– **Des** poissonneries? Mais oui.
Là, par exemple, il y a **une** poissonnerie.
– Il y a **des** restaurants ici?
– **Des** restaurants? Mais oui.
Là, par exemple, il y a **un** restaurant.
– Il y a **des** hôtels ici?
– **Des** hôtels? Mais oui.
– Là, par exemple, il y a **un** hôtel.

Neu: *là*. In Überschrift: *ici*

Ex. 2 ➛ GBH §§ 8, 9

Schwerpunkte: Mißbehagen ausdrücken. Wortschatz zum Unterrichtsgespräch. Der unbest. Art. Sg. (Wdh.). Der unbest. Art. Pl.

Hinweis: Diese einfache fakultative Übung eignet sich ganz besonders für leistungsschwächere S als Erweiterung des Übungsangebotes.

Lösungen:
1. – On fait **un** dialogue.
– Encore **des** dialogues!
2. – On joue **une** scène.
– Encore **des** scènes!
3. – On pose **des** questions.
– Encore **des** questions!
4. – On cherche **une** réponse.
– Encore **des** réponses!
5. – On regarde **un** texte.
– Encore **des** textes!
6. – On fait **un** exercice.
– Encore **des** exercices!

Neu: In Arbeitsanweisung: *En classe*

Ex. 3 ➛ CdA 2 ➛ GBH §§ 8, 9, 11

Schwerpunkte: Informationen einholen und geben. Integration des unbest. Art. *Il y a*

Hinweise: Schriftliche Durchnahme wird empfohlen. Diese Übung kann in einem zweiten Durchgang als *Kofferpackübung* durchgeführt werden.

Lösungen:
Dans le carton, il y a: 1. des vêtements 2. des étagères 3. une fleur 4. des étiquettes 5. des fruits 6. un plan 7. une souris

Neu: In Überschrift: *Qu'est-ce qu'il y a ...?*

Ex. 4 ➛ CdA 3

Schwerpunkt: Systematische Wortschatzwiederholung zu den Sachfeldern: 'Straße', 'Markt' und 'Wohnung'

Hinweis: Schriftliche Durchnahme wird empfohlen.

Lösungen:
1. Dans une rue, il y a des immeubles, des magasins, des hôtels, des restaurants, des cafés.
2. Sur un marché, il y a des stands avec des fruits, des légumes, des fleurs. Il y a aussi des vêtements.
3. Dans un appartement, il y a une salle de séjour, une cuisine, une salle de bains et des chambres.

A EXERCICES

1 Il y a des boulangeries ici▽? (§§ 8, 9)

Tu es dans la rue Daguerre. Tu poses des questions:

Exemple: – Il y a **des** boulangeries ici?
– **Des** boulangeries? Mais oui.
Là▽, par exemple, il y a **une** boulangerie.

café	parfumerie	poissonnerie	hôtel
boucherie	épicerie	restaurant	

2 On fait une phrase. (§§ 8, 9)

En classe: (In der Klasse:)

Exemple: – On fait **une** phrase.
– Encore **des** phrases!

1. on fait/dialogue
2. on joue/scène
3. on pose/question
4. on cherche/réponse
5. on regarde/texte
6. on fait/exercice

3 Qu'est-ce qu'il y a▽ dans le carton? (§§ 8, 9, 11)

Mme Rigot et Julien.

Mme Rigot: **Qu'est-ce qu'il y a** dans le carton, Julien?

4 A propos du vocabulaire

Répondez.

Qu'est-ce qu'il y a ... 1. dans une rue? 2. sur un marché? 3. dans un appartement?

5 Qu'est-ce que c'est? *(§ 10)*

a C'est un/une … *ou* Ce sont des … ? *Complétez.*

1. ~ perroquet.	4. ~ ordinateurs.	7. ~ étagère.	10. ~ légumes.
2. ~ rue.	5. ~ lit.	8. ~ fleur.	11. ~ hôtels.
3. ~ cartons.	6. ~ étiquettes.	9. ~ fruits.	12. ~ immeuble.

b *Jouez en classe.*

Auf ein Blatt Papier zeichnet ihr mit wenigen Strichen einen Gegenstand oder mehrere Exemplare davon. Während die Zeichnung entsteht, versucht eure Nachbarin/euer Nachbar herauszufinden, was ihr zeichnet.

Exemple:
– C'est une étagère?
– Non.
– Ce sont des cartons?
– Non.
– Ce sont des fleurs?
– Oui.

6 Tu habites où?

a On dit … *So fragt man,*

wo jemand wohnt:	*woher jemand stammt:*	*wie die Straße heißt:*
– Tu habites où?	– Tu es d'où?	– La rue où tu habites s'appelle comment?
– A Paris. / J'habite à Paris.	– De Paris. / Je suis de Paris.	– Rue Daguerre. / Elle s'appelle la rue Daguerre.

b *Zwei Französinnen/Franzosen unterhalten sich darüber, in welcher Stadt sie wohnen und aus welcher Stadt sie stammen.*

Jouez la scène.

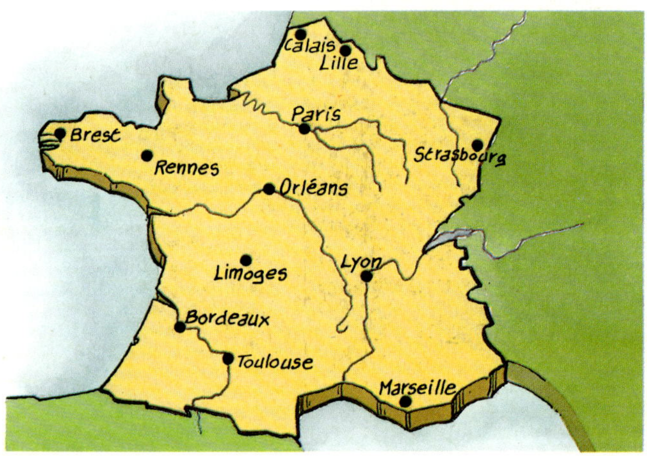

c **A vous.**

Erkundigt euch bei euren Mitschülerinnen und Mitschülern, in welchem Ort und in welcher Straße sie wohnen und ob es in dieser Straße Geschäfte gibt. Wenn ja, welche?

Ex. 5 ➝ GBH § 10

Schwerpunkte:
a, b Identifizieren. Integration des unbest. Art. *C'est …/Ce sont …*
b Spiel nach dem *Montagsmaler*-Prinzip

Hinweise:
a Schriftliche Durchnahme wird empfohlen. **b** Dieses fakultative Spiel kann in Gruppen gespielt werden. Es eignet sich ganz besonders für leistungsschwächere S als Erweiterung zum **a**-Teil.

Lösungen:
1. **C'est un** perroquet.
2. **C'est une** rue.
3. **Ce sont des** cartons.
4. **Ce sont des** ordinateurs.
5. **C'est un** lit.
6. **Ce sont des** étiquettes.
7. **C'est une** étagère.
8. **C'est une** fleur.
9. **Ce sont des** fruits.
10. **Ce sont des** légumes.
11. **Ce sont des** hôtels.
12. **C'est un** immeuble.

Ex. 6 ➝ Folie Nr. 28

Schwerpunkte:
a, b, c Informationen einholen und geben zum Wohnort und zum Herkunftsort. *Il/Elle s'appelle …*
a Redemittelzusammenstellung. **b** Kennenlernen von Lage und Namen einiger französischen Städte.
c Übertragung auf die Klassensituation

Hinweise:
Beim **b**-Teil wird Gruppenarbeit empfohlen.
Diese Übung kann auch ausgebaut werden. Unter Punkt **c** können S einen kleinen Dialog in Zweier- oder Dreiergruppen einüben. S können auch einander vorstellen. Dabei werden folgende Strukturen verwendet: *Il/Elle vient de …, Il/Elle habite à …; La rue où il/elle habite s'appelle rue …; Dans la rue …, il y a [Namen von Geschäften].* L35

Neu:
Auf der Frankreichkarte: *Calais; Lille; Strasbourg; Lyon; Marseille; Toulouse; Bordeaux; Brest; Orléans; Limoges*

Zu Itinéraire I

Die Kästen Nr. 1, 2 und 3, S. L 28, bieten eine Möglichkeit, die neuen Strukturen und Vokabeln in Kontexten einzuführen: Auf diese Weise wird ihre Bedeutung klarer, und sie prägen sich besser ins Gedächtnis ein:

- Der Kasten Nr. 1 enthält viele Vokabeln, die S unmittelbar verständlich sind: So werden die neuen Strukturen ganz zwanglos eingeführt. Falls *D'une leçon à l'autre* nicht durchgenommen wurde, geht L insbesondere auf die Unterschiede zwischen *un café* und *des cafés* ein im Hinblick auf:
  - die Bedeutung: eventuell verdeutlicht L den Plural durch zählen: *1, 2, 3 cafés;*
  - den unbestimmten Artikel Plural: S vergleichen mit dem Deutschen;
  - die Graphie und die Phonetik: *s* als Kennzeichnung des Plurals; *s* wird nicht ausgesprochen.
- Der Kasten Nr. 2 ist eine reine Wortschatzzusammenstellung.
- Der Kasten Nr. 3 erlaubt die Einführung neuer Vokabeln, die Wiederholung des Plurals des unbestimmten Artikels und des Nomens sowie die Vorstellung der Struktur *ce sont.*

Hinführung zum Text

Im folgenden werden die in den Kästen 1, 2 und 3, S. L 28, noch nicht berücksichtigten Ausdrücke (hier durch Unterstreichungen hervorgehoben) vorgestellt. In dieser Hinführung zum Text wird auf die Schülerbuch-Abbildungen auf Seite 22 Bezug genommen.

L: *Ici*▽ (Gestik. *Ici* wird in Übung 1 eingeführt.) *sur la photo*▽, *c'est la rue Daguerre. C'est la rue de Julien. C'est la rue où Julien habite. Julien habite dans un immeuble, 10, rue Daguerre. L'appartement de Julie et d'Isabelle est aussi 10, rue Daguerre.*
Ici, c'est l'immeuble numéro▽ *10. A côté, il y a un café: il s'appelle «Le Daguerre». Aujourd'hui, c'est le marché. Il y a des stands dans la rue. Sur le marché, on trouve par exemple des fruits, des fleurs et des vêtements.*

Zu den Strukturen

C'est/ce sont und *il y a*

Damit Interferenzen mit der Muttersprache vermieden werden (vgl. **Es sind** Mäuse im Karton ➛ **Il y a** des souris dans le carton) soll L recht bald auf den Unterschied in der Verwendung zwischen *c'est/ce sont* und *il y a* aufmerksam machen. Es sei dazu auf Paragraph 11 im Grammatischen Beiheft verwiesen.

Zur Landeskunde

Die *rue Daguerre*

S können aufgefordert werden, im Buch selbst Informationen zur *rue Daguerre* ausfindig zu machen: Das Straßenschild S. 22 gibt bereits einen Hinweis auf den Namen *Daguerre*, allerdings auf französisch. S können in der *Liste des mots* unter der Rubrik Noms des personnes connues (S. IX) denselben Hinweis auf deutsch nachlesen. Zur Lage der *rue Daguerre* gibt es die Angabe 14ᵉ *Arrondissement* auf dem Straßenschild, die zu der Erklärung führt, daß Paris in zwanzig *arrondissements* (Bezirke) eingeteilt ist. Zudem kann die genaue Lage dieser Straße auf der Pariskarte (Schülerbuch, Innenumschlag hinten/Folie Nr. 30) ermittelt werden.

Die *rue Daguerre* ist eine typische und traditionsreiche Pariser Einkaufstraße. In der Zeit der Entstehung dieses Lehrwerks gab es dort viele Konflikte, hervorgerufen durch die geplante – und inzwischen vollzogene – Schließung einer Markthalle. Diese war 1950 am Standort einer ehemaligen Waschstelle errichtet worden und bedurfte ohnehin der Sanierung. Über ihr lagen Künstlerwerkstätten. Die '*Association des Amis de la rue Daguerre*', der sich u. a. führende Persönlichkeiten der Kunst- und Literatur-Szene, der Medien und der Bühnenwelt anschlossen, protestierte gegen die Schließung der letzten Markthalle der '*rive gauche*' und gegen einen im Laufe der Jahre auch in der *rue Daguerre* immer deutlicher werdenden Trend, der zu einer beträchtlichen Schwächung des traditionellen Lebensmittelhandels führte. Im *14ᵉ arrondissement* ist in dieser Hinsicht festzustellen, daß zwischen 1985 und 1990 achtundzwanzig Metzgereien, acht Getränke- und Weinhandlungen, drei Konditoreien, drei Fischgeschäfte und drei unabhängige Lebensmittelläden aufgegeben wurden. Für die '*Association des Amis de la rue Daguerre*' stand außerdem zu befürchten, daß die Markthalle durch einen modernen Wohn- und Einkaufskomplex ersetzt würde, der das traditionelle Bild der *rue Daguerre* entstellen würde und eine drastische Erhöhung der Mieten unvermeidlich mit sich brächte.

Interkulturelles

Une boucherie

In einer *boucherie* sind alle Fleischsorten, jedoch keine Wurstwaren zu kaufen. Diese findet man in der *charcuterie*, die nur Schweinefleisch führt. Darüber hinaus gibt es noch die *boucherie-charcuterie*, die ungefähr der deutschen Metzgerei entspricht. Zuweilen findet sich auch eine *boucherie chevaline*, in der Pferdefleisch verkauft wird.

Ein Gedicht

AMOUR

je elle
elle je
nous nous
nous
nous nous
elle je
je elle
je

Jean-Claude Martin

Bereits in der Anfangsphase des Fremdsprachenunterrichts können Gedichte einen Beitrag zur Motivationsförderung leisten, sofern sie thematisch ansprechend und sprachlich einfach sind. Beides scheint im vorliegenden Fall gegeben.
Da es den S noch an den nötigen Ausdrucksmitteln in der Fremdsprache fehlt, wird die Besprechung auf deutsch erfolgen müssen.

Vorschlag zur Texterarbeitung

- L schreibt das Wort *'Amour'* an die Tafel und fragt, ob jemand die Bedeutung dieses Wortes kennt. (S, die als erste Fremdsprache Latein hatten, werden leicht antworten können. Aber auch anderen S ist das Wort vielleicht schon in Chansons, in der Werbung usw. begegnet. Erfolgt keine Reaktion, so gibt L die Bedeutung auf deutsch.)
- *Zu diesem Thema gibt es ein Gedicht, das ihr schon verstehen könnt. Ich schreibe es euch an.* (Das Anschreiben hat gegenüber der Folie den Vorteil, daß S den Text gleichsam vor ihren Augen entstehen sehen und dabei bereits mitdenken.)
- *Was fällt euch ein, wenn ihr diese Zusammenstellung von Wörtern lest?* (S sollen sich spontan äußern. Eine allzu enge Führung sollte vermieden werden.)
- Weitere mögliche Deutungsanstöße:
  - *Welche Personen gibt es in dem Gedicht?*
    (Natürlich nur zwei. Das *'nous'* bezeichnet die Verbindung beider.)
  - *Wie entwickelt sich die Bezeichnung der beiden Personen von der ersten bis zur vierten Zeile?*
    (Zuerst Abstand, dann Verringerung des Abstandes, Annäherung. Die eine Person setzt sich jeweils an die Stelle der anderen, fühlt sich in sie hinein. Dann das Entstehen einer Gemeinsamkeit, und schließlich die innige Verbindung zu einem einzigen *'nous'*.)
  - *Wie geht es weiter?*
    (Zunächst immer noch Gemeinsamkeit, doch die innige Verbindung besteht nicht mehr. Dann wieder Trennung, aber immer noch viel Sympathie. Dann Fremdheit wie am Anfang. Das Ende: Einsamkeit.)

Variante:
Statt am Anfang das Wort *'Amour'* anzuschreiben, kann man zuerst den Text geben und dann einen Titel finden lassen.

Anstoß zu kreativem Handeln:
Falls S mit dem Schluß unzufrieden sind (Jugendliche sind in bezug auf dieses Thema möglicherweise optimistischer als der Autor), sollen sie den Text in ihrem Sinne abwandeln.
Es kann versucht werden, eine ganz neue Anordnung der Pronomina zu finden.

Hinweis:
Das Gedicht weist die Figur einer Sanduhr auf. Dies kann als zusätlicher Hinweis auf das Vergängliche menschlicher Beziehungen gedeutet werden.

Folie: 8

B TEXTERARBEITUNG

Die meisten neuen Wörter dieser Lektion sind leicht erschließbar (s. Kasten Nr. 2, S. L 38). Auch die wenigen neuen Strukturen stellen kein wesentliches Hindernis zum globalen Verständnis des Textes dar.

Itinéraire I

- Zur Vorentlastung des Textes wird der bestimmte Artikel Plural vorweg anhand eines Tafelbildes (Kasten Nr. 3, S. L 38) eingeführt (s. Hinweise S. L 38).
- Die Personalpronomen *ils* und *elles* können beim Vorlesen des Textes durch die Namen ersetzt werden, die sie vertreten. Dieses Verfahren empfiehlt sich besonders bei *ils habitent* (Lektionstext, Z. 26) und *elles arrivent* (Z. 34), um die von der Bindung ausgehende Verständnisschwierigkeit zu beheben. Im übrigen deckt sich die lautliche Realisierung der 3. Person Plural der Verben auf *-er* mit dem Klangbild der den S bereits bekannten 3. Person Singular, was den Verstehensvorgang beim Hören erleichtert.
- Der Text wird abschnittweise erarbeitet:
  - L erklärt zuerst die schwer erschließbaren Ausdrücke (s. u. Kasten Nr. 1 und die Semantisierungsvorschläge für die schwer erschließbaren Ausdrücke S. L 38) und schreibt diese an die Tafel. S lesen und übersetzen die Ausdrücke.
  - S werden durch Fragen zu Bekanntem aktiviert.
  - L knüpft an und liest den Abschnitt vor, wobei er mit Hilfe der Abbildungen im Schülerbuch oder auf der Folie, der Tafel und durch Gesten die leicht erschließbaren Ausdrücke einführt (s. Kasten Nr. 2, S. L 38).
  - L stellt Fragen zum Globalverständnis.
- Zum Schluß wird der gesamte Text abgespielt oder vorgelesen. S stellen einander Fragen zwecks Klärung der verbleibenden Schwierigkeiten. L greift nur im Notfall ein.

Schwer erschließbare Ausdrücke:

Abschnitt 1:	apporter qc
Abschnitt 2:	devant; un(e) commerçant(e); un copain, une copine; arriver; bavarder
Abschnitt 3:	quitter qn/qc; un(e) ami(e)
Abschnitt 4:	une cour; rentrer
Abschnitt 5:	un prix/des prix

Nr. 1

Itinéraire II

- Da die Mehrzahl der neuen Ausdrücke leicht erschließbar ist (s. Kasten Nr. 2, S. L 38), kann sofort mit der Hörverstehensphase begonnen werden. Der Text wird auch hier abschnittweise erarbeitet:
  - Vorlesen des Abschnitts mit gleichzeitigem Zeigen auf den Abbildungen im Schülerbuch oder auf der Folie sowie Gestik.
  - Globale Fragen zum Inhalt, wobei auch bereits Bekanntes erneut aktiviert wird.
  - Nochmaliges Vorlesen oder Abspielen des Abschnitts. Bei den schwer erschließbaren Schlüsselwörtern (s. Kasten Nr. 4, S. L 38) wird kurz angehalten; L übersetzt jeweils die schwierige Stelle und erfragt anschließend den französischen Ausdruck.
- Abspielen oder Vorlesen des gesamten Textes; Klärung der verbleibenden Schwierigkeiten und Fragen zum Text.

FESTIGUNG

- L erklärt den Unterschied zwischen *copain/copine* und *ami/amie*.
- S lesen den Text vor. Dabei soll nicht nur auf die richtige Aussprache und Betonung der einzelnen Wörter geachtet werden, sondern auch auf die Einhaltung der Sprechtakte und die Realisierung der obligatorischen Bindungen (hier insbesondere *ils arrivent, elles arrivent*).
- S schreiben alle Wörter mit *cédille*, die ihnen bekannt sind, ins Heft: *commerçant(e), garçon, c'est ça, en français, leçon.* Die Aussprache dieser Wörter wird geübt.
- Bereits in dieser Phase können Übung 1 des Schülerbuchs und Übung 4 im *Cahier d'activités* durchgenommen werden.
- s. weitere Vorschläge auf S. L 39f.

B Des baguettes pour maman

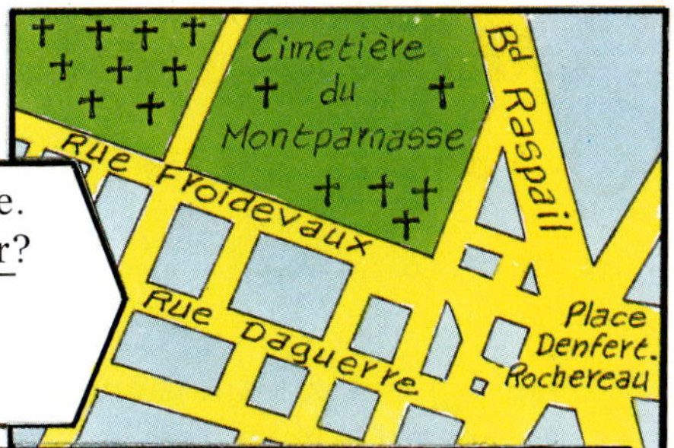

① *Mme Rigot:* Julien, Julien! C'est pour toi. C'est Julie.
Julie: Salut, Julien! On fait un tour dans le quartier?
Julien: D'accord, maman?
Mme Rigot: Oui, oui. Alors, apporte une baguette. Non ... deux baguettes.

② Julie et Julien sont dans la rue Daguerre. Ils sont devant les stands. Julien écoute les commerçants et les commerçantes. Julie regarde les vêtements. Elle cherche un jean. Deux copines de Julie arrivent. Elles bavardent avec Julie et Julien. Puis, Julien entre dans une boulangerie.

③ Julien quitte la boulangerie. Il cherche Julie. Une fille arrive sur un skateboard. C'est Nathalie, l'amie de Julie.
Julie: Julien! Attention!

Et ... boum! C'est le choc ...

Julien: Mince alors! Les baguettes!
Nathalie: Hi! Hi! Deux et deux font quatre.

④ Devant un immeuble, Ahmed et Luc, deux copains de Julie, jouent au foot. Ils habitent 16, rue Daguerre. Julien, Julie et Nathalie entrent dans la cour. Ils regardent les garçons. Le ballon arrive devant Nathalie. Elle tape dans le ballon.
Julien: Hé! Tu es super!

Julie: Julien, on rentre?
Julien: Oui, oui! J'arrive.

⑤ *Mme Rigot:* Alors, elles arrivent, les baguettes?
Julien: Oui, elles arrivent. Et regarde, maman ... Une, deux, trois, quatre baguettes pour le prix de deux!

3

B EXERCICES

1 A propos du texte

a *Texte 3 B, parties▽ 1 et 2.*
Répondez.

1. Qui fait un tour dans le quartier?
2. Où sont Julie et Julien?
3. Qui arrive?
4. Que fait Julien?

b *Texte 3 B, partie 3.*
Complétez le texte.

Julien ~ Julie. Nathalie ~ sur un skateboard. Nathalie est ~ de Julie. Et boum! C'est ~ . Maintenant, il y a quatre ~ .

c *Texte 3 B, parties 4 et 5.*
Trouvez les phrases.

1. Ahmed et Luc
2. Julien, Julie et Nathalie
3. Nathalie
4. Mme Rigot

?

entrent dans la cour.
regarde les baguettes.
jouent au foot.
tape dans le ballon.

2 Mince! Le ballon! *(§ 12)*

Le, la, l' *ou* **les** ?

Exemple: – Mince! **Le** ballon!

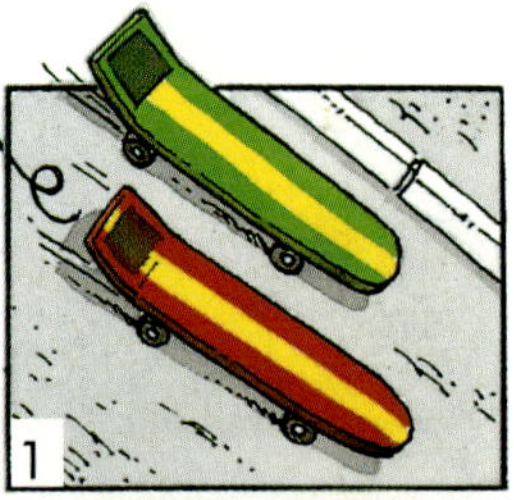

Ex. 1 ➛ CdA 4

Schwerpunkt: Textauswertung (auf die einzelnen Textabschnitte bezogen)

Hinweis: Schriftliche Durchnahme wird empfohlen.

Lösungen:

a 1. Julie et Julien.
2. Julie et Julien sont dans la rue Daguerre, devant les stands.
3. Deux copines de Julie arrivent.
4. Julien entre dans une boulangerie.

b Julien **cherche** Julie. Nathalie **arrive** sur un skateboard. Nathalie est **l'amie** de Julie. Et boum! C'est **le choc**. Maintenant, il y a quatre **baguettes.**

c 1. Ahmed et Luc jouent au foot.
2. Julien, Julie et Nathalie entrent dans la cour.
3. Nathalie tape dans le ballon.
4. Mme Rigot regarde les baguettes.

Neu: In Arbeitsanweisung: *une partie*

Ex. 2 ➛ CdA 5 ➛ GBH § 12

Schwerpunkte: Bestürzung/Ärger ausdrücken. Der best. Art. Sg. (Wdh.) und Pl.

Hinweise:
Schriftliche Durchnahme wird empfohlen. Diese fakultative Übung eignet sich ganz besonders für leistungsschwächere S als Vorbereitung auf die Übungen 3 und 4.

Lösungen:
1. Mince, **les** skateboards!
2. Mince, **la** baguette!
3. Mince, **les** livres! les étagères
4. Mince, **le** jean!
5. Mince, **les** fleurs!
6. Mince, **l'**ordinateur!
7. Mince, **les** étiquettes!
8. Mince, **la** BD!
9. Mince, **les** cartons!

Ex. 3 ➛ CdA 5, 11 ➛ GBH § 12

Schwerpunkte:
Informationen über Ort einholen und geben. Gelenkte Integration des unbest. und best. Art. Sg. und Pl. Unterscheidung von *Où sont …?* und *Où est …?*. Gelenkte Verwendung von *il y a* und *être*

Hinweis: Schriftliche Durchnahme wird empfohlen.

Lösungen:
b 1. – Où **est l'**étagère pour papa?
– Là, dans le carton, il y a **une** étagère. **C'est l'**étagère pour papa, non?
2. – Où **sont les** étiquettes pour papa?
– Là, sur l'ordinateur, il y a **des** étiquettes. Ce **sont les** étiquettes pour papa, non?
3. – Où **est le** jean d'Isabelle?
– Là, sur le lit, il y a **un** jean. **C'est le** jean d'Isabelle, non?
4. – Où **sont les** ballons d'Isabelle?
– Là, dans la cuisine, il y a **des** ballons. Ce **sont les** ballons d'Isabelle, non?
5. – Où **est la** baguette pour M. Lacombe?
– Là, devant Minnie, il y a **une** baguette. **C'est la** baguette pour M. Lacombe, non?

Ex. 4 ➛ CdA 5 ➛ GBH § 12

Schwerpunkte:
Jdn. vorstellen. Wortschatz zu den persönlichen Beziehungen (Freundschaft, Familie, Nachbarschaft). Integration des best. und unbest. Art. Sg. und Pl.

Hinweis: Schriftliche Durchnahme wird empfohlen.

Lösungen:
1. C'est Nathalie, **l'**amie de Julie.
2. Ce sont Ahmed et Luc, **des** copains de Julie.
3. C'est Mme Rigot, **la** mère de Julien.
4. C'est M. Rigot, **le** père de Julien.
5. C'est M. Lacombe, **un** voisin de Mme Blanchard.
6. C'est Isabelle, **la** sœur de Julie.
7. Ce sont Mme Blanchard et M. Lacombe, **les** voisins de M. et de Mme Rigot.
8. C'est Arthur, **le** perroquet de Julien.
9. C'est Minnie, **la** souris d'Isabelle.
10. C'est Julie, **une** copine de Julien.

Ex. 5 ➛ GBH § 13

Schwerpunkte:
Kontaktaufnahme. Informationen über Ort einholen und geben. Sachfeld 'Geschäfte'. Unbest. Art. Sg. Zwischen *ils* und *elles* unterscheiden

Hinweis: Schriftliche Durchnahme wird empfohlen.

Lösungen:
1. – Pardon, (…), je cherche **une boulangerie.**
– Il y a **deux boulangeries** dans la rue.
– **Elles** sont où?
– **Elles** sont là.
2. – Pardon, (…), je cherche **une parfumerie**.
– Il y a **deux parfumeries** dans la rue.
– **Elles** sont où?
– **Elles** sont là.
3. – Pardon, (…), je cherche **un hôtel.**
– Il y a **deux hôtels** dans la rue.
– **Ils** sont où?
– **Ils** sont là.
4. – Pardon, (…), je cherche **un café.**
– Il y a **deux cafés** dans la rue.
– **Ils** sont où?
– **Ils** sont là.
5. – Pardon, (…), je cherche **une poissonnerie.**
– Il y a **deux poissonneries** dans la rue.
– **Elles** sont où?
– **Elles** sont là.
6. – Pardon, (…), je cherche **un restaurant.**
– Il y a **deux restaurants** dans la rue.
– **Ils** sont où?
– **Ils** sont là.
7. – Pardon, (…), je cherche **une boucherie.**
– Il y **deux boucheries** dans la rue.
– **Elles** sont où?
– **Elles** sont là.
8. – Pardon, (…), je cherche **une épicerie.**
– Il y a **deux épiceries** dans la rue.
– **Elles** sont où?
– **Elles** sont là.

Neu: In Überschrift: *pardon*

3 Où sont les fleurs pour Mme Rigot? *(§ 12)*

a *Lisez l'exemple.*

La mère de Julie: Où **sont les** fleurs pour Mme Rigot?
Julie: Là, devant l'ordinateur, il y a **des** fleurs.
Ce **sont les** fleurs pour Mme Rigot, non?

b *Complétez.* **est / sont** **le / la / l' / les – un / une / des**

1. – Où ~ ~ étagère pour papa?
   – Là, dans le carton, il y a ~ étagère.
   C'~ ~ étagère pour papa, non?
2. – Où ~ ~ étiquettes pour papa?
   – Là, sur l'ordinateur,
   il y a ~ étiquettes.
   Ce ~ ~ étiquettes pour papa, non?
3. – Où ~ ~ jean d'Isabelle?
   – Là, sur le lit, il y a ~ jean.
   C'~ ~ jean d'Isabelle, non?
4. – Où ~ ~ ballons d'Isabelle?
   – Là, dans la cuisine,
   il y a ~ ballons.
   Ce ~ ~ ballons d'Isabelle, non?
5. – Où ~ ~ baguette pour M. Lacombe?
   – Là, devant Minnie, il y a ~ baguette.
   C'~ ~ baguette pour M. Lacombe, non?

4 C'est Ahmed, un copain de Luc. *(§ 12)*

Exemple: Du stellst Ahmed, **einen** Freund von Luc, vor:
– C'est Ahmed, **un** copain de Luc.

Du stellst vor:

1. Nathalie, **die** Freundin *(amie)* von Julie.
2. Ahmed und Luc, **Freunde** *(copains)* von Julie.
3. Mme Rigot, **die** Mutter von Julien.
4. M. Rigot, **den** Vater von Julien.
5. M. Lacombe, **einen** Nachbarn von Mme Blanchard.
6. Isabelle, **die** Schwester von Julie.
7. Mme Blanchard und M. Lacombe, **die** Nachbarn von M. und Mme Rigot.
8. Arthur, **den** Papagei von Julien.
9. Minnie, **die** Maus von Isabelle.
10. Julie, **eine** Freundin *(copine)* von Julien.

5 Pardon[▽], je cherche un café. *(§ 13)*

Ils / Elles

Tu es à Paris. Tu cherches un café.

Exemple: – Pardon, madame/mademoiselle/monsieur, je cherche **un café**.
– Il y a **deux cafés** dans la rue.
– **Ils** sont où?
– **Ils** sont là.

1. boulangerie
2. parfumerie
3. hôtel
4. café
5. poissonnerie
6. restaurant
7. boucherie
8. épicerie

3 EXERCICES

6 A propos du vocabulaire

Trouvez les verbes.
Travaillez en groupes.

Exemple: j r = jouer

a e é i o u

h b t r	b v r d r	p r t r	n s t l l r
p p r t r	q u t t r	p s r	t r v r
c t r	t p r	r g r d r	c h r c h r
r r v r	r n t r r	t r v l l r	m r

7 Que font les filles? *(§§ 13, 14)*

Que fait . . . ? / Que font . . . ?

Elle / Elles / Il / Ils

Exemple:

– **Que font** les filles?
– **Elles jouent.**

1. les garçons – regarder des BD
2. Nathalie – taper dans le ballon
3. M. Rigot et M. Lacombe – bavarder
4. Mme Rigot et Mme Blanchard – écouter les commerçants
5. Isabelle – chercher Minnie
6. les commerçants – installer les stands
7. Ahmed – travailler
8. Julie et Julien – jouer au foot
9. Mme Lacombe et Mme Blanchard – regarder des vêtements
10. Martine et Catherine – entrer dans la boulangerie

8 Jouez une pantomime▽. *(§ 14)*

Marcel Marceau

Ihr wählt jemanden aus,
der vor der Klasse Bewegungen ausführt.
Ihr ratet, was dargestellt wird.

Exemple:

– Tu joues au foot?
– Oui. / Non.

(Einige Ideen: regarder des BD, porter une baguette, bavarder avec une copine, installer un ordinateur, . . .)

Ex. 6

Schwerpunkt: Zusammenstellen der Infinitive der bisher bekannten Verben auf *-er*

Hinweis: Gruppenarbeit empfohlen

Lösungen:

habiter	bavarder	porter	installer
apporter	quitter	poser	trouver
écouter	taper	regarder	chercher
arriver	rentrer	travailler	aimer

Ex. 7 ➛ CdA 9, 10 ➛ GBH §§ 13, 14

Schwerpunkte:
Informationen über Tätigkeiten einholen und geben. *Que fait …?* und *Que font …?* unterscheiden. Die Personalpron. *il(s)* und *elle(s)*. Die 3. Ps. Sg. u. Pl. der Verben auf *-er*

Hinweis: Schriftliche Durchnahme wird empfohlen.

Lösungen:

1. – **Que font** les garçons?
   – **Ils regardent** des BD.
2. – **Que fait** Nathalie?
   – **Elle tape** dans le ballon.
3. – **Que font** M. Rigot et M. Lacombe?
   – **Ils bavardent**.
4. – **Que font** Mme Rigot et Mme Blanchard?
   – **Elles écoutent** les commerçants.
5. – **Que fait** Isabelle?
   – **Elle cherche** Minnie.
6. – **Que font** les commerçants?
   – **Ils installent** les stands.
7. – **Que fait** Ahmed?
   – **Il travaille**.
8. – **Que font** Julie et Julien?
   – **Ils jouent** au foot.
9. – **Que font** Mme Lacombe et Mme Blanchard?
   – **Elles regardent** des vêtements.
10. – **Que font** Martine et Catherine?
    – **Elles entrent** dans la boulangerie.

Ex. 8 ➛ CdA 9, 10 ➛ GBH § 14

Schwerpunkte:
Etwas erraten. Informationen einholen und geben. Verben auf *-er:* Wiederholen der 2. Ps. Sg. Präs.

Hinweis: Fakultative Übung

Lösungen:
Beispiele: Tu regardes des BD? Tu portes une baguette? Tu bavardes avec une copine? Tu installes un ordinateur? Tu cherches une amie? Tu joues au foot? ...

Neu: In Überschrift: *une pantomime*

Ex. 9 ➛ [S]

Schwerpunkt: Ausspracheschulung: Unterscheidung der Laute [s] und [z]

Hinweise:
Dieser kleine Text kann von S im Chor oder einzeln gesprochen werden. S können ihn außerdem auswendig lernen und in einer späteren Stunde vortragen. S können die Richtigkeit ihrer Aussprache dadurch überprüfen, daß sie ihre Hand auf ihren Kehlkopf legen: Beim Aussprechen des Lautes [s] soll keine Vibration zu spüren sein, während eine solche beim Laut [z] sehr deutlich warnehmbar ist.

Ex. 10 ➛ CdA 12 ➛ Folie 9 ➛ [L]

Schwerpunkt: Bildgesteuerte Textproduktion

Hinweise:
Die Bilder können zuerst im Unterrichtsgespräch vorbesprochen werden. Anschließend wird die Übung schriftlich durchgeführt. Die Musterlösung wird von der Kassette abgespielt. S vergleichen im Unterrichtsgespräch ihren Text mit dem abgespielten Text.
Variante für leistungsschwächere S: Der Text auf der Kassette wird abgespielt. S beantworten Fragen. Anschließend erzählen S die Geschichte schriftlich oder mündlich unter Zuhilfenahme der Bilder.

Musterlösung:
1. M. Lacombe est devant un stand où on trouve/où il y a des légumes, des fruits et des fleurs. Il bavarde avec la commerçante.
2. M. Lacombe quitte le stand avec un carton. Dans le carton, il y a des fruits et des légumes. Sur les fruits et les légumes, il y a des fleurs.
3. M. Lacombe arrive devant l'immeuble, 16, rue Daguerre.
4. Julie et Julien jouent au foot(ball) dans la cour. Arthur regarde Julie et Julien.
5. M. Lacombe entre. Julie tape dans le ballon.
6. Le ballon est dans le carton de M. Lacombe, avec les fruits, les légumes et les fleurs. M. Lacombe dit: «Un ballon pour le repas? Ah non! Merci!» Julie dit: «Oh! Pardon, M. Lacombe!»

Neu: *Merci.* Arbeitsanweisung: *Racontez l'histoire.*

9 Jeu de sons

Cherchez les **[z]** *et les* **[s]**.

Deux souris sont à Paris.
Elles entrent dans une épicerie.
– Qu'est-ce que c'est? Mince!
Ce sont des fruits!
Elles entrent dans une boulangerie.
Elles jouent ensemble sur les étagères.
– Regarde! Des baguettes! C'est super!
Deux souris dans un magasin.
– Au secours! Au secours, Julien!

10 Aujourd'hui, c'est le marché.

Racontez l'histoire. (Erzählt die Geschichte.) M. Lacombe est devant un stand où il y a …

Zu Itinéraires I und II

Leicht erschließbare Ausdrücke:

vom Dt./Engl. her	vom Visuellen her	vom Kontext her	durch Gestik
une baguette 1 un tour 2 un jean 3 un skateboard 3 Boum! 3 un choc 3 Hi! Hi! 4 jouer au foot 4 Super!	1 un quartier 3 une fille 3 Nathalie 3 Deux et deux font quatre. 4 Ahmed 4 Luc 4 un garçon 4 un ballon 4 taper dans le ballon	1 on fait; On fait un tour? 2 ils 2 les 2 elles 2 puis 5 Alors, elles arrivent, les baguettes?	2 écouter qn/qc 3 Attention! 3 Mince!; Mince, alors! **von der Schrift her** 4 16 = seize

Nr. 2

Zu Itinéraire I

Vorentlastung: der best. Art. Pl. *les*

Im folgenden Tafelbild (Kasten Nr. 3) wird auf die Abbildung S. 21 im Schülerbuch Bezug genommen. L stellt anschließend Kontrollfragen, die eine gelenkte Anwendung des bestimmten Artikels Plural ermöglichen: L (eine falsche Zuordnung vornehmend): *Ce sont les cahiers/livres de [Sx-Name]?* S: *Non, ce sont les cahiers/livres de [Sy-Name].*

Sur la table, il y a:		**TB**
un livre	→	C'est **le** livre de Julie.
une serviette	→	C'est **la** serviette de Julie.
des cahiers et *des* étiquettes	→	Ce sont **les** cahiers et **les** étiquettes de Julie.

Nr. 3

Vorschläge zur Einführung der schwer erschließbaren Ausdrücke

Im folgenden sind nur die schwer erschließbaren Ausdrücke unterstrichen.

- Abschnitt 1:
  L (zeigt auf Bild 5) : *Ici, Julien apporte des baguettes.* L spricht verschiedene S an: *Apporte un crayon, une gomme, une trousse, s'il te plaît.* Rückfrage: L: *Que fait [Sx]?* S: *Il apporte …*
- Abschnitt 2:
  Von der Klassensituation ausgehend, nennt L einige Beispiele von S, die *vor* anderen sitzen. L: *[Sx] est devant [Sy].* Kontrollfragen: L: *Où est [Sz-Name]?*
  L (zeigt auf Bild 3): *Ici, Nathalie arrive sur un skateboard, et boum!* Kontrollfrage: L: *Nathalie arrive* (Gestik) *à vélo▽?* S: *Non, elle arrive sur un skateboard.*
  un(e) commerçant(e); une copine; bavarder: übersetzen
- Abschnitt 3:
  L (spielt vor): *Je rentre dans la classe ≠ Je quitte la classe.*
  L: *Une amie, c'est une copine.* Der Unterschied zwischen beiden Begriffen wird erst in der Festigungsphase erläutert.
- Abschnitt 4:
  L zeigt auf die Folie: *Les filles sont les copines de Julie. Les garçons sont les copains de Julie.*
  L (zeigt auf den Schulhof): *Voilà▽ la cour*; ou: *C'est une cour.* L (zeigt auf Bild 4): *Ici aussi, il y a une cour.* Kontrollfrage: L: *Julien arrive dans l'immeuble?* S: *Non, il arrive dans la cour.*
  rentrer: übersetzen
- Abschnitt 5:
  un prix: übersetzen

Zu Itinéraire II

Schlüsselwörter, die übersetzt werden:

Abschnitt 1:	apporter qc
Abschnitt 2:	un(e) commerçant(e); arriver
Abschnitt 3:	quitter qn/qc; un(e) ami(e)
Abschnitt 4:	une cour
Abschnitt 5:	un prix/des prix

Nr. 4

Zu den Strukturen

Ils, elles und die 3. Ps. Pl. der Verben auf *-er*

L bietet zuerst einen Vergleich zwischen den im Text vorkommenden Formen an:
une fille arrive (Z. 17) und *deux copines de Julie arrivent* (Z. 12), *elles (les baguettes) arrivent* (Z. 34).
S erschließen die Endung der 3. Person Plural der Verben auf *-er*. Sie stellen fest, daß hier das Personalpronomen *elles* heißt. Anschließende Aufgabenstellung: *Sucht im Text alle Prädikate, die auf* -ent *enden und schreibt sie in euer Heft untereinander mit den dazu gehörigen Subjekten, wie sie im Text vorkommen.* Das erste Beispiel wird gemeinsam gesucht und an die Tafel geschrieben.

Z. 12	deux copines de Julie	arrivent …
Z. 13	elles	bavardent …
Z. 24 f.	Ahmed et Luc (…)	jouent …
Z. 26	ils	habitent …
Z. 27	Julien, Julie et Nathalie	entrent …
Z. 28	ils	regardent …
Z. 36	elles (les baguettes)	arrivent …

S stellen fest, daß die Pronomen der 3. Person Plural *ils* und *elles* sind.
Aufgabenstellung: *Sagt, was in diesen Beispielen* ils *und* elles *ersetzen, und formuliert eine Regel, die erklärt, wann man* ils *und wann man* elles *verwendet.*

Zur Integration der bekannten Formen der Verben auf *-er*

Die Übung 9 im *Cahier d'activités* kann ausgebaut werden.
Aufgabenstellung: *Sucht weitere vier Verben aus dem Text 3B heraus und erstellt dazu eine Tabelle wie in Übung 9 im* Cahier d'activités.

Weitere Verben auf *-er* aus dem Text 3 B:	Beispiel:	**regarder**
regarder, chercher,	Je	regarde
arriver, bavarder,	Tu	regardes
entrer, quitter,	Il/Elle/On	regarde
jouer, habiter,	Ils/Elles	regardent
rentrer	Imper. Sg.:	regarde

Die Verben auf *-er*: Präs. Sg., Imper. Sg. und 3. Ps. Pl.; *être*: Präs. Sg. und 3. Ps. Pl.

Schriftliche Übung. Aufgabenstellung: *Complétez les dialogues./Ergänzt die Dialoge.*

Exemple:

travailler — *Nathalie:* Salut, Ahmed! Tu _travailles_ ?

arriver/jouer/apporter/travailler

1. *Nathalie:* Salut, Ahmed! Tu _travailles_ ?
Ahmed: Non, non.
Nathalie: Alors, tu _joues_ au foot avec moi?
Ahmed: Oh, oui! J'_arrive_. J' _apporte_ un ballon.

regarder/taper/jouer/être (2x)

2. *Luc:* Hé! Monsieur _joue_ avec des filles, maintenant?
Ahmed: Et alors?
Julien: Hé, Luc! _Regarde_ Nathalie.
Sur un skateboard, elle _est_ super.
Et elle _tape_ dans un ballon comme un garçon, hein?
Luc: Oui, oui! Pour une fille, c' _est_ super!

entrer/porter/être

3. *Julien:* Mais où _sont_ Julie et Isabelle?
Luc: Elles _entrent_ dans la cour.
Elles _portent_ des cartons où il y a des BD.

jouer (2x)/regarder (2x)/écouter

4. *Julie:* Ahmed, on _regarde_ des BD ensemble?
Ahmed: Non, Julie! Je _joue_ au foot avec Nathalie.
Julie: S'il te plaît, Ahmed!
Ahmed: Non, non. _Ecoute_, Julie. Aujourd'hui, tu _regardes_ des BD avec Isabelle. Et moi, je _joue_ au foot avec Nathalie.

jouer/être (2x)/taper

5. *Ahmed:* Alors, Nathalie, tu _joues_ ? _Tape_ dans le ballon.
Tu _es_ super!
Julie: Je _suis_ super, moi aussi, non?
Isabelle: Mais oui, Julie.

LEÇON 3 DIDAKTISCH-METHODISCHE HINWEISE

Zur Phonetik

Die Nasale [ɛ̃], [ɑ̃], [ɔ̃]

- Aufgabenstellung: *Sucht in den bisherigen Lektionen Wörter, in denen die Laute [ɛ̃], [ɑ̃] oder [ɔ̃] enthalten sind. Tragt diese Wörter in drei Spalten ein.* Diese Übung kann auch im Unterrichtsgespräch durchgenommen werden.
- Variante: S zeichnen ins Heft eine dreispaltige Tabelle mit den Überschriften [ɛ̃], [ɑ̃] und [ɔ̃]. L diktiert bereits bekannte Begriffe mit diesen Lauten. S tragen sie in die richtige Spalte ein. L kann auch gelegentlich ein Wort diktieren, das keinen dieser Laute enthält.

Lösungen:

[ɛ̃]		[ɑ̃]		[ɔ̃]	
un	Julien	comment	exemple	leçon	bonjour
voisin	bienvenue	maintenant	entrer	Lacombe	non
à bientôt	salle de bains	dans	encore	question	Lecombe
maintenant	Martin	chambre	maman	carton	on
installer	magasin	allemand	français	réponse	crayon
copain	mince	appartement	Blanchard	ce sont	Lyon
		ensemble	plan	attention	font
		demander	restaurant	garçon	ballon
		boulangerie	stand	pardon	raconter
		vêtement	Orléans		
		devant	commerçant		
		attention	rentrer		
		pantomine			

A+B VORSCHLÄGE ZUR LEISTUNGSÜBERPRÜFUNG

Beschreiben zweier Bilder V

- L gibt jedem S eine Fotokopie der Abbildungen S. L 41. Aufgabenstellung: *Verfaßt einen kleinen Text, der beschreibt, was auf den Bildern zu sehen ist. Benutzt den dir schon bekannten Wortschatz. In dem Text sollen folgende Wörter und Strukturen mindestens einmal vorkommen:*
  – *il y a;* Verben auf *-er* in der 3. Ps. Pl.; *apporter; arriver; être* in der 3. Ps. Pl.; *ils, elles; taper*
- Die Abbildungen S. L 41 können auch als Grundlage eines Unterrichtsgesprächs dienen. Die Bilderbeschreibung erfolgt mündlich.
- L kann S auch bitten, nach einigen Minuten der Betrachtung das Blatt umzuwenden, einander Fragen zu stellen und miteinander über die Richtigkeit von Form und Inhalt der Antworten zu diskutieren.

Musterlösung:

Bild 1:
Les copines de Julie sont dans la cour avec Julie. Elles jouent au foot. Julie tape dans le ballon. Ahmed et Luc sont aussi dans la cour. Ils portent des cartons. Dans les cartons, il y a des vêtements et des BD. Sur les cartons, il y a des étiquettes. Julien arrive dans la cour. Il apporte des fleurs. Nathalie arrive sur un skateboard. Elle apporte des baguettes. Devant l'immeuble, il y a des fleurs. Un garçon et une fille entrent dans l'immeuble.

Bild 2:
Aujourd'hui, c'est le marché. Sur les stands, il y a des fruits, des légumes et des livres[1]. Deux commerçantes bavardent. Mme Blanchard et M. Lacombe quittent une/la boulangerie.

[1] *un livre*: ein Buch; in *D'une leçon à l'autre*, S. 21, eingeführt

Hinweis: Es empfiehlt sich, bereits gegen Ende der Lektion 3 *Itinéraire II* der Lektion 4 (S. L 43) zur Kenntnis zu nehmen. Dieser *Itinéraire* setzt eine Vorbereitungsphase voraus.

16

BOULANGERIE - PÂTISS

3 ⟨D'une leçon à l'autre⟩ 4

Stratégies

Lire à haute voix
(Laut lesen)

A Grundregeln

1. Nutze jede Gelegenheit, vorzulesen, nachzusprechen, frei zu sprechen.
2. Vermeide, wenn du vorliest, hastiges und eintöniges Wort-für-Wort-Lesen.
   Gliedere die Sätze in **Sinneinheiten**. Lies diese flüssig.
   Hebe jeweils am Ende der Sinneinheit die Stimme leicht an
   und mache eine kleine **Sprechpause**.
   Die Stimme fällt im Aussagesatz meist erst am Satzende ab.

   Ce sont des stands ↗ / ((Pause)) / où on trouve des fruits, ↗ / ((Pause)) /
   des légumes ↗ / ((Pause)) / et des fleurs. ↘

3. Manchmal weißt du nicht, wie ein Wort ausgesprochen wird.
   Denke dann daran, dass es im Französischen **Buchstabenfolgen** gibt,
   die in vielen Wörtern auftauchen und deren **Aussprache immer gleich** ist, z. B.

   – ine [in] : la cuis**ine**, la vois**ine**
   – on [õ] : le ball**on**, le cart**on**
   – ère [ɛr] : l'étag**ère**, la m**ère**, le p**ère**
   – oi [wa] : m**oi**, la p**oi**ssonnerie, t**oi**, tr**oi**s, le v**oi**sin
   – eur [œr] : la fl**eur**, l'ordinat**eur**
   – ou [u] : la b**ou**cherie, la c**ou**r, la s**ou**ris, le t**ou**r

B Echolesen als Lesetraining

Übe häufig mit dem **Kassettenrecorder** und der **Lehrwerkkassette**.
1. Höre dir zunächst den jeweiligen Text von der Lehrwerkkassette an.
2. Höre dir den Text ein zweites Mal an.
   Drücke dabei nach Sätzen oder längeren Satzteilen die Pausentaste
   und sprich den Satz oder Satzteil laut nach.
   Bei Ausspracheschwierigkeiten benutze die Rücklauftaste
   und sprich noch einmal nach.
3. Wiederhole den Vorgang und verlängere die Textabschnitte,
   die du nachsprichst.
   Achte auf die Satzmelodie und auf Bindungen (z. B. *les‿amis*).
4. Mache eine eigene Aufnahme und vergleiche sie mit dem Original.

Themen: Familie und Freundeskreis. Beruf. Freizeitgestaltung in Stadt und Kleinstadt. Geburtstagsfest. Rockmusik
Situativer Rahmen: Vorstellung von Familienmitgliedern der Hauptdarsteller. Einladung zu einem Fest. Wochenende bei den Großeltern. Gemeinsamer Spaziergang
Textsorte: Darstellung. Dialog

Anmerkungen	Lerninhalte	SB Ex.	CdA Ex.
	Kommunikative Schwerpunkte:		
Rév. S. 131 ◀	– Vorlieben/Mißfallen ausdrücken: *aimer, aimer bien, aimer mieux, adorer, détester qc*	5, 8	
	– Begeisterung ausdrücken: *Ta cassette est extra! Super! Elle est super, ton idée!*		
Rév. S. 130 ◀	– Über jdn./sich selbst Auskunft geben	5, 7, 8	9
	Wortschatz:		
Rév. S. 130 ◀	– Natur	7	
Rév. S. 130 ◀	– Familie	7	6
	– Beruf	7, 8	
	– Freizeit	4, 8	
	Grammatik:		
	– Der Plural der Eigennamen		
Rév. S. 130; Erg. zu Lk. 2A, 2B und Lk. 3B ◀	– Die 1. und 2. Ps. Pl. der Verben auf *-er*, GBH § 15	2, 4, 5	1, 3
	– Die Personalpron. *nous, vous,* GBH § 16	2, 4, 5	1, 3
Der Imper. Sg. bereits in Lk. 2A und Lk. 2B; SB Ex. 3 zugleich Wdh. der Ausdrücke für das Unterrichtsgespräch ◀	– Die 2. Ps. Pl. Imper., GBH § 17	3	2
Rév. S. 130; Erg. zu Lk. 1, und Lk. 3A ◀	– Die 1. und 2. Ps. Pl. von *être*, GBH § 18	5	3
	– *être de/être à,* GBH § 18	5	
Erg. in Lk. 7A und Lk. 9B ◀	– Die Possessivbegleiter *mon, ma, mes; ton, ta, tes,* GBH § 19	6	5, 6
	Rechtschreibung:		
	– [wa], [œr], [i], [ɛ̃], [ɑ̃], [ø], [y], [õ]	9	
	– Die Akzente		7

Textverständnis:	– A propos du texte	SB	Ex. 1
Integration und Transfer:	– Nomen aus Lk. 1 bis Lk. 4	CdA	Ex. 4
	– Redemittel aus Lk. 1 bis Lk. 4	CdA	Ex. 9
	– Präpositionen	CdA	Ex. 8
	– En français	CdA	Ex. 10
	– La course: Wdh. von Lk. 1-4	CdA	S. 86
Landeskunde:	– Un TGV; Rennes; Fontainebleau	SB	S. 131
Ecouter et comprendre:	– Chanson	SB	S. 100
Lire et comprendre:	– Einen Prospekt verstehen	CdA	Ex. 11
D'une leçon à l'autre:	– Vorentlastung: Die Verneinung	SB	S. 37

Folien:	– Nr. 10: Stammbaum; TGV; hôpital – Nr. 11: Bidules; Spaziergang; Natur	Hinweise: LB S. L 43, L 49, L 50

LEÇON 4

Folien: 10,11

TEXTERARBEITUNG

In der Übergangsphase zwischen Lektion 3 und Lektion 4 oder als Auflockerung während der Erarbeitung der neuen Lektion kann auf die fakultative Rubrik *D'une leçon à l'autre*, Schülerbuch S. 30, zurückgegriffen werden. Dort werden Strategien zum Lesetraining vorgestellt.

Itinéraire I

- Unter den neuen Strukturen im Text sind einige – zumindest für leistungsstärkere Klassen – leicht erschließbar: der Plural der Eigennamen (*les Rigot* usw.) sowie *ta (cassette)*, *mon (père)* und *ton (idée)* (s. Kästen Nr. 3 und 4, S. L 49). Es empfiehlt sich hingegen, die 1. und 2. Person Plural der Verben auf *-er* und von *être* mit den Personalpronomen sowie die 2. Person Plural des Imperativs der Verben auf *-er* (alles Formen, die erst im zweiten Teil des Textes vorkommen) im Vorfeld der Texterarbeitung einzuführen (s. 'Vorschlag zur Vorentlastung der Strukturen', S. L 49).
- Die Sachfelder *Une famille* und *La nature* (s. *Révisions* S. 130) werden anhand der Folien Nr. 10 und 11 oder ggf. mit Hilfe von Tafelskizzen und von mitgebrachtem Bildmaterial vorgestellt.
- Die neuen Ausdrücke werden erschlossen (s. 'Schwer erschließbare Ausdrücke', Kasten Nr. 1, unten, sowie 'Vorschlag zur Vorentlastung der Strukturen', 'Vorschläge zur Einführung der schwer erschließbaren Ausdrücke' und 'Leicht erschließbare Ausdrücke', [Kasten Nr. 3] S. L 49).
- L liest den Text abschnittweise vor und unterstützt das Hörverstehen mit Gesten und Hinweisen auf die Folien oder auf die Tafelskizzen, die Abbildungen im Schülerbuch und das mitgebrachte Bildmaterial.
- L überprüft das Globalverständnis durch Kontrollfragen.
- Der Text wird bei offenen Büchern von der Kassette abgespielt oder von L vorgelesen.
- Die letzten Schwierigkeiten werden geklärt. (Kontrollübersetzung von *vous, vous fêtez*, Z. 39).

Schwer erschließbare Ausdrücke:

Abschnitt 1:	depuis quatre ans; un/une comptable; souvent; chez; détester qc; ça; aimer mieux qc
Abschnitt 2:	adorer qc; dimanche; aimer bien qc; rester; comme toujours; un anniversaire; passer; à la maison; fêter qc Strukturen: vous écoutez; vous restez; nous restons; passez; vous êtes; nous sommes; vous fêtez (s. Vorentlastungsvorschläge S. L 49)

Nr. 1

Itinéraire II V

- Viele neue Vokabeln und Strukturen können von S in Gruppen eingeführt werden. Jede Gruppe bekommt ein Kärtchen, auf dem die Vokabeln und Strukturen stehen, die sie einführen soll (s. Musterkärtchen, Kasten Nr. 2, sowie praktische Hinweise S. L 49f.). L übernimmt die Präsentation der schwer erschließbaren Ausdrücke (s. o. Kasten Nr. 1). Die Vorbereitung von S erfolgt während einer Gruppenarbeitsphase gegen Ende von Lektion 3 und zu Hause.
- Es empfiehlt sich, die Texterarbeitung (und somit auch die Einführung eines Teils des Stoffes durch S) auf zwei Stunden zu verteilen.
- Die weitere Texterarbeitung erfolgt wie bei *Itinéraire I* ab dem vierten Punkt (s. o.).

Musterkärtchen

Gruppe 1 (Datum)
une famille, les parents,
les grands-parents, un frère

- Überlegt, wer welche Aufgabe während der Stunde übernimmt.
- Stellt die neuen Vokabeln anhand von Situationen und Dialogen, mit Hilfe der Folie Nr. 10 oder der Tafel so vor, daß eure Mitschüler sie danach anwenden können.
- Schreibt die Wörter an die Tafel und übt die Aussprache mit der Klasse. (Fragt den Lehrer nach der richtigen Aussprache.)
- Kontrolliert das Verständnis z. B. anhand der Bilder der Folie Nr. 10. Fragen vorbereiten!

Nr. 2

FESTIGUNG

- S lesen den Text z. T. mit verteilten Rollen vor. Sie korrigieren untereinander ihre Aussprache. L schaltet sich nur im Notfall ein.
- L und S stellen Fragen zum Text.
- Zu diesem Zeitpunkt kann bereits die Übung 1 aus dem Schülerbuch durchgenommen werden.
- Hinführung zu Übung 8: L schreibt Stichwörter zu den Rigots, zu Herrn und Frau Lacroix, zu Julien sowie zu Julies und Isabelles Großeltern an die Tafel. S versuchen, diese Stichwörter in Sätze einzubetten.

LEÇON 4

Les Rigot,

1 Les Rigot sont de Rennes. Maintenant, ils habitent à Paris. Bernard Rigot est conducteur de TGV. Catherine Rigot est infirmière. Elle travaille dans un hôpital.

les Lacroix

M. et Mme Lacroix sont les parents de Julie et d'Isabelle. La famille Lacroix est à Paris depuis quatre ans. Patrick Lacroix est inspecteur de police. Marie Lacroix est comptable dans un magasin.

Les grands-parents de Julie et d'Isabelle habitent à Fontainebleau, dans une maison avec un jardin. Les Lacroix sont souvent chez les grands-parents. M. et Mme Lacroix aiment la forêt de Fontainebleau. Julie déteste les promenades avec les parents. Elle aime mieux Paris et les copains.

et

2 Julie et Julien sont dans la chambre de Julie. Ils écoutent un groupe de rock.

Julie: J'adore les «Bidules».
Julien: Moi aussi. Ta cassette est extra!

Ahmed, Nathalie et Luc arrivent. Luc est le frère de Nathalie.

Luc: Ah, vous écoutez les «Bidules»? Super!
Nathalie: Julie, tu es à Paris dimanche?
Julie: Non, à Fontainebleau.
Les promenades dans la forêt, je déteste ça!
Ahmed: Moi, j'aime bien la forêt. Mais je reste à Paris, comme toujours.
Mon père travaille dans l'épicerie.
Julien: Et vous, Luc et Nathalie? Vous restez aussi à Paris?
Nathalie: Oui, oui. Nous restons pour l'anniversaire de Luc.
Toi et Ahmed, passez à la maison.
Luc: Vous êtes d'accord?
Ahmed: Bien sûr! Elle est super, ton idée!
Julien: Alors, j'apporte des CD
et des cassettes.
Ahmed: Hé, Julie! Reste à Paris dimanche!
Julie: Non. C'est impossible.
Nous sommes chez mes grands-parents.
Vous, vous fêtez l'anniversaire de Luc,
et moi, je compte les arbres.

4

EXERCICES

1 A propos du texte

Vrai ou faux? (Richtig oder falsch?)

Exemples:

Les Rigot sont de Rennes.
→ C'est vrai.
Mme Rigot travaille dans un magasin.
→ C'est faux. Elle travaille dans un hôpital.

le TGV

Rennes

a *Texte 4, partie 1:*

1. M. Rigot est conducteur de TGV.
2. Les Lacroix habitent à Paris depuis deux ans.
3. Ils sont souvent à Fontainebleau.
4. Les grands-parents de Julie habitent dans un immeuble avec une cour.
5. Julie déteste les promenades avec les parents.
6. Elle aime bien la forêt de Fontainebleau.

b *Texte 4, partie 2:*

1. Julie est chez Julien.
2. Julien et Julie écoutent les «Bidules».
3. Nathalie et Luc arrivent chez Ahmed.
4. Luc adore les «Bidules».
5. Dimanche, Julie est à Paris.
6. Dimanche, c'est l'anniversaire d'Ahmed.
7. Julien apporte des baguettes.

2 On joue aux dés▽. *(§ 15)*

a *Lisez les verbes en '-er'. (Lest die Verben auf '-er'.)*

adorer	chercher	dessiner	fêter	porter	rentrer
aimer	compter	détester	habiter	poser	rester
apporter	continuer	écouter	installer	quitter	travailler
arriver	demander	entrer	jouer	regarder	trouver

□ **b** *Traduisez les verbes en allemand.*
(Übersetzt die Verben ins Deutsche.)

c *Jouez aux dés.*

 = je

 = nous

 = tu

 = vous

 = il/ elle/ on

 = ils/ elles

Spiele mit deiner Nachbarin oder deinem Nachbarn.
Ihr braucht einen Würfel. Nenne ihr/ihm ein Verb aus der Liste von ***a****.*
Dann würfle. Sie/Er bildet die Verbform, die zur gewürfelten Zahl passt.

Ex. 1

Schwerpunkte:
Auswertung des Textes (auf die einzelnen Textabschnitte bezogen). Wiederholung der Personalpron. *il(s), elle*

Lösungen:

a 1. C'est vrai.
2. C'est faux. Ils habitent à Paris depuis 4 ans.
3. C'est vrai.
4. C'est faux. Ils habitent dans une maison avec un jardin.
5. C'est vrai.
6. C'est faux. Elle aime mieux Paris et les copains.

b 1. C'est faux. Ils sont dans la chambre de Julie.
2. C'est vrai.
3. C'est faux. Nathalie, Luc et Ahmed arrivent chez Julie.
4. C'est vrai.
5. C'est faux. Dimanche, elle est à Fontainebleau.
6. C'est faux. Dimanche, c'est l'anniversaire de Luc.
7. C'est faux. Il apporte des CD et des cassettes.

Neu: Arbeitsanweisung: *Vrai ou faux?*

Ex. 2 ➛ CdA 1 ➛ GBH § 15

Schwerpunkt:
a, b, c Die Verben auf *-er*: **a** Lesen aller bisher bekannten Verben auf *-er* im Infintiv; **b** Übersetzen der Verben ins Deutsche; **c** Konjugieren der Verben in spielerischer Form (vgl. auch Lehrerbuch, S. L 51 und L 118)

Hinweise:
Der fakultative **b**-Teil eignet sich vor allem für leistungsschwächere S. Partnerarbeit bei den Teilen **a** und **b** möglich – evtl. mit anschließender Kontrollphase im Plenum; bei Teil **c** Partnerarbeit empfohlen (z. B. in Vierergruppen).
Unter den verschiedenen Übersetzungsmöglichkeiten dieser Verben wurde jeweils nur eine ausgewählt.

b

sehr gerne mögen	suchen	zeichnen	feiern	tragen	heimgehen
mögen, lieben	zählen	verabscheuen	wohnen	stellen	bleiben
(mit)bringen	weitermachen	zuhören	installieren	verlassen	arbeiten
(an)kommen	fragen	eintreten	spielen	ansehen	finden

Neu:
Überschrift: *On joue aux dés*. Arbeitsanweisungen: *Lisez les verbes en* '-er'. *Traduisez les verbes en allemand.*

Ex. 3 ➛ CdA 2 ➛ GBH § 17

Schwerpunkte:
a, b Auffordern. Ausdrücke für das Unterrichtsgespräch (Wdh.). Die Verben auf *-er:* **a** Imper. Sg. (Wdh.). **b** 2. Ps. Pl. Imper. *S'il te/vous plaît*

Lösungen:

a **Trouve** le verbe, s'il te plaît.
Regarde le texte, s'il te plaît.
Pose la question, s'il te plaît.
Cherche le mot, s'il te plaît.
Continue l'exercice, s'il te plaît.
Raconte l'histoire, s'il te plaît.
Joue la scène, s'il te plaît.

b **Trouvez** le verbe, s'il vous plaît.
Regardez le texte, s'il vous plaît.
Posez la question, s'il vous plaît.
Cherchez le mot, s'il vous plaît.
Continuez l'exercice, s'il vous plaît.
Racontez l'histoire, s'il vous plaît.
Jouez la scène, s'il vous plaît.

Hinweise:
Im Anschluß an diese Übung bietet sich die Gelegenheit, S von nun an – falls dies nicht schon vorher geschehen ist – aktiver am Unterrichtsgespräch teilnehmen zu lassen: Sie können mit dem Vokabular dieser Übung (später auch aus den Schülerbuchkapiteln *Pour faire les exercices du livre*, S. X, und *D'autres expressions utiles en classe*, S. XI) sich gegenseitig fast alle Arbeitsanweisungen auf französisch erteilen und L bzw. Mit-S Fragen stellen oder antworten. Das hat den großen Vorteil, daß so von Anfang an echte Kommunikation in der Zielsprache stattfinden kann, allerdings nur, wenn L sich bewußt zurückhält und so S mehr zu Wort kommen läßt. Schließlich kann L auch die Leitung von Übungen an S übertragen, S gegenseitig Fehler korrigieren lassen und sogar die Stundenleitung an S übertragen (*En français, s.v.p.!*). Dazu erhält der Leiter ein Kärtchen, auf dem die Arbeitsschritte vermerkt sind.

Neu: *s'il vous plaît.* Arbeitsanweisungen: *Tu es le professeur. Tu parles à une/un élève.*

Ex. 4 ➛ CdA 1 ➛ GBH §§ 15, 16

Schwerpunkte:
a Einen Vorschlag machen bzw. ablehnen. 1. u. 2. Ps. Pl. der Verben auf *-er.* **b** Informationen über Tätigkeiten einholen und geben. *Que fait ...?, Que font ...?.* Die Personalpron. *il(s), elle(s).* 3. Ps. Sg. und Pl. der Verben auf *-er*

Hinweise:
Schriftliche Durchnahme wird empfohlen. Der fakultative **b**-Teil erlaubt eine Wiederholung von Strukturen, die in Lektion 3B eingeführt wurden.

Lösungen:

a 1. *Ahmed:* Nathalie, Luc, **vous jouez** au foot avec moi?
Nathalie et Luc: Non, **nous écoutons** des CD.
2. *Julie:* Ahmed, Isabelle, **vous installez** l'ordinateur avec moi?
Ahmed et Isabelle: Non, **nous regardons** des BD.
3. *Nathalie:* Julie, Isabelle, **vous jouez** dans la cour avec moi?
Julie et Isabelle: Non, **nous restons** dans la salle de séjour.
4. *Isabelle:* Julien, Julie, **vous comptez** les cassettes avec moi?
Julien et Julie: Non, **nous fêtons** l'anniversaire d'Arthur.

b 1. *Mme Lacroix:* **Que fait** Ahmed?
M. Lacroix: **Il joue** au foot. Et **que font** Nathalie et Luc?
Mme Lacroix: **Ils écoutent** des CD.
2. *Mme Lacroix:* **Que fait** Julie?
M. Lacroix: **Elle installe** l'ordinateur. Et **que font** Ahmed et Isabelle?
Mme Lacroix: **Ils regardent** des BD.
3. *Mme Lacroix:* **Que fait** Nathalie?
M. Lacroix: **Elle joue** dans la cour. Et **que font** Julie et Isabelle?
Mme Lacroix: **Elles restent** dans la salle de séjour.
4. *Mme Lacroix:* **Que fait** Isabelle?
M. Lacroix: **Elle compte** les cassettes. Et **que font** Julien et Julie?
Mme Lacroix: **Ils fêtent** l'anniversaire d'Arthur.

3 Ecoute le texte, s'il te plaît. *(§ 17)*

En classe. Tu es le professeur.
(… Du bist die Lehrerin/der Lehrer.)

a *Tu parles à une/un élève.*
(Du sprichst mit einer Schülerin/einem Schüler.)

Exemple: **Ecoute** le texte, s'il te plaît.

b *Tu parles à deux élèves.*

Exemple: **Ecoutez** le texte, s'il vous plaît[▽].

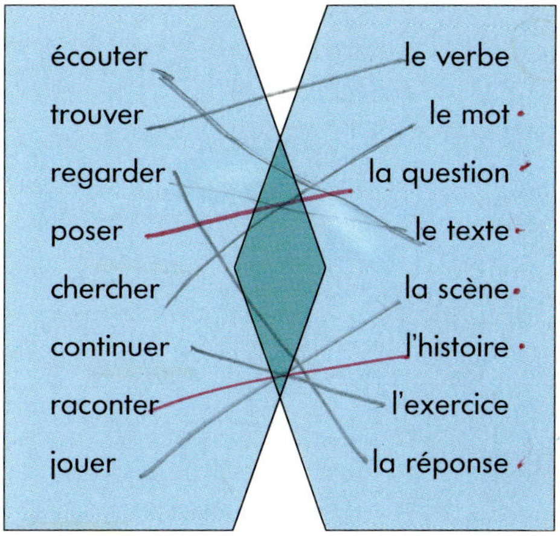

4 Vous jouez avec moi? *(§§ 15, 16)*

a *Les amis sont chez Julie.*

Exemple:

Isabelle:	Julien, Julie *(jouer)* avec moi
→	Julien, Julie, **vous jouez** avec moi?
Julien et Julie:	Non *(écouter les «Bidules»)*
→	Non, **nous écoutons** les «Bidules».

1.	*Ahmed:*	Nathalie, Luc *(jouer au foot)* avec moi
	Nathalie et Luc:	Non *(écouter des CD)*
2.	*Julie:*	Ahmed, Isabelle *(installer l'ordinateur)* avec moi
	Ahmed et Isabelle:	Non *(regarder des BD)*
3.	*Nathalie:*	Julie, Isabelle *(jouer dans la cour)* avec moi
	Julie et Isabelle:	Non *(rester dans la salle de séjour)*
4.	*Isabelle:*	Julien, Julie *(compter les cassettes)* avec moi
	Julien et Julie:	Non *(fêter l'anniversaire d'Arthur)*

b *Exemple:*

Mme Lacroix: **Que fait** Isabelle?
M. Lacroix: **Elle joue.**
Et **que font** Julien et Julie?
Mme Lacroix: **Ils écoutent** les «Bidules».

4 EXERCICES

aimer détester être
habiter rester travailler

5 Qui bavarde avec qui? (§§ 15, 16, 18)

Complétez et trouvez les dialogues.

6 Où est mon jean? (§ 19)

(le jean – sur le lit)

Chez les Lacroix:

Exemple:

– Où est **mon** jean?
– **Ton** jean?
Il est sur le lit.

1. – Où sont . . . ?
Continuez.

(les cassettes – sur l'étagère)

(le skateboard – dans le carton)

(la BD – devant les fleurs)

(les CD – devant l'ordinateur)

(la sœur – dans la salle de séjour)

(l'amie – avec Isabelle)

Ex. 5 ➛ CdA 3 ➛ GBH §§ 15, 16, 18

Schwerpunkte:
Reaktivierung von Wissen über die Lehrbuchpersonen. Verben auf *-er* und *être* im Präs.: Integration aller Formen

Lösungen:
1. – Vous **travaillez** dans un hôpital?
f. – Oui, je **travaille** dans un hôpital. Je **suis** infirmière.

2. – Vous **êtes** de Rennes?
e. – Oui, nous **sommes** de Rennes.

3. – Julie **déteste** les promenades. Et toi, tu **aimes** bien la forêt?
d. – Oui, j'**aime** bien la forêt. Ma sœur aussi. Mais nous **restons** toujours à Paris.

4. – Tu **es** le perroquet de Julien?
c. – Bien sûr, mademoiselle. Je **suis** Arthur. Au revoir, monsieur! A bientôt, madame!

5. – M. et Mme Lacroix **sont** les parents de Julie?
a. – Oui. Et Isabelle **est** la sœur de Julie.

6. – Les grands-parents de Julie **habitent** à Paris?
b. – Non, ils **habitent** à Fontainebleau.

Ex. 6 ➛ CdA 5, 6 ➛ GBH § 19

Schwerpunkte:
Informationen über Ort einholen und geben. Die Possessivbegleiter *mon, ma, mes; ton, ta, tes. Où est …?,Où sont …?* (Wdh.). *Il(s), Elle(s)* (Wdh.)

Lösungen:
1. – Où sont **mes** cassettes?
   – **Tes** cassettes sont sur l'étagère.
2. – Où est **mon** skateboard?
   – **Ton** skateboard est dans le carton.
3. – Où est **ma** BD?
   – **Ta** BD est devant les fleurs.
4. – Où sont **mes** CD?
   – **Tes** CD sont devant l'ordinateur.
5. – Où est **ma** sœur?
   – **Ta** sœur est dans la salle de séjour.
6. – Où est **ton** amie?
   – **Mon** amie est avec Isabelle.

Ex. 7 ➛ CdA 4, 8

Schwerpunkt:
Systematische Wortschatzwiederholung zu den Sachfeldern: **a**, **b** 'Wohnung', 'Natur', 'Geschäfte', 'Berufe'; **c** 'Familie'

Hinweise:
b Fakultative Differenzierungsübung für leistungsstärkere S. Schriftliche Durchnahme wird empfohlen.

Lösungen:

a

Groupe 2	**Groupe 3**	**Groupe 4**
magasin	conducteur	forêt
épicerie	inspecteur	jardin
parfumerie	infirmière	fleur
boucherie	comptable	arbre

b **Groupe 2**
- Il y a des **magasins** dans ton quartier?
- Bien sûr! Il y a par exemple une **boucherie**, une **épicerie** et une **parfumerie**.

Groupe 3
- Que font tes parents?
- Ma mère est **infirmière** et mon père est **inspecteur de police.** Et tes parents?
- Ma mère est **comptable.** Elle travaille dans un magasin. Et mon père est **conducteur** de TGV. Les TGV, je déteste ça.
- Mais non, c'est super!

Groupe 4
Chez mes grands-parents, il y a un **jardin** avec des **fleurs** et des **arbres.** A côté, il y a une **forêt**.

c
1. La **famille** Lacroix est à Paris depuis quatre ans.
2. Patrick Lacroix est le **père** de Julie et d'Isabelle.
3. Marie Lacroix est la **mère** de Julie et d'Isabelle.
4. Julie et Isabelle sont des **sœurs.**
5. Les **grands-parents** de Julie et d'Isabelle habitent à Fontainebleau.
6. Et qui est Julien? C'est le **frère** de Julie et d'Isabelle?
7. Non, c'est un **ami/copain** de Julie.

Neu: In Arbeitsanweisung: *le sac*

7 A propos du vocabulaire

a *Dans le sac▽, il y a quatre groupes de quatre mots. Trouvez les mots qui vont ensemble.*

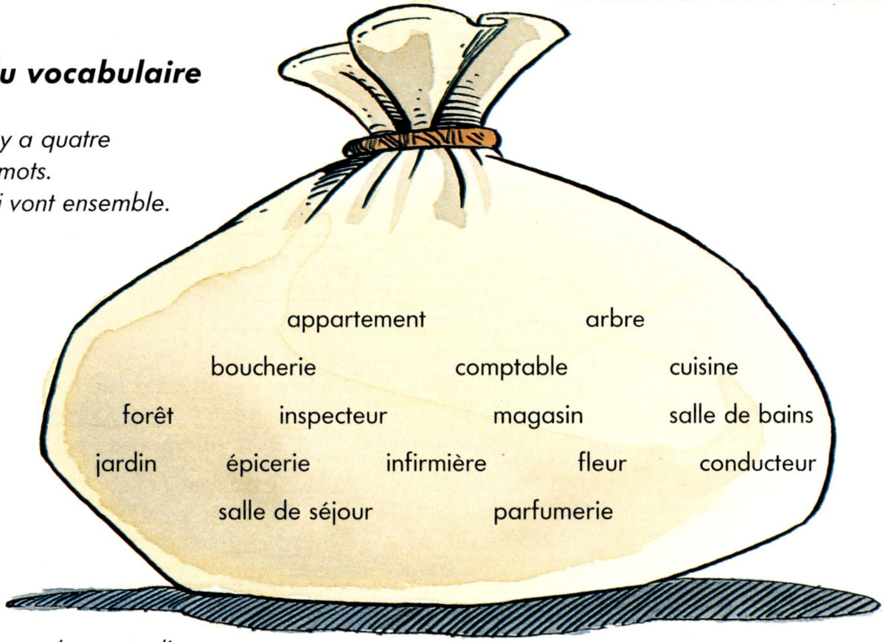

Exemple:

Groupe 1
appartement
salle de séjour
salle de bains
cuisine

b *Faites un texte avec les mots d'un groupe.*

Exemple:

Où est Minnie? Isabelle cherche la souris dans l'**appartement** de M. et de Mme Rigot. Elle regarde dans **la cuisine** et dans **la salle de bains**. Elle trouve Minnie dans **la salle de séjour** avec Arthur.

c *Complétez.*

Les Lacroix

1. La ~ Lacroix est à Paris depuis quatre ans.
2. Patrick Lacroix est le ~ de Julie et d'Isabelle.
3. Marie Lacroix est la ~ de Julie et d'Isabelle.
4. Julie et Isabelle sont des ~.
5. Les ~ de Julie et d'Isabelle habitent à Fontainebleau.
6. Et qui est Julien? C'est le ~ de Julie et d'Isabelle?
7. Non, c'est un ~ de Julie.

4 EXERCICES

8 C'est Julien, Julien Rigot.

a On dit … *Jetzt könnt ihr schon eine Menge über Personen sagen:*

Name:	C'est Julien, Julien Rigot.
Freundschaft:	C'est un ami/un copain de Julie Lacroix.
Herkunft:	Il est de Rennes.
Wohnort:	Il habite à Paris.
	Il habite rue Daguerre.
	Il habite dans la rue Daguerre.
	La rue où il habite s'appelle la rue Daguerre.
Beruf:	Le père de Julien est conducteur de TGV.
	La mère de Julien est infirmière.
Arbeitsstätte:	Elle travaille dans un hôpital.
Was jemand mag:	Julien aime les BD.
	Julien aime bien les «Bidules».
	Julien adore Arthur.
Was jemand gar nicht mag:	Il déteste les souris.
Was jemand lieber mag:	Il aime mieux les perroquets.

b *Faites un texte sur …*

… Julie.

c ☞ **A vous.**

Parle de toi et de ta famille.
(Sprich über dich und über deine Familie.)

9 Jeu de sons

a *Trouvez des mots qui riment. (Findet Wörter, die sich reimen.) Travaillez en groupes.*

Exemple:	[wa] Lacroix moi toi trois	1. [œr] conducteur	3. [i] ami	5. [ɛ̃] bien	7. [ɑ̃] an
		2. [ø] deux	4. [y] bienvenue	6. [õ] attention	

b *Faites des poèmes (… Gedichte).*

Exemple: [wa]
Julie Lacroix,
et toi,
et moi,
ça fait trois.

Ex. 8 ➛ CdA 9, 10

Schwerpunkte:
Informationen geben. Über jdn./sich selbst Auskunft geben. Vorlieben, Mißfallen ausdrücken

Hinweis: b, c Schriftliche Durchnahme wird empfohlen.

Lösungen:
b C'est Julie, Julie Lacroix.
C'est une amie de Julien Rigot.
Elle habite à Paris depuis quatre ans, dans la rue Daguerre.
Le père de Julie est inspecteur de police.
La mère de Julie est comptable.
Elle travaille dans un magasin.
Julie aime le rock: elle adore les «Bidules».
Elle déteste les promenades dans la forêt.
Elle aime mieux Paris et les copains.

Neu: Arbeitsanweisung: *Parle de toi et de ta famille.*

Ex. 9

Schwerpunkt: Ausspracheschulung für [wa], [œr], [i], [ɛ̃], [ɑ̃], [ø], [y], [õ]

Hinweise:
a Gruppenarbeit empfohlen. **b** Fakultative Differenzierungsübung für leistungsstärkere S.
Schriftliche Durchnahme wird empfohlen.

Neu: Arbeitsanweisungen: *Trouvez des mots qui riment. Faites des poèmes.*

Zu Itinéraires I und II

Leicht erschließbare Ausdrücke:

vom Dt./Engl. her	vom Visuellen her		vom Kontext her	durch Gestik
[1] un hôpital	les «Bidules»	[1] les grands-parents	les Rigot	[2] C'est extra!
[1] Patrick	[1] Rennes (Karte)	[1] Fontainebleau (Karte)	les Lacroix	[2] mon
[1] un inspecteur de police	[1] un conducteur de TGV	[1] une maison	[2] moi aussi	[2] compter qc
[1] Marie	[1] une infirmière	[1] un jardin	[2] ta	
[2] un groupe de rock	[1] les parents	[1] une forêt	[2] Bien sûr!	
[2] une cassette	[1] une famille	[1] une promenade	[2] ton	
[2] Ah!		[2] un frère		
[2] une idée		[2] un arbre		
[2] un CD				
[2] impossible				

Nr. 3

Vorschlag zur Vorentlastung der Strukturen

1. und 2. Ps. Pl. Präs. der Verben auf *-er* und von *être*; 2. Ps. Pl. Imper. der Verben auf *-er*

Ahmed, Luc: Bonjour, madame. Nous sommes des copains de Julie. Nous apportons des CD.
La mère de Julie: Bonjour. Vous apportez des CD? Alors, vous êtes Ahmed et Luc. Entrez et posez les CD dans la chambre de Julie.

mon, ma, mes; ton, ta, tes

– Julie, Patrick Lacroix, c'est	**ton**	père?	– Oui, c'est	**mon**	père.	**TB**
– Et Marie Lacroix, c'est	**ta**	mère?	– Oui, c'est	**ma**	mère.	
– Julien, C. et B. Rigot, ce sont	**tes**	parents?	– Oui, ce sont	**mes**	parents.	
– Et Julie et Isabelle, ce sont	**tes**	cousines▽?	– Non, ce sont	**mes**	copines.	

Nach demselben Muster können auch kleine Dialoge gemacht werden, in denen die Figuren auf der Folie Nr. 10 über ihre Verwandtschaftverhältnisse untereinander befragt werden. *Nr. 4*

Vorschläge zur Einführung der schwer erschließbaren Ausdrücke

Im folgenden sind nur die schwer erschließbaren Ausdrücke – sofern sie nicht bereits vorentlastet wurden – unterstrichen.

•

– Moi, j'aime bien le foot,		♡	**TB**
mais j'aime mieux le handball▽.		♡ ♡	
– Moi, j'adore le foot,	Le foot, j'adore ça,	♡ ♡ ♡	
mais le handball▽, je déteste ça!	mais je déteste le handball▽!	✗ ✗ ✗	

s. a. die Redemittelzusammenstellung SB S. 131 *Nr. 5*

- L: *Ahmed et Julien travaillent souvent ensemble. Aujourd'hui, Ahmed et Julien travaillent chez Julien. Luc passe aussi chez les Rigot. Luc dit: Dimanche, c'est mon anniversaire. Je fête mon anniversaire avec mes copains, comme toujours. Vous passez à la maison? Julien dit: Mais, oui. Dimanche, je reste à Paris. Ahmed dit: Et moi aussi!*
  Un bidule, depuis quatre ans, comptable: übersetzen
  Kontrollfragen. Kontrollübersetzung

Zu Itinéraire II V

Im folgenden werden der Wortschatz und die Strukturen angegeben, die S selbst (und L) einführen können: Die Pensen der Gruppen 1, 2 und 3 dienen der Vorentlastung des ersten Abschnitts des Lektionstextes. Die Gruppen 4, 5 und eventuell 6 stellen Elemente vor, die erst im zweiten Abschnitt vorkommen.

Gruppe 1 (Folie Nr. 10)

- une famille
- les parents
- les grands-parents
- un frère

Gruppe 2 (Folien Nr. 10, 11)

- Rennes
- les Rigot
- un conducteur de TGV
- une infirmière
- un hôpital
- les Lacroix
- Patrick
- un inspecteur de police
- Marie
- une comptable

Gruppe 3 (Folien Nr. 11)

- Fontainebleau
- une maison
- un jardin
- une forêt
- un arbre
- une promenade
- compter qc

Gruppe 4 (Folie Nr. 10)*

- mon
- ma
- mes
- ton
- ta
- tes

* s. Vorschläge S. L 49

Gruppe 5 (Folie Nr. 11)

- les Bidules
- un groupe de rock
- une cassette
- un CD
- une idée
- C'est extra!

Gruppe 6 (Leistungsstärkere) S oder L*

- 1. und 2. Ps. Pl. Präs. der Verben auf *-er*
- 1. und 2. Ps. Pl. Präs. von *être*
- 2. Ps. Pl. Imper. der Verben auf *-er*

* s. Vorschlag zur Vorentlastung der Strukturen, S. L 49

L

Schwer erschließbare Ausdrücke (s. S. L 43, Kasten Nr. 1, und Semantisierungsvorschläge S. L 49)

Vorgehensweise

- Gegen Ende von Lektion 3 (z. B. nach der Besprechung der Hausaufgabe) fordert L die Klasse auf, Gruppen zu bilden, deren Stärke von der Zahl der S abhängig ist. Es wäre nicht ratsam, S zu zwingen, vor der Klasse „aufzutreten". Wenn einige S sich an den Arbeitsgruppen nicht beteiligen wollen, können sie während der Phase der Gruppenarbeit z. B. Aufgaben aus dem *Cahier d'activités* lösen.
- Jede Gruppe bekommt ein Kärtchen, auf dem der Wortschatz und die Strukturen angegeben sind, die sie vorstellen soll. Für den Rest der Stunde hat jedes Team die Aufgabe, sich mit Hilfe des lektionsbegleitenden Vokabulars und des Grammatischen Beiheftes mit dem vorzubereitenden Pensum auseinanderzusetzen. Nun können auch erste Verständnisprobleme mit L, der von Gruppe zu Gruppe geht, geklärt werden. L stellt S Fotokopien der Folien zur Verfügung, die sie bei ihrer Präsentation verwenden können (s.o. die einzelnen Angaben bei den Wortschatzlisten und die leicht erschließbaren Ausdrücke, S. L 49, Kasten Nr. 3). Falls keine Folien vorhanden sind, können S Skizzen an die Tafel malen und/oder Bild- oder sonstiges Material mitbringen. In den Gruppen wird nach Strategien zur Vorstellung der neuen Pensen gesucht. L muß hierbei besonders darauf achten, daß in den Gruppen die Aufgabenverteilung zwischen den einzelnen S klar besprochen wurde (z. B.: S_1 + S_2: Spielen eines Dialogs; S_3: Ausschreiben der Vokabeln oder Struktuen an die Tafel und Kontrollfragen; eventuell S_4: Training der Aussprache, d. h. Einüben der Aussprache mit der Klasse, Nachsprechen lassen).
- Als Hausaufgabe zur nächsten Stunde bereitet jeder S seinen Teil gründlich vor. Die Aussprache wird zu Hause anhand der phonetischen Schrift im lektionsbegleitenden Vokabular und mit Hilfe der S-Kassette geübt. Im Zweifelsfall wird L um Hilfe gebeten.
- In der nächsten Stunde stellt jeder S dem Team seine Ergebnisse vor. S überlegen nun ganz konkret, wie sie vorgehen wollen. Kleine Rollenspiele und Kontrollfragen werden vorbereitet.
- Die verschiedenen Gruppen stellen L ihre Ergebnisse vor. L korrigiert die Aussprache und übernimmt eine beratende Funktion.
- Nach Beendigung der Gruppenarbeit liegen alle Vorbereitungen auf Vorrat vor und können bei Bedarf abgerufen werden. Jede Gruppe gestaltet dann 10 bis 15 Minuten, und zwar nicht als Referat, sondern als Unterrichtsgespräch.
- Es obliegt L, die schwer erschließbaren Ausdrücke vor der Erarbeitung des jeweiligen Textabschnitts zu semantisieren (s. Vorschläge S. L 49).

LEÇON 4 DIDAKTISCH-METHODISCHE HINWEISE

Zu den Strukturen

Die Possessivbegleiter *mon, ma, mes; ton, ta, tes* und die 1. Ps. Pl. von *être* und der Verben auf *-er*

Mündliche oder schriftliche Übung. Aufgabenstellung:

a *Text bis Z. 5: Ändert die Sätze so, als würde Julien selbst sprechen. Beispiel: Nous sommes de Rennes.*

b *Z. 6 - Z. 16: Ändert die Sätze so, als würde Julie selbst sprechen. Beispiel: M. et Mme L. sont mes parents et les parents d'Isabelle.*

Lösungen:

a

Nous sommes de Rennes.
Maintenant, nous habitons à Paris.
Mon père (, Bernard Rigot,) est conducteur de TGV.
Ma mère (, Catherine Rigot,) est infirmière.
Elle travaille dans un hôpital.

b

M. et Mme Lacroix sont mes parents et les parents d'Isabelle.
Ma famille est à Paris depuis quatre ans.
Mon père (, Patrick Lacroix,) est inspecteur de police.
Ma mère (, Marie Lacroix,) est comptable dans un magasin.
Mes grands-parents habitent à Fontainebleau ...
Nous sommes souvent chez mes grands-parents.
Mes parents aiment la forêt de Fontainebleau.
Je déteste les promenades avec mes parents.
J'aime mieux Paris et mes copains.

Verben auf *-er* im Präs. Sg.

Spiel: *Le tiercé* (das Pferde-Wettrennen) V

Erweiterung zu SB Ex. 2, s. Spielfeld und -regel S. L 118 (Spielfeld durch Kopieren stark vergrößern)
Liste der Verben für das *tiercé*-Spiel:

1 adorer	6 continuer	11 être	16 installer	21 ...	26 travailler
2 apporter	7 ...	12 entrer	17 jouer	22 quitter	27 trouver
3 chercher	8 dessiner	13 fêter	18 être	23 regarder	
4 être	9 détester	14 ...	19 porter	24 rester	
5 compter	10 écouter	15 habiter	20 poser	25 être	

Zur Phonetik

Die folgenden Sätze werden einzeln und im Chor gesprochen.

[ø], [œ], [wa]: Mes deux sœurs et moi, ça fait trois.
[i], [õ], [ɛ̃]: Les amis de mes amis sont aussi mes copains.
[ɥi] Aujourd'hui, il y a huit fruits sur l'étagère de la cuisine.

VORSCHLÄGE ZUR LEISTUNGSÜBERPRÜFUNG

Transfertext

Aujourd'hui, on fête l'anniversaire de Luc. Ahmed et Julien arrivent chez Luc et Nathalie.
Nathalie: Salut!
Ahmed: Bonjour, Nathalie! Luc et tes parents sont là[1]?
Nathalie: Mon frère et mes parents sont encore dans la cuisine. Ah! Luc arrive!
Luc: Salut! Oh, super! Vous apportez des CD et des cassettes! Entrez et posez ça dans ma chambre, sur mon lit.
Julien: Mais, maintenant, on écoute ta cassette des Bidules, Luc. Vous êtes d'accord?
Ahmed: Bien sûr. J'adore les Bidules!

Dans la cuisine:
La mère de Luc et de Nathalie: Luc! Mais où est ton frère, Nathalie? Luc!
Luc: Julien et Ahmed sont là et nous sommes dans ma chambre, maman. Nous écoutons des cassettes.
Ahmed (entre dans la cuisine): Vous aimez les Bidules aussi, madame?
La mère: J'aime bien les groupes de rock, mais j'aime mieux Beethoven[2] ou Schubert[3]!

[1] *Là*: da; in Lk. 3, SB Ex. 1. eingeführt. [2] [betɔ:v]: neu. [3] [ʃubɛ:r]: neu

Que fait Julien?

M. Rigot: Que fait Julien? Il travaille?
Mme Rigot: Non, il ne travaille pas.
M. Rigot: Il joue avec Arthur?
Mme Rigot: Non, il ne joue pas avec Arthur.
M. Rigot: Il installe l'ordinateur?

Mme Rigot: Non, il n'installe pas l'ordinateur.
M. Rigot: Il est dans la salle de bains?
Mme Rigot: Non, il n'est pas dans la salle de bains.
M. Rigot: Alors, où est Julien?
Mme Rigot: Il est dans la rue. Il joue au foot.

1. Sucht die verneinten Sätze heraus.
2. Wie bildet man im Französischen die Verneinung?

Un poème

copain – copine

Bordeaux n'est pas Calais.
«C'est faux» n'est pas «C'est vrai».

Calais n'est pas Bordeaux.
«C'est vrai» n'est pas «C'est faux».

Toulouse n'est pas Strasbourg.
«Salut» n'est pas «Bonjour».

«Bonjour» n'est pas «Salut».
La cour n'est pas la rue.

Martine n'est pas Martin.
Mais tu es mon copain.

Martin n'est pas Martine.
Mais tu es ma copine.

Oh non!

Text und Melodie: Wolfgang Froese; Bearbeitung und Arrangement: Florence Absolu und Eugen Karges. © Klett

2. Tu joues au football avec tes amis?
Tu écoutes des cassettes avec Julie?
Tu fais un tour avec ta voisine?
Tu fêtes l'anniversaire de Christine?

Oh non, non! Non, non, non!
Je déteste le football, les cassettes de Christine. } (bis)
J'aime bien les repas dans ma cuisine.

Ha, ha, ha, ha …!
J'aime mes élèves et mon ordinateur.
J'habite à Paris et je suis … professeur.

Hinweise: s. Schülerbuch S. 100 und Lehrerbuch S. L 158

Thema: Auseinandersetzungen in der Familie um Pflichten und Freizeit
Situativer Rahmen: Familienleben in den Abendstunden
Textsorte: Dialog mit Einleitung und Überleitungen

Anmerkungen	Lerninhalte	SB Ex.	CdA Ex.
	Kommunikative Schwerpunkte:		
Erg. in Lk. 9A ◀	– Information zur Uhrzeit einholen und geben	2	3, 4, 11
	– Information zum Alter einholen und geben	6	5
Rév. S. 133 ◀	– Grundbedürfnisse (Essen, Trinken) ausdrücken: *avoir soif, avoir faim*	4, 10, 13	11
	– Sich empören: *Ce n'est pas juste!; Ah non, alors!*		10
Rév. S. 133 ◀	– Sich nach dem Befinden erkundigen; Auskunft über das eigene Befinden geben: *Comment ça va?; Moi, ça va, merci.*	13	
	Wortschatz:		
Erg. in Lk. 9A ◀	– Die Uhrzeit	2	3
	– Musik, Geschäfte, Wohnung, Garten, Hotel und Familie (Wdh.)	3	
Erg. in Lk. 7A ◀	– Freizeit: *musique, télé(vision)*		
	Grammatik:		
Zahlen bis 100 in Lk. 8A; *zéro* in *DLAL* 7 - 8 ◀	– Die Zahlen von 1 bis 20: alleinstehend und als Begleiter, GBH §§ 20, 21	1	2, 5
Erg. in Lk. 9A ◀	– Die Uhrzeit: volle, halbe Stunden, Viertelstunden, GBH § 22	2	3
Avoir im Präs. Sg. und Pl. in Lk. 6A ◀	– Das Verb *avoir* im Präs. Sg., GBH § 23	4, 6	5
Ne ... pas de/plus/jamais/rien und die Verneinung bei *être* und *aimer* in Lk. 10A und Lk. 10B ◀	– Die Verneinung: *(ne/n' ...) pas*, GBH § 24	7, 8, 9, 10	6, 7, 11
	– *Non* und *si*, GBH § 25	9, 10	7
A + best. Art. in Lk. 7 A ◀	– Das dir. und das indir. Objekt, GBH § 26	11	
	– Die Stellung der Satzglieder im Aussagesatz, GBH § 27	11	9
	Phonetische Schwerpunkte:		
	– [p], [t]; [i], [j], [ɥi]	12	8
	Rechtschreibung:		
	– Die Zahlen von 1 bis 20		2, 5
	– Die Wiedergabe der Laute [i], [j], [ɥi] in der Schrift		8

Textverständnis:	– A propos du texte	SB	Ex. 5
	– A propos du texte	CdA	Ex. 1
Integration und Transfer:	– En français	SB	Ex. 13
	– Redemittel der Lk. 5	CdA	Ex. 4
	– Übersetzung	CdA	Ex. 9
	– Bildgeschichte	CdA	Ex. 10
Landeskunde:	– Les devoirs	SB	S. 133
	– Les repas	SB	S. 134
Ecouter et comprendre:	– Uhrzeit. Verneinung. *Avoir faim/soif*	CdA	Ex. 11
Lire et comprendre:	– Lesetext	SB	S. 103
D'une leçon à l'autre:	– Stratégies: Apprendre par cœur	SB	S. 45

Folien:
- Nr. 12: Abb. Text 5, SB S. 38, 39
- Nr. 13: Transfer: Eine Uhr; Hinweise: LB S. L 62
- Nr. 14: Transfer: Bildgeschichte; Hinweise: LB S. L 63

sowie – Nr. 28: Frankreichskarte; Hinweise: LB S. L 54, L 61

LEÇON 5

Luc et Nathalie

1 Il est sept heures.
M. et Mme Noblet sont dans la cuisine.
Ils font le repas.

2 Nathalie est dans la salle de séjour.
Elle regarde la télévision.

3 Sept heures et quart: Nathalie entre dans la cuisine. Elle a soif.
Mme Noblet donne un verre à Nathalie.

Mme Noblet: Nathalie, tu regardes trop la télé.
Nathalie: Moi, je ne trouve pas.
Mme Noblet: Tu aimes la télé, d'accord.
Mais tu as des devoirs, non?
Nathalie: Oui, j'ai des devoirs, comme toujours!
Mme Noblet: Et tu ne travailles pas?
Nathalie: Si, mais pas maintenant.
Il y a les «Bidules» à la télé.

4 Elle crie: «Et puis, Luc n'est pas là.
Il est avec des copains.
Monsieur ne travaille pas.
Alors, moi, je regarde la télé.»

Folien: 12, 28

TEXTERARBEITUNG

Itinéraire I

- Vorentlastung:
  - V Die Zahlen von 1 bis 20 werden in Verbindung mit der Struktur *ce n'est pas* ... und der 3. Person Präsens Singular des Verbs *avoir* eingeführt. Gesprächsgrundlage ist die Frankreichkarte (Folie Nr. 28, zusammen mit einer von L hergestellten Deckfolie, auf der die Städte numeriert sind; s. u. Kasten Nr. 1 sowie Hinweise, S. L 61).
  - Das Verb *avoir* im Präsens Singular zum Ausdruck des Besitzes und des Alters wird in einem Gespräch über die Lehrwerkpersonen und Verwandtschaftsbeziehungen bei S vorgestellt (s. u. Kasten Nr. 2).
  - Die Verneinung mit *ne/n' ... pas* und *pas* allein (in verkürzten Sätzen ohne Verb) wird demonstriert, indem L Fragen stellen läßt und selbst darauf antwortet (s. u. Kasten Nr. 3 sowie Hinweis S. L 61). Variante: *D'une leçon à l'autre*, S. 37.
- Die weiteren Redemittel erscheinen in Form eines Kommentars zu den Photos der Lektion 5 mit Ausnahme der beiden letzten. Während die leicht erschließbaren Ausdrücke (s. Kasten Nr. 6, S. L 61) weitgehend durch das Bildmaterial, durch den Kontext sowie durch Mimik und Gestik verständlich werden, benötigen die schwer erschließbaren Ausdrücke (s. u. Kasten 4) zusätzliche Verständnishilfen (s. Vorschläge S. L 55).
- S äußern Vermutungen in der Muttersprache über den Inhalt des Gesprächs zwischen Vater und Tochter, das auf den beiden letzten Photos (Schülerbuch, S. 39) angedeutet ist. Anschließend gibt L Hilfen für eine Übertragung ins Französische und wiederholt dabei die bereits durchgenommenen Ausdrücke.
- Der ganze Text wird von der Kassette abgespielt oder von L vorgetragen.
- L stellt Fragen zum Text.
- Neuer Textvortrag; S lesen still mit.
- S und L stellen Fragen zum Text und klären die letzten Schwierigkeiten.

La carte de France **TB**

– Le numéro 1, qu'est-ce que c'est?
– Le numéro 1, c'est Paris.

– Le numéro 14, c'est Toulon ?
– Non, ce **n'**est **pas** Toulon, c'est Toulouse.
Toulon **a** le numéro 19.

Nr. 1

Qui est-ce? **TB**

Il **a** un perroquet et une amie.
Elle **a** un frère. Le frère s'appelle Luc.
Elle **a** une sœur et une souris.

Moi aussi, j' **ai** un frère.
Qui **a** une sœur?
[S-Name], tu **as** une sœur?

Ton frère **a quel âge***?
Ta sœur **a** 9/10/16/17 etc. ans?
Et toi, tu **as** 12/13/14 ans?

* Erst in SB Ex. 6

Nr. 2

TB

– Vous habitez à ...?	– Oui, j'habite à ... . – Non, je **n'**habite **pas** à ... .
– Vous êtes de ...?	– Oui, je suis de ... . – Non, je **ne** suis **pas** de ... .
– Vous jouez au foot?	– Non, je **ne** joue **pas** au foot. – Oui, je joue au foot, mais je **ne** joue **pas** souvent. – **Pas** souvent.
– Vous regardez la télévision?	– Oui, mais **pas** souvent.
– Vous travaillez sur ordinateur?	– Oui, mais **pas** toujours.

Nr. 3

Schwer erschließbare Ausdrücke:

Abschnitt 3:	avoir (Inf.+Präs. Sg.); avoir soif; trop; je ne trouve pas; un devoir; si; pas maintenant
Abschnitt 4:	et puis
Abschnitt 6:	huit heures pile; avoir faim; demander qc à qn; une sœurette; juste; avoir ... ans; une différence

Nr. 4

LEÇON 5

Folien: 12, 28

TEXTERARBEITUNG

Itinéraire II

- Die Einführung stützt sich ausschließlich auf das Schülerbuch: *D'une leçon à l'autre*, S. 37, und die Folie Nr. 12 oder die Abbildungen im Schülerbuch. Die neuen Ausdrücke werden in einer möglichst redundanten Erörterung der einzelnen Bilder vorgestellt. Die schwer erschließbaren Ausdrücke (s. Kasten Nr. 1, S. L 54) können wie unten vorgeschlagen erklärt werden. Die leicht erschließbaren Ausdrücke (s. Kasten Nr. 6, S. L 61) werden mit Hilfe der Abbildungen, durch Mimik und an der Tafel verdeutlicht. Die Zahlen können erst im Verlauf der Festigungsphase vervollständigt werden. Einzelne besonders wichtige Sätze (s. u. Kasten Nr. 5) werden schon im Verlauf der Darbietung an die Tafel geschrieben und, soweit erforderlich, abschließend übersetzt. Durch eingestreute Verständnisfragen und Aufmerksamkeitskontrollen soll verhindert werden, daß die Darbietung nur rezeptiv abläuft.
- Der ganze Text wird von der Kassette abgespielt oder von L vorgetragen.
- L stellt globale Fragen zum Text.
- Neuer Textvortrag; S lesen still mit.
- S und L stellen Fragen zum Text und klären die letzten Schwierigkeiten.

J'**ai**	faim.	Tu	**n'as pas** quatorze ans.	**TB**
Tu **as**	une idée?	Luc	**ne** travaille **pas.**	
Elle **a**	soif.	Luc	**n'**est **pas** là.	
J'**ai**	treize ans.			

Nr. 5

Vorschläge zur Einführung der schwer erschließbaren Ausdrücke
Im folgenden sind nur die schwer erschließbaren neuen Ausdrücke unterstrichen.

- Abschnitt 3:
  Avoir: übersetzen. Präs. Sg. angeben
  L: *Nathalie entre dans la cuisine: Maman, tu as un coca▿ pour moi? J'ai soif.*
  L: *Elle a des devoirs de mathématiques▿, mais elle ne travaille pas. Elle regarde la télé.*
  L: *Alors Mme Noblet dit: Tu regardes toujours la télé. Tu regardes trop la télé. C'est trop.*
  L: *Nathalie n'est pas d'accord: Ce n'est pas vrai. Je ne trouve pas.*
  L: *Puis Mme Noblet dit: Mais tu as des devoirs et tu ne travailles pas. Nathalie: Moi? Moi, je ne travaille pas? Ce n'est pas vrai! Si, je travaille! Mais si! Comme toujours! Maintenant, c'est vrai, maintenant, je ne travaille pas, pas maintenant.*
- Abschnitt 4:
  Et puis (außerdem): S wird zunächst die in Lektion 3B eingeführte temporale Bedeutung von *puis* unterlegen. Nach dem Vortrag des Lektionstextes wird man die Gelegenheit nutzen, um zu demonstrieren, daß ebenso wie bei *trouver* analog zum Deutschen die Bedeutung vom Kontext bestimmt wird.
- Abschnitt 6:
  Huit heures pile: Hier könnte man ein – später nicht mehr zu benutzendes – Stützwort aus dem potentiellen Wortschatz heranziehen: L: *Il arrive à huit heures exactement▿.*
  L: *Luc arrive pour le repas. Il a faim.*
  Demander qc à qn (jdn. etw. fragen): L: *Mme Noblet pose une question* (bereits bekannte Arbeitsanweisung). *Elle demande à M. Noblet: Où est Luc?*
  Une sœurette: S finden den Wortstamm heraus und erraten die Bedeutung. Kontrollübersetzung.
  L: *Luc a quatorze ans.* (Zum Ausdruck des Alters im Französischen mit dem Verb *avoir* kann L auf den Spruch hinweisen, der im Paragraphen 23 des Grammatischen Beihefts zu finden ist: Der Franzose **hat** die Jahre auf dem Buckel.) L: *Nathalie n'a pas quatorze ans. Elle a treize ans. Ça fait un an de▿ différence* (Gestik). *Luc rentre à huit heures. Et Nathalie, la pauvre Nathalie, reste à la maison. C'est juste? Non, ce n'est pas juste. Vous trouvez ça juste, vous? S: Non, ce n'est pas juste.*

FESTIGUNG

- S lesen einzelne Abschnitte mit verteilten Rollen vor.
- s. weitere Vorschläge S. L 61 ff.

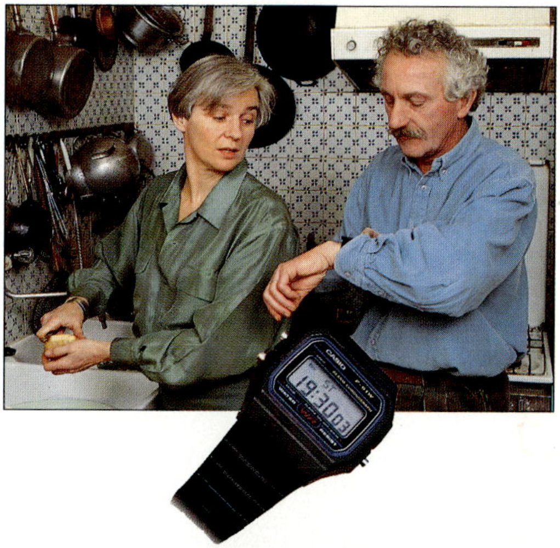

5 *Mme Noblet:* Il est quelle heure, René?

M. Noblet: Il est sept heures et demie. Et alors?

Mme Noblet: Où est Luc? Tu as une idée?

M. Noblet: Non.

6 Huit heures! Luc rentre.

Luc: Huit heures pile. *Punkt acht.* Salut! Bonjour! J'ai faim.

Puis, il demande à Nathalie: «Comment ça va, sœurette? Moi, ça va, merci.»

Nathalie crie: «Ce n'est pas juste! Luc rentre à huit heures, huit heures et demie, neuf heures moins le quart. Et moi, je suis là, toujours là, avec vous. Ah non, alors! *Also, nein.* Ce n'est pas juste!»

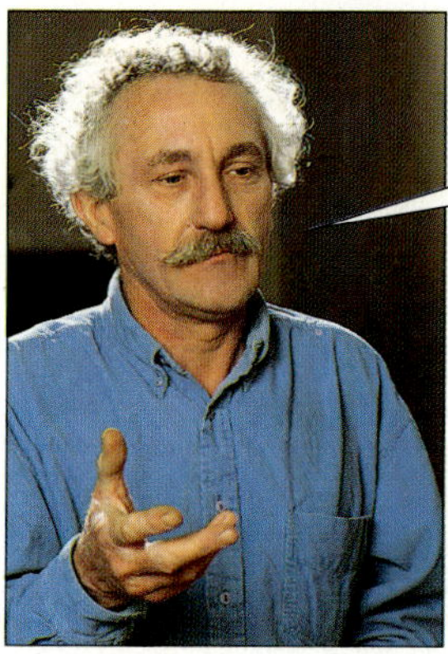

EXERCICES

1 Nous comptons. *(§§ 20, 21)*

☐ **a** *Jouez.*

Spielt zu zweit.
Zählt abwechselnd.
Jeder kann eine oder zwei Zahlen sagen.
Gewonnen hat, wer die Zahl 20 sagt.

Exemple:
A: 1, 2
B: 3, 4
A: 5
...
B: 18
A: 19, 20 (Gagné!▿)

b *Lisez.* *Exemples:*

1 / garçon / ami	1 / fille / amie
→ un [ɛ̃]	→ un [ɛ̃]
→ un garçon [ɛ̃garsõ]	→ une fille [ynfij]
→ un ami [ɛ̃nami]	→ une amie [ynami]

- 2 / garçons / amies
- 3 / filles / amis
- 4 / maisons / immeubles
- 5 / boulangeries / épiceries
- 6 / cafés / hôtels
- 7 / comptables / infirmières
- 8 / conducteurs / architectes
- 9 / cartons / étiquettes
- 10 / cassettes / ordinateurs
- 20 / forêts / arbres

2 L'heure *(§ 22)*

a ***On dit ...*** – Pardon, madame / monsieur / Julie / ...,
il est quelle heure, / quelle heure est-il▿, | s'il vous / te plaît?

– Il est une heure.
deux heures.
trois heures.
⋮
onze heures.
midi▿. (12 Uhr mittags)
minuit▿. (12 Uhr nachts)

Il est
deux heures et quart.
deux heures et demie.
trois heures moins le quart.

b *Faites des dialogues.* *Exemple:*

– Pardon, ... | il est quelle heure / quelle heure est-il | ...?

– Il est huit heures.

Ex. 1 ➛ CdA 2 ➛ GBH §§ 20, 21

Schwerpunkte:
a, b Die Zahlen von 1 bis 20: **a** Einüben in spielerischer Form;
b Aussprachebesonderheiten vor Konsonant, Vokal und stummem *h*

Hinweis:
Der fakultative **a**-Teil erfordert Partnerarbeit. Um dieses Spiel mit Sicherheit zu gewinnen, gibt es einen kleinen Trick: Der Spieler gewinnt, der die Zahl 17 ansagt. Um diese Zahl nennen zu können, empfiehlt es sich, im Laufe des Spiels die Zahlen 14, 11, 8, 5 und 2 anzusagen. Das Spiel funktioniert auch rückwärts.

Lösungen:
b
- [dø], [døgarsõ], [døzami]
- [trwa], [trwafij], [trwazami]
- [katr], [kat(r)mɛzõ], [katrimœbl]
- [sɛ̃k], [sɛ̃(k)bulɑ̃ʒri], [sɛ̃kepisri]
- [sis], [sikafe], [sizotɛl]
- [sɛt], [sɛtkõtabl], [sɛtɛ̃firmjɛr]
- [ɥit], [ɥikõdyktœr], [ɥitarʃitɛkt]
- [nœf], [nœfkartõ], [nœfetikɛt]/[nœvetikɛt]
- [dis], [dikasɛt], [dizɔrdinatœr]
- [vɛ̃], [vɛ̃fɔrɛ], [vɛ̃tarbr]

Neu: *Gagné!*

Ex. 2 ➛ CdA 3 ➛ GBH § 22

Schwerpunkte:
a, b Informationen über Uhrzeit einholen und geben: volle und halbe Stunden, Viertelstunden: **a** Redemittel-Übersicht; **b** Anwendung

Lösungen:
1. – Il est neuf heures.
2. – Il est dix heures moins le quart.
3. – Il est onze heures et demie.
4. – Il est midi et quart.
5. – Il est une heure.
6. – Il est deux heures et demie.
7. – Il est quatre heures et quart.
8. – Il est huit heures moins le quart.
9. – Il est minuit et demie.

Hinweis:
Diese Übung kann erweitert werden, indem S anhand der Folien-Uhr (Nr. 13) einander nach der Uhrzeit fragen.
Weiterhin empfiehlt es sich, im Zusammenhang mit dieser Übung, die Frage *A quelle heure?* einzuführen. Zu deren Einübung können S sich gegenseitig Fragen zum Textgeschehen stellen.
Beispiel: – *A quelle heure est-ce que M. et Mme Noblet font le repas?*
– *Ils font le repas à sept heures.*

Neu: *Quelle heure est-il?; midi; minuit*

Ex. 3

Schwerpunkt: Die Sachfelder 'Musik', 'Geschäfte', 'Wohnung', 'Garten', 'Hotel', 'Familie' (Wdh.)

Lösungen:

L'intrus:
1. une forêt
2. un quartier
3. un marché
4. une étagère
5. un TGV

Le terme général:
1. un appartement
2. un jardin
3. un hôtel
4. des magasins
5. la musique

Neu: *La musique.* Arbeitsanweisung: *Cherchez l'intrus et trouvez le terme général.*

Ex. 4 ➛ GBH § 23

Schwerpunkt: Unterscheidung der Singularformen von *avoir* und *être*

Lösungen:

Il **est** 7 heures. Nathalie **a** des devoirs. Elle **est** dans la salle de séjour. Mme Noblet entre. Elle **a** un verre pour Nathalie.

– Tu **as** soif, Nathalie?

– Oui. Merci, maman. Et j'**ai** faim. Où **est** Luc? Tu **as** une idée?

– Il **est** chez Ahmed.

– Luc **est** toujours avec des copains, et moi, je **suis** toujours à la maison. Ce n'**est** pas juste!

A 8 heures, Luc rentre.

Mme Noblet: Ah non, Luc! 8 heures, ça ne va pas! Toi aussi, tu **as** des devoirs! Demain, tu rentres à 7 heures! Et demain, tu prépares le repas pour la famille!

Nathalie: Ah! Ça, c'**est** juste!

Mme Noblet: Oui, Nathalie. Et tu prépares le repas avec ton frère!

Neu: *demain; préparer qc*

Ex. 5 ➛ CdA 1

Schwerpunkte: a Textverständnis. **b** Textproduktion

Hinweise:
a Gruppenarbeit erforderlich. Das Rollenspiel ist gut vorzubereiten. Die Narration kann von einem Erzähler übernommen werden. Beim Spiel ist ein Souffleur von Vorteil. **b** Gruppenarbeit möglich. Fakultative Differenzierungsübung für Leistungsstärkere: S können sich eventuell an Ex. 4 orientieren. Das Spiel des **a**-Teils wird mit einem veränderten Schluß aufgeführt.

Musterlösung:
b *M. Noblet (à Nathalie):* C'est vrai, Luc ne travaille pas. Demain, je regarde les devoirs de ton frère.
Nathalie: Et alors? Où est la différence pour moi? Moi, je reste à la maison, comme toujours.

Neu: Arbeitsanweisung: *Trouvez une autre fin.*

3 A propos du vocabulaire

la musique▽ des magasins
un appartement
un jardin un hôtel
une famille

Cherchez l'intrus et trouvez le terme général.
(Sucht den Eindringling und findet den Oberbegriff.)

Exemple: une mère
un père
une copine → L'intrus, c'est «une copine».
une sœur
un frère
→ Le terme général, c'est «une famille».

1.	2.	3.	4.	5.
une cuisine	une fleur	une terrasse	une étagère	la télé
une salle de bains	un arbre	un marché	une épicerie	une cassette
une salle de séjour	des légumes	un restaurant	une parfumerie	un TGV
une forêt	un quartier	un café	une poissonnerie	un CD
une chambre	des fruits	une chambre	une boulangerie	le rock

4 C'est juste? *(§ 23)* Avoir *ou* être?

Complétez.

Il ~ 7 heures. Nathalie ~ des devoirs. Elle ~ dans la salle de séjour. Mme Noblet entre. Elle ~ un verre pour Nathalie.
- Tu ~ soif, Nathalie?
- Oui. Merci, maman. Et j'~ faim. Où ~ Luc? Tu ~ une idée?
- Il ~ chez Ahmed.
- Luc ~ toujours avec des copains, et moi, je ~ toujours à la maison. Ce n'~ pas juste!

A 8 heures, Luc rentre.
Mme Noblet: Ah non, Luc! 8 heures, ça ne va pas! Toi aussi, tu ~ des devoirs! Demain▽, tu rentres à 7 heures! Et demain, tu prépares▽ le repas pour la famille!
Nathalie: Ah! Ça, c'~ juste!
Mme Noblet: Oui, Nathalie. Et tu prépares le repas avec ton frère!

5 A propos du texte

Travaillez en groupes.

a Chez les Noblet: *jouez la scène, comme dans le texte de la leçon.*

b *Trouvez une autre fin. (Findet ein anderes Ende.)*

5 EXERCICES

6 Tu as quel âge▿?

a *Exemple:* Isabelle (8)
– Isabelle a quel âge?
– Elle a 8 ans.

1. Julien (13)
2. Julie (12)
3. Ahmed (15)
4. Luc (14)
5. Nathalie (13)
6. Minnie (1)
7. Arthur (6)

b ☞ **A vous.** *En classe.*

Exemple: – Tu as quel âge? – J'ai ~ ans. Et toi? – Moi aussi, j'ai ~ ans. / Moi, j'ai ~ ans.

7 Non, je n'écoute pas. *(§ 24)*

Faites des dialogues.

Exemple: – Ecoute.
– Non, je **n**'écoute **pas**.

raconter rester rentrer continuer
travailler entrer regarder écouter

8 Pas maintenant! *(§ 24)*

Imaginez une question. Puis, faites le dialogue.

Exemple: Oui, mais pas maintenant!
→ – Tu écoutes les «Bidules» avec moi?
– Oui, mais pas maintenant!

1. Oui, mais pas ici!
2. Oui, mais pas aujourd'hui!
3. Oui, mais pas devant l'immeuble!
4. Oui, mais pas dans l'appartement!

9 Ce n'est pas ton jean, ça? *(§§ 24, 25)*

Faites des dialogues.

Exemple: *Isabelle:* Ce **n**'est **pas** ton jean, ça?
Julie: **Si**, c'est mon jean.

ton ballon
ta BD
tes cassettes
ton CD
ton skateboard
ton verre
tes vêtements

Ex. 6 ➛ CdA 5

Schwerpunkte:
a, b Informationen über Alter einholen und geben. Das Verb *avoir* im Präs. Sg. **b** Übertragung auf S

Neu: Überschrift: *Tu as quel âge?*

Ex. 7 ➛ CdA 6 ➛ GBH § 24

Schwerpunkte:
Auffordern. Ablehnen. Der Imper. Sg. (Wdh.). Die Verneinung *ne/n'* ... *pas* in Sätzen ohne Ergänzung

Lösungen:
– Raconte.
– Non, je **ne** raconte **pas.**

– Travaille.
– Non, je **ne** travaille **pas.**

– Reste.
– Non, je **ne** reste **pas.**

– Entre.
– Non, je **n'**entre **pas.**

– Rentre.
– Non, je **ne** rentre **pas.**

– Regarde.
– Non, je **ne** regarde **pas.**

– Continue.
– Non, je **ne** continue **pas.**

– Ecoute.
– Non, je **n'**écoute **pas.**

Ex. 8 ➛ GBH § 24

Schwerpunkt: Zu ablehnenden Äußerungen mit *pas* passende Fragen bilden

Hinweis: Schriftliche Durchnahme wird empfohlen.

Lösungen:
Mögliche Fragen: 1. On regarde une BD?
2. Il y a un marché ici?
3. On joue au foot?
4. Il y a des souris dans l'immeuble?

Zusätzliche Übung mit dem oben genannten Schwerpunkt: Mündliche oder schriftliche Übung.
Aufgabenstellung: *Répondez.*

Exemple: – Tu regardes **souvent** la télé?
– Non, **pas souvent**.

1. – Tu fais **toujours** tes devoirs avec tes copains?
   – Non, **pas toujours**.
2. – Tu continues les exercices de maths **maintenant**?
   – Non, **pas maintenant**.
3. – Tu joues au foot **dans la cour de ton immeuble**?
   – Non, **pas dans la cour de mon immeuble**.
4. – Tu joues au foot **dans ton jardin**?
   – Non, **pas dans mon jardin**.
5. – Tu fêtes ton anniversaire **aujourd'hui**?
   – Non, **pas aujourd'hui**.
6. – Tu écoutes des cassettes **avec tes parents**?
   – Non, **pas avec mes parents**.

Ex. 9 ➛ CdA 7 ➛ GBH §§ 24, 25

Schwerpunkte:
Informationen über Besitz einholen und geben. *Ce n'est pas .../Ce ne sont pas ... Si.* Die Possessivbegleiter *mon, ma, mes; ton, ta, tes* (Wdh.)

Lösungen:
Isabelle: Ce **n'**est **pas** ton ballon, ça?
Julie: **Si**, c'est mon ballon.

Isabelle: Ce **n'**est **pas** ta BD, ça?
Julie: **Si**, c'est ma BD.

Isabelle: Ce **ne** sont **pas** tes cassettes, ça?
Julie: **Si**, ce sont mes cassettes.

Isabelle: Ce **n'**est **pas** ton CD, ça?
Julie: **Si**, c'est mon CD.

Isabelle: Ce **n'**est **pas** ton skateboard, ça?
Julie: **Si**, c'est mon skateboard.

Isabelle: Ce **n'**est **pas** ton verre, ça?
Julie: **Si**, c'est mon verre.

Isabelle: Ce **ne** sont **pas** tes vêtements, ça?
Julie: **Si**, ce sont mes vêtements.

Hinweis: S können noch weitere Dialoge – z. B. auf das Sachfeld 'Schulsachen' bezogen – erfinden.

Ex. 10 ➛ CdA 7 ➛ GBH §§ 24, 25

Schwerpunkte:
Verneinte Fragen bestätigend *(Non, ...)* oder widerlegend *(Si, ...)* beantworten. Verneinung mit *ne/n' ... pas,* auch in Sätzen mit Ergänzung

Lösungen:
1. *Mme Noblet:* Luc et Nathalie ne sont pas à la maison?
M. Noblet: **Non**, ils ne sont pas à la maison. Ils jouent au foot.
2. *Luc:* Maman et papa ne regardent pas la télé?
Nathalie: **Si**, ils regardent la télé.
3. *Mme Noblet:* Demain, tu ne rentres pas à 6 heures?
M. Noblet: **Non**, (demain,) je ne rentre pas à 6 heures. Je rentre à 7 heures.
4. *M. Noblet:* Luc, Nathalie, vous ne travaillez pas?
Luc et Nathalie: **Si**, nous travaillons./On travaille.
5. *Nathalie:* Luc, tu n'as pas faim?
Luc: **Non**, je n'ai pas faim. J'ai soif.

Ex. 11 ➛ CdA 9 ➛ GBH §§ 26, 27

Schwerpunkte:
a Bildung von Sätzen mit *à* vor indir. Objekt und vor präpositionaler Ergänzung. **b** Stellung des dir. und des indir. Objekts im Französischen und im Deutschen

Hinweise:
a, b Schriftliche Durchnahme wird empfohlen. Der **b**-Teil ist eine fakultative Vertiefungsübung.

Lösungen:
a
Vorschläge:
Les Lacroix sont à la maison.
Il y a un groupe de rock à la télé.
Les grands-parents de Julie habitent à Fontainebleau.
M. Rigot apporte un ballon à Julie.
Julie demande à Isabelle: «Où est Minnie?»

(Fortsetzung auf S. L 60)

10 Luc, tu n'aimes pas les «Bidules»? *(§§ 24, 25) Faites des dialogues.*

Exemples:

Luc:
Maman, tu n'aimes pas les «Bidules»?
Mme Noblet:
Si, j'aime les «Bidules».

Luc:
Papa n'est pas là?
Nathalie:
Non, il n'est pas là.
Il bavarde avec Mme Rigot.

1. *Mme Noblet:*
Luc et Nathalie ne sont pas à la maison?
M. Noblet: ~

2. *Luc:*
Maman et papa ne regardent pas la télé?
Nathalie: ~

3. *Mme Noblet:*
Demain, tu ne rentres pas à 6 heures?
M. Noblet: ~

4. *M. Noblet:*
Luc, Nathalie, vous ne travaillez pas?
Luc et Nathalie: ~

5. *Nathalie:*
Luc, tu n'as pas faim?
Luc: ~

11 Des phrases avec «à» *(§§ 26, 27)*

a *Faites des phrases.*

Les Lacroix	jouer	un groupe de rock	à Julie.
Il y	raconter	des questions	à M. Rigot.
Les grands-parents de Julie	apporter	une histoire	à Isabelle: «Où est Minnie?»
Mme Rigot	avoir	un ballon	à la maison.
M. Rigot	habiter		à Fontainebleau.
Isabelle	poser		à la télé.
Julie	être		au foot.
	demander		aux dés.

Exemples: Isabelle joue au foot.
Mme Rigot raconte une histoire à Julie.

☐ **b** *Traduisez en français.*

Attention!

Luc erzählt Nathalie eine Geschichte.

Luc raconte une histoire à Nathalie.

1. Isabelle stellt Julie Fragen.
2. Ahmed gibt Julien das Skateboard.
3. Frau Rigot bringt Frau Lacroix ein Glas.
4. Frau Blanchard fragt Frau Noblet etwas.

12 Jeu de sons

Halte eine Hand nahe vor den Mund.
Sprich das deutsche Wort „Papa“.
Bei den beiden „p“ spürst du deinen Atem an der Hand.

Nun sprich das Wort „papa“ französisch aus.
Wenn du es richtig machst, spürst du kaum etwas an der Hand.

Mache dasselbe mit: ein Text / un texte.

Nun sprich die folgenden Wörter aus. Spürst du etwas an deiner Hand?

[t]	[p]
taper, la télé, une terrasse	pardon, les parents, Paris, Patrick

13 En français

Eine junge Französin / ein junger Franzose, die / der Gast eines Mitschülers ist, kommt dich besuchen.

Préparez le dialogue à deux. (Bereitet den Dialog zu zweit vor.)
Puis, jouez la scène.

1. Ihr begrüßt euch und fragt, wie es geht.
2. Ihr fragt euch nach Namen und Alter.
3. Du fragst sie / ihn, ob sie / er in Paris wohnt.
4. Du fragst sie / ihn, ob ihr eine CD / eine Kassette anhören sollt.
5. Du sagst, dass du die …
   (Name deiner Lieblingsgruppe) toll findest.
6. Sie / Er sagt, dass sie / er Patrick Bruel▿ mag.
7. Du fragst, ob sie / er Durst hat.
8. Sie / Er hat keinen Durst, aber Hunger.
   Sie / Er schaut auf die Uhr: Es ist 7 Uhr.
   Sie / Er sagt, dass sie / er jetzt nach Hause geht.
9. Ihr verabschiedet euch.

Ex. 11 (Fortsetzung)

b
1. Isabelle pose des questions à Julie.
2. Ahmed donne le skateboard à Julien.
3. Mme Rigot apporte un verre à Mme Lacroix.
4. Mme Blanchard demande quelque chose à Mme Noblet.

Ex. 12 ➛ CdA 8 ➛ S

Schwerpunkt:
Ausspracheschulung: die unterschiedliche Aussprache der Okklusivlaute [p] und [t] im Französischen und im Deutschen

Hinweise:
S suchen weitere französische Begriffe mit [p] oder [t] im Anlaut. Beispiele:
[p]: perroquet, père, porter, poser, pour, parfumerie, poissonnerie, pantomime, passer
[t]: texte, table, toi, toujours
Man achte darauf, daß die Laute [p], [t], [k], [b], [d] und [g] ohne „Hauchlaut" gesprochen werden. Die Schwierigkeiten sind regional unterschiedlich. Während norddeutsche S zu „behauchten" Plosiven tendieren, neigen süddeutsche S zu einer nahezu stimmhaften Aussprache. Am meisten Spaß macht den S das Experiment mit einer brennenden Kerze. Bei „behauchter" Aussprache flackert die Kerze oder sie erlischt. Die süddeutschen S müssen zu einer plötzlichen Sprengung des Verschlusses angehalten werden, ohne aber in die aus dem Englischen bekannte behauchte Aussprache zu verfallen. Aufschlußreich ist z. B. die norddeutsche und süddeutsche Aussprache von 'Tontechnik', sowie die englische und französische Aussprache der Wörter *parents*, *pardon*, *television/télévision*!

Ex. 13 ➛ CdA 4, 10

Schwerpunkt: Transfer: Integration der Sprechabsichten der Lektion

Hinweis: Partnerarbeit mit schriftlicher Vorbereitung wird empfohlen.

Lösungen:

1. – Bonjour, ça va?
   – Salut! Moi, ça va, merci. Et toi?
   – Ça va.
2. – Tu t'appelles comment?
   – Je m'appelle ... J'ai ... ans. Et toi?
   – Moi, je m'appelle ... et j'ai ... ans.
3. – Tu habites à Paris?
4. – On écoute un CD ou une cassette?
5. – J'adore les [Rockgruppe].
6. – Moi, j'aime bien Patrick Bruel.
7. – Tu as soif?
8. – Non, je n'ai pas soif, mais j'ai faim. Bon.
   Il est 7 heures, maintenant. Je rentre à la maison.
9. – Salut!
   – Au revoir! (A bientôt!)

Neu: Arbeitsanweisung: *Préparez le dialogue à deux.* Name: *Patrick Bruel*

LEÇON 5 DIDAKTISCH-METHODISCHE HINWEISE

Zu Itinéraires I und II

Leicht erschließbare Ausdrücke:

vom Visuellen her	vom Zusammenhang her	durch Mimik
1 Il est sept heures.	3 aimer la télé	4 crier
1 Noblet	3 ..., non?	
1 Ils font le repas.	3 à la télé	
2 regarder la télé(vision)	5 Il est quelle heure?	**durch TB/mit der Schrift**
3 sept heures et quart	6 Comment ça va?	
3 un verre	6 Moi, ça va.	6 neuf heures moins le quart
3 donner qc à qn	6 à huit heures	6 quatorze
5 René	6 huit heures et demie	6 treize
5 sept heures et demie	6 avec vous	
6 huit heures	6 Ah non, alors!	

Nr. 6

Zu Itinéraire I

Die Zahlen von 1 bis 20, *ce n'est pas ...* und die 3. Ps. Sg. von *avoir* **V**

- Zur Durchführung des Gesprächs ist eine Deckfolie erforderlich: Auf die Frankreichkarte (Folie Nr. 28) wird eine Leerfolie gelegt. Darauf wird die Lage von 20 Städten – ohne den Namen – markiert. Bereits bekannte Städte bis zu diesem Zeitpunkt: *Bordeaux, Brest, Calais, Fontainebleau, Lille, Limoges, Lyon, Marseille, Orléans, Paris, Rennes, Strasbourg, Toulouse.* Jede Stadt erhält eine Nummer von 1 bis 20.
- Die Deckfolie wird wiederholt mit und ohne Grundfolie projiziert. Da sich S nicht alle Städte merken können, hat L ausreichend Gelegenheit, Zahlen und Verneinung nach dem im Kasten Nr. 1, S. L 54, skizzierten Verfahren vorzuführen.
- Es empfiehlt sich, das neue Material erst nach und nach einzuführen: zuerst das Wort *nombre* und die Zahlen, dann das Wort *numéro*, später *ce n'est pas* ... und zum Schluß *avoir* in der 3. Person Singular.
- S setzen anschließend untereinander die Übung fort.

Die Verneinung mit *(ne/n' ...) pas*

Kasten Nr. 3, S. L 54: S bekommen die Infinitive der im Kasten aufgeführten Verben vorgegeben mit der Auflage, damit Fragen an eine erwachsene Person zu formulieren. L gibt Hilfen und beantwortet die Fragen.

Zur Festigung des Textes

Die Übung Nr. 5 im Schülerbuch wird durchgenommen: S versuchen, einzelne Abschnitte oder den gesamten Text nachzuspielen, wobei die Bücher geschlossen bleiben und nur die Folie Nr. 12 – falls vorhanden – als Stütze dient. Die Tatsache, daß sich die meisten S den Text nicht genau merken können, führt zu (erwünschten) Varianten.

Zu den Strukturen

Die Zahlen von 1 bis 20

- S zählen im Klassenverband im Zweier-, dann im Dreierschritt vorwärts und rückwärts. Wer einen Fehler macht, wird abgelöst.
- Zum Einüben der Zahlen eignet sich auch das Zahlenquadrat (*le carré magique*): Es besteht aus dreimal drei Feldern. Vorgegeben werden die 3 Zahlen einer Diagonale. Die restlichen Felder sind so auszufüllen, daß die Summe der waagerechten und senkrechten Zahlenreihen jeweils 20 ergibt. L füllt zunächst ein *carré magique* aus und läßt S an seinen Überlegungen teilhaben, wobei er vorgibt, falsch vorzugehen.

Beispiel: **Vorgabe:**

2		
	5	
		7

1. Versuch:

2	14	4	=20
10	**5**	5	=20
8	1	**7**	≠20
=20	=20	≠20	

Lösung 1:

2	14	4	=20
6	**5**	9	=20
12	1	**7**	=20
=20	=20	=20	

Lösung 2:

2	8	10	=20
12	**5**	3	=20
6	7	**7**	=20
=20	=20	=20	

- Erster Versuch:
  Erste waagerechte Zeile: L: *2 et 14 font 16. 16 et 4 font 20.*
  Zweite waagerechte Zeile: L versucht, die Zahl 10 in das erste Feld einzusetzen. L: *10 et 5 font 15. 15 et 5 font 20. C'est juste.* (Die Zahl 5 wird in das dritte Feld eingesetzt.)
  Dritte senkrechte Zeile: L(deutet auf die senkrechte Zahlenreihe rechts): *4 et 5 font 9. 9 et 7 font 16. Alors, ça ne va pas;* oder *9 et 7 ne font pas 20.*
- L füllt das Quadrat zunächst selbst aus und läßt dann S für die gleiche Aufgabe eine andere Lösung finden (s. Lösungen). Weitere Zahlenquadrate: s. u.
- Wenn L genügend Beispiele vorexerziert hat, lösen S die Aufgaben in Kleingruppen. Der Sprecher der schnellsten Gruppe trägt die Lösung vor. Schließlich können S als freiwillige Hausarbeit solche Zahlenquadrate entwerfen und von den Mit–S lösen lassen.
- Einige der angegebenen Beispiele enthalten die Zahl *zéro,* die in dieser Lektion im Prinzip nicht eingeführt wird. L bleibt anheimgestellt, ob er *zéro* zu diesem oder zu einem späteren Zeitpunkt einführt. Weitere Vorschläge für das *carré magique*:

12	3	5
8	**4**	8
0	13	**7**

12	7	1
4	**4**	12
4	9	**7**

11	8	1
3	**5**	12
6	7	**7**

11	6	3
5	**5**	10
4	9	**7**

2	8	10
12	**5**	3
6	7	**7**

2	0	18
17	**1**	2
1	19	**0**

1	5	14
4	**13**	3
15	2	**3**

1	2	17
7	**13**	0
12	5	**3**

3	0	17
16	**1**	3
1	19	**0**

3	5	12
11	**1**	8
6	14	**0**

4	9	7
8	**5**	7
8	6	**6**

4	7	9
10	**5**	5
6	8	**6**

Wettrechnen

Die Klasse wird zunächst in zwei Gruppen unterteilt. Später wird das Spiel innerhalb kleinerer Gruppen fortgeführt. Alle S bereiten innerhalb der Zahlen von 1 bis 20 Additions- und Subtraktionsaufgaben vor. Neu einzuführen sind *plus* und *moins* (*et* anstelle von *plus* wird ausschließlich bei der Addition von nur zwei Zahlen benutzt). S der beiden Gruppen stellen sich wechselseitig Rechenaufgaben. Die Zwischenergebnisse müssen innerhalb von fünf Sekunden genannt werden, jedoch darf eine bestimmte Zahl nicht ausgesprochen werden. Wer länger für die Lösung braucht oder die verbotene Zahl ausspricht, hat verloren und scheidet aus. Eine Gruppe hat auch dann verloren, wenn die andere sieben Rechenoperationen ohne Fehler durchsteht. Anstelle der verbotenen Zahl sagen S z. B. *'bob'.*

Die Uhrzeit

- Die Uhrzeit wird zunächst mit Hilfe der Folie Nr. 13 oder der Tafel im Unterrichtsgespräch geübt.
- **V** S stellen Uhren – im Idealfall eine Uhr für jeden zweiten S – mit Pappe (Zifferblatt, Uhrzeiger), einem Korken und einem Reißnagel (Befestigung der Uhrzeiger) her. S fragen sich gegenseitig nach der Uhrzeit. L geht zwischen den Arbeitsgruppen hin und her.
- L achtet darauf, daß S die Ausdrücke *et quart* und *moins **le** quart* deutlich unterscheiden.
- Den S soll bewußt werden, daß man im Französischen einer vollen Stunde eine halbe hinzurechnet, während man im Deutschen von der nächsten vollen Stunde eine halbe abzieht.

Die Verneinung mit *ne/n' ... pas*

Julien et Isabelle sont dans la chambre d'Isabelle. Sur une étagère, il y a un dessin bizarre. *Complétez.*
Exemple: Julien: C'est M. Lacombe?
Isabelle: Non, ce **n'** est **pas** M. Lacombe.

1. *Julien:* Qui est-ce?
   Isabelle: Devine!
2. *Julien:* C'est un garçon?
   Isabelle: Non, ...
3. *Julien:* Elle habite dans le quartier?
   Isabelle: Oui, ...
4. *Julien:* Elle a 13 ans?
   Isabelle: Non, ...
5. *Julien:* Elle reste toujours à la maison?
   Isabelle: Non, ...
6. *Julien:* Elle joue au foot?
   Isabelle: Non, ...
7. *Julien:* Elle aime les promenades dans la forêt?
   Isabelle: Non, ...
8. *Julien:* Elle aime le skateboard?
   Isabelle: Non, ...
9. *Julien:* Alors, c'est ... *[Julie]*

Neu: *un dessin; bizarre; deviner qc*

Das indirekte Objekt

Bis zu diesem Zeitpunkt kennen S nur wenige Verben, die mit einem indirekten Objekt (mit der Präposition *à*) konstruiert werden: *poser une question à qn; apporter qc à qn; raconter qc à qn; donner qc à qn; demander qc à qn.* Ein Schema zur unterschiedlichen Satzstellung im Deutschen und Französischen ist in der Schülerbuchübung 11 **b** vorzufinden. Schwierig für S ist die Rektion des Verbs *demander.* Mögliches Tafelbild:

Mme Noblet	pose	une question	à Nathalie?	**TB**
Elle	demande	quelque chose	à Nathalie?	
Non, elle	demande		à M. Noblet: «Où est Luc?»	

Nr. 7

Zur Landeskunde

Man kann S raten lassen, warum Luc *huit heures pile* sagt. Einige S werden von Reisen her wissen, daß in romanischen Ländern das Abendessen später eingenommen wird, daß also Luc nur sein pünktliches Eintreffen zur üblichen Essenszeit signalisiert.
Zur Verdeutlichung der im Lektionstext dargestellten Situation empfiehlt es sich ohnehin, den landeskundlichen Hintergrund zu klären. S werden auf die Informationen im Schülerbuch S. 133 f. zu den Themen *Les devoirs* und *Les repas* hingewiesen. S können in diesem Zusammenhang über ihre entsprechenden Erfahrungen berichten.

VORSCHLÄGE ZUR LEISTUNGSÜBERPRÜFUNG

Bildgeschichte: Oh, mon papa! ➛ Folie Nr. 14

Folgende Übung wird im Unterrichtsgespräch mit Hilfe der Folie oder schriftlich anhand von Photokopien der Folie durchgeführt. Aufgabenstellung: *Faites les dialogues.*

Lösungsvorschläge:

- Bild 1: Huit heures.
  M. Noblet: Où sont Nathalie et Luc? Tu as une idée?
  Mme Noblet: Luc est avec des copains, et Nathalie travaille. Elle a des devoirs.
- Bild 2: Huit heures et quart.
  Luc: Salut! Bonjour! J'ai faim et j'ai soif! Mais que fait/où est Nathalie?
  M. Noblet: (Regarde.) Il est huit heures et quart!
- Bild 3: *M. Noblet:* Tu n'as pas faim, Nathalie?
  Nathalie: Si, si! J'arrive. Mais regarde, il y a les «Bidules» à la télé.
- Bild 5: *Mme Noblet:* Où est/Que fait papa, maintenant?
  Nathalie: Il regarde la télé!

Gelenkte Dialogerstellung

Aufgabenstellung: *Complétez le dialogue.* Diese Übung kann auch als Antwortdiktat durchgeführt werden. In diesem Fall sollten S die Antworten nach dem Diktat eintragen, weil einige sich aus dem Nachfolgesatz ergeben.

Mme Noblet: Qu'est-ce qu'il y a à la télé?
Nathalie: _*Il y a les «Bidules».*_
Mme Noblet: Tu ne travailles pas?
Nathalie: _*Si, je travaille, comme toujours, mais pas maintenant.*_
Mme Noblet: Où est Luc?
Nathalie: _*Il n'est pas là. Il est avec des copains.*_
Mme Noblet: Il a des devoirs, non?
Nathalie: _*Oui, mais monsieur ne travaille pas.*_
Mme Noblet: Il rentre à quelle heure? Tu as une idée?
Nathalie: _*Non, il rentre à huit heures, huit heures et demie, neuf heures moins le quart.*_
Et moi, _*je suis toujours là, avec vous.*_
Demain, moi aussi, je rentre à huit heures et demie. Tu es d'accord?
Mme Noblet: _*Mais Nathalie, tu n'as pas quatorze ans!*_
Nathalie: J'ai treize ans. Où est la différence?

Hinweis: Es empfiehlt sich, bereits gegen Ende von Lektion 5 den *Itinéraire II* von Lektion 6A (S. L 66) zur Kenntnis zu nehmen. Dieser *Itinéraire* setzt eine Vorbereitungsphase voraus.

Stratégies

Apprendre par cœur
(Auswendig lernen)

Auswendiglernen ist keine umwerfend interessante Tätigkeit, dafür aber von großem Nutzen für die Entwicklung der Sprechfähigkeit.
Du trainierst dein Gedächtnis, prägst dir Wortfolgen und Redewendungen ein und lernst flüssiger zu sprechen.
Hier einige Techniken, die dir das Auswendiglernen erleichtern können.

1 Abdecktechnik

Lies den Text zunächst in der **Echotechnik** (vgl. S. 30).
Wende dann die **Abdecktechnik** an: Lies den ersten Satz des Textes laut, decke den Satz danach mit einem Blatt ab und wiederhole ihn laut.
Decke bei Schwierigkeiten die Textstelle kurz auf.
Verfahre mit den folgenden Sätzen in gleicher Weise.

2 Rückwärtsgang

Hast du mit einem Satz besondere Schwierigkeiten, hilft dir vielleicht der **Rückwärtsgang**.
Baue den zu lernenden Satz von hinten auf, bis er sitzt, also:

…, je déteste ça.
… dans la forêt, je déteste ça.
Les promenades dans la forêt, je déteste ça.

3 Schlüsselworttechnik

Die **Schlüsselworttechnik** führt vom Einzelsatz zum Text.
- Schreibe aus jedem Satz des Textes wichtige Wörter (Schlüsselwörter) mit Bleistift auf einen Zettel.
- Nimm für jeden Satz eine neue Zeile.
- Lege dann Text und „Schlüsselwortliste" nebeneinander.
- Sprich nun den Text mithilfe der Schlüsselwörter und spring mit den Augen zum Text, wenn du nicht weiterkommst.
- Radiere nach einem erfolgreichen Durchgang immer mehr Schlüsselwörter aus, bis du den ganzen Text auswendig sprechen kannst.

LEÇON 6 A Le club de la tour Montparnasse

Themen: Freizeitaktivitäten, hier: Rollschuhfahren im Verein. Arbeitsteilung in der Familie
Situativer Rahmen: Luc zeigt seiner Familie Photos von seinem Rollschuh-Klub
Textsorte: Dialoge mit Einleitung

Anmerkungen		Lerninhalte	SB Ex.	CdA Ex.
		Kommunikative Schwerpunkte:		
		– Erstaunen ausdrücken: *Ça alors!*		
s. u. (Interkulturelles)	◀	– Gleichgültigkeit ausdrücken: *Bof!*		
s. u. (Grammatik)	◀	– Auffordern: *Tiens, regarde. N'oubliez pas les casques.*	3	4
Pourquoi est-ce que ...? in Lk. 6B	◀	– Nach dem Grund fragen/Begründen *Pourquoi? Parce que ...*	4	5
		Wortschatz:		
Erg. in Lk. 6B	◀	– Rollschuhfahren im Verein	2	
Pourquoi est-ce que ...? in Lk. 6B	◀	– *Pourquoi?, Parce que ...*	4	5
		Grammatik:		
Rév. S. 137; das Präs. Sg. von *avoir* in Lk. 5	◀	– Das Verb *avoir*: Präs. Sg. und Pl., GBH § 28	2, 5	1
Rév. S. 137; *fait* und *font* bereits lexikal. eingeführt	◀	– Das Verb *faire*: Präs. und Imper., GBH § 29	2, 5	1
Ne ... pas in Lk. 5; *CdA* Ex. 2: Wdh. von Imper. Sg. und Pl. (ohne Verneinung) und der Arbeitsanweisungen bis Lk. 6	◀	– Der verneinte Imper., GBH § 30	3	4

Textverständnis:	– A propos du texte	SB	Ex. 1
Integration und Transfer:	– Vokabular und Redemittel bis Lk. 6	CdA	Ex. 3
Landeskunde:	– Montparnasse	SB	S. 138
	– Le club de la tour Montparnasse	SB	S. 138
Interkulturelles:	– Bof!	SB	S. 138

Folien:	– Nr. 15: Abb. Text 6A, SB S. 46
(A + B)	– Nr. 16: Abb. Text 6B, SB S. 50, 51
	– Nr. 17: Bildgeschichte: Lk. 6 A + B, Ex. 7; Hinweise: LB S. L 76

Thema: Rollschuhfahren im Verein
Situativer Rahmen: Verabredung am Telefon. Auftritt der Rollschuhgruppe
Textsorte: Dialoge mit Einführung

Anmerkungen		Lerninhalte	SB Ex.	CdA Ex.
		Kommunikative Schwerpunkte:		
		– Telefonieren		
		– Sich verabreden		7
Rév. S. 138; Erg. zu *Rév.* Lk. 5, S. 131	◄	– Sagen, daß man etwas mag oder nicht mag	5	8
		Wortschatz:		
Erg. zu Lk. 6A	◄	– Rollschuhfahren im Verein		
		– Ausdrücke, die dem Deutschen oder Englischen ähneln	1	
Rév. S. 138	◄	– *Moi non. Moi non plus.*	5	
		Grammatik:		
Erg. zu Lk. 1	◄	– Die Entscheidungsfrage mit *est-ce que*, GBH § 31	2, 4	6
Erg. zu Lk. 1; *Qui …?, Que …?, Où …?, Quel/Quelle …?, Comment …?, Pourquoi …?* in best. Kollokationen bereits bekannt	◄	– Die Ergänzungsfrage mit *est-ce que*, GBH § 32	3, 4	6
		Phonetischer Schwerpunkt:		
Erg. zu SB Ex. 9, Lk. 3B	◄	– Der Unterschied zwischen [s] und [z]	6	

Textverständnis:	– A propos du texte	SB	Ex. 3b
Integration und Transfer:	– Bildgeschichte	SB	Ex. 7
	– Präpositionen	CdA	Ex. 7
	– Faites l'interprète.	CdA	Ex. 9
Interkulturelles:	– Allô?	SB	S. 138
Ecouter et comprendre:	– Interview d'un patineur	SB	S. 101
Lire et comprendre:	– Les musiciens de la tour Montparnasse	CdA	Ex. 10
D'une leçon à l'autre:	– Vorentlastung: Wortschatz	SB	S. 55

LEÇON 6

A Le club de la tour Montparnasse

1 Chez les Noblet, un autre soir: Nathalie et Luc font la cuisine. Après le repas, la famille reste à table. Luc montre des photos.

Luc: Regardez. On est sur les photos.
M. Noblet: «On», qui est-ce?
Luc: Euh! ... Les douze patineurs de la tour Montparnasse. Depuis trois jours, je suis dans le club avec Ahmed. Là, nous faisons des démonstrations de slalom.
Mme Noblet: Ça alors!
Nathalie: Il y a seulement des garçons dans le club?
Luc: Non, pourquoi?
Nathalie: Parce qu'il y a seulement des garçons sur les photos. Où sont les filles?

Luc: Tiens, regarde. Voilà une photo avec les filles. Nous avons cinq filles dans le club.
Nathalie: Oh! Elles ont un look d'enfer.
Luc: Bof!

2 *Nathalie:* Les filles sont sympa, dans le club?
Luc: Une fille sympa, ça existe?
Nathalie: Idiot! Demain, je fais des démonstrations de slalom avec vous. Vous faites le slalom devant la tour Montparnasse?
Luc: Oui. Mais toi, tu restes à la maison ... Ne pleure pas, sœurette. Tiens, voilà une sucette!
Nathalie: Tu es bête.

3 *M. Noblet:* Et qui fait la cuisine demain?
Mme Noblet: Je ne suis pas là.
Nathalie: Oh! Papa ...
M. Noblet: Non, non, Nathalie!
Nathalie: S'il te plaît, papa.
M. Noblet: Euh! ... Bon, d'accord! Je fais la cuisine demain.
Mme Noblet: Et pour le slalom, n'oubliez pas les casques.

Folie: 15

A TEXTERARBEITUNG

In diesem Text konzentriert sich der schwer erschließbare neue Wortschatz im ersten Abschnitt. Ein Teil des Grammatik-Pensums ist den S schon bekannt: die Singularformen von *avoir*, die lexikalisch eingeführten Formen *fait* und *font* sowie für das Verständnis des verneinten Imperativs zum einen der bejahte Imperativ, zum anderen und die Verneinung mit *ne ... pas*.

Itinéraire I

- Die Präsens-Formen von *avoir* und *faire* werden eingeführt.
- Das Sachfeld 'Rollschuhfahren im Verein' wird vorweg behandelt (s. Kasten Nr. 4, S. L 70).
- Der Text wird abschnittweise erarbeitet; der erste Abschnitt kann aufgeteilt werden (Z. 1-9, Z. 10-19):
  - L paraphrasiert den Text und führt dabei das restliche neue Wort- und Strukturenmaterial ein (s. 'Leicht erschließbare Ausdrücke', Kasten Nr. 2, S. L 70, sowie die 'Vorschläge zur Einführung der schwer erschließbaren Ausdrücke' S. L 70 f.). S werden durch Kontrollfragen aktiviert.
  - Der Abschnitt wird von der Kassette abgespielt oder von L in normalem Sprechtempo vorgelesen. Der Text bleibt verdeckt
  - L stellt Fragen zum Verständnis.
  - Der Abschnitt wird noch einmal abgespielt oder von L vorgelesen. S lesen still mit.
  - Die letzten Schwierigkeiten werden aus dem Weg geräumt.

Schwer erschließbare Ausdrücke:

Abschnitt 1:	la tour Montparnasse; un autre soir; après; un jour; nous faisons; une démonstration de slalom; Ça alors!; seulement; Pourquoi?; parce que; nous avons; elles ont; avoir un look d'enfer
Abschnitt 2:	vous faites
Abschnitt 3:	oublier qc

Nr. 1

Itinéraire II V

- Viele neue Ausdrücke werden durch die S in Gruppen eingeführt (s. S. L 71). Jede Gruppe bekommt ein Kärtchen , auf dem die Vokabeln und Strukturen stehen, welche die Gruppe vorstellen soll (s. Musterkärtchen, Kasten Nr. 5, S. L 71). S überlegen sich dazu – in Absprache mit L – wie sie das Wort- und Strukturenmaterial so einführen, daß alle Mit-S es verstehen und anschließend anwenden können. Die Gruppe bereitet auch Kontrollfragen vor. Die Vorbereitung erfolgt in einer Gruppenarbeitsphase gegen Ende von Lektion 5 und zu Hause.
- Der Text wird schrittweise erarbeitet (Z. 1-2; Z. 3-19; Z. 20-39):
  - S stellen die von Ihnen vorbereiteten Vokabeln, Kollokationen und Strukturen vor.
  - L führt ggf. das restliche neue Material ein.
  - Die weitere Texterarbeitung erfolgt sinngemäß wie bei *Itinéraire I* ab Punkt 3, zweiter Spiegelstrich.

FESTIGUNG

- L achtet darauf, daß S *elles sont* [ɛlsõ] und *elles ont* [ɛlzõ] in der Aussprache deutlich auseinanderhalten. Die Kollokationen *Elles ont un look d'enfer* (Z. 18) und *Les filles sont sympa* (Z. 20) werden mehrfach wiederholt.
- S lesen den Text mit verteilten Rollen vor.
- In dieser Phase kann die Übung 1 aus dem Schülerbuch bereits durchgenommen werden.
- S versuchen einzelne Szenen aus dem Text nachzuspielen. Der *club de la tour Montparnasse* kann eventuell durch einen *club de foot* ersetzt werden. Die Dialoge werden entsprechend abgeändert.

LEÇON 6 A EXERCICES

Ex. 1

Schwerpunkt: Textverständnis

Lösungen:
Il est **8 heures et demie**. Les Noblet sont à **table**. Luc montre des photos où il y a les **patineurs** de la tour Montparnasse. Ils ont des **casques**. Dans le club, il y a des **filles** et des **garçons**. Nathalie dit: «Demain, je fais aussi des démonstrations de **slalom**.» Mais Luc n'est pas d'accord. Il dit: «Ah non, sœurette! Tu restes à la maison et tu **fais la cuisine/prépares le repas**. Ne **pleure** pas.» Il donne une **sucette** à Nathalie.

Ex. 2 ➛ CdA 1 ➛ GBH §§ 28, 29

Schwerpunkte:
a, b Sachfeld 'Rollschuhfahren im Verein'. **a** Die Präsensformen von *avoir*. **b** Die Präsensformen von *faire*. **c** Integration von *ont, sont* und *font*

Lösungen:
a Une interview

– Luc, tu **as** quel âge?
– J'**ai** quatorze ans.
– Tu **as** des frères et des sœurs?
– J'**ai** une sœur. Elle **a** treize ans.
– Il y **a** des clubs dans le quartier?
– Bien sûr. Pour les patineurs, il y **a**, par exemple, le club de la tour Montparnasse.
– Vous **avez** des filles dans le club?
– Oui, nous **avons** cinq filles. Avec les casques, elles **ont** un look d'enfer.
– Ah, vous **avez** des casques?
– Bien sûr!

b Ahmed bavarde avec Julie et Isabelle.
Ahmed: Vous **faites** une promenade dimanche?
Julie: Oui, nous **faisons** une promenade dans la forêt de Fontainebleau. A Fontainebleau, papa et maman **font** souvent des promenades. Papa demande toujours: «Julie, on **fait** une promenade?» Ah, je déteste ça!
Ahmed: Moi, dimanche, je **fais** des démonstrations de slalom.
Isabelle: Tu **fais** ça où?
Ahmed: Devant la tour Montparnasse.

Neu: *une interview*

(Fortsetzung auf. S. L 68)

A EXERCICES

1 A propos du texte *Racontez.*

Il est  . Les Noblet sont à  . Luc montre des photos où il y a les  de la tour Montparnasse. Ils ont des  . Dans le club, il y a des  et des  . Nathalie dit: «Demain, je fais aussi des démonstrations de  .» Mais Luc n'est pas d'accord. Il dit: «Ah non, sœurette! Tu restes à la maison et tu  . Ne  pas.» Il donne une 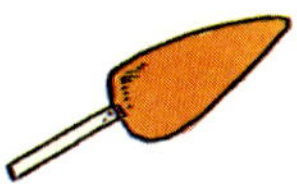 à Nathalie.

2 Avoir/faire/être *(§§ 28, 29)* *Complétez.*

a avoir

Une interview▽

– Luc, tu ~ quel âge?
– J'~ quatorze ans.
– Tu ~ des frères et sœurs?
– J'~ une sœur. Elle ~ treize ans.
– Il y ~ des clubs dans le quartier?
– Bien sûr. Pour les patineurs, il y ~, par exemple, le club de la tour Montparnasse.
– Vous ~ des filles dans le club?
– Oui, nous ~ cinq filles. Avec les casques, elles ~ un look d'enfer.
– Ah, vous ~ des casques?
– Bien sûr!

b faire

Ahmed bavarde avec Julie et Isabelle.

Ahmed: Vous ~ une promenade dimanche?
Julie: Oui, nous ~ une promenade dans la forêt de Fontainebleau. A Fontainebleau, papa et maman ~ souvent des promenades. Papa demande toujours: «Julie, on ~ une promenade?» Ah, je déteste ça!
Ahmed: Moi, dimanche, je ~ des démonstrations de slalom.
Isabelle: Tu ~ ça où?
Ahmed: Devant la tour Montparnasse.

c ont / sont / font

Les parents d'Ahmed, M. et Mme Saïd▿, ~ une épicerie dans la rue Daguerre. Ils ~ à Paris depuis 20 ans. Ils ~ l'épicerie depuis 8 ans. Ahmed a une sœur: Yasmina▿. Ahmed et Yasmina ~ des copains dans la rue Daguerre. Les copains de la rue Daguerre ~ toujours ensemble et ~ des tours dans le quartier. A la maison, Ahmed et Yasmina ~ souvent la cuisine pour la famille.

3 N'oubliez pas les casques. *(§ 30)*

Exemple:

(oublier – les casques)

N'oubliez pas les casques.

1. (jouer – dans la cour)

2. (travailler – trop)

3. (faire – ça)

4. (entrer)

5. (crier)

Ex. 2 (Fortsetzung)

c Les parents d'Ahmed, M. et Mme Saïd, **ont** une épicerie dans la rue Daguerre. Ils **sont** à Paris depuis 20 ans. Ils **ont** l'épicerie depuis 8 ans. Ahmed a une sœur: Yasmina. Ahmed et Yasmina **ont** des copains dans la rue Daguerre. Les copains de la rue Daguerre **sont** toujours ensemble et **font** des tours dans le quartier. A la maison, Ahmed et Yasmina **font** souvent la cuisine pour la famille.

Neu: Namen: *Saïd, Yasmina*

Ex. 3 ➛ CdA 2, 4 ➛ GBH § 30

Schwerpunkte: Auffordern. Der veneinte Imper. Pl.

Lösungen:
1. Ne jouez pas dans la cour.
2. Ne travaillez pas trop.
3. Ne faites pas ça.
4. N'entrez pas.
5. Ne criez pas.

Ex. 4 ➛ CdA 5

Schwerpunkte:
Nach dem Grund fragen/Begründen: *Pourquoi? Parce que* … 2. Ps. Sg. und Pl. der bekannten Verben (Wdh.)

Lösungen:

1. *Mme Lacombe:* Je n'aime pas les «Bidules».
   M. Blanchard: Vous n'aimez pas les «Bidules»? Mais **pourquoi**?
   Mme Lacombe: **Parce que** je n'aime pas le rock.
2. *Ahmed:* Je ne regarde pas la télé aujourd'hui.
   Julie: Tu ne regardes pas la télé aujourd'hui? Mais **pourquoi**?
   Ahmed: **Parce que** j'ai des devoirs.
3. *Mme Noblet:* Je ne fais pas la cuisine demain.
   Nathalie: Tu ne fais pas la cuisine demain? Mais **pourquoi**?
   Mme Noblet: **Parce que** demain, je ne suis pas là.
4. *Mme Lacroix:* Je ne suis pas à Paris dimanche.
   Mme Rigot: Vous n'êtes pas à Paris dimanche? Mais **pourquoi**?
   Mme Lacroix: **Parce que** nous faisons une promenade à Fontainebleau.
5. *Isabelle:* Je n'aime pas Luc.
   Julie: Tu n'aime pas Luc? Mais **pourquoi**?
   Isabelle: **Parce qu**'il n'est pas sympa, je trouve.

Ex. 5 ➛ CdA 3

Schwerpunkt: Kollokationen, die ein gemeinsames Verb enthalten

Hinweise:
- Die Übung kann als Wettspiel durchgeführt werden. Es werden vorab Gruppen gebildet. L erläutert das Beispiel an der Tafel. Dann öffnen die Gruppen auf ein Startsignal hin die Bücher.
- L kann auch jeweils die erste vollständige Kollokation aus jedem Kästchen an die Tafel schreiben. Aufgabenstellung: *Trouvez d'autres expressions formées avec ces verbes et notez-les. Les livres restent fermés./Findet weitere Ausdrücke, die mit diesen Verben gebildet werden, und notiert sie. Die Bücher bleiben geschlossen.* S können in Gruppen oder allein arbeiten.

Lösungen:

regarder	un plan une BD la télé une photo
avoir	soif un look d'enfer faim 13 ans
jouer	au foot aux dés une pantomime une scène
faire	la cuisine les lits un tour des dialogues
porter	un casque un jean une table un carton

4 Pourquoi . . . ? – Parce que . . .

Faites des dialogues.

Exemple: Mme Blanchard à M. Lacombe:

Je n'aime pas Arthur.
Il bavarde trop.

→

– Je n'aime pas Arthur.
– Vous n'aimez pas Arthur? Mais **pourquoi**?
– **Parce qu'**il bavarde trop.

1. *Mme Lacombe à M. Blanchard:*
   Je n'aime pas les «Bidules».
   Je n'aime pas le rock.

2. *Ahmed à Julie:*
   Je ne regarde pas la télé aujourd'hui.
   J'ai des devoirs.

3. *Mme Noblet à Nathalie:*
   Je ne fais pas la cuisine demain.
   Je ne suis pas là.

4. *Mme Lacroix à Mme Rigot:*
   Je ne suis pas à Paris dimanche.
   Nous faisons une promenade
   à Fontainebleau.

5. *Isabelle à Julie:*
   Je n'aime pas Luc.
   Il n'est pas sympa, je trouve.

5 A propos du vocabulaire

Trouvez le verbe.

Exemple:

des CD des cassettes un groupe de rock les commerçants

→ **écouter**

écouter des CD
écouter des cassettes
écouter un groupe de rock
écouter les commerçants

(Ihr könnt in Gruppen arbeiten. Die Gruppe, die zuerst alle Verben gefunden hat, gewinnt.)

un plan une BD la télé une photo	soif un look d'enfer faim 13 ans

au foot aux dés une pantomime une scène	la cuisine les lits un tour des dialogues	un casque un jean une table un carton

Zu Itinéraires I und II

Leicht erschließbare Ausdrücke:

vom Dt./Engl. her	vom Visuellen her	vom Kontext her	durch Gestik/Mimik
1 un club 1 une photo 1 Euh ... 1 un slalom 2 sympa 2 exister 2 un idiot	1 faire la cuisine (SB S.38) 1 une table, à table 1 montrer qc à qn 1 un patineur/ une patineuse 2 une sucette 3 un casque	2 je fais *(als Struktur)* 2 ne (Verb im Imper.) pas 3 Bon.	1 Tiens, regarde. 1 voilà 1 Bof! 2 pleurer

Nr. 2

Zu Itinéraire I

Vorschläge zur Einführung der schwer erschließbaren Ausdrücke

Im folgenden sind nur die schwer erschließbaren neuen Ausdrücke unterstrichen.

- *avoir* und *faire* im Präs.:
  S rekapitulieren die ihnen bereits bekannten Wendungen, die *avoir* oder *faire* enthalten. Das Ergebnis wird an der Tafel festgehalten. L ergänzt die Liste mit den neuen Kollokationen aus diesem Lektionsteil:
  - *Avoir un look d'enfer*: mit Hilfe einer Skizze (auffällig gekleidete Figur mit angedeuteter Ausstrahlung) an der Tafel erklären, anschließend übersetzen. *L'enfer*: übersetzen
  - *Faire la cuisine*: L (zeigt auf Bild 1, SB S. 38): *Que font M. et Mme Noblet?* S: *Ils font le repas.* L: *C'est ça. On dit aussi: Ils font la cuisine.*
  - *Faire des démonstrations de slalom*: L (zeigt auf Bild 2, SB S. 46) *Les garçons font des démonstrations de slalom.* Kontrollfrage: L (zeigt auf Bild 3): *Et que font les filles?* S: *Elles font aussi des démonstrations de slalom.* (Kontrollübersetzung)

avoir	faim soif quatorze ans un look d'enfer	faire	le repas la cuisine des démonstrations de slalom	**TB**

Nr. 3

  - Die Verbparadigmen werden an die Tafel geschrieben.
    Variante: S überfliegen den Text und sammeln die Personalformen von *faire* und *avoir*, die dort vorkommen. Die Paradigmen werden anschließend ergänzt.
    S machen mündlich kleine Dialoge, in denen die Präsensformen beider Verben umgewälzt werden.
- Das 'Sachfeld Rollschuhfahren im Verein':
  L führt mit Hilfe der Abbildungen und unter Hinweis auf das deutsche Fremdwort 'Klub' die neuen Begriffe aus diesem Sachfeld ein:

un club;	un patineur/une patineuse;	un casque;
un slalom;	faire des démonstrations de slalom	

Nr. 4

- Anschließend werden die restlichen schwer erschließbaren Ausdrücke auch mit Hilfe der Abbildungen im Schülerbuch und der Folie Nr. 15 erklärt:
  L: *De minuit à minuit: C'est un jour. Après* (Gestik) *19 heures, c'est le soir. Dans la leçon 5, Nathalie regarde la télé. Dans la leçon* 6A, *un autre soir, elle regarde les photos de Luc. (Un autre soir:* übersetzen. Auf Fehlen der Präposition hinweisen.)
  L (zeigt auf Bild 3/zeichnet Skizze an die Tafel): *C'est une tour. C'est la tour Montparnasse. Montparnasse est un quartier de Paris.* (Bild 2) *Voilà le club de la tour Montparnasse. Dans le club de la tour Montparnasse, il y a 2, 4, 6, 8 ..., il y a seulement des garçons?* (L zeigt auf Bild 3) S: *Non, il y a aussi des filles.*
  L: *Dans la leçon 5, Nathalie a soif. Alors Mme Noblet donne un verre à Nathalie. Mme Noblet donne un verre à Nathalie. Pourquoi?* (Gestik/Mimik) *Parce que Nathalie a soif.*
  Kontrollfragen: L (zeigt auf Lektion 5): *Nathalie regarde la télé. Pourquoi?* S: *Parce qu'il y a les Bidules à la télé.* (Auf die Elision eingehen.) L (zeigt auf Lektion 6): *Après le repas, les Noblet restent à table. Pourquoi?* S: *Parce que Luc montre des photos.*

L: *Les patineurs portent des casques. Pourquoi?* S: *Parce qu'ils font des démonstrations de slalom.* L: *Oui. Les patineurs portent toujours des casques pour les démonstrations de slalom. Mme Noblet dit: «N'oubliez pas les casques.»* Kontrollfrage: L: *[S-Name], tu as un casque?*
Ça alors!: übersetzen

Zu Itinéraire II V

Im folgenden werden der Wortschatz und die Strukturen angegeben, die S (und L) selbst einführen können. Als Hilfe können S die Lehrerbuchempfehlungen zur Einführung der neuen Vokabeln und Strukturen zur Verfügung gestellt werden. Vorgehensweise: Die Ausführungen S. L 50 – bis auf den letzten Punkt – gelten sinngemäß.

Gruppe 1 oder L
- avoir (Präs.)

Gruppe 2 oder L
- faire qc (Präs.)

Gruppe 3 oder L
- Pourquoi?
- Parce que ...

Gruppe 4
- un soir
- un autre soir
- faire la cuisine
- après
- une table
- à table
- montrer qc à qn
- une photo

Gruppe 5 (Folie Nr. 15)
- Euh ...
- un patineur/une patineuse
- un club
- une tour
- Montparnasse
- la tour Montparnasse
- faire une démonstration de slalom

Gruppe 6
- un jour
- Ça alors!
- seulement
- Tiens, regarde.
- voilà
- l'enfer
- avoir un look d'enfer
- Bof!

Gruppe 7
- sympa
- exister
- un idiot
- pleurer
- Ne pleure pas.
- une sucette
- Bon.
- oublier qc
- N'oubliez pas ...
- un casque

Musterkärtchen

Gruppe 3 (Datum)

Pourquoi? Parce que ...
- Überlegt, wer welche Aufgabe während der Stunde übernimmt.
- Stellt die neuen Ausdrücke anhand von Situationen und Dialogen, mit Hilfe der Folien oder der Abbildungen im Schülerbuch so vor, daß eure Mitschüler sie danach anwenden können. Ihr könnt auch in der Schülerbuchübung 4 Ideen finden.
- Schreibt die neuen Ausdrücke an die Tafel und übt die Aussprache mit der Klasse. (Fragt den Lehrer nach der richtigen Aussprache.)
- Kontrolliert das Verständnis. Fragen vorbereiten!

Nr. 5

Ablauf:
- Gruppen 1, 2, 3: Vorwegeinführung einiger Strukturen und Ausdrücke
- Vorstellung Gruppe 4; anschließend Erarbeitung des Ausschnitts Z. 1-2
- Vorstellung Gruppen 5, 6; anschließend Erarbeitung des Ausschnitts Z. 3-19
- Vorstellung Gruppe 7; anschließend Erarbeitung des Ausschnitts Z. 20-39

Zu den Strukturen

Der Imper. Sg. und Pl. Ausdrücke für das Unterrichtsgespräch

Diese Übung ist eine Erweiterung der Übung 2 aus dem *Cahier d'activités*. Aufgabenstellung: *Travaillez à deux.* **a** *Nommez à votre partenaire cinq injonctions en français. Votre partenaire vous donne l'expression correspondante en allemand. Vous contrôlez la réponse à l'aide du tableau de la partie* **b** *de l'exercice 2 du Cahier.* **b** *Cherchez d'autres injonctions dans le livre ou dans le Cahier d'activités. Continuez l'exercice./Arbeitet zu zweit.* **a** *Nennt eurem Partner fünf Aufforderungen auf französisch. Euer Partner gibt euch den entsprechenden Ausdruck auf deutsch. Ihr kontrolliert die Antwort mit Hilfe des Kastens im **b**-Teil der* Cahier-*Übung.* **b** *Sucht andere Aufforderungen im Schülerbuch oder im* Cahier d'activités. *Setzt die Übung fort.*
S können außerdem die Arbeitsanweisungen aus dem *Cahier d'activités*, die ihnen besonders nützlich erscheinen, mit Leuchtstift markieren.

Hinweis: Es empfiehlt sich, bereits gegen Ende von Lektion 6A *Itinéraire II* der Lektion 6B (S. L 73) zur Kenntnis zu nehmen. Dieser *Itinéraire* setzt eine Vorbereitungsphase voraus.

6

B Le slalom

1 Mercredi, à 2 heures,
Nathalie téléphone à Julie.

Allô?

Allô, Julie? C'est Nathalie!

Salut, Nathalie!

Julie, est-ce que tu as des patins à roulettes?

Oui. Pourquoi est-ce que tu demandes ça?

A 6 heures, Luc et les patineurs font des démonstrations devant la tour Montparnasse ... Et nous aussi, d'accord?

Euh! ... Je n'ai pas envie. Et je trouve que c'est dangereux. Mais pour regarder, d'accord. Quand est-ce que vous avez rendez-vous?

A 5 heures et demie.

EXERCICES

1 A propos du vocabulaire

a *Trouvez dans le texte de la leçon 6 B les mots qui ressemblent (... die ähneln)*

– *à l'allemand*▽:	telephonieren Hallo	das Publikum Bravo	ein Problem eine Bande	in Form sein
– *à l'anglais*▽:	dangerous	a champion	a clown	

b *Maintenant, trouvez dans le texte de la leçon 6 A des mots qui ressemblent à l'allemand ou à l'anglais.*

Folien: 15, 16

S

B TEXTERARBEITUNG

Itinéraire I

- Die bereits bekannten Ausdrücke aus dem Sachfeld 'Rollschuhfahren im Verein' (s. Kasten Nr. 4, S. L 70) werden anhand der Schülerbuchabbildungen S. 46 oder der Folie Nr. 15 wiederholt.
- Der Text wird abschnittweise erarbeitet:
  1. Abschnitt 1
  2. Abschnitt 2 bis Zeile 9 (*... c'est le tour de Luc.*)
  3. Abschnitt 2, Zeile 9 bis zum Ende
  - Bei jedem Schritt paraphrasiert L den Text und führt dabei das neue Wortmaterial ein (s. u. die schwer erschließbaren Ausdrücke (Kasten Nr. 1), sowie die Vorschläge zu deren Einführung S. L 78 und die leicht erschließbaren Ausdrücke Kasten Nr. 2, S. L 77). L stellt Kontrollfragen.
  - Der Textausschnitt wird von der Kassette abgespielt oder von L in normalem Sprechtempo vorgelesen. Nur das Bildmaterial bleibt sichtbar.
  - L stellt Fragen zum Verständnis.
  - S hören den Textausschnitt noch einmal und lesen still mit.
  - Die letzten Schwierigkeiten werden aus dem Weg geräumt.

Schwer erschließbare Ausdrücke:

Abschnitt 1:	mercredi; Est-ce que ...?; Pourquoi est-ce que ...?; avoir envie; Quand est-ce que ...?
Abschnitt 2:	une dalle; sans; une faute; enfin; c'est le tour de; hurler; Qu'est-ce que ...?; tomber

Nr. 1

EXERCICES

Ex. 1 ➛ CdA 7

Schwerpunkte:
Wortschatz: Bewußtmachung von Ähnlichkeiten zwischen dem Französischen, dem Deutschen und dem Englischen im Bereich der Lexik

Hinweise:
Bei dieser Übung geht es hauptsächlich darum, S für die Erschließbarkeit zahlreicher Wörter aus dem Deutschen oder Englischen zu sensibilisieren. Entfernte Wortverwandtschaften sollten allerdings nur dann erwähnt werden, wenn S sie ansprechen. Es empfiehlt sich indes, auf die Unterschiede im Genus von einer Sprache zur anderen aufmerksam zu machen. Eventuell können die *faux-amis: une démonstration*/eine 'Demonstration' *(une manifestation)* zum Thema gemacht werden.

Lösungen:

a (Text 6 B) Mots qui ressemblent ...

– à l'allemand:	téléphoner;	le public;	un problème;	être en forme
	allô;	bravo;	une bande;	
– à l'anglais:	dangereux;	un champion;	un clown;	

b (Text 6 A) Mots qui ressemblent ...
- à l'allemand seulement: papa
- à l'anglais seulement: une table; un look; une démonstration
- à l'anglais et à l'allemand: un club; une famille; une photo; un slalom; sympa; exister; un idiot

Neu: In Arbeitsanweisung: *qui ressemblent à l'allemand/à l'anglais*

LEÇON 6

Folien: 15, 16

TEXTERARBEITUNG

Itinéraire II

Bei diesem *Itinéraire* übernehmen S zu einem großen Teil die herkömmliche Rolle von L:

- L erklärt zunächst im Kontext und mit Hilfe von Umschreibungen die im Text vorkommenden neuen Strukturen (*Est-ce que …?; Pourquoi est-ce que …?, Quand est-ce que …? Qu'est-ce que …?*).
- Eine S-Gruppe läßt den bereits bekannten Wortschatz zum Sachfeld 'Rollschuhfahren im Verein' (s. Kasten Nr. 4, S. L 70) durch die Klasse wiederholen.
- Der Text wird wie bei *Itinéraire I* schrittweise erarbeitet (s.d. Punkt 2): S führen die neuen Ausdrücke ein und stellen Kontrollfragen (s. Vorschlag zur Gruppeneinteilung auf. S. L 78). L übernimmt die Stundenleitung bei den weiteren Phasen der Texterarbeitung (s. *Itineraire I*).

FESTIGUNG

- Die Übung 3 aus dem Schülerbuch zum Wortschatz und die Übung 7 aus dem *Cahier d'activités* zu den Präpositionen können in dieser Phase bereits durchgenommen werden.
- S stellen fest, daß das Wort *rendez-vous* im Französischen – anders als im Deutschen – nur die allgemeine Bedeutung 'Termin' oder 'Verabredung' hat. (Dt: 'Ein Rendezvous' = Franz.: *un rendez-vous galant)*
- Eventuell nennt L für interessierte S noch zusätzlich die Begriffe *une genouillère* (ein 'Knieschoner') und *un protège-coude* ein 'Ellbogenschoner' (Pl. *des protège-coudes*).
- s. weitere Vorschläge S. L 79f.

EXERCICES

Ex. 2 ➛ GBH § 31

Schwerpunkte:
Informationen einholen und geben. Die Entscheidungsfrage (Intonations- und *est-ce que*-Frage)

Hinweis:
Diese Übung kann in Partnerarbeit durchgeführt werden. S sollen sich allerdings in der Rolle des Befragers abwechseln.

Lösungen:

1. – **Est-ce que** Mme Lacroix est la mère de Nathalie?
   – Non, c'est la mère de Julie et d'Isabelle.
2. – **Est-ce que** les Rigot habitent 10, rue Daguerre?
   – Oui, ils habitent 10, rue Daguerre.
3. – **Est-ce qu'**il y a des magasins dans la rue Daguerre?
   – Oui. Dans la rue Daguerre, il y a par exemple une parfumerie, une poissonnerie, des boucheries, des épiceries et des boulangeries.
4. – **Est-ce que** M. Rigot est inspecteur de police?
   – Non, il est conducteur de TGV.
5. – **Est-ce que** Nathalie a 16 ans?
   – Non, elle a 13 ans.
6. – **Est-ce qu'**elle aime les «Bidules»?
   – Oui, elle aime/adore les «Bidules».

2 La dalle de la tour Montparnasse:
6 heures moins le quart. Les patineurs … et les patineuses sont là.
6 heures: Yasmina, la sœur d'Ahmed, fait le slalom. Le public crie: «Bravo! Bravo!» Et voilà Ahmed. Il fait l'exercice sans fautes. Puis, Nathalie et Yasmina font le slalom ensemble: sans problèmes. Enfin, c'est le tour de Luc. Il crie:
«Et maintenant, mesdames et messieurs, le champion, le numéro 1.»
François, le clown de la bande, hurle:
«Oui, Luc, tu es le champion.
Tu es super …»
Mais, Luc, qu'est-ce qu'il fait?
Il rate un virage et … tombe sur François.
François: Aïe! Aïe!
Nathalie: Ah, il est en forme, le champion!
Ne pleure pas, frérot.
Tiens, voilà une sucette!

2 Les Rigot sont de Rennes? (§ 31)

Lisez les exemples.

Exemples:

– Les Rigot sont de Rennes? **Est-ce que** les Rigot sont de Rennes?	– Oui, ils sont de Rennes.
– Isabelle a un perroquet? **Est-ce qu'**Isabelle a un perroquet?	– Non, elle a une souris.

Posez les questions avec Est-ce que / qu' *et donnez les réponses.*

1. Mme Lacroix est la mère de Nathalie?
2. Les Rigot habitent 10, rue Daguerre?
3. Il y a des magasins dans la rue Daguerre?
4. M. Rigot est inspecteur de police?
5. Nathalie a 16 ans?
6. Elle aime les «Bidules»?

3 Des questions *(§ 32)*

a Jetzt kennt ihr schon viele Ergänzungsfragen (= Fragen mit einem Fragewort). Hier eine Übersicht. Ihr könnt sie auf einen großen Bogen Papier schreiben und im Klassenzimmer aufhängen.

1. Qui … ?

- Qui est Luc?
  Luc, qui est-ce?
- Qui habite dans la rue Daguerre?

2. Que … ?

- Qu'est-ce que c'est?
- Qu'est-ce qu'il y a dans le carton?
- Que fait Luc?
- Qu'est-ce qu'il fait?
- Qu'est-ce que tu fais?
- Qu'est-ce que Julien montre à Luc?

3. Où … ?

- Où est Julien?
- Où est-ce qu'il est?
- Où est-ce que tu habites?
  Tu habites où?

4. A qui / Avec qui / Sur qui / … ?

- A qui est-ce que Nathalie téléphone?
  Nathalie téléphone à qui?
- Avec qui est-ce que tu travailles?
  Tu travailles avec qui?

5. Quel / Quelle … ?

- Quelle heure est-il?
  Il est quelle heure?
- A quelle heure est-ce que tu rentres?
  Tu rentres à quelle heure?
- Quel âge est-ce que tu as?
  Tu as quel âge?

6. Comment … ?

- Comment ça va?
- Comment est-ce que tu t'appelles?
  Tu t'appelles comment?

7. Quand … ?

- Quand est-ce que tu rentres?
  Tu rentres quand?

8. Pourquoi … ?

- Pourquoi est-ce que tu demandes ça?

⚠ Fragen mit „nachgestelltem" Fragewort (z. B. Tu habites **où**?) kommen nur in der gesprochenen Sprache vor. Sie sind eher umgangssprachlich.

Ex. 3 ➛ GBH § 32

Schwerpunkte:
a Informationen einholen: Übersicht über die bisher bekannten Möglichkeiten, Ergänzungsfragen zu stellen. **b** Informationen einholen und geben. Auf Text 6B bezogene Ergänzungsfragen stellen

Hinweise:
a
- **V** Diese Übersicht ist eine Erweiterung des Redemittelkastens *Des questions*, Übung 3, aus Lektion 2B. Einige S schreiben zur Erstellung dieser Wandzeitung diese Übersicht auf einen großen Bogen ab – z. B. bei *Itinéraire II* während einer Gruppenarbeitsphase gegen Ende von Lektion 6A oder zu Beginn von Lektion 6B; gleichzeitig können sich andere S auf die Einführung des neuen Wortschatzes aus dem Text 6B vorbereiten. L sollte allerdings zu diesem Zeitpunkt die Fragestrukturen aus dem Text in einer Vorentlastungsphase bereits erklärt haben.
- **V** Erforderliches Material zur Herstellung einer Wandzeitung: Rückseite von Plakaten, Packpapier oder Tapetenrolle; dicke Filzstifte (eine Farbe für die Überschriften, eine Farbe für die Beispiele), Tesakrepp oder Reißnägel zum Befestigen an der Wand. Die einzelnen Punkte können auch zunächst auf einzelne Zettel geschrieben, dann auf das Plakat geklebt werden.
Achtung: Diese Wandzeitung soll aus der Ferne noch zu entziffern sein!
- Eine andere Möglichkeit bestünde darin, eine analoge Übersicht im Unterrichtsgespräch, während der Übungsphase zu Lektion 6B, zu erstellen. S sammeln die Frageformen, die sie schon kennen, und bilden Fragesätze. L ergänzt die Zusammenstellung und bittet S, weitere Beispielsätze zu bilden.
- L weist darauf hin, daß Ergänzungsfragen mit nachgestelltem Fragewort – mit Ausnahme von Situationen, die einen familiären Sprachgebrauch erforderlich machen – in den Übungen nunmehr vermieden werden.
- Es ist sicherlich nicht überflüssig, S darauf hinzuweisen, daß sie sowohl zur Lösung der (Haus-)Aufgaben als auch für das Gespräch über den Text die Übersicht zur Hilfe nehmen können.

(Fortsetzung auf S. L 75)

Ex. 3 (Fortsetzung)

b 1. **Qui** est Nathalie?
2. **Que** fait Nathalie à 2 heures?/ Qu'est-ce qu'elle fait à 2 heures?
3. **A qui est-ce qu'** elle téléphone?
4. **A quelle heure est-ce que** les patineurs ont rendez-vous?
5. **Où** sont les patineurs à 6 heures?
6. **Où est-ce que** les patineurs font des démonstrations de slalom?
7. **Pourquoi est-ce qu'**ils portent des casques?
8. **Comment est-ce qu'**Ahmed fait l'exercice?
9. **Sur qui est-ce que** Luc tombe?
10. **Qu'est-ce que** Nathalie donne à Luc?

Ex. 4 ➛ CdA 6 ➛ GBH §§ 31, 32

Schwerpunkte:
a, b Informationen einholen und geben: Übertragung auf S. Sie stellen einander (Ergänzungs- und Entscheidungs-) Fragen zum eigenen Lebensbereich: **a** gesteuert; **b** frei

Hinweise:
a, b Wenn S spontan Intonationsfragen stellen, ist est wichtig, sie auch die entsprechenden *est-ce que*-Fragen nennen zu lassen. Der **b**-Teil ist fakultativ: Leistungsstärkere S stellen leistungsschwächeren Fragen.

Lösungen:
a 1. Comment ça va?
2. Comment est-ce que tu t'appelles?
3. Où est-ce que tu habites?
4. Quel âge est-ce que tu as?
5. Est-ce que tu as faim?
6. Pourquoi est-ce que tu regardes souvent la télé(vision)?
7. Est-ce que tu aimes le patin à roulettes?

b 1. Est-ce que tu as un frère/une sœur?
2. A quelle heure est-ce que tu fais tes devoirs?
3. Est-ce que tu restes à la maison, dimanche?
4. Où est-ce que tes copains habitent?

Neu: Arbeitsanweisung: *Posez encore d'autres questions.*

Ex. 5 ➛ CdA 8

Schwerpunkte:
a, b Gefallen/Mißfallen/Vorlieben ausdrücken, u.a. *moi aussi, moi non, moi non plus, moi si:* **a** Redemittelübersicht; **b** Übertragung auf S

Lösungsvorschläge:
b 1. – Tu aimes les jeans?
– Oui, les jeans, c'est extra!

2. – Tu aimes les promenades?
– Oui. Et toi?
– Moi aussi.

3. – Tu aimes le foot?
– Oui. Et toi?
– Moi non.

4. – Tu aimes le patin à roulettes?
– Non. Et toi?
– Moi non plus.

5. – Tu aimes les BD?
– Non. Et toi?
– Moi si.

6. – Tu aimes le rock?
– Oui, j'adore le rock.

Neu: *une radio; moi non; moi non plus*

b A propos du texte

Lisez les réponses et trouvez les questions.

1. **Nathalie**, c'est la sœur de Luc.
2. A 2 heures, elle **téléphone**.
3. Elle téléphone **à Julie**.
4. Les patineurs ont rendez-vous **à 5 heures et demie**.
5. A 6 heures, les patineurs sont **sur la dalle de la tour Montparnasse**.
6. Ils font des démonstrations de slalom **devant la tour Montparnasse**.
7. Ils portent des casques parce que **sans casques, c'est trop dangereux**.
8. Ahmed fait l'exercice **sans fautes**.
9. Luc tombe **sur François**.
10. Nathalie donne **une sucette** à Luc.

4 ☞ A vous. (§§ 31, 32)

a Frage deine Nachbarin oder deinen Nachbarn,

1. wie es ihr / ihm geht,
2. wie sie / er heißt,
3. wo sie / er wohnt,
4. wie alt sie / er ist,
5. ob sie / er Hunger hat,
6. warum sie / er häufig fernsieht,
7. ob sie / er gern Rollschuh läuft.

b *Posez encore d'autres questions. (Stellt noch andere Fragen.)*

5 J'aime, je n'aime pas, j'aime, je n'aime pas, ...

a On dit ... *So kannst du ausdrücken,*

dass du etwas magst oder etwas nicht magst:

– Tu aimes la télé?

– Oui, j'aime la télé.
j'aime bien la télé.
j'adore la télé.
la télé, c'est extra!
la télé, c'est super!

Oui. Et toi? – Moi aussi.
Moi non.▽
(Ich nicht.)

– Non, je n'aime pas la télé.
je déteste la télé.
j'aime mieux la radio▽.

Bof!

Non. Et toi? – Moi non plus.▽
(Ich auch nicht.)
Moi si.

b ☞ **A vous.** *Faites des dialogues.*

1. les jeans
2. les promenades
3. le foot
4. le patin à roulettes
5. les BD
6. ...

6 EXERCICES

6 Jeu de sons

a *Répétez.*

[z]: elles adorent; ils aiment;
ils ont; vous êtes
les amies; les exercices;
les immeubles; les hôtels
une cuisine; Isabelle; lisez;
onze; douze; treize;
une phrase

[s]: je suis; nous sommes; ils sont
c'est super; une sucette; un sac;
une salle; une scène; ça
aussi; une cassette; dessiner; messieurs;
passer; une poissonnerie
un anniversaire; ensemble
une épicerie; ici; français; un garçon
une classe; une réponse; une différence

b *Trouvez d'autres exemples pour* [z] *et* [s].

7 Jules▽, tu es super!

a *Trouvez le bon ordre.*
(... die richtige Reihenfolge.)

①

M. Petit▽ arrive. Il a rendez-vous avec une amie, Mme Grande▽, devant la tour Montparnasse. Il ne regarde pas la patineuse.

②

Mais qu'est-ce qu'il fait, M. Petit? Ça alors! Il monte▽ sur le skateboard. Julie hurle: «N'oubliez pas le casque.»

③

Il est 4 heures et demie. Sur la dalle de la tour Montparnasse, Yasmina fait des démonstrations de slalom.
Le public crie: «Bravo! Bravo!»

④

Yasmina crie: «Attention!»
Et c'est le choc! M. Petit tombe sur le skateboard de Julie.

⑤

M. Petit arrive devant Mme Grande. Il crie: «Chérie, j'ai des fleurs pour toi!» Mme Grande dit: «Ah, Jules, tu es super! Pour moi, tu es le champion, le numéro 1!»

b *Racontez. Ne regardez pas le texte.*

Ex. 6 ➛ [S]

Schwerpunkt: Ausspracheschulung: hier die Laute [z] und [s]

Hinweise:
Zur Einübung der unterschiedlichen Aussprache dieser Laute, vgl. Schülerbuchübung 9 aus Lektion 3B. Im Zusammenhang mit dieser Übung ist es sinnvoll, den Paragraphen 21 aus dem Grammatischen Beiheft zur Aussprache von insbesondere *six* und *dix* in isolierter Stellung und vor Vokal zu wiederholen. Ferner eignet sich diese Übung auch für ein Diktat, eventuell sogar für ein Partnerdiktat.

Lösungen:
b Autres exemples:

[z]: un voi**s**in; de**s**‿heures;
po**s**er; sei**z**e;
di**x**‿huit; troi**s**‿ans;
une mai**s**on; un maga**s**in;
te**s**‿idées; le**s**‿arbres;
de**s**‿histoires …

[s]: mon**s**ieur, **s**alut;
qui est-**c**e; un exer**c**i**c**e;
Au **s**ecours!; la **s**uite;
une **s**erviette; un **s**tylo;
si**x**; di**x**; elle **s**'appelle;
min**c**e; mer**c**i …

Ex. 7 ➛ CdA 9 ➛ Folie 17 ➛ [L]

Schwerpunkte:
a Bildgesteuertes Textverständnis. **b** Textproduktion: Versprachlichung einer Bildgeschichte

Hinweise:
a S versuchen zuerst mit Hilfe der Bilder die richtige Reihenfolge der Textausschnitte herauszubekommen. Anschließend wird der Text von der L-Kassette abgespielt oder von L vorgelesen. Bei leistungsschwächeren S empfiehlt es sich, den Text abschnittweise abzuspielen oder vorzulesen. Variante: Bei leistungsstärkeren S kann der Text zunächst ohne visuelle Unterstützung abschnittweise oder gar in seiner vollen Länge von der Kassette abgespielt oder von L vorgelesen werden. L stellt Fragen zum Verständnis. Der Text wird anschließend von den S vorgelesen. Die letzten Fragen werden geklärt. **b** Schriftliche Durchnahme wird empfohlen. Die Folie oder die Abbildungen im Schülerbuch bleiben sichtbar. Wird **b** im Unterrichtsgespräch durchgenommen, so können auch S einander Fragen zu den Bildern stellen.

Lösungen: Richtige Abfolge: 3; 1; 4; 2; 5

Neu: *monter.* Namen: *Jules; Petit; Grande.* In Arbeitsanweisung: *le bon ordre*

Zu Itinéraires I und II

Leicht erschließbare Ausdrücke:

vom Dt./Engl. her	vom Visuellen her	vom Kontext her	durch Gestik und Mimik
1 téléphoner à qn 1 Allô? 1 dangereux 1 un rendez-vous; avoir rendez-vous 2 le public 2 Bravo! 2 un problème 2 un champion 2 un numéro 2 un clown 2 une bande 2 la forme; être en forme	1 des patins à roulettes 2 François 2 un virage 2 rater un virage (Tafelskizze)	1 ... que... 1 pour regarder 2 mesdames et messieurs 2 un frérot	2 Aïe!

Nr. 2

Einführung der neuen Frageformen

Im folgenden werden nur die Frageformen vorgestellt, die im Lektionstext vorkommen.

Bei *Itinéraire I* werden diese Frageformen nach und nach eingeführt, so wie sie im Text vorkommen; bei *Itinéraire II* werden sie vorweg von L präsentiert, möglichst bevor S mit der Vorbereitung der Vorstellung des neuen Wortschatzes anfangen. Ggf. können auch jene S, die bei dieser Vorbereitung nicht beteiligt sind, die Übersicht zu den Frageformen aus der Schülerbuchübung 3 abschreiben, um eine Wandzeitung zu erstellen. Es sei hier an die Hinweise zu dieser Übung, S. L 74, erinnert.

- *Est-ce que ...?*
  L: *Nathalie demande à Julie: Tu as des patins à roulettes? On dit aussi: Est-ce que tu as des patins à roulettes?* L stellt Kontrollfragen, in denen er selbst *Est-ce que ...?* benutzt. Erste Kontrollfragen mit dem Verb *avoir* wie im Text; danach weitere von dieser Kombination abweichende Fragen (*Est-ce qu'il y a .../Est-ce que tu aimes ...?*). S werden aufgefordert, einige Fragen mit *Est-ce que ...?* selbst zu bilden. Mit-S beantworten die Fragen.
- *Pourquoi est-ce que ...?*
  Im Textzusammenhang einfach durch *Pourquoi?* ersetzen. S bilden Fragen mit *Pourquoi est-ce que ...?*. Leistungsschwächeren S gibt L den Inhalt der Fragen vor. Beispiel: L: *Regardez la leçon 6A. La famille Noblet reste à table après le repas. Pourquoi?* S1: *Pouquoi est-ce que la famille Noblet reste à table après le repas?* S2: *Parce que Luc montre des photos.* Nach demselben Muster werden z. B. folgende Fragen formuliert und beantwortet (Bezug bleibt der Lektionstext 6A):
  1. – *Pourquoi est-ce que Nathalie demande: Il y a seulement des garçons dans le club?*
     – *Parce que sur la photo, il y a seulement des garçons.*
  2. – *Pourquoi est-ce que Nathalie trouve que* (übersetzen) *Luc est un idiot?*
     – *Parce que Luc demande: Une fille sympa, ça existe?*
  3. – *Pourquoi est-ce que Luc donne une sucette à Nathalie?*
     – *Parce qu'elle reste à la maison.*
- *Quand est-ce que ...?*
  L: *Julie dit: Vous avez rendez-vous à quelle heure? Ou bien: Quand est-ce que vous avez rendez-vous? Quand* ist neu: Kontrollübersetzung notwendig. S bilden weitere Fragen mit *Quand est-ce que ...?*. Mit-S beantworten sie. Bei leistungsschwächeren S gibt L hier auch den Inhalt der Fragen vor, indem er *Quand est-ce que ...?* durch *A quelle heure ...?* ersetzt. Beispiele:
  1. – A quelle heure est-ce que tu rentres aujourd'hui?
  2. – A quelle heure est-ce que tu fais tes devoirs aujourd'hui?
  3. – A quelle heure est-ce que tu passes à la maison aujourd'hui?
  4. – A quelle heure est-ce que tu fais une promenade aujourd'hui?
- *Qu'est-ce que ...?*
  S kennen bereits *Qu'est-ce que c'est?* Sie können daraus die Bedeutung von *Qu'est-ce que ...?* erschließen. L gibt lediglich einige einfache Satzbeispiele mit *Qu'est-ce que ...?*: *Qu'est-ce qu'il fait/il dit/il regarde/il aime?* L fragt auch nach einem äquivalenten Ausdruck zu *Qu'est-ce qu'il fait?* Erwartete Antwort: *Que fait ...?*

Zu Itinéraire I

Vorschläge zur Einführung der schwer erschließbaren Ausdrücke

- Zur Einführung der Strukturen (*Est-ce que …?, Pourquoi est-ce que …?, Quand est-ce que …?* und *Qu'est-ce que …?*) s. *'Zu Itinéraires I und II'*, S. L 77.
  Im folgenden sind nur die schwer erschließbaren Ausdrücke unterstrichen.
- Abschnitt 1:
  Mercredi: übersetzen
  L: *Nathalie demande à Julie: On fait und démonstration de patins à roulettes à 6 heures? Julie dit: Non. Pas moi. Je n'ai pas envie.* Kontrollfragen: L: *On fait des exercices/une dictée*▽ *maintenant?* S: *D'accord/Non. Je n'ai pas envie./Nous n'avons pas envie.*
- Abschnitt 2:
  Une dalle: übersetzen
  L (schreibt eine fehlerhafte Addition an die Tafel): *C'est ça?* S: *Non, c'est faux.* L: *Oh*, c'est vrai. *Il y a une faute ici.* L (korrigiert den Fehler): *Et maintenant, il y a encore une faute?* S: *Non* (*pas de* noch unbekannt). L: *Maintenant, c'est une addition*▽ *sans fautes.*
  L: *Yasmina fait le slalom: C'est le tour de Yasmina. Puis c'est le tour d'Ahmed. Maintenant, Nathalie et Yasmina font le slalom ensemble. Enfin, c'est le tour de Luc.* Kontrollübersetzung beider Ausdrücke.
  L: *On dit* crier *ou* hurler.
  L (läßt einen Kugelschreiber fallen): *Le stylo tombe.* L (zeigt auf den Bildträger): *Luc rate le virage et tombe.*

Zu Itinéraire II V

- Zur Vorentlastung der Strukturen durch L, s. *'Zu Itinéraires I und II'*, S. L 77.
- Die S-Gruppe 1 läßt den bereits bekannten Wortschatz zum Sachfeld 'Rollschuhfahren im Verein' (s. Kasten Nr. 4, S. L 70) durch die Klasse wiederholen.
- Wortschatz, den S selbst einführen können:

Gruppe 2 oder L	**Gruppe 3** oder L	**Gruppe 4** oder L	**Gruppe 5** oder L
– mercredi	– une dalle	– mesdames et messieurs	– un virage
– téléphoner à qn	– le public	– un champion	– rater qc
– allô?	– Bravo!	– un numéro	– tomber
– des patins à roulettes	– sans	– François	– Aïe!
– avoir envie	– une faute	– un clown	– être en forme
– je trouve que	– un problème	– une bande	– un frérot
– dangereux	– enfin	– hurler	
– pour regarder	– c'est le tour de		
– avoir rendez-vous			

  Jede Gruppe bekommt ein Kärtchen, auf dem die Ausdrücke stehen, die sie einführen soll (s. Musterkärtchen, S. L 71, Kasten Nr. 5).
- Aufgabenverteilung:
  - Gruppe 2 führt den Wortschatz des ersten Textabschnitts ein.
  - Gruppe 3 präsentiert die neuen Ausdrücke aus dem zweiten Abschnitt bis Zeile 9.
  - Gruppe 4 und Gruppe 5 stellen das neue Wortmaterial aus dem letzten Teil des Textes vor: Zeile 10 bis Zeile 22.
- Da Abschnitt 2 nicht leicht einzuführen ist, wäre es ratsam, für jede der Gruppen 3, 4 und 5 mindestens zwei leistungsstärkere S einzuplanen. Ggf. führt L die neuen Ausdrücke aus Abschnitt 2 selbst ein.
- Der Text wird in drei Schritten gemäß der angegebenen Einteilung erarbeitet. Bei jedem Textausschnitt werden zuerst die neuen Ausdrücke von S vorgestellt, anschließend wird der Textausschnitt vorgetragen.
- Die für den ersten Abschnitt verantwortliche Gruppe kann die Szene vorlesen oder – bei leistungsstärkeren S – vorspielen, wobei die neuen Frageformen durch Umschreibungen mit den bereits bekannten Strukturen ersetzt werden.
- L kann S als Hilfe die Hinweise aus dem Lehrerbuch zur Verfügung stellen.
- Zu organisatorischen Detailfragen, vgl. Lektion 4, S. L 50.

LEÇON 6 DIDAKTISCH-METHODISCHE HINWEISE

Zur Festigung des Textes

- Der gesamte Lektionstext eignet sich für leistungsstärkere S zu einer kleinen Aufführung im Klassenzimmer oder auf dem Schulhof. Zusätzlich zu den Hauptfiguren des Textes sind das Publikum und ein Sprecher vonnöten. Die Slalomstrecke kann mit Stühlen und Mappen abgesteckt werden. Der Lutscher darf auf keinen Fall fehlen. Der Text wird stark vereinfacht.
- Wenn nicht der ganze Lektionstext aufgeführt wird, sollte zumindest der erste Abschnitt rekonstruiert werden. Für leistungsschwächere S empfiehlt es sich, Stichwörter als Gedächtnisstützen an die Tafel zu schreiben (s. Kasten Nr. 3).
- Erweiterung: S erfinden eine Fortsetzung des Dialogs zwischen Nathalie und Julie. Diese wird in Zweiergruppen schriftlich vorbereitet und anschließend vorgetragen.

TB

mercredi	téléphoner à qn
Nathalie	**Julie**
– patins à roulettes?	
	– Pourquoi?
– 6 heures/ démonstration/ D'accord?	
	– pas envie/ dangereux/ pour regarder/ rendez-vous?
– 5 heures 30	

Nr. 3

Zum Wortschatz V

Um einen Teil des neuen Wortschatzes aus Lektion 6A und 6B zu festigen, wird mit der Technik des Assoziationsfeldes gearbeitet.

- L gibt jedem S eine Fotokopie des Assoziationsfeldes (s. u. Kasten Nr. 4), in dem jedoch nur die Ausdrücke *un patineur/une patineuse* und *faire des démonstrations de slalom* eingetragen sind.
- Aufgabenstellung: *Travaillez à deux.* **a** *Relisez les textes 6A et 6B. Faites une liste des expressions qui évoquent le patin à roulettes.* **b** *Inscrivez ces expressions à leur place sur le schéma./Arbeitet zu zweit.* **a** *Lest noch einmal die Texte 6A und 6B. Sammelt die Ausdrücke, die an das Rollschuhfahren erinnern.* **b** *Tragt diese Ausdrücke an der entsprechenden Stelle im Schema ein.*
- Bevor S mit dem **b**-Teil der Aufgabenstellung beginnen, müssen die Ergebnisse aus dem **a**-Teil im Plenum besprochen werden: Die von S genannten Ausdrücke werden an der Tafel zusammengetragen. Die Ausdrücke, die in keinem Zusammenhang zum Thema Rollschuhfahren stehen, werden durchgestrichen.
- Zum Schluß wird die endgültige Form dieses Assoziationsfeldes im Unterrichtsgespräch an der Tafel erstellt: S übertragen die Korrekturen auf ihr Blatt.
- Dieses Assoziationsfeld kann als Wandzeitung im Klassenzimmer oder von S zu Hause über dem Schreibtisch aufgehängt werden.
- Zur Wiederholung des bis dahin gelernten Wortschatzes kann L weitere Themenbereiche aus früheren Lektionen nennen – wie z. B. Geschäfte, Familie, Wohnungen – zu denen S Assoziationsfelder z. B. als Hausaufgabe erstellen sollen.

Assoziationsfeld: le patin à roulettes

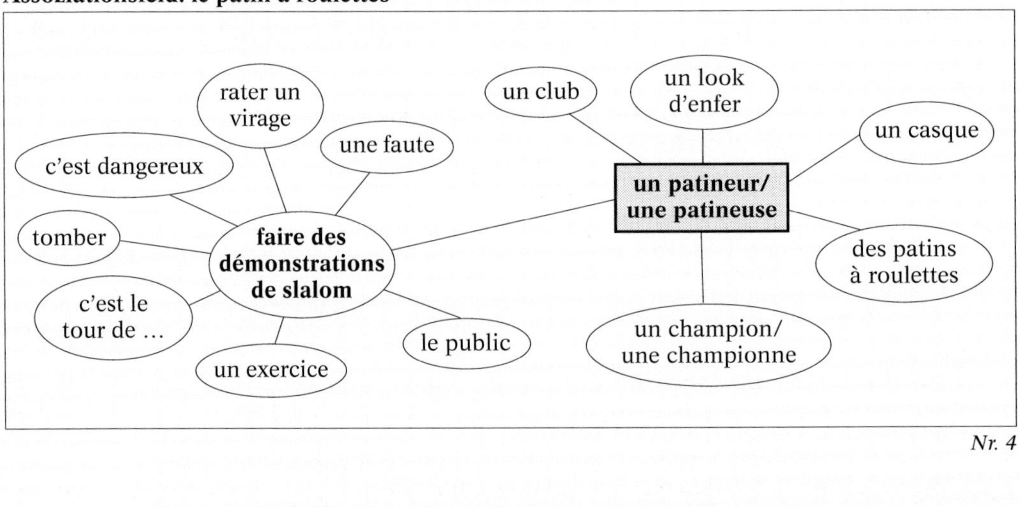

Nr. 4

Zu den Strukturen

Entscheidungs- und Ergänzungsfragen mit *est-ce que*

- S stellen sich möglichst ausführlich auf einem Zettel nach dem Muster der Schülerbuchübung 8 aus Lektion 4 schriftlich vor. Dies kann als Hausaufgabe aufgegeben werden.
- Die Zettel werden eingesammelt.
- Ein S geht vor und zieht einen Zettel.
- Die anderen S stellen ihm Fragen zu der jeweiligen Person, bis sie erraten, um wen es sich handelt.
- Dieser S geht nun nach vorne und setzt das Spiel fort.
- Da die Possessivbegleiter der 3. Person Singular noch nicht bekannt sind, müssen S sich bei den dadurch zustandekommenden Periphrasen mit einem kleinen Kunstgriff behelfen und dem zu erratenden S einen vorläufigen „Namen" geben, z. B. *Bidule*.
- Entscheidungsfragen mit *Est-ce que ...?*, die eine negative Antwort erfordern, werden nur mit *Nein* beantwortet, damit die Struktur *ne ... pas de* vermieden wird.
- L greift bei Schwierigkeiten ein, damit S sich in ihrem Bedürfnis nach Kommunikation nicht eingeschränkt fühlen.

  Beispiele zu Fragen:
  1. Où est-ce que *Bidule* habite?
  2. Est-ce que *Bidule* habite dans le quartier *[Name]*?
  3. Qui sont les copains/amis de *Bidule*?
  4. Est-ce que *Bidule* a des frères et des sœurs?
  5. Où est-ce que le père/la mère de *Bidule* travaille?
  6. Est-ce que *Bidule* aime les BD/le rock/les promenades dans la forêt ...?
  7. Est-ce que *Bidule* a un ordinateur/un skateboard/des patins à roulettes ...?
  8. Qu'est-ce que *Bidule* déteste?
  9. Est-ce que *Bidule* joue au foot?
  10. A qui est-ce que *Bidule* téléphone souvent?

Zur Rechtschreibung/Phonetik

Die Laute [ʃ], [ʒ], [s], [z]

L schreibt eine Liste deutscher Begriffe an die Tafel (s. u.). S schreiben in ihr Heft die französischen Entsprechungen. Sie tauschen anschließend ihre Hefte untereinander aus und korrigieren einander. Zum Schluß schreiben S die richtigen französischen Entsprechungen – ggf. mit dem Artikel – an die Tafel; sie sprechen sie aus und korrigieren gegenseitig ihre Aussprache. L greift nur bei Bedarf ein.

1. ein Bücherbord	1. une éta**g**ère	[ʒ]
2. sie suchen	2. ils **ch**er**ch**ent	[ʃ] [ʃ]
3. eine Schwester	3. une **s**œur	[s]
4. ein (Schlaf)Zimmer	4. une **ch**ambre	[ʃ]
5. eine Bäckerei	5. une boulan**g**erie	[ʒ]
6. Charles	6. **Ch**arles	[ʃ]
7. ein Garten	7. un **j**ardin	[ʒ]
8. Grüß dich!	8. **S**alut!	[s]
9. Hotels	9. de**s**‿hôtels	[z]
10. Sonntag	10. diman**ch**e	[ʃ]
11. ich mag	11. **j**'aime	[ʒ]
12. ein (Welt)Meister	12. un **ch**ampion	[ʃ]
13. eine Kurve	13. un vira**g**e	[ʒ]
14. ein Wohnzimmer	14. une **s**alle de **s**é**j**our	[s] [s] [ʒ]
15. eine Rollschuhfahrerin	15. une patineu**s**e	[z]
16. immer	16. tou**j**ours	[ʒ]
17. zusammen	17. en**s**emble	[s]

LEÇON 6 A+B VORSCHLÄGE ZUR LEISTUNGSÜBERPRÜFUNG

Umformungsdiktat [V]

- L überträgt den Kasten Nr. 5 auf eine Folie und achtet darauf, daß der Text aus der Ferne noch deutlich zu lesen ist. (Ggf. werden zwei Folien in Anspruch genommen.) Nachdem der Text – von L oder von einem S – diktiert worden ist, legt L die Folie auf den Projektor, damit S ihre Fehler korrigieren können. Die rechte Spalte des Kastens bleibt bedeckt.
- S tragen die Unterstreichungen in ihr Heft ein und erarbeiten Fragen zu den unterstrichenen Satzteilen. Dies kann auch in Partnerarbeit oder im Rahmen der Hausaufgaben geschehen. Die Ergebnisse werden anhand der rechten Spalte des Kastens überprüft. S können auch selbst die Fragen an die Tafel schreiben.

Diktat-Text *Lisez les réponses et trouvez les questions.*	**Fragen**
1. Luc est <u>chez les grands-parents Noblet</u>.	1. Où est Luc?
2. <u>Il a faim</u>: la grand-mère prépare le repas.	2. Pourquoi est-ce que la grand-mère prépare le repas?
3. <u>Après le repas</u>, Luc montre des photos.	3. Quand est-ce que Luc montre des photos?
4. Les grands-parents <u>regardent les photos</u>.	4. Que font les grands-parents?
5. Sur les photos, il y a <u>la dalle de la tour Montparnasse et des patineurs.</u>	5. Qu'est-ce qu'il y a sur les photos?
6. Luc: «Là, nous faisons <u>des démonstrations de slalom</u>.	6. Là, qu'est-ce que vous faites?
7. On fait les démonstrations <u>devant la tour Montparnasse.</u>	7. Où est-ce que vous faites les démonstrations?
8. Voilà Catherine. Elle fait le slalom <u>avec François</u>.	8. Avec qui est-ce que Catherine fait le slalom?
9. François, c'est <u>le clown de la bande</u>.	9. Qui est François?
10. Là, il rate un virage et tombe <u>sur Catherine</u>.	10. Sur qui est-ce que François tombe?
11. Il donne <u>une sucette</u> à Catherine.	11. Qu'est-ce qu'il donne à Catherine?
12. Catherine a <u>14 ans</u>.	12. Quel âge est-ce qu'elle a?
13. Elle fait souvent le slalom avec François, <u>parce qu'elle trouve qu'il est sympa.</u>»	13. Pourquoi est-ce qu'elle fait souvent le slalom avec François?

Nr. 5

Übersetzung

Der Klub der Arche de la Défense[1]

René verläßt das Haus mit einem Helm und Rollschuhen. Er ist seit zwei Jahren im Klub der Arche de la Défense[1]. Marie, Renés Schwerster, kommt auf einem Skateboard an.
Marie: Macht ihr heute eine Vorführung?
René: Ja. Wir fahren Slalom vor der Grande Arche[2].
Marie: Gut; dann bin ich dabei (wörtl.: ich auch). Wann seid ihr verabredet?
René: Um halb fünf. Vergiß deinen Helm nicht.
Um Viertel vor fünf sind die Rollschuhfahrerinnen und Rollschuhfahrer da. René macht die Übung fehlerfrei. Jetzt ist Marie an der Reihe. Marie ist nicht in Form. Sie fliegt aus der Kurve und fällt hin.
René: Reg dich nicht auf, Schwersterchen! Mit deinen Rollschuhen bist du super, wie immer! Und du fällst wie eine Meisterin hin!

[1] *L'Arche de la Défense,* [2] *La Grande Arche*: ein modernes, 110 Meter hohes Bauwerk in dem Pariser Viertel 'La Défense'.

Lösungen:

Le club de l'Arche de la Défense

René quitte la maison avec un casque et des patins à roulettes. Il est depuis deux ans dans le club de l'Arche de la Défense. Marie, la sœur de René, arrive sur un skateboard.
Marie: Est-ce que vous faites une démonstration aujourd'hui?
René: Oui. Nous faisons le slalom devant la Grande Arche.
Marie: Bon, alors moi aussi. Quand est-ce que vous avez rendez-vous?
René: A quatre heures et demie. N'oublie pas ton casque.
A cinq heures moins le quart, les patineuses et les patineurs sont là. René fait l'exercice sans fautes. Maintenant, c'est le tour de Marie. Marie n'est pas en forme. Elle rate un virage et elle tombe.
René: Ne pleure pas, sœurette! Avec tes patins à roulettes tu es super, comme toujours. Et tu tombes comme une championne!

A propos du vocabulaire

In Übung 1, Lektion 6 B (S. 50), hast du gesehen, dass es im Französischen Wörter gibt, die ähnlich aussehen wie im Deutschen oder im Englischen. Das ist praktisch. So kannst du in unbekannten Texten viele Wörter verstehen, auch wenn du sie noch nicht gelernt hast. Im Text der Lektion 7 A *Les copains de la rue Daguerre* kommen z. B. die folgenden Wörter vor. Es wird dir sicher nicht schwer fallen, sie den entsprechenden Fotos zuzuordnen.

1

2

3

a un ballon de foot
b le chocolat
c une lettre
d une minute
e un moment
f une page
g un piano
h le sport

4
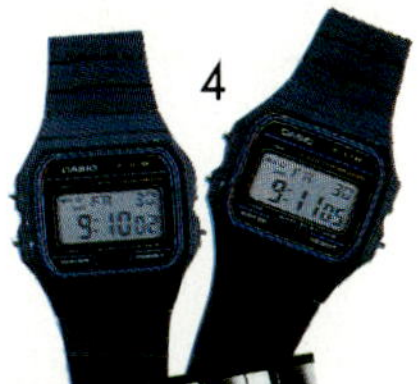

5
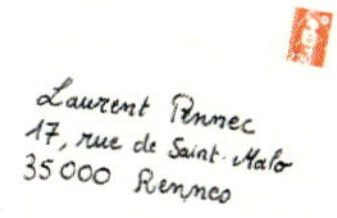

6

7

8

Erkläre, warum du die Wörter *a – h* verstehst.

Vergleiche!

1. deutsch: **die** Schokolade – französisch: **le** chocolat

2. deutsch: **Sch**o**k**ola**de** – französisch: **ch**o**c**ola**t**
   englisch: lett**er** – französisch: lett**re**

3. deutsch: Ball**on** – französisch: [balõ]
   deutsch: Sch**o**k**o**la**de** – französisch: [ʃɔkɔla]
   deutsch: Min**u**te – französisch: [minyt]
   deutsch: M**o**men**t** – französisch: [mɔmɑ̃]
   deutsch: Piáno – französisch: [pjanó]
   deutsch: Spor**t** – französisch: [spɔr]
   englisch: page [peɪdʒ] – französisch: [paʒ]

4. deutsch: ein Ballon – französisch: un ballon

LEÇON 7 A Les copains de la rue Daguerre

Themen: Freundinnen und Freunde. Sport, Spiele und Musik
Situativer Rahmen: Verfassen eines persönlichen Briefes an einen Freund/eine Freundin
Textsorte: Brief. Kurzdarstellung von Personen

Anmerkungen		Lerninhalte	SB Ex.	CdA Ex.
		Kommunikative Schwerpunkte:		
Rév. S. 145; s.a. Interkulturelles, Ex. 8, S. L 95; *CdA* Ex. 6: Vorbereitung auf SB Ex. 8 in Lk. 7B	◀	– Einen Brief schreiben		6
Erg. in Lk. 9A: das Adjektiv	◀	– Personen/Sich selbst beschreiben		6
Erg. zu Lk. 6B	◀	– Vorlieben ausdrücken: *Sa passion, c'est ...*		
		– Vergleiche anstellen: *comme son frère*		
		Wortschatz:		
Rév. S. 141 f.	◀	– Sportarten	7	
Rév. S. 142	◀	– Musikinstrumente	7	
Rév. S. 142	◀	– Gesellschaftsspiele	7	
		Grammatik:		
Rév. S. 145	◀	– Die regelmäßigen Verben auf *-dre*: Präs. und Imper., GBH § 33	2, 4	2
		– Die Präp. *à* und *de* und der best. Art., der *article contracté,* GBH § 34		
		• *au, aux*	3, 5, 7	3, 4, 5
SB Ex. 6 zugleich Wdh. der bereits bekannten Ausdrücke für das Unterrichtsgespräch	◀	• *du, des*	6, 7	3, 4, 5
Rév. S. 145	◀	– Das Verb *aller*: Präs. und Imper. *aller à, aller chez,* GBH § 35	2, 3	1, 5
Erg. zu Lk. 4; *notre, votre, leur; nos, vos, leurs* in Lk. 9B; zu deren Vorwegnahme, s. 'Hinweis zur Leistungsdifferenzierung' in Ex. 8, S. L 88, im Lehrerbuch	◀	– Die Possessivbegleiter *son, sa, ses,* GBH § 36	8	

Textverständnis:	– A propos du texte. Wdh. der Ergänzungsfragen	SB	Ex. 1
Integration und Transfer:	– Quiz-Spiel: Wichtigste Redemittel der Lk. 7A	SB	Ex. 8
Landeskunde:	– Les sports	SB	S. 142
Interkulturelles :	– Freizeit	LB	S. L 88, Ex. 7

Folien:
(A + B)

– Nr. 18: Transfer:
  • Abb. Lk. 7A, SB S. 56
  • Freizeitaktivitäten; Hinweise: LB S. L 88
– Nr. 19: Transfer:
  • Abb. Lk. 7B, SB S. 61
  • Freizeitaktivitäten; Hinweise: LB S. L 88

Themen: Nach dem Weg fragen. Gespräche am Krankenbett
Situativer Rahmen: Jugendliche besuchen einen Freund im Krankenhaus
Textsorte: Dialoge mit Einleitung und Überleitungen

Anmerkungen	Lerninhalte	SB Ex.	CdA Ex.
	Kommunikative Schwerpunkte:		
Rév. S. 145 ◄	– Nach dem Weg fragen/den Weg beschreiben	6	
Erg. zu Lk. 5 ◄	– Sich nach dem Befinden erkundigen; Auskunft über das eigene Befinden geben: *Ça va mieux, ta jambe? Ça ne va pas? Pas très bien. Tu as mal à … ?* etc.	1	
	– Nichtverstehen ausdrücken	1	
	Wortschatz:		
Rév. S. 145 ◄	– Räumliche Orientierung: *la première rue à droite, la deuxième rue à gauche* etc.	6	
La tête bereits in Lk. 7A; *le pied, le dos* in Lk. 10A ◄	– Körperteile: *la jambe, le ventre*		
	Grammatik:		
Rév. S. 145 ◄	– Das Verb *prendre*: Präs. und Imper., GBH § 37	2, 3, 6	11
	Phonetischer Schwerpunkt:		
	– Aussprache des Buchstaben: '*c*' bzw. '*ç*': [k] oder [s]	7	

Textverständnis:	– A propos du texte	CdA	Ex. 7
Integration und Transfer:	– Die Possessivbegleiter *mon, ma, mes; ton, ta, tes; son, sa, ses*	SB	Ex. 4
		SB	Ex. 5
		CdA	Ex. 8
		CdA	Ex. 9
	– Einen Brief schreiben	SB	Ex. 8
	– Wortschatzarbeit: Das Genus der Nomen	CdA	Ex. 10
	– En français	CdA	Ex. 12
	– La course: Wdh. Lk. 5-7	CdA	S. 87
Interkulturelles:	– Der Brief	LB	S. L 95, Ex. 8
Ecouter et comprendre:	– Devant la gare de l'Est: Wegbeschreibung	CdA	Ex. 13
Lire et comprendre:	– Gedicht zum Lesen und Weiterdichten	SB	S. 104
D'une leçon à l'autre:	– Vorentlastung: Die Zahlen von 20 bis 100	SB	S. 66

LEÇON 7

A Les copains de la rue Daguerre

Laurent Pennec
17, rue de Saint-Malo
35000 Rennes

Voilà une lettre de Julien à son copain Laurent:

Julien

Paris, le 2 février

Cher Laurent,

Merci pour ta lettre. Je suis là depuis cinq mois déjà. Je vais très bien. Paris, c'est extra, et j'ai des copains et des copines sympa: Luc, Nathalie, Yasmina, Ahmed, Julie et François. Ils vont au collège avec moi.

LUC est le sportif du groupe. Après l'école, il fait du sport: il ne perd pas une minute! Il joue au foot ou il fait du patin à roulettes. Mais sa passion, ce sont les sucreries. Le cadeau des copains pour son anniversaire: un ballon de foot en chocolat.

NATHALIE est la sœur de Luc. Elle adore le foot, comme son frère. «Ce n'est pas une fille, c'est un garçon», dit sa mère. Moi, je ne trouve pas.

Quand nous allons chez YASMINA pour demander: «On fait un tour?», elle a toujours la tête dans ses livres. Et elle répond: «Attendez. Je termine la page.» Mais Luc et Nathalie n'attendent pas toujours ...

Le frère de Yasmina s'appelle AHMED. Les Saïd ont une épicerie et Ahmed aide souvent son père. Il rend aussi service aux copains et aux copines: il passe ses devoirs d'anglais à tout le monde.

JULIE et moi, nous habitons dans la même maison. Elle écoute ses cassettes de rock et elle joue du piano. Julie ne parle pas beaucoup. Comme son amie Nathalie, elle est très sympa.

FRANÇOIS fait souvent le clown: c'est le clown de l'école. Qu'est-ce qu'on rigole avec François! En ce moment, il ne va pas bien: il est à l'hôpital avec une jambe dans le plâtre.

Voilà pour aujourd'hui.
Et toi, tu vas bien? Réponds vite.
J'attends des nouvelles des copains.

Amicalement
Julien

Folie: 18

LEÇON 7

A TEXTERARBEITUNG

Itinéraire I

- Die Briefsituation wird kurz geklärt.
- Das Vorwissen über die *copains de la rue Daguerre* wird an der Tafel festgehalten (s. 'Steckbriefe', S. L XIV). Hilfsfragen: *Quel âge est-ce qu'il/elle a? Est-ce qu'il/elle a un frère/une sœur? Qu'est-ce qu'il/elle aime?* Dieses Sammeln von Informationen kann auch in einer Stillarbeitsphase oder als Hausaufgabe vorbereitet werden.
- Der Text wird – bei geöffneten Büchern – abschnittweise erarbeitet:
  - L liest den Abschnitt langsam vor und erklärt dabei die neuen Ausdrücke (s. u. Kasten Nr. 1 sowie Kasten Nr. 2, S. L 89, und die Vorschläge zur Einführung der schwer erschließbaren Ausdrücke, S. L 89 f.).
  - Der Abschnitt wird von der Kassette abgespielt oder von L in normalem Sprechtempo vorgelesen. S lesen still mit.
  - Die restlichen Fragen werden geklärt.

Schwer erschließbare Ausdrücke:

- Strukturen und Kollokationen:
  - aller (~ [très] bien; ne pas ~ bien; ~ chez; ~ à)
  - Verben auf *-dre*: perdre qc (ne pas ~ une minute); répondre à qn(~ vite); attendre qn/qc (~ des nouvelles; ne pas toujours ~); rendre qc à qn (~ service à qn)
- Vorspann und Einleitung: un mois; déjà; le collège
- Luc: une école; une passion; une sucrerie
- Yasmina: quand; terminer qc
- Ahmed: aider qn; passer qc à qn; un devoir d'anglais; tout le monde
- Julie: la même; parler à qn; beaucoup
- François: rigoler; Qu'est-ce qu'on rigole!; en ce moment; le plâtre
- Schluß: Voilà pour aujourd'hui.; amicalement

Nr. 1

Itinéraire II

- Die schwer erschließbaren Strukturen, nämlich das Verb *aller* und die Verben auf *-dre*, werden vorweg eingeführt (s.o. Kasten Nr. 1).
- Zur Einführung der transparenten Lexik bearbeiten S *D'une leçon à l'autre*, S. 55.
- Abschnittweise Erarbeitung des Textes bei geöffneten Büchern:
  - Der Abschnitt wird von der Kassette abgespielt oder von L in normalem Sprechtempo vorgelesen. S lesen still mit.
  - Die restlichen Fragen werden geklärt.

FESTIGUNG

- Die Form des französischen Briefs wird auch kontrastiv zur Form des deutschen Briefs im Unterrichtsgespräch erörtert (s. 'Interkulturelles' bei Übung 8 aus Lektion 7B im Lehrerbuch, S. L 95).
- S lesen den Text vor und stellen sich gegenseitig Fragen zum Text.
- L macht auf die Rektion des Verbs *aider* und auf die neue Bedeutung von *chez* ('zu') in diesem Kontext (bisher nur im Sinne von *bei* bekannt) aufmerksam.
- L zitiert Aussagen über Juliens Freunde, ohne diese zu benennen; S sollen erraten, um wen es sich handelt (z. B. *Il aide souvent son père. Qui est-ce?)*.
- In dieser Phase kann bereits die Übung 1 aus dem Schülerbuch durchgenommen werden.
- L gibt Schlüsselwörter zu den Figuren vor; S machen daraus vollständige Aussagen (z. B. Luc – sportif; Nathalie – garçon; Yasmina – livres; Ahmed – devoirs d'anglais; Julie – piano; François – clown).
- S erstellen *(Itinéraire II)* oder ergänzen *(Itinéraire I)* als Hausaufgabe einen Steckbrief für jede Figur (s. S. L XIV).
- S nehmen den Text als Grundlage und wandeln Juliens Aussagen über seine Freunde in Aussagen der Freunde über sich selbst um.
- Leistungsstärkere S können mit Hilfe der 'Steckbriefe' (s. S. L XIV) versuchen, in die Rolle von Juliens Freunden zu schlüpfen und sich als solche vorzustellen.

Ex. 1

Schwerpunkte:
Textverständnis. Informationen einholen und geben. Wiederholung der Ergänzungsfrage

Hinweis: Schriftliche Durchnahme wird empfohlen.

Lösungen:
1. – **Qui est** le sportif du groupe?
   – C'est Luc.
2. – **Quand est-ce que** Luc fait du sport?
   – Il fait du sport après l'école.
3. – **Qu'est-ce que** Nathalie adore?
   – Elle adore le foot.
4. – **Comment est-ce que** le frère de Yasmina s'appelle?
   – Il s'appelle Ahmed.
5. – **A qui est-ce qu'**il passe ses devoirs d'anglais?
   – Il passe ses devoirs d'anglais à tout le monde.
6. – **Où est** François en ce moment?
   – Il est à l'hôpital.
7. – **Pourquoi est-ce qu'**il est à l'hôpital?
   – Parce qu'il a une jambe dans le plâtre.
8. – **Qu'est-ce que** Julien attend?
   – Il attend des nouvelles des copains.

Ex. 2 ➤ CdA 1, 2 ➤ GBH §§ 33, 35

Schwerpunkt:
Konjugieren der unregelmäßigen Verben *être, avoir, faire* (Wiederholung) und *aller* (neu) sowie der regelmäßigen Verben auf *-er* (Wiederholung) und auf *-dre* (neu) in spielerischer Form

Hinweise:
Partnerarbeit empfohlen. Die Durchführung ist eine Variante zur Schülerbuchübung 2 aus Lektion 4. Diese Verbformen können auch im Rahmen des *tiercé*-Spiels eingeübt werden. Die Liste der bekannten Verben wird entsprechend erweitert. Spielregeln und Spielfeld befinden auf sich auf S. L 118.

A EXERCICES

1 A propos du texte

Posez des questions sur le texte et répondez.

Exemple: Laurent Pennec habite à ? .
- **Où est-ce que** Laurent Pennec habite?
- Il habite à Rennes.

Où est-ce que ...?
Où est ...?
Pourquoi est-ce que ...?
Quand est-ce que ...?
Comment est-ce que ...?
A qui est-ce que ...?
Qui est ...?
Qu'est-ce que ...? (2 x)

1. ? est le sportif du groupe.
2. ? , Luc fait du sport.
3. Nathalie adore ? .
4. Le frère de Yasmina s'appelle ? .
5. Il passe ses devoirs d'anglais à ? .
6. En ce moment, François est à ? .
7. Il est à l'hôpital parce qu'il ? .
8. Julien attend ? .

2 On joue aux dés. *(§§ 33, 35)*

Erinnert ihr euch an das Würfelspiel aus Übung 2, S. 32?
Spielt es diesmal etwas anders. Würfelt zweimal.

Beim ersten Mal wird die Person bestimmt:

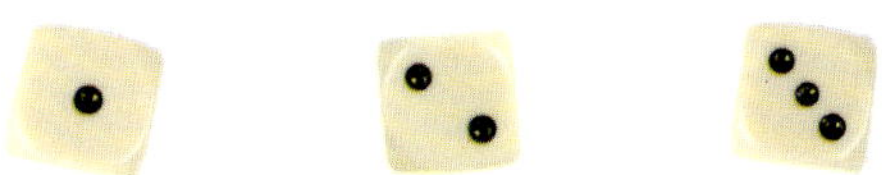

je — tu — il/elle/on

nous — vous — ils/elles

Beim zweiten Mal wird das Verb bestimmt:

être — avoir — faire

aller — habiter — répondre

3 Je vais à la boulangerie. *(§ 34)*

au / à l' / à la / chez

☐ **a** *Dans la rue:*

Exemples: M. Rigot et Mme Blanchard (boulangerie/M. Noblet)

→ *M. Rigot:* Bonjour, Mme Blanchard! Où est-ce que vous allez?
Mme Blanchard: Je vais **à la** boulangerie. Et vous?
M. Rigot: Je vais **chez** M. Noblet.

Ahmed et Nathalie (Julie/marché)

→ *Ahmed:* Salut, Nathalie! Où est-ce que tu vas?
Nathalie: Je vais **chez** Julie. Et toi?
Ahmed: Je vais **au** marché.

1. Mme Lacombe et M. Noblet (épicerie/Mme Lacroix)
2. M. Lacroix et Mme Rigot (boucherie/M. Saïd)
3. Yasmina et Isabelle (Nathalie/collège)
4. Luc et Julien (maison/Ahmed)
5. Mme Lacroix et M. Saïd (M. Rigot/hôpital)
6. Julie et François (café/Yasmina)

b ☞ ***A vous.*** Dans la rue, une amie demande: «Où est-ce que tu vas?»
Faites le dialogue.

– Où est-ce que tu vas?

– Je vais ~ collège.
~ club de …
~ un copain.
~ une copine.
…
Je rentre ~ maison.

Et toi? – Je vais …

4 Les verbes en «-dre» *(§ 33) Complétez.*

attendre / perdre
répondre / rendre

Ex. 3 ➛ GBH § 34

Schwerpunkte:
a, b Begrüßen. Informationen über Ort einholen und geben. Die Präp. *à* und der best. Art. *Aller à, aller chez.* **b** Übertragung auf S

Hinweise:
a Dieser fakultative Teil eignet sich für leistungsschwächere S zum gelenkten Einüben des grammatischen Pensums.**b** Partnerarbeit empfohlen. Zur zügigeren Abwicklung dieses Teils der Übung empfiehlt es sich, eine Erweiterung der Liste der Ortsangaben entweder durch Vorschläge aus dem Klassenverband oder in vorausgehender Partnerarbeit vorzunehmen.

Lösungen:
1. *Mme Lacombe:* Bonjour, M. Noblet! Où est-ce que vous allez?
   M. Noblet: Je vais **à l'**épicerie. Et vous?
   Mme Lacombe: Je vais **chez** Mme Lacroix.
2. *M. Lacroix:* Bonjour, Mme Rigot! Où est-ce que vous allez?
   Mme Rigot: Je vais **à la** boucherie. Et vous?
   M. Lacroix: Je vais **chez** M. Saïd.
3. *Yasmina:* Salut, Isabelle! Où est-ce que tu vas?
   Isabelle: Je vais **chez** Nathalie. Et toi?
   Yasmina: Je vais **au** collège.
4. *Luc:* Salut, Julien! Où est-ce que tu vas?
   Julien: Je vais **à la** maison. Et toi?
   Luc: Je vais **chez** Ahmed.
5. *Mme Lacroix:* Bonjour, M. Saïd! Où est-ce que vous allez?
   M. Saïd: Je vais **chez** M. Rigot. Et vous?
   Mme Lacroix: Je vais **à l'**hôpital.
6. *Julie:* Salut, François! Où est-ce que tu vas?
   François: Je vais **au** café. Et toi?
   Julie: Je vais **chez** Yasmina.

Ex. 4 ➛ CdA 2 ➛ GBH § 33

Schwerpunkt: Üben der Verben auf *-dre*

Lösungen:
1. Dans la cour du collège:
   Luc et Nathalie **attendent** quelqu'un.
   Julie: Vous **attendez** Yasmina?
   Nathalie: Moi, j'**attends** Yasmina et Luc **attend** François.
2. *Mme Rigot:* Ahmed est sympa. Il **rend** toujours service à son père.
3. *Le professeur:* **Réponds** à la question. Mais pourquoi est-ce que tu ne **réponds** pas?
   Julien: **Attendez**, madame. Je cherche encore la réponse.
4. *Luc:* François et moi, nous faisons toujours du sport après l'école. Nous ne **perdons** pas une minute.

Ex. 5 ➢ GBH § 34

Schwerpunkt:
a Die Präp. *à* und der best. Art. **b** Spielerische Umsetzung in der Klasse (‘stille Post’ = *le téléphone arabe)*

Hinweise:
Der **b**-Teil ist eine fakultative Auflockerungsübung. Durchführung des **b**-Teils: L spricht dem ersten S leise einen Satz vor oder schreibt ihn ihm auf eine Karte. S flüstert ihn seinem Nachbarn ins Ohr usw. Der letzte S spricht das Gehörte laut nach oder schreibt es an die Tafel.
Daraus läßt sich auch ein Wettspiel Reihe gegen Reihe oder Gruppe gegen Gruppe machen. Der erste S einer jeden Reihe/Gruppe bekommt jeweils denselben Satz. Gewonnen hat die Reihe/Gruppe, deren letzter S den Ausgangssatz am originalgetreuesten wiedergeben kann. Es eignen sich dazu besonders Sätze, in die sich aufgrund von gleich oder ähnlich klingenden Wörtern Fehler einschleichen, wie z. B.:
– *Le père de ma mère ne parle pas à la mère de mon père.*
– *Le professeur de ma sœur aime la sœur de mon professeur.*
Lustig, aber auch sehr fehleranfällig sind weiterhin absurde Sätze, hinter denen man einen Sinn sucht und daher meint, sie abändern zu müssen, wie z. B. *A minuit, les idées jouent comme des clowns dans les poèmes de Marie.*

Lösungen:
1. Le voisin de M. Noblet raconte l’histoire **aux** amies de Mme Noblet.
2. Les amies de Mme Noblet racontent l’histoire **à** Mme Noblet.
3. Mme Noblet raconte l’histoire **à la** voisine de Mme Lacroix.
4. La voisine de Mme Lacroix raconte l’histoire **à l’**amie de Mme Saïd.
5. L’amie de Mme Saïd raconte l’histoire **aux** voisins des Noblet.
6. Les voisins des Noblet racontent l’histoire **à l’**inspecteur Lacroix.
7. L’inspecteur Lacroix raconte l’histoire **au** père de François.
8. Le père de François raconte l’histoire **à** son voisin.
9. Son voisin raconte l’histoire **au** copain de M. Lacroix.
10. Le copain de M. Lacroix raconte l’histoire **à la** sœur de M. Lacombe.

Ex. 6 ➢ GBH § 34

Schwerpunkte:
Auffordern. Wortschatz für das Unterrichtsgespräch. Die Präp. *de* und der best. Art. mit einem *complément du nom*

Lösungen:
1. Faites l’exercice **de la** leçon 4.
2. Regardez l’exemple **de l’**exercice 5.
3. Lisez la ligne 6 **du** texte 7A.
4. Répondez aux questions **des** exercices 8 et 9.
5. Trouvez le bon ordre **de l’**histoire.
6. Imaginez la suite **de la** scène.
7. Parlez **des** parties 2 et 3 **du** texte.

Neu: *une ligne*

5 Toujours la même histoire? *(§ 34)*

à / au / à l' / à la / aux

a *Lisez.*
Mme Blanchard raconte une histoire à M. Lacombe: «La passion de Mme Rigot, ce sont les sucreries.
Le cadeau de M. Rigot pour son anniversaire: un perroquet en chocolat!»

M. Lacombe raconte l'histoire à son ami, M. Martin.
M. Martin raconte l'histoire au voisin de M. Noblet.
Continuez.

1. Le voisin de M. Noblet → amies de Mme Noblet
2. Les amies de Mme Noblet → Mme Noblet
3. Mme Noblet → voisine de Mme Lacroix
4. La voisine de Mme Lacroix → amie de Mme Saïd
5. L'amie de Mme Saïd → voisins des Noblet
6. Les voisins des Noblet → inspecteur Lacroix
7. L'inspecteur Lacroix → père de François
8. Le père de François → son voisin
9. Son voisin → copain de M. Lacroix
10. Le copain de M. Lacroix → sœur de M. Lacombe

Et la sœur de M. Lacombe raconte l'histoire à Mme Blanchard: «Mme Rigot a un ami. Il s'appelle Arthur. Le cadeau d'Arthur pour l'anniversaire de Mme Rigot: M. Rigot en chocolat!»

b *Jouez en classe.*
Flüstert euch nacheinander einen Satz zu.
Der Letzte sagt laut, was er verstanden hat.
Und was hat der Erste gesagt?

6 En classe. Tu es le professeur. *(§ 34)*

du / de l' / de la / des

Tu parles aux élèves.

Complétez.

1. Faites l'exercice 1 ~ leçon 4.
2. Regardez l'exemple ~ exercice 5.
3. Lisez la ligne▿ 6 ~ texte 7 A.
4. Répondez aux questions ~ exercices 8 et 9.
5. Trouvez le bon ordre ~ histoire.
6. Imaginez la suite ~ scène.
7. Parlez ~ parties 2 et 3 ~ texte.

7 A propos du vocabulaire

Les sports, les jeux▽ et les instruments de musique▽:

le foot(ball)

jouer au …/faire du …

le skateboard

faire du …

le patin à roulettes

faire du …

les dés

jouer aux …

le piano

jouer du …

☞ **A vous.**

a *Pour d'autres sports, jeux et instruments de musique, regardez dans le «Vocabulaire», p. 142.*

b *Faites des dialogues.*

1. – Tu fais du sport?	– Non. Oui,	je fais … je joue …	Et toi?
2. – Tu fais souvent des jeux?	– Non. Oui, je joue …		Et toi?
3. – Tu joues d'un instrument de musique?	– Non. Oui, je joue …		Et toi?

8 Qui est-ce? (§ 36)

☞ **A vous.** C'est quelqu'un de la classe. Mais qui?

Posez des questions.
La réponse est «Oui»? Vous continuez.
La réponse est «Non»? C'est le tour d'un autre élève.
Voilà des exemples pour les questions:

C'est une fille/un garçon?
Elle/Il a … ans?
Elle/Il a un frère/une sœur?
Son frère/Sa sœur s'appelle …?
Son ami/Son amie s'appelle …?
Elle/Il rend souvent service à ses copines/copains?
Elle/Il fait souvent le clown?
Elle/Il a toujours la tête dans ses livres?
Elle/Il ne parle pas beaucoup?
Elle/Il aime/aime bien/adore/déteste …?
Elle/Il fait du sport?
Elle/Il joue d'un instrument?

– C'est Patrick? – Mais oui!

Ex. 7 ➛ Folien Nr. 18, 19

Schwerpunkt:
a, b Informationen zu bekannten Sportarten, Spielen und Musikinstrumenten in Zusammenhang mit *jouer* und *faire* einholen und geben: *Jouer à …, jouer de …, faire de …* und der best. Art.:
a Wortschatzerweiterung unter Zuhilfenahme des *Révisions*-Kastens im Vokabularteil S. 141 f.
b Übertragung auf S

Hinweise:
a, b Je nach S-Interessen wird L weitere Sportarten wie *le basket(-ball)* [baskɛt(bol)], *le volley(-ball)* [vɔlɛ(bol)] sowie weitere Musikinstrumente: *la clarinette, la flûte traversière* (die 'Querflöte') und Gesellschaftsspiele: *le jeu des sept familles* (das 'Quartettspiel'), *le jeu de l'oie* (das 'Gänsespiel') oder *la bataille navale* ('Schiffe versenken') einführen. Vgl. zum Thema Sport auch die landeskundliche Information im Vokabularteil, S. 142. Der **b**-Teil eignet sich zur Partner- oder Gruppenarbeit.

Interkulturelles:
Da in der Lektion 7 viel von Freizeitaktivitäten die Rede ist, kann der falsche Eindruck entstehen, die französischen S hätten ähnlich viel Freizeit wie ihre deutschen Altersgenossen. Im Vorgriff auf Lektion 9, wo dieses Bild berichtigt wird, könnte man bereits hier erwähnen, daß der französische Schulalltag lang ist und daß danach noch Hausaufgaben zu erledigen sind. Eventuell kann man auf den Stundenplan im Schülerbuch, S. 106, verweisen, der Unterricht z.T. bis 17 Uhr ausweist.

Neu: *un jeu, des jeux; un instrument de musique, des instruments de musique*

Ex. 8 ➛ CdA 6 ➛ GBH § 36

Schwerpunkte: Personen beschreiben als Ratespiel. Die Possessivbegleiter *son, sa, ses*

Hinweise:
Bei der Durchführung gibt es mehrere Möglichkeiten:

1. Um die Ratetechnik einmal im Klassenverband vorzuführen, empfiehlt es sich, daß sich L oder ein von L bestimmter S einen Mit-S der Klasse ausdenkt. Die Klasse wird in zwei Gruppen geteilt. Wer beginnt, entscheidet das Los. Jede Gruppe darf solange weiterfragen, bis eine Frage mit *non* beantwortet wird. Damit alle S einer Gruppe aktiviert werden, stellt jeder S der Gruppe reihum nur eine Frage. Die Gruppe, die den gesuchten S zuerst erraten hat, hat gewonnen. Nennt eine Gruppe einen falschen Namen, so darf die andere bei der nächsten negativen Antwort weiter fragen.
2. Steigerung des Schwierigkeitsgrades: Man teilt die Klasse in zwei, vier oder sechs Gruppen ein und läßt jeweils zwei Gruppen gegeneinander spielen. Jede Gruppe einigt sich auf einen S der Klasse, der von der anderen Gruppe erraten werden muß. Wird eine Frage mit *non* beantwortet oder doppelt gestellt, so muß die Gruppe das Fragerecht an die andere Gruppe abgeben. Dies ist auch der Fall, wenn eine Gruppe länger als dreißig Sekunden nicht in der Lage ist, eine Frage zu stellen.

Hinweis zur Leistungsdifferenzierung:

- Bei leistungsstärkeren S kann L in Vorgriff auf Lektion 9B (GBH § 54) *notre, votre, leur* und *nos, vos, leurs* bereits einführen. *Notre* und *votre* stellen wegen der Analogie zu *nous* und *vous* keine großen Schwierigkeiten dar. Die entsprechenden Pluralformen sind auch aufgrund der Pluralendung *-s* leicht zu erkennen. L erklärt, daß man den Possessivbegleiter *leur* bei mehreren „Besitzern" verwendet, und daß bei mehreren „Besitztümern" die Endung *-s* hinzugefügt wird.
- Zur Einübung dieser Possessivbegleiter bietet sich die Übung 4 aus Lektion 9B an.
- **V** Zur Integration sämtlicher Possessivbegleiter kann folgendes Würfelspiel im Klassenverband, dann in Kleingruppen durchgeführt werden: Auf der Grundlage von nachstehendem Schema werden Sätze gebildet.

1 je;	**4** nous;	jouer aux cartes avec	**1, 2** père
2 tu;	**5** vous;		**3, 4** mère
3 Nathalie/Luc	**6** Nathalie et Luc		**5, 6** grands-parents

Die erste Würfelzahl bestimmt das Subjekt des Satzes (im linken Kasten), die zweite bestimmt die Ergänzung (im rechten Kasten), der ein dem Subjekt entsprechender Possessivbegleiter vorausgehen soll. Beispiel: Werden die 6 und die 4 gewürfelt, muß der Satz: *Nathalie et Luc jouent aux cartes avec* ***leur*** *mère* heißen. Ist die erste Zahl eine 3, kann S zwischen Nathalie und Luc wählen.

Zu Itinéraires I und II

Leicht erschließbare Ausdrücke:

vom Dt./Engl. her	vom Visuellen her	vom Kontext her
une lettre	Laurent (Briefumschlag)	son, sa, ses
le 2 février	Pennec (Briefumschlag)	Z. 1 cher
Z. 6 un sportif	Saint-Malo (Frankreichkarte)	Z. 6 du
Z. 6f. faire du sport	Z. 15 la tête	Z. 7f. faire du patin à roulettes
Z. 7 une minute	Z. 15 un livre	Z. 9 le cadeau des copains
Z. 10 en chocolat	Z. 16 une page	Z. 10 un ballon de foot
Z. 23 jouer du piano	Z. 29 une jambe	Z. 12 Ce n'est pas une fille.
		Z. 27 de l'

Nr. 2

Zu Itinéraire I

Vorschläge zur Einführung der schwer erschließbaren Ausdrücke

Im folgenden sind nur die schwer erschließbaren neuen Ausdrücke unterstrichen.

- *Aller:*
  Eingeführte Formen nach und nach anschreiben. Nachträglich das Paradigma ergänzen.
  L: *Julien dit dans sa lettre: Comment ça va? Ça va bien? Tu vas bien? Moi, je vais bien, très bien; mais mon copain François ne va pas bien: il est à l'hôpital.* Kontrollfragen: L: *Est-ce que tu vas bien? Est-ce que [S-Name] va bien?*
  L: *Julie dit: Aujourd'hui, nous allons à la tour Montparnasse, et dimanche, nous allons chez Luc: nous fêtons son anniversaire.* Kontrollfragen: *Où est-ce que Julie et ses copains vont dimanche?* S: ...
- Vorspann und Einleitung:
  L: *Février, avril etc. sont des mois.*
  Déjà: übersetzen
  L: *Au collège, il y a des garçons et des filles de 11 à 15 ans et des professeurs.*
- Luc:
  Le collège, c'est une école pour les garçons et les filles de 11 à 15 ans.
  L: *Luc fait toujours quelque chose. Il ne perd pas une minute.* Kontrollübersetzung
  L: *Luc adore le chocolat. La passion de Luc, c'est le chocolat.* Kontrollfrage: L: *Et la passion de Julie, qu'est-ce que c'est, par exemple?* S: *Ce sont les «Bidules».*
  L: *Les bonbons▽, le chocolat, les sucettes, ce sont des sucreries.* Kontrollfrage: L: *Tu n'aimes pas les sucreries?* S. *Si, j'aime les sucreries.* L: *Et Luc?* S: *Luc adore les sucreries. Les sucreries, c'est la passion de Luc.*
- Yasmina:
  L: *Quand les copains de la rue Daguerre sont ensemble, ils font du patin à roulettes, ils écoutent des CD, ils font des promenades etc. ...* Kontrollfrage: L: *Qu'est-ce que tu fais quand tu es avec tes copains?* S: ...
  L: *Luc demande à Yasmina: On fait un tour? Elle répond: Attendez* (Gestik: Hand nach vorne). *Je termine la page* (Gestik/Mimik: L fährt mit dem Finger über alle Zeilen einer Seite bis unten). *Voilà. J'arrive.*
- Ahmed:
  L: *Ahmed travaille souvent pour son père dans l'épicerie. Il aide son père.* Kontrollfrage:
  L: *Nathalie et Luc aident M. et Mme Noblet. Qu'est-ce qu'ils font par exemple?* S: *Ils font la cuisine.*
  L: *Ahmed aide aussi ses copains. Il aide ses parents et ses copains. Il aide tout le monde* (Gestik). *Il donne/passe ses devoirs d'anglais à tout le monde.* Kontrollübersetzung. Kontrollfrage: L: *Comment est-ce qu'Ahmed aide ses copains?* S: *Il passe ses devoirs d'anglais à tout le monde.*
  L: *Ahmed aide tout le monde. Il rend service à tout le monde* Kontrollübersetzung. Kontrollfrage: *A qui est-ce qu'Ahmed rend service par exemple?* S: *Par exemple, il rend service à Nathalie, à Luc ...*

- Julie:
  L: *Où habite Julien/Julie?* S: *Il/Elle habite 10, rue Daguerre.* L: *Julie et Julien habitent dans la même maison.* Kontrollfrage: L: *Qui habite encore dans la même maison?* S: *M. Lacombe et Mme Blanchard habitent dans la même maison .*
  L: *Chuuuut▽! Ecoutez. Je parle* (Gestik). *Ne parlez pas, s'il vous plaît.* Kontrollfrage: L: *Est-ce que les souris parlent? Et les perroquets?* S: ...
  L: *Julie ne parle pas souvent. Elle ne parle pas beaucoup.*
- François:
  L: *Avec François, on rigole beaucoup. Je rigole* (L lacht). *Avec François, on rigole, on rigole, qu'est-ce qu'on rigole!*
  L: *En ce moment, c'est maintenant.* Kontrollfrage: L: *Qu'est-ce que tu fais en ce moment?*
  L: *François tombe. Pauvre François! Le docteur▽ arrive, et voilà la jambe de François dans le plâtre* (Abb. S. 61 zeigen).
- Schluß:
  Voilà pour aujourd'hui: aus dem Kontext heraus erschließen lassen
  Ahmed dit souvent à Yasmina: Il est déjà six heures et nous avons rendez-vous avec les copains à six heures dix. Termine vite ta page!
  J'attends des nouvelles; amicalement: aus dem Kontext heraus erschließen lassen. Kontrollübersetzung

Klärung der Briefsituation
Damit das Buch nicht kurz auf- und dann wieder zugemacht wird, empfiehlt es sich, die Adresse, die Anrede und das Datum an die Tafel zu schreiben und die Briefsituation daraus abzuleiten. Je nach dem Leistungsniveau der S wird das Einstimmungsgespräch zunächst auf deutsch oder aber direkt auf französisch geführt. Mit Hilfe von L äußern sich S zum Brief: wer wem schreibt; wo Laurent Pennec wohnt; welches der Inhalt des Briefes sein mag; wie man auf französisch Datum, Anrede und Schlußwort formuliert.

Steckbriefe: s. S. L XIV

Zu den Strukturen

Allgemein
Falls die Strukturen erst nach der Texterarbeitungsphase systematisch behandelt werden, ist es ratsam, S die im Text vorkommenden Belege sammeln, die Regel erschließen und die Paradigmen vervollständigen zu lassen.

Die Präp. *à* und *de* mit dem best. Art.; der *article contracté*
- L entwirft an der Tafel zwei vierspaltige Tabellen mit den Überschriften *au, à l', à la, aux* bzw. *du, de l', de la, des,* die S in ihr Heft übertragen.
- Stillarbeitsphase. Aufgabenstellung: *Relisez le texte 7A. Cherchez les expressions avec les prépositions* à *ou* de *et l'article défini. Inscrivez ces expressions dans les tableaux./Lest den Text 7A noch einmal. Sucht die Ausdrücke mit den Präpositionen* à *oder* de *und dem bestimmten Artikel. Tragt diese Ausdrücke in die Tabellen ein.*
- Auswertung im Unterrichtsgespräch. Die Ergebnisse werden an der Tafel zusammengetragen (s. Kästen Nr. 3 und 4). Hypothesenbildung zur grammatischen Regel. S nennen weitere Beispiele.
- Voraussichtlich werden etliche S Belege für den unbestimmten Artikel Plural in die Spalte *des* eintragen. In diesem Falle kann es nützlich sein, auf den Paragraphen 9 des Grammatischen Beiheftes zurückzugreifen.
- Auf den Teilungsartikel in den Ausdrücken *faire du sport* (Z. 6 f.), *faire du patin* (Z. 7 f.) und *jouer du piano* (Z. 23) einzugehen, würde unnötig Verwirrung stiften.

de la	de l'	du	des
rue Daguerre (Überschrift)	école (26 f.)	groupe (6) sport (6 f.) patin à roulettes (8) piano (23)	copains (9, 32)

Nr. 3

à la	à l'	au	aux
	hôpital (28)	collège (5) foot (7)	copains (20) copines (20)

Nr. 4

[In Klammern stehen Zeilenangaben]

LEÇON 7

Folie: 19

B TEXTERARBEITUNG

Das grammatische Pensum dieses Lektionsteils reduziert sich auf das Verb *prendre* (bzw. *comprendre*) im Präsens und Imperativ und macht eine Vorentlastung nicht unbedingt erforderlich. Hingegen wird empfohlen, Grundbegriffe der räumlichen Orientierung anhand eines kleinen Schemas (s. Kasten Nr. 1) vorweg anzugeben.

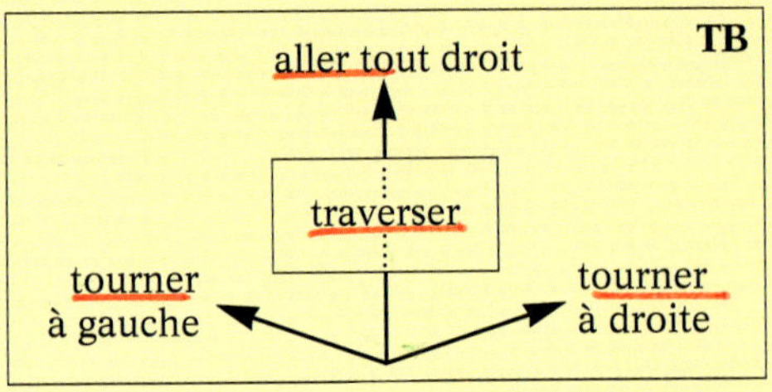

Nr. 1

Itinéraire I

Erarbeitung vom Hörverstehen der Dialogsituationen her:

- Der situative Rahmen des Textes wird bei geschlossenen Büchern und ohne visuelle Unterstützung durch Anknüpfung an Lektion 7A geklärt (s. S. L 96).
- Der Text wird abschnittweise vorgespielt oder von L vorgelesen. Für jeden Abschnitt gibt L eine Frage vor, die S nach dem Textvortrag beantworten (s. S. L 96).
- L liest den Text abschnittweise und bei geöffneten Büchern langsam vor, wobei er die neuen Ausdrücke erklärt (s. u. Kasten Nr. 2 sowie Kasten Nr. 3, S. L 96, und die Vorschläge zur Einführung der schwer erschließbaren Ausdrücke, S. L 96).
- L stellt Fragen zu dem Abschnitt.
- Die restlichen Schwierigkeiten werden aus dem Weg geräumt.

Schwer erschließbare Ausdrücke:

Abschnitt 1:	prendre qc; rendre visite à qn; d'abord; un bâtiment; un ascenseur; le premier; le deuxième
Abschnitt 2:	Ça va mieux?; drôle; comprendre qc; attaquer qc

Nr. 2

Itinéraire II

Erarbeitung von den Bildern her:

- S betrachten zunächst nur die drei Bilder aus dem Lektionstext (im Schülerbuch oder auf der Folie Nr. 19): Sie kommen so zum *hôpital* als Ort der Handlung, zu *François* als Hauptperson und – mit sprachlicher Hilfe von L – zu *avoir mal au ventre* als Pointe.
- Das erste Vorspielen oder Vorlesen des gesamten Textes bei geschlossenen Büchern ist ausschließlich auf die Klärung der Frage, warum François wohl Bauchschmerzen hat, ausgerichtet (s. S. L 97).
- Der Text wird nun abschnittweise erarbeitet:
  - L führt die neuen Ausdrücke ein (s. o. Kasten Nr. 2 sowie Kasten Nr. 3, S. L 96, und die Vorschläge zur Einführung, S. L 96).
  - Der Abschnitt wird von der Kassette abgespielt oder von L in normalem Sprechtempo vorgelesen. S lesen still mit.
  - L stellt Fragen zum Verständnis.
  - Die restlichen Unklarheiten werden beseitigt.

FESTIGUNG

- Der Lektionstext wird mit verteilten Rollen vorgelesen.
- Besondere Schwierigkeiten: *rendre visite à qn* ('to visit someone'; ≠ *visiter qc* [Lk. 9A]; *tout droit ≠ à droite; un étage* („eine Etage"); *au premier‿étage* ([...mjɛretaʒ]: „im ersten Stockwerk")
- In dieser Phase kann die Übung 7 aus dem *Cahier d'activités* bereits durchgenommen werden.
- V Rekonstruktion der Dialog-Repliken von François als Hauptperson der Geschichte:
  - L spielt noch einmal den Text von der Kassette ab oder liest ihn vor. S hören zu, ohne sich Notizen zu machen.
  - L verteilt ein Arbeitsblatt, das nur die Dialogteile der Abschnitte 2 (Z. 14-27) und 3 (Z. 32-41) – ohne François' Aussagen – enthält; S sollen die Leerstellen in Stillarbeit ausfüllen.
  - S tragen ihre rekonstruierten Texte vor und vergleichen sie mit dem Lektionstext.
- s. weitere Vorschläge, S. L 97 f.

8 Une visite à l'hôpital

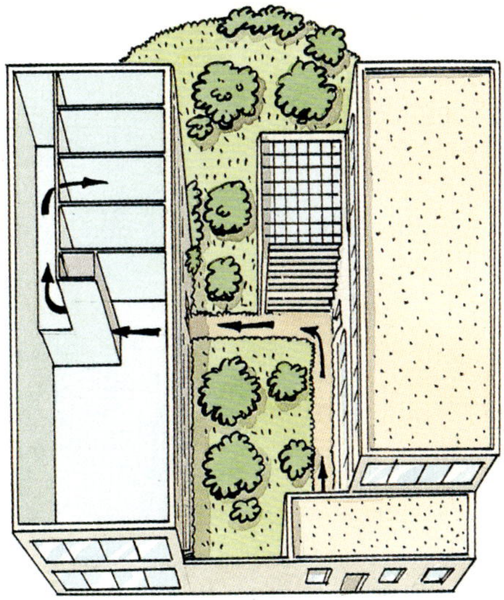

1 Pauvre François! Il est à l'hôpital avec une jambe dans le plâtre. Aujourd'hui, Yasmina, Nathalie, Luc et Ahmed prennent le bus: ils rendent visite au copain. A la réception, Yasmina demande le numéro de la chambre.

La dame: C'est la chambre n° C 15.
Yasmina: Et c'est où, madame?
La dame: Attendez. D'abord, vous allez tout droit. Puis, à la terrasse, vous tournez à gauche. Vous traversez le jardin et vous arrivez au bâtiment C. Là, vous prenez l'ascenseur. C'est au premier étage, la deuxième chambre à droite.

2 Les amis frappent à la porte et entrent.
François: Salut, les copains!
Yasmina: Ça va mieux, ta jambe? Tu n'es pas au lit?
François: Regardez mes béquilles. Je fais déjà du slalom avec. Mais ce n'est pas drôle ici.
Nathalie: Eh oui! Ici, tu n'as pas ton public!
Ahmed: Tu aimes rigoler! Voilà une BD.
François: Merci, Ahmed.
Luc: Et voilà quatre tablettes de chocolat.
François: Oh, merci beaucoup! Qu'est-ce qu'on fait?
Luc: Et le chocolat?
François: Ah, je comprends! Allez, on attaque les tablettes. Et après, prenons les cartes: on fait une partie ensemble.

3 François et ses copains jouent aux cartes, discutent et terminent le chocolat. A 5 heures, les copains rentrent. Et à 6 heures, l'infirmière arrive. Elle apporte le repas.

François: Je n'ai pas faim.
L'infirmière: Ça ne va pas, François?
François: Pas très bien, madame.
L'infirmière: Tu as mal à la jambe?
François: Non, ce n'est pas ma jambe, c'est mon ventre ...

B EXERCICES

1 En classe

a
1. Sage deiner Lehrerin/deinem Lehrer, dass du das Wort „béquilles“ nicht verstehst. → Je ne comprends pas le mot …
2. Bitte sie/ihn, einen Satz mit dem Wort „béquilles“ zu machen.
3. Bitte sie/ihn, den Satz zu wiederholen.
4. Frage sie/ihn, was „béquilles“ auf Deutsch heißt.
5. Bedanke dich.

b
1. Sage deiner Lehrerin/deinem Lehrer, dass es dir heute nicht gut geht.
2. Sage, dass du Kopfschmerzen/Bauchschmerzen hast.
3. Sage, dass es dir jetzt besser geht.

Ça va mieux maintenant.

Merci (beaucoup).

J'ai mal à …

…, qu'est-ce que c'est en allemand?

Faites une phrase avec le mot …, s'il vous plaît.

Je ne comprends pas le mot …

Je ne vais pas bien aujourd'hui.

Répétez …, s'il vous plaît.

☐ 2 On joue aux dominos▽. *(§§ 33, 37)*

Faites des groupes de quatre élèves.
Dans les groupes, un des élèves prépare les dominos à la maison.

prends	**il**	**comprends**	**nous**	**réponds**	**vous**	**attends**	**elles**
prend	**nous**	**comprend**	**vous**	**répond**	**ils**	**attend**	**tu**
prenons	**vous**	**comprenons**	**elles**	**répondons**	**je/j'**	**attendons**	**elle**
prenez	**ils**	**comprenez**	**tu**	**répondez**	**il**	**attendez**	**nous**
prennent	**je/j'**	**comprennent**	**elle**	**répondent**	**nous**	**attendent**	**vous**

Jouez en classe.
(Ihr dürft nur in eine Richtung anlegen. Wer nicht anlegen kann, setzt aus. Gewonnen hat, wer als Erster keine Dominokarten mehr hat bzw. wer am wenigsten Dominokarten hat, wenn keiner mehr anlegen kann.)

Ex. 1

Schwerpunkte:
a Nichtverstehen (im Unterrichtsgespräch) ausdrücken. **b** Auskunft über das eigene Befinden geben

Hinweis:
Als spielerische Variante können die deutschen Aufforderungen von L auf je einen Zettel geschrieben werden. Die Zettel werden in einen Kasten gesteckt. S ziehen einen Zettel und lösen die jeweilige Aufgabe.

Lösungen:

a
1. Je ne comprends pas le mot **béquilles.**
2. Faites une phrase avec le mot **béquilles,** s'il vous plaît.
3. Répétez **la phrase**, s'il vous plaît.
4. **Béquilles,** qu'est-ce que c'est en allemand?
5. Merci (beaucoup).

b
1. Je ne vais pas bien aujourd'hui.
2. J'ai mal à **la tête/au ventre**.
3. Ça va mieux maintenant.

Ex. 2 V ➛ GBH §§ 33, 37

Schwerpunkt:
Konjugieren der regelmäßigen Verben auf *-dre* (*répondre, attendre)* und der unregelmäßigen Verben *prendre* und *comprendre* als Dominospiel

Hinweise:
Gruppenarbeit. Die Herstellung der Dominokarten als Hausaufgabe rechtzeitig jeweils einem S jeder Vierergruppe übertragen. Die Übung läuft nach den Regeln des Dominospiels ab. Wer in jeder Gruppe beginnt, entscheidet das Los. Falls dieser Übungstyp in der Klasse Anklang findet, kann er auf andere Verbgruppen ausgeweitet werden. Es ist bei der Herstellung der Dominokarten darauf zu achten, daß zu jedem Personalpronomen die entsprechenden Verbformen zur Verfügung stehen. Dieses fakultative Spiel eignet sich als Auflockerungsübung oder – für leistungsschwächere S – als Vorbereitung auf die Übung 3 (s. d.). Variante: s. 'Spielkiste' S. L XVIII, Spiel Nr. 7.

Neu: In Überschrift: *jouer aux dominos*

Ex. 3 ➛ CdA 11

Schwerpunkt:
Integration der regelmäßigen Verben auf *-er* und auf *-dre* sowie der unregelmäßigen Verben *prendre, comprendre, être, avoir, aller* und *faire*

Hinweis: Neben der mündlichen wird auch die schriftliche Durchnahme empfohlen.

Lösungen:
Les copains **prennent** le bus. Ils **rendent** visite à François. François **est** à l'hôpital. Il **a** une jambe dans le plâtre. A l'hôpital, ils **vont** au premier étage et **frappent** à la porte de sa chambre. Puis, ils **entrent**. *Luc:* «Nous **avons** des tablettes de chocolat pour toi et une BD. On **attaque** le chocolat?» *François:* «**Attends**, Luc. On **prend** d'abord les cartes et on **fait** une partie. Tu n'**es** pas d'accord, Luc? Je **comprends**. Ecoutez, mes amis, ne **perdons** pas une minute. Vous **prenez** d'abord une tablette de chocolat et nous **jouons** après.»

Neu: Arbeitsanweisung: *Accordez les verbes.*

Ex. 4 ➛ CdA 8, 9 ➛ GBH § 36

Schwerpunkte:
a, b Die Possessivbegleiter **a** *son, sa, ses*; **b** *mon, ma, mes* und *ton, ta, tes*. **b** Informationen über Verwandte und Freunde einholen und geben. Wiederholung der Redemittel bis Lektion 7B

Hinweise:
b Partnerarbeit. S können auch eigene Photos mitbringen und der Übung zugrundelegen. In diesem Fall wäre es ratsam, die Zusammensetzung der Zweiergruppen dem Los zu überlassen, damit S zusammenarbeiten, die nicht unbedingt ohnehin befreundet sind und bereits vieles voneinander wissen. Es wäre außerdem günstig, leistungsstärkeren S die Rolle des Fragenden, leistungsschwächeren S die des Antwortenden zu überlassen.

Lösungen:
a Elle/Il montre des photos
1. de **son** frère,
2. de **sa** sœur,
3. de **son** amie,
4. de **ses** copains,
5. de **sa** mère,
6. de **son** père,
7. de **ses** grands-parents et
8. de **son** école.

Neu: *Un Français, une Française*

Ex. 5 ➛ CdA 8, 9 ➛ GBH § 36

Schwerpunkte:
a Die Possessivbegleiter kontrastiv zum Deutschen. **b** Frei bzw. halbgelenkte Textproduktion

Hinweise:
a, b Fakultative Übung. Schriftliche Durchnahme wird empfohlen. **b** Differenzierungsübung für Leistungsstärkere. Falls S spontan keine Geschichte zusammenbringen, könnte man ihnen folgende Hilfen vorgeben: **1.** Christine – ballon – cadeau d'anniversaire – avec amis forêt – perd ballon forêt – cherche avec amis – ne trouve pas le ballon – pleure beaucoup **2.** garçon adore ballon – prend toujours ballon avec lui: à l'école, dans les magasins, à table, au lit etc. **3.** Arthur parle à tout le monde – amis de Julien jouent toujours avec Arthur – Arthur crie à tout le monde: *Bonjour, tu es bête!* – un jour, professeur de français rend viste aux Rigot – Arthur dit ... **4.** Les amis d'Isabelle aiment bien Minnie. – Ils apportent toujours chocolat à la souris – un jour, elle mange une tablette de chocolat, le cadeau de Julien pour Isabelle **5.** Isabelle apporte Minnie à l'école et perd la souris – tout le monde cherche – on trouve Minnie dans la serviette du professeur. Elle mange ses cahiers et sa baguette. **6.** Christophe travaille bien en classe – Tout le monde dans la classe – questions – il a toujours une réponse. «Christophe, ta tête est un ordinateur!» **7.** Vgl. Texte der L 3: les magasins et les familles de la rue Daguerre – les Rigot arrivent – l'histoire des baguettes
Einzelne Geschichten können vorgespielt werden. Andere Möglichkeit bei der Durchführung: Die einzelnen Geschichten entstehen – mit oder ohne vorgegebene Stichwörter – im Verlauf eines Kettenspiels: Der Reihe nach erfindet jeder S einen Satz zu der ausgewählten Geschichte.

Lösungen:
a
1. Christine et son ballon de foot
2. Un garçon et son ballon de foot
3. Arthur et ses amis
4. Minnie et ses amis
5. Mon amie la souris
6. Ta tête, un ordinateur
7. La «rue Daguerre» et son histoire

Neu: Überschrift: *Un titre de livre, des titres de livres*

3 Une visite à l'hôpital

Racontez. Accordez les verbes. (Gleicht die Verben an.)

Les copains *(prendre)* le bus. Ils *(rendre)* visite à François. François *(être)* à l'hôpital. Il *(avoir)* une jambe dans le plâtre. A l'hôpital, ils *(aller)* au premier étage et *(frapper)* à la porte de sa chambre. Puis, ils *(entrer)*. *Luc:* «Nous *(avoir)* des tablettes de chocolat pour toi et une BD. On *(attaquer)* le chocolat?»

François: «*(Attendre)*, Luc. On *(prendre)* d'abord les cartes et on *(faire)* une partie. Tu n'*(être)* pas d'accord, Luc? Je *(comprendre)*. Ecoutez, mes amis, ne *(perdre)* pas une minute. Vous *(prendre)* d'abord une tablette de chocolat et nous *(jouer)* après.»

4 C'est ta sœur? *(§ 36)*

son / sa / ses; ton / ta / tes; mon / ma / mes

a Une Française/Un Français▽ est chez toi: *Complétez.*

Elle/Il montre des photos
1 de ~ frère, 2 de ~ sœur,
3 de ~ amie, 4 de ~ copains,
5 de ~ mère, 6 de ~ père,
7 de ~ grands-parents et
8 de ~ école.

b Tu regardes les photos et tu poses des questions.

Imaginez des dialogues. Exemple:

- **Ton** frère s'appelle comment?
- **Mon** frère s'appelle Pierre.

5 Des titres de livres▽ *(§ 36)*

a *Traduisez les titres.*

1. Christine und ihr Fußball
2. **Ein Junge und sein Fußball**
3. **Arthur und seine Freunde**
4. *Minnie und ihre Freunde*
5. Meine Freundin, die Maus
6. Dein Kopf, ein Computer
7. ***Die „rue Daguerre" und ihre Geschichte***

b *Prenez un des titres et imaginez une histoire.*

6 Demander son chemin/Expliquer le chemin▽

a On dit ...

– Pardon, madame/mademoiselle/monsieur,
je cherche ...
où est ..., s'il vous plaît?
pour aller à ..., s'il vous plaît?

– D'abord, vous allez/tu vas tout droit.
Puis,/Après, vous prenez/tu prends
la première/deuxième/troisième▽ rue à droite/à gauche.
Vous tournez/Tu tournes à gauche/à droite.
Vous traversez/Tu traverses la rue ...
Vous continuez/Tu continues tout droit.
Après la première/deuxième/troisième rue à droite/à gauche,
vous arrivez/tu arrives à ...

b *Regardez sur le plan où vous êtes. Puis, faites des dialogues.*

Exemple: – Pardon, madame, pour aller à l'Hôtel Daguerre, s'il vous plaît?
– Tu prends la première rue à gauche. Tu traverses la rue.
Puis, tu continues tout droit. Après la deuxième rue à droite,
tu arrives à l'Hôtel Daguerre.
– Merci, madame.

☞ **A vous.** Tu cherches la gare▽ Montparnasse, la tour Montparnasse,
le Café Daguerre, l'hôpital.

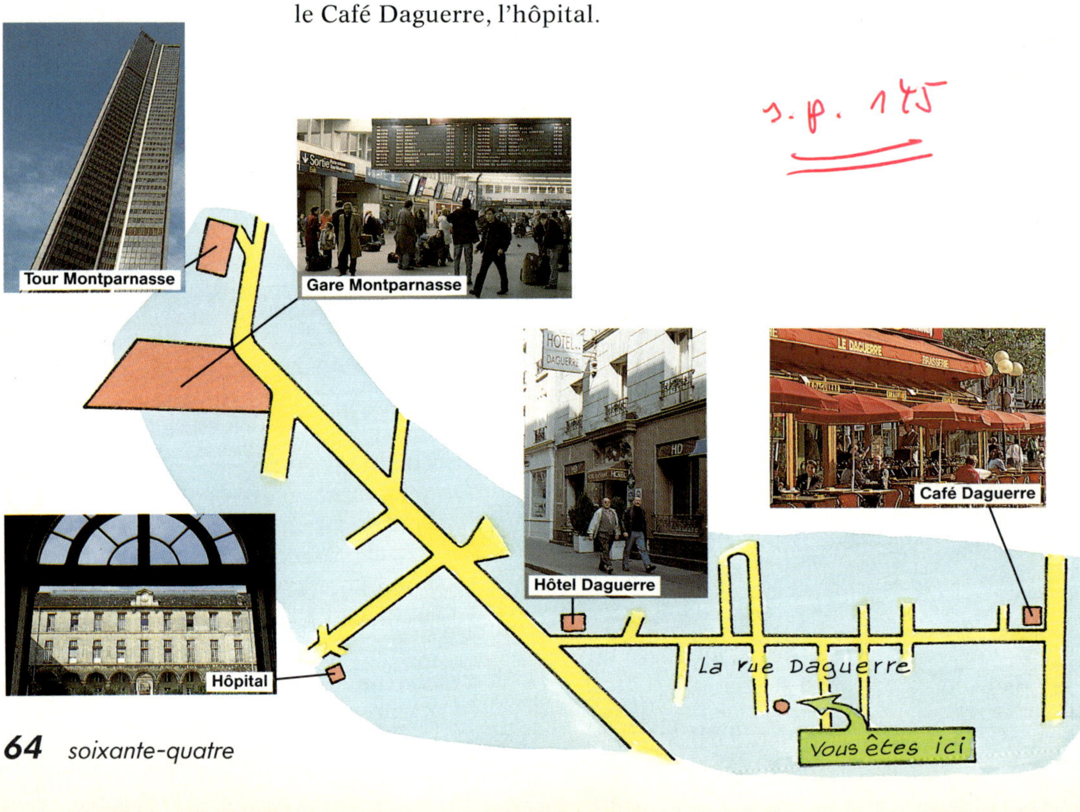

Ex. 6

Schwerpunkt:
a, b, c, d Nach dem Weg fragen. Den Weg beschreiben: **a** Zusammenstellung von Redemitteln; **b, c, d** Anwendung

Hinweise:
c Fakultativer Übungsteil zur Vertiefung der **a**- und **b**-Teile. Partnerarbeit wird empfohlen. **d** Fakultativer Übungsteil für leistungsstärkere S. Partnerarbeit wird empfohlen. Variante **V**: S bringen Stadtpläne mit. Leistungsstärkere S bestimmen selbst einen Ausgangspunkt, erarbeiten in Partnerarbeit einen Weg und lassen die anderen S mit Hilfe der Wegbeschreibung einen bestimmten Punkt auf der Karte suchen. Für diese Variante empfiehlt es sich, skizzenhafte Stadtpläne bzw. Stadtplanauszüge zu wählen. Vgl. auch den *Révisions*-Kasten zum Thema 'Nach dem Weg fragen' im Vokabularteil des Schülerbuchs, S. 145.

Lösungen: b

- Pardon madame, pour aller à la gare Montparnasse, s'il vous plaît?
- Tu prends la première rue à gauche et tu traverses la rue. Tu vas/continues tout droit. Après la deuxième rue à droite, tu tournes à droite et tu continues tout droit. Après la troisième rue à gauche, tu traverses la rue et tu arrives à la gare Montparnasse.

- Pardon, madame, pour aller à la tour Montparnasse, s'il vous plaît?
- Tu prends la première rue à gauche et tu traverses la rue. Tu continues tout droit. Après la deuxième rue à droite, tu tournes à droite et tu vas tout droit. Tu traverses la rue, tu prends la quatrième rue à gauche et tu arrives à la tour Montparnasse.

- Pardon, madame, pour aller au Café Daguerre, s'il vous plaît?
- Tu prends la première rue à droite et tu traverses la rue. Tu continues tout droit. Après la troisième rue à gauche, tu arrives au café Daguerre.

- Pardon, madame, où est l'hôpital, s'il vous plaît?
- Tu prends la première rue à gauche et tu traverses la rue. Tu continues tout droit. Après l'hôtel Daguerre, tu tournes à droite et tu traverses la rue. Après, tu prends la première rue à gauche et tu vas tout droit. Tu prends encore la première rue à gauche, tu traverses et tu arrives devant l'hôpital.

Neu:
le/la troisième, une gare. In Überschrift: *Demander son chemin; Expliquer son chemin.* Arbeitsanweisung: *Ton voisin devine où tu vas.* Name: *La gare Montparnasse*

Ex. 7

Schwerpunkt: a, b Ausspracheschulung, hier: Aussprache [k] bzw. [s] der Buchstaben *'c'* und *'ç'*

Lösungen:

a [k]	[s]
une **c**uisine	**ç**a
ave**c**	mer**c**i
crier	un as**c**enseur
compter	la ré**c**eption
un **c**adeau	min**c**e
	c'est

b [k]	[k]	[k]	[s]
ami**c**alement	un **c**lown	**c**omprendre	un commer**ç**ant
beau**c**oup	un **c**lub	un **c**onducteur	une différen**c**e
un **c**afé	un **c**ollège	un **c**opain	une épi**c**erie
une **c**arte	le publi**c**	à **c**ôté	un exer**c**ice
un **c**arton	**c**omme	une **c**our	fran**ç**ais
un **c**asque	**c**omment	dis**c**uter	un gar**ç**on
une **c**assette	un **c**ommerçant	une é**c**ole	une le**ç**on
une **c**lasse			la poli**c**e

Hinweise:
S sollen die Ausspracheregel selbst finden: 1. *'c'* wird vor den Vokalen *'a'*, *'o'*, *'u'*, vor Konsonanten (außer *'h'*) und am Wortende – in der Regel – [k] ausgesprochen. 2. *'c'* wird vor den Vokalen *'e'* und *'i'* [s] ausgesprochen. 3. *'ç'* signalisiert die Aussprache [s] vor den Vokalen *'a'*, *'o'*, *'u'*. Zur Überprüfung des Lernerfolgs empfiehlt es sich, S einige noch unbekannte Wörter mit *'c'* oder *'ç'* vorlesen zu lassen, z. B. va**c**an**c**es; **c**oûter; servi**c**e; re**c**uler; re**c**ommen**c**er; bri**c**-à-bra**c**; ma**ç**on; **c**olle; **c**idre; re**c**ette; **c**erise; **c**revette etc.

Neu: In Arbeitsanweisung: *une liste; Ajoutez les mots aux deux listes.*

Ex. 8

Schwerpunkt: Einen Brief nach Frankreich schreiben

Hinweise:
a, b Schriftliche Durchnahme notwendig. S werden auf den *Révisions*-Kasten zum Thema 'Briefe schreiben' im Vokabularteil, S. 145, verwiesen. Der **b**-Teil ist eine fakultative Differenzierungsübung für Leistungsstärkere.

Interkulturelles:
Beim Vergleich eines französischen mit einem deutschen Brief können folgende Merkmale beim französischen Brief hervorgehoben werden: nach der Anrede fängt der Brief mit einem Großbuchstaben an; Wörter, die sich auf den Adressaten beziehen, werden nicht mit einem großen Anfangsbuchstaben geschrieben; die deutsche Formel „Dein Soundso" entspricht in einem französischen Brief dem bloßen Namen. Aus der Übersicht im Vokabularteil, S. 145, geht hervor, daß der Datumsangabe ebenfalls andere Regeln zugrundeliegen: Der Franzose unterscheidet zwischen dem ersten des Monats (Ordinalzahl) und den übrigen Tagen (Kardinalzahlen).

Lösungen:

a Berlin, le …
Cher/Chère …
Je suis à Berlin avec mes parents depuis trois jours.
Je trouve Berlin super. Je vais (très) bien.
Et toi, comment est-ce que tu vas/comment ça va?
(Voilà pour aujourd'hui. Tu as le bonjour de mes parents. Amicalement.)

b Vorschlag:
x, le …
Cher/Chère …
Je m'appelle … et j'ai 13 ans. J'ai un frère et deux sœurs. Mon frère a 17 ans. Il s'appelle … et il joue du piano. Il est super! Mes sœurs ont 8 et 9 ans. J'aime bien le sport. Je fais souvent du vélo, du patin à roulettes et de la natation avec mes copains et copines. Mais j'adore aussi la musique: je joue du violon et j'écoute souvent des cassettes ou des CD de … .
Et toi, tu as des frères et sœurs? Est-ce que tu aimes aussi le sport et la musique? Est-ce que tu joues d'un instrument? Réponds vite.
Amicalement.

c *Regardez sur le plan où vous êtes. Tu expliques ton chemin.*
Ta voisine/Ton voisin devine où tu vas (... errät, wohin du gehst).

Exemple: *Toi:* Je prends la première rue à gauche. Je traverse la rue. Puis, je continue tout droit. Et après la deuxième rue à droite, c'est là. Alors, je suis où?
Ta voisine/Ton voisin: Tu es devant l'Hôtel Daguerre.

d ☞ **A vous.** Tu es devant ton école.
Quelqu'un demande en français: «Pardon, pour aller à ..., s'il te plaît?»
Imaginez le dialogue.

7 Jeu de sons

a *Lisez les mots. Puis, faites deux listes (... zwei Listen).*
Première liste: les mots avec **[k]**;
deuxième liste: les mots avec **[s]**.

1. une cuisine 2. avec 3. ça
4. merci 5. un ascenseur
6. crier 7. compter
8. la réception 9. mince
10. c'est 11. un cadeau

b *Trouvez d'autres mots avec «c» ou «ç». Ajoutez les mots aux deux listes.*
(Fügt die Wörter zu den beiden Listen hinzu.)

8 Une carte et une lettre

☞ **A vous.**
Schreibt eine Karte oder einen Brief nach Frankreich.

Regardez dans le «Vocabulaire», p. 145.

a Schreibe eine kurze Karte an eine Freundin/an einen Freund.
Teile mit, dass du seit drei Tagen mit deinen Eltern in Berlin bist. Du findest Berlin toll.
Es geht dir gut. Frage, wie es deiner Freundin/deinem Freund geht.

b Schreibe einen Brief an eine neue Briefpartnerin/an einen neuen Briefpartner.
Stelle dich und deine Familie vor.
Erzähle von deinen Freunden.
Sage, ob du Sport treibst, ein Instrument spielst.
Sprich über die Musik, die du magst, oder über andere Themen.
Stelle deiner Briefpartnerin/deinem Briefpartner auch einige Fragen.

Zu Itinéraires I und II

Leicht erschließbare Ausdrücke:

vom Dt./Engl. her	vom Visuellen her	vom Kontext her	durch Gestik
une visite 1 un bus 1 la réception 1 une dame 1 un étage 2 une carte 2 une partie 3 discuter	1 traverser qc 2 une béquille 3 avoir mal 3 le ventre	2 Salut, les copains! 2 Je fais du slalom avec. 2 Eh oui! 2 Tu aimes rigoler! 2 une tablette de chocolat 2 merci beaucoup 2 Allez, … 3 jouer aux cartes	1 tout droit 1 tourner 1 à gauche 1 à droite 2 frapper à la porte

Nr. 3

Vorschläge zur Einführung der schwer erschließbaren Ausdrücke
Im folgenden sind nur die schwer erschließbaren neuen Ausdrücke unterstrichen.

- Abschnitt 1:
  L: *Je prends le bus pour aller chez mes amis. Et toi, tu prends le bus pour aller à l'école?* S: *Oui/Non, …* L: *Ah! [Sx-Name] et [Sy-Name] prennent le bus pour aller à l'école, mais [Sz-Name] ne prend pas le bus. Et vous, vous prenez le bus?* […] L schreibt diese Verbformen an die Tafel und ergänzt das Paradigma. Mit Hilfe von Kontrollfragen werden S dazu aufgefordert, die Verbformen zu benutzen.
  L: *Nathalie va chez Julie. On dit aussi: Nathalie rend visite à Julie.* (*rendre qc à qn* bekannt; *visite* leicht erschließbar). *A qui est-ce que les copains rendent visite dans la leçon 7B?* S: *Ils rendent visite à François.*
  L: *Après l'école, Nathalie fait d'abord ses devoirs, puis elle regarde la télé* (begleitende Gestik).
  L: *Une tour, une maison, un immeuble, ce sont des bâtiments.* Kontrollübersetzung
  L: *Les amis de Mme Rigot habitent dans une tour. Pour aller chez ses amis, Mme Rigot prend l'ascenseur.*
  L: *L'étage numéro 1, c'est le premier étage. L'étage numéro 2, c'est le deuxième étage.* Kontrollfrage: L: *Comment est-ce que les copains montent au deuxième étage?* S: *Ils prennent l'ascenseur.*
- Abschnitt 2:
  L: *Ahmed dit: Luc, ça va bien? Luc répond: Non, ça ne va pas bien. Ahmed: Alors, voilà une tablette de chocolat. Alors, Luc: Ah, maintenant, ça va mieux!*
  L: *François, c'est le clown de la bande. Avec François, les copains de la rue Daguerre rigolent beaucoup parce qu'il est très drôle. Mais à l'hôpital, François ne rigole pas. Ce n'est pas drôle, l'hôpital.*
  L: *Nathalie a un devoir d'anglais. Mais elle ne comprend pas les questions. Alors, Ahmed aide Nathalie.*
  L (auch TB): *On attaque le chocolat ≠ On termine le chocolat.*

Zu Itinéraire I

Situationsklärung; Aufbau eines Erwartungshorizonts
Das Einstiegsgespräch kann etwa so ablaufen:
L: *Dans sa lettre à Laurent, Julien parle de François, le clown de l'école. Où est-ce qu'il est, maintenant, François?*
S: *Il est à l'hôpital.*
L: *Pourquoi est-ce qu'il est à l'hôpital?*
S: *Parce qu'il a une jambe dans le plâtre.*
L: *Que font alors ses copains?*
S: *Ils vont à l'hôpital.*
L: *Qu'est-ce qu'ils apportent à François?*
S: *Ils apportent des fleurs/des fruits/des sucreries/un livre/une cassette etc. …*

Hörverstehensaufgaben
- Abschnitt 1: *Le numéro de la chambre de François, c'est quoi?*
- Abschnitt 2: *Qu'est-ce qu'Ahmed apporte à François?*
- Abschnitt 3: *A quelle heure est-ce que l'infirmière apporte le repas?*

Zu Itinéraire II

Auswertung der Bilder

- Das erste Bild zeigt nicht eindeutig ein Krankenhaus; deshalb muß der Ort vom zweiten und dritten Bild her erschlossen werden; eine nähere Beschreibung des ersten Bildes ist an dieser Stelle ohnehin weder leicht noch motivierend.
- Beim zweiten Bild muß zumindest das Wort *béquilles* eingeführt werden, da die Krücken sehr auffällig sind; gleichzeitig wird der Ausdruck *avoir une jambe dans le plâtre* aus 7A wiederholt. S sollen vor allem erkennen, daß der kranke François (Foto in Lektion 7 A) im Krankenhaus (anderer Patient, weiteres Bett) abgebildet ist (Fragen: *Qui est-ce? Où est François?*); der Besuch ist kaum sichtbar, so daß er nicht unbedingt thematisiert werden muß.
- Beim dritten Bild kann die Situation dagegen vollständig vom Bild her erschlossen werden (Fragen: *Qui est-ce? Que fait l'infirmière? Est-ce que François va bien?).* Der Ausdruck *avoir mal au ventre* muß eingeführt werden.

Erstes Vorspielen des Lektionstextes

Da nur auf den Grund der Bauchschmerzen geachtet werden soll und dieser mit dem Mitbringsel der Freunde zusammenhängt, empfiehlt sich eine doppelte Eingrenzung der Hörverstehens-Aufgabe:

- durch Weglassen des ersten Abschnitts
- durch Hörauftrag: *Qu'est-ce que les amis apportent à François?*

Zum Wortschatz

Redemittel der räumlichen Orientierung

Einem S werden die Augen verbunden. Die anderen S markieren mit Tischen, Stühlen und sonstigen Gegenständen einen Weg und dirigieren den S dadurch. Am Ende des Parcours winkt ein kleiner Preis.

Die Verben und ihre Ergänzungen

- L schreibt die neuen Verben des Lektionstextes an die Tafel (s. Kasten Nr. 4).
- Ergänzungen zu diesen Verben werden während einer Stillarbeitsphase oder im Unterrichtsgespräch bei geschlossenem Buch zusammengetragen. Besonders wichtig ist es, Ergänzungen zu *comprendre* und zu *discuter* zu finden, da diese Verben im Text ohne Ergänzung erscheinen.
- S betten diese Kollokationen in Sätze ein.

Verben	Ergänzungen	Verben	Ergänzungen
prendre	le bus l'ascenseur les cartes	frapper	à la porte
rendre visite	à un ami	comprendre	un exercice un texte
tourner	à gauche à droite	attaquer	le chocolat un livre
traverser	un jardin une cour une rue	discuter	du collège
		avoir mal	à la jambe à la tête au ventre

Nr. 4

Zu den Strukturen

Prendre vs. die regelmäßigen Verben auf *-dre*

- Die Paradigmen beider Konjugationen werden einander gegenübergestellt. Die Unterschiede werden hervorgehoben.
- Es kann hier auf die beiden Varianten des Würfelspiels (Schülerbuch S. 32 und S. 57) sowie auf das *tiercé*-Spiel (Lehrerbuch S. L 118) bei entsprechender Abänderung der vorgegebenen Verblisten zurückgegriffen werden: Die Verben *prendre, comprendre, répondre, attendre, rendre, aller* sowie einige der neuen Verben auf *-er* können auf diese Weise eingeübt werden.
- Als weniger aufwendige Variante (ohne Würfel) dieser Spiele bietet sich wiederum die Konjugationskette an. Zum Fortsetzen der Kette werden jeweils entweder ein neues Personalpronomen oder ein neuer Infinitiv vorgegeben. Beispiel:
  S1: *nous comprenons – aller*; S2: *nous allons – je*; S3: *je vais – attendre*; S4: *j'attends* etc.
  Die stummen Endungen sollen buchstabiert werden.
- s. weitere Übung in der 'Spielkiste', S. L XVIII, Spiel Nr. 7

LEÇON 7 DIDAKTISCH-METHODISCHE HINWEISE

Kontrastives Üben der Possessivbegleiter *son, sa, ses*

L entwirft ein Tafelbild mit folgender Aufteilung: Links erscheinen deutsche Nomen mit Possessivbegleitern der dritten Person Singular; rechts finden sich **a** entweder drei Spalten für die französischen Possessivbegleiter *son, sa, ses,* oder aber **b** eine Spalte für die französische Entsprechung der deutschen Ausdrücke.

S übertragen das Tafelbild in ihr Heft. Stillarbeitsphase. Aufgabenstellung: *Lisez les expressions de 1 à 10.* **a** *Faites une croix pour chaque expression dans la case qui correspond./Lest die Ausdrücke von 1 bis 10.* **a** *Macht für jeden Ausdruck ein Kreuz in das entsprechende Feld.* Oder: **b** *Traduisez en français./Übersetzt ins Französische.*

(Besitzer ist jeweils nur **eine** Person)	son (a)	sa (a)	ses (a)	en français (b) **TB**
1. sein Skateboard	X			son skateboard
2. ihre Eltern			X	ses parents
3. ihr Vater	X			son père
4. seine Mutter		X		sa mère
5. ihr Computer	X			son ordinateur
6. seine Maus		X		sa souris
7. seine Großeltern			X	ses grands-parents
8. ihre Großeltern			X	ses grands-parents
9. ihre Geschichte	X			son histoire
10. ihre Brüder			X	ses frères

Nr. 5

Die Präposition *à* mit dem best. Art. und *aller*

- L schreibt eine Liste von Nomen an, noch ohne Artikel (s. u. Kasten Nr. 6)
- S finden die fehlenden bestimmten Artikel.
- L zeichnet ein dreispaltiges Schema mit den Überschriften *au, à l'* und *à la* an die Tafel.
- S bilden Sätze mit allen bekannten Formen des Verbs *aller,* der Präposition *à* und den vorgegebenen Nomen mit dem bestimmten Artikel.
- Die Nomen werden nach und nach der entsprechenden Spalte zugeordnet. S tragen das Tafelbild in ihr Heft ein.
- Hausaufgabe: *Faites 6 phrases avec chaque forme du verbe* aller, *la préposition* à *et l'article défini./Macht 6 Sätze mit jeder Form des Verbs* aller, *der Präposition* à *und dem bestimmten Artikel.*
  Exemple: Tu ne **vas** pas **au** collège, aujourd'hui?

au	collège marché café restaurant	**à l'**	école (f.) épicerie (f.) hôpital (m.) hôtel (m.)	**à la**	boulangerie tour Montparnasse boucherie salle de bains

Nr. 6

A+B VORSCHLÄGE ZUR LEISTUNGSÜBERPRÜFUNG

Zu Lektion 7A

Aufgabenstellung: *Céline*[1]*, la cousine*[2] *de Nathalie, rend visite aux Noblet. Dans la chambre de Nathalie, il y a une photo des copains et copines de la rue Daguerre. Céline pose des questions*[3] *et Nathalie répond. Faites le dialogue*[4]. (s. Lösungsvorschlag S. L 100)

[1]*Céline:* weibl. Vorname – [2]*une cousine*: eine Kusine – [3]*une question*: eine Frage; in Lk. 1 SB Ex. 5 eingeführt – [4]*un dialogue*: ein Dialog; in Lk. 1 SB Ex. 4 eingeführt

Zu Lektion 7B

Aufgabenstellung: *François et ses copains jouent aux cartes, discutent et terminent le chocolat. Imaginez*[1] *la discussion*[2]. (s. Lösungsvorschlag S. L 100)

[1] *imaginer qc:* sich etw. ausdenken; in Lk. 2B SB Ex. 5 eingeführt – [2] *une discussion:* eine Diskussion/eine Unterhaltung

Zu Lektion 7A/B

Wenn S darin geübt sind, mit Assoziationsfeldern zu arbeiten (vgl. erste Übung dieses Typs im Lehrerbuch bei Lektion 6, S. L 79) können sie versuchen, ihre Assoziationen zum Thema *à l'hôpital* zu sammeln und gegliedert darzustellen. Aufgabenstellung: **a** *Fais un champ associatif sur le thème 'je suis à l'hôpital'.* **b** *Tu es à l'hôpital. Tu fais une lettre à un copain ou à une copine et tu parles de l'hôpital. Emploie les expressions figurant sur la champ associatif.* / **a** *Erstelle ein Assoziationsfeld zum Thema 'Ich bin im Krankenhaus'.* **b** *Du bist im Krankenhaus. Du schreibst einem Freund oder einer Freundin einen Brief und du erzählst vom Krankenhaus. Verwende die Ausdrücke, die auf dem Assoziationsfeld erscheinen.* Nachdem S ihre Assoziationsfelder erstellt haben, wäre es ratsam, diese im Klassenverband zu besprechen, damit sie für den **b**-Teil der Übung über eine gute Grundlage verfügen. L weist darauf hin, daß S nicht unbedingt alle Ausdrücke des Assoziationsfeldes für den Brief verwenden müssen. (s. Lösungsvorschlag S. L 100)

Assoziationsfeld: A l'hôpital

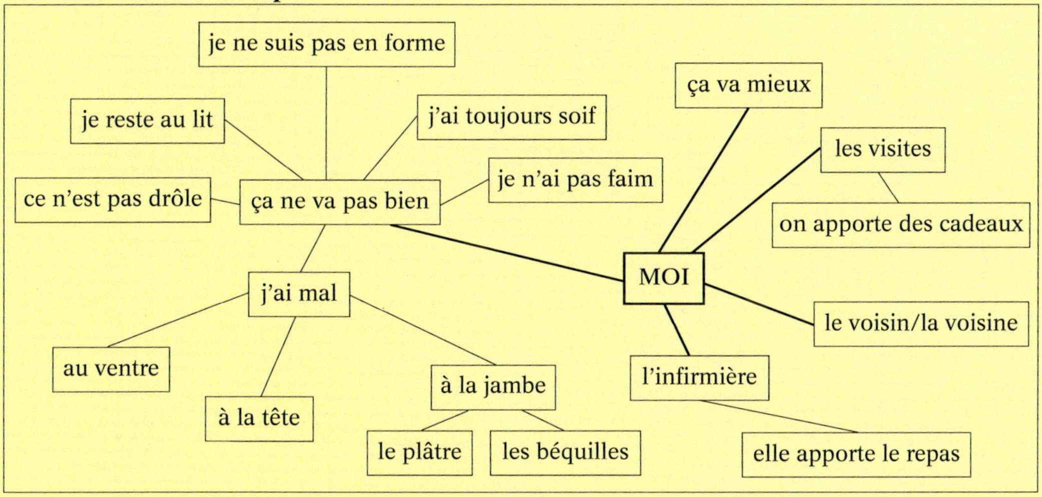

Nr. 5

Transfertext

- Aujourd'hui, après l'école, Luc et Ahmed ne perdent pas une minute. Ils prennent les patins et vont vite au club de la tour Montparnasse.
  Un copain, Félix[1], demande: «François va mieux?» Luc répond: «Ce n'est pas drôle, à l'hôpital. François a toujours la jambe dans le plâtre, mais il va mieux, oui. Il rentre dimanche.»
  Après une heure de slalom[2], les amis ont faim. Ils vont à la boulangerie et prennent une baguette et une tablette de chocolat. Puis, Luc rentre et Ahmed passe à l'épicerie de ses parents. Il a mal aux jambes, mais il aide son père: il porte des cartons. Pauvre Ahmed!

  [1] *Félix*: männl. Vorname – [2] *une heure de slalom:* eine Stunde Slalom

- Möglichkeiten der Nutzung:
  a Hörverstehensaufgabe: L liest den Text vor und stellt anschließend Fragen:
  1. Où vont Luc et Ahmed après l'école?
  2. Qu'est-ce que Félix demande aux amis?
  3. Quand est-ce que François rentre?
  4. Qu'est-ce que les amis prennent à la boulangerie?
  5. Que fait Ahmed à l'épicerie?

  b Diktat
  c Aufgabenstellung: *Continuez l'histoire. (Setzt die Geschichte fort.) Que fait Luc à la maison?* (s. Lösungsvorschlag S. L 100)

De un à cent

La règle du jeu: Jouez à deux.
Chaque joueur prend un pion.
Jetez le dé.
Tu as un six? Alors, commence.
Après, tu as un 5? Alors, tu avances au 5.
Puis, c'est le tour de ta copine/de ton copain.
Elle/Il arrive aussi au 5?
Alors, tu recommences à zéro.
Tu arrives au 100? Gagné!

On dit . . .

Je commence.
Tu commences.

C'est mon tour?
C'est ton tour.

J'ai un 1 / 2 / 3 / . . .

Je suis au . . .

J'avance de . . . cases.

Je recule de . . . cases.

Attention! Il y a des cases spéciales où on avance ou recule.

□ = Tu recules de 5 cases:	○ = Tu avances de 8 cases:	⬚ = Tu recules de 9 cases:
10 = dix	11 = onze	17 = dix-sept
20 = vingt	21 = vingt et un	22 = vingt-deux
30 = trente	31 = trente et un	33 = trente-trois
40 = quarante	41 = quarante et un	44 = quarante-quatre
50 = cinquante	51 = cinquante et un	55 = cinquante-cinq
60 = soixante	61 = soixante et un	66 = soixante-six
70 = soixante-dix	71 = soixante et onze	77 = soixante-dix-sept
80 = quatre-vingts	81 = quatre-vingt-un	88 = quatre-vingt-huit
90 = quatre-vingt-dix	91 = quatre-vingt-onze	99 = quatre-vingt-dix-neuf

0	1	2	3	4	5	6	7	8	9	10
	11	12	13	14	15	16	17	18	19	20
	21	22	23	24	25	26	27	28	29	30
	31	32	33	34	35	36	37	38	39	40
	41	42	43	44	45	46	47	48	49	50
	51	52	53	54	55	56	57	58	59	60
	61	62	63	64	65	66	67	68	69	70
	71	72	73	74	75	76	77	78	79	80
	81	82	83	84	85	86	87	88	89	90
	91	92	93	94	95	96	97	98	99	100

Lösungsvorschläge

7A: Le dialogue avec Céline dans la chambre de Nathalie

Céline: Qui est-ce, sur la photo?
Nathalie: Ce sont mes copains et copines du collège.
Céline: Oh! Il y a un garçon avec des patins à roulettes.
Nathalie: Oui, c'est Ahmed. Il est au club de patin de la tour Montparnasse. Sa sœur Yasmina est à côté. Les parents de Yasmina et d'Ahmed ont une épicerie.
Céline: Et voilà Luc – avec une sucette, bien sûr!
Nathalie: Eh oui! Les sucreries, c'est la deuxième passion de mon frérot après le sport.
Céline: Et ça, c'est le clown de la bande?
Nathalie: Oui. C'est François. Qu'est-ce qu'on rigole avec François! Mais en ce moment, il a une jambe dans le plâtre.
Céline: Pauvre François! Et la fille, à côté?
Nathalie: C'est Julie. C'est ma copine numéro un. Elle est très sympa, mais elle ne parle pas beaucoup.
Céline: Là, il y a encore un garçon.
Nathalie: Ah oui. C'est Julien. Il est de Rennes et sa famille habite à Paris depuis cinq mois. Julie et Julien habitent dans la même maison.
Céline: Ils font les devoirs ensemble?
Nathalie: Pas souvent. Quand ils sont ensemble, ils écoutent les CD des «Bidules» et font des tours dans le quartier.

7B: Le dialogue à l'hôpital.

Luc: On est ta première visite, à l'hôpital?
François: Non. Ma mère est souvent là. Mais sans chocolat!
Yasmina: Il est sympa, ton voisin?
François: Oui, il est très sympa, mais ce n'est pas le problème. Il ne parle pas beaucoup, et puis, il a toujours la tête dans ses livres. Comme toi, Yasmina!
Ahmed: Et les repas ici?
François: Ce n'est pas comme à la maison, mais quand on a faim.
Nathalie: Tu aimes bien les infirmières?
François: Oui, et elles passent souvent, mais elles ne restent pas pour bavarder.
Nathalie: Tu quittes ta chambre? Tu fais des promenades dans l'hôpital?
François: Pas souvent. Avec mes béquilles, les promenades, ce n'est pas extra.
Luc: Quand est-ce que tu rentres?
François: Dimanche, enfin!
Yasmina: C'est super, parce que la rue Daguerre sans le clown de la bande, ce n'est pas la même rue!

7A/B: Une lettre

Marbourg, le 1er février

Chère Marie,

Merci pour ta lettre. Les lettres des copains et des copines, c'est super quand on est à l'hôpital, et en ce moment, je suis à l'hôpital avec une jambe dans le plâtre! Dans ma chambre, il y a encore une fille. Elle est très sympa, mais elle ne va pas bien et elle reste toujours au lit. Quand elle n'a pas mal à la tête, on joue aux cartes, on discute ou on écoute des cassettes. Après les visites, je prends mes béquilles et je fais un tour dans le jardin de l'hôpital. Je vais souvent aussi au deuxième étage pour rendre visite à un copain; avec l'ascenseur, ce n'est pas un problème. A six heures, l'infirmière apporte le repas. Les repas de l'hôpital, ce n'est pas drôle … Quand on est en forme comme moi, on a toujours faim! Voilà pour aujourd'hui. J'attends de tes nouvelles. Réponds vite.
Amicalement

Klara

Transfertext, Aufgabe c: Luc à la maison

Luc rentre à la maison. Il regarde le sport à la télé. Puis, il aide ses parents dans (besser: à) la cuisine. A huit heures et demie, après le repas, la mère de Luc demande: «Tu as encore des devoirs, non?» Luc répond: «Ah oui, c'est vrai.» Luc fait ses devoirs. Il n'a pas envie, mais enfin, il travaille pour l'école. Il est maintenant dix heures moins le quart et Luc a encore des problèmes avec son devoir d'anglais. «Demain, je demande à Ahmed. L'anglais, c'est sa passion. Ma passion, c'est le lit, maintenant.»

LEÇON 8 A *L'épicier est toujours là ...*

Themen: Lebensmitteleinkauf in einem kleineren Geschäft. Rolle des Einzelhändlers im Stadtviertel. Dessen Existenzsorgen
Situativer Rahmen: Einkauf an einem Feiertag
Textsorte: Dialoge mit Überleitungen

Anmerkungen	Lerninhalte	SB Ex.	CdA Ex.
	Kommunikative Schwerpunkte:		
Rév. S. 149 ◀	– Ein Einkaufsgespräch führen	4, 9	6, 7
In SB Ex. 3, S. L 104: Kurzinformation zum *minitel* ◀	– Telefonnummer erfragen und angeben	3	
	Wortschatz:		
Rév. S. 148 f.; Erg. zu Lk. 3A ◀	– Obst, Gemüse und andere Lebensmittel	4, 9	5, 6, 7
	– Mietverhältnis: *un propriétaire, augmenter le loyer, payer le loyer*		
	Grammatik:		
Erg. zu Lk. 5 ◀	– Die Zahlen von 20 bis 69, GBH § 38	2,3,4,9	4,5,6,7
s. o. ◀	– Die Zahlen von 70 bis 100, GBH § 39	2,3,4,9	4,5,6,7
	– Die Mengenangaben einschl. *ne ... pas de, ne ... plus de,* GBH § 40	4,5,6,7,9	2,3,5,6,7
Rév. S. 151 ◀	– Die Verben *pouvoir* und *vouloir* im Präs., GBH § 41	8	

Textverständnis:	– A propos du texte	SB	Ex. 1
	– A propos du texte	CdA	Ex. 1
Landeskunde:	– Der *minitel;* die französischen Telefonnummern	LB	S. L 104
	– Französische Münzen und Banknoten	SB	Ex. 9
	– Die kleinen Geschäfte in der *rue Daguerre*	LB	S. L 109 und L 31
	– Faire les courses	SB	S. 151

Folien: (A + B)	– Nr. 20: Abb. Text 8A, SB S. 67 – Nr. 21: Abb. Text 8B, SB S. 72 – Nr. 22: Transfer: Dans une épicerie: Einübung der Bezeichnungen für Obst und Gemüse, der Zahlen von 1-99 (Preise) und der Mengenangaben; Hinweise: LB S. L 103, L 108, L 109

Thema: Ein Aktionstag
Situativer Rahmen: Traum und Wirklichkeit
Textsorte: Erzählung

Anmerkungen		Lerninhalte	SB Ex.	CdA Ex.
		Kommunikative Schwerpunkte:		
s. u. das *Futur composé*	◀	– Vorhaben ausdrücken: *ils vont aider la famille Saïd; ils vont faire une lettre; ils vont organiser une journée d'action*	5	9
s. u. das *Futur composé*	◀	– Sorge ausdrücken: *Qu'est-ce que son père va faire?; Est-ce qu'il va fermer l'épicerie?; Maman, on va garder l'épicerie?*		
		– Angst ausdrücken: *avoir peur de qn/qc*		
		Wortschatz:		
		– Volksfest		
Rév. S.151; *un perroquet, une souris, un chat* bereits bekannt	◀	– Haustiere	6	
		Grammatik:		
Rév. S. 151	◀	– Die Verben *acheter, appeler, payer* im Präs. und Imper., GBH § 42	3, 4	10
Rév. S. 151	◀	– Die Verben *manger* und *commencer* im Präs., GBH § 43	3, 4	10
Das Verb *aller* in Lk. 7A eingeführt	◀	– Das *Futur composé*, GBH § 44	5	9
		Phonetische Schwerpunkte:		
Rév. S. 151	◀	– Stamm- und endungsbetonte Formen der Verben *appeler, acheter, payer*	3, 4	10
		Rechtschreibung:		
Rév. S. 151	◀	– Das Präsens der Verben *commencer, manger, appeler, acheter, payer*	3	10

Textverständnis:	– A propos du texte	SB	Ex. 1
	– Yasmina rêve.	CdA	Ex. 8
Integration und Transfer:	– Redemittel, Wortschatz und Strukturen aus Lk. 8. Die Präp. *à* und der best. Art.	SB	Ex. 2
	– Faites l'interprète.	SB	Ex. 7
Ecouter et comprendre:	– Zeitansage. Einkaufsszenen. Telefonauskunft	SB	S. 101
Lire et comprendre:	– Authentische Bildgeschichte	SB	S. 105
	– Comprendre une publicité	CdA	Ex. 11
D'une leçon à l'autre:	– Vorentlastung: Die Adjektive	SB	S. 76

LEÇON 8

Folien: 20, 22

A TEXTERARBEITUNG

Die wichtigsten Lerninhalte dieses Lektionsteils werden schwerpunktmäßig auf die verschiedenen Textabschnitte verteilt: Abschnitt 1 demonstriert den Ablauf eines Einkaufsgesprächs; in den Abschnitten 2 und 3 werden die Mengenangaben sowie einige Bezeichnungen für Lebensmittel eingeführt; Abschnitt 4 enthält mehrere Belege für die Verben *vouloir* und *pouvoir*. Zur Einführung der Zahlen bis 100 kann L auf *D'une leçon à l'autre*, S. 66, zurückgreifen.

Itinéraire I

- Der Text wird abschnittweise erarbeitet, wobei der Schwerpunkt jedes Textteils zuerst vorentlastet wird. L oder S (V) nehmen vorweg:
  - vor Abschnitt 1: den Ablauf eines Einkaufsgesprächs (Folie Nr. 20)
  - vor Abschnitt 2: *peu de ..., beaucoup de ...* (Folie Nr. 22)
  - vor Abschnitt 3: die noch nicht erwähnten Mengenangaben (Folie Nr. 22)
  - vor Abschnitt 4: die Bedeutung von *pouvoir* und *vouloir*
- L liest die einzelnen Abschnitte langsam vor und erklärt die restlichen neuen Ausdrücke (s. die Vorschläge zur Einführung der schwer erschließbaren Ausdrücke auf S. L 108).
- Die Abschnitte werden jeweils von der Kassette abgespielt oder von L in normalem Sprechtempo vorgelesen; S lesen still mit.
- L stellt Fragen.
- Die noch verbleibenden Schwierigkeiten werden aus dem Weg geräumt.

Itinéraire II

Der Text wird abschnittweise erarbeitet:

- Abschnitt 1:
  - Die Situation wird anhand des ersten Bildes (Folie Nr. 20 oder Schülerbuch) erörtert. L erklärt bereits einige neue Wörter.
  - Der Text wird von der Kassette abgespielt oder von L in normalem Sprechtempo vorgelesen; S lesen still mit.
  - L stellt einfache Fragen zum Abschnitt und klärt die noch verbleibenden schwierigen Stellen.
- Abschnitt 2:
  - L erklärt (z. B. mit Hilfe der Folien Nr. 22) *peu de* und *beaucoup de*. Für leistungstärkere S sind diese Ausdrücke aus dem Zusammenhang heraus erschließbar.
  - Der Abschnitt wird bei geschlossenen Büchern vorgespielt oder von L vorgetragen.
  - L überprüft das Verständnis und klärt noch vorhandene Probleme.
- Abschnitt 3 (bis Z. 32 ... *il n'y a plus de bananes.*):
  - L erklärt mit Hilfe der Folie Nr. 22, durch Bildmaterial (etwa Werbeanzeigen) oder durch mitgebrachte Lebensmittel einen Teil der neuen Ausdrücke.
  - Er schreibt die Einkaufsliste von Herrn Roche unvollständig an die Tafel.
  - S hören den Abschnitt und ergänzen die Liste schriftlich.
  - Die Ergebnisse werden im Klassenverband besprochen.
  - Der Abschnitt wird noch einmal vorgespielt oder vorgelesen. Die restlichen Unklarheiten werden beseitigt.
- Abschnitte 3 (Schluß) und 4:
  - L liest den Text langsam vor und erklärt dabei die schwer erschließbaren Ausdrücke.
  - Der Text wird vorgespielt oder von L in normalem Sprechtempo vorgelesen; S lesen still mit.
  - L stellt Fragen zum Text und löst verbleibende Verständnisprobleme.

FESTIGUNG

- Falls das Präsens der Verben *pouvoir* und *vouloir* nicht in extenso vorgestellt wurde, können S die anderen Formen dieser Verben suchen, soweit sie im Text vorkommen, und anschließend die Paradigmen vervollständigen.
- Die Übungen 1 aus dem Schülerbuch und aus dem *Cahier d'activités* können zu diesem Zeipunkt bereits durchgenommen werden.
- S lesen die Abschnitte 1 und 3 vor und variieren dabei die Waren und den Preis.
- Die Existenzsorgen der Familie Saïd werden im Klassenverband besprochen. Die Angaben im Schülerbuch, S. 151, werden dazu herangezogen.
- s. weiteren Vorschlag S. L 109

LEÇON 8

A L'épicier est toujours là ...

1 *M. Saïd:* C'est à qui maintenant?
Julie: C'est à moi. Je voudrais des fraises.
M. Saïd: Combien?
Julie: Un kilo. C'est pour une tarte.
M. Saïd: Alors, un kilo de fraises pour mademoiselle. Et avec ça?
Julie: Merci. C'est tout.
M. Saïd: Ça fait 32 F.

Julie paie avec un billet de 50 F et M. Saïd rend 18 F à Julie.

2 C'est le dimanche de Pâques et peu de commerçants travaillent. Dans l'épicerie de M. Saïd, 65, rue Daguerre, il y a beaucoup de clients. Ahmed aide son père.

3 Tout à coup, le téléphone sonne.

Ahmed: Allô? ... Ah, c'est vous, M. Roche! Bonjour ... Attendez. Oui ... Des fruits, des bananes ou des pommes, un kilo. D'accord. Deux kilos de pommes de terre, deux artichauts, un paquet de spaghettis, trois bouteilles d'eau et une boîte de «Ronron» pour le chat. D'accord ... Pas de problème ... Au revoir.

Ahmed montre la liste à son père.

M. Saïd: C'est bête. Il n'y a pas d'artichauts aujourd'hui et il n'y a plus de bananes. Tu peux prendre des pommes. Bon. Et tu portes tout au 96.

4 *M. Saïd (à Mme Blanchard, une cliente):* Pardon, madame. M. Roche est malade. Il ne peut pas faire ses courses ... Alors, madame, vous désirez?
Mme Blanchard: Eh oui, M. Saïd! Vous voulez toujours rendre service.
M. Saïd: Oui, madame. Mais pour combien de temps encore? Le propriétaire veut augmenter le loyer. Nous ne pouvons pas payer ça.
Mme Blanchard: Mais vous avez beaucoup de clients!
M. Saïd: Pas assez. L'épicerie, c'est pour le soir ou les jours de fête quand les gens ne peuvent pas aller au supermarché.

8

A EXERCICES

1 A propos du texte

L'épicier a des problèmes.

M. Roche téléphone

Julie veut faire une tarte.

Chez les Saïd, on travaille le dimanche.

a Voilà quatre titres pour les quatre parties du texte.
Trouvez les titres et les parties qui vont ensemble.

Partie 1 (ligne 1 – ligne 11) Partie 3 (ligne 19 – ligne 33)
Partie 2 (ligne 12 – ligne 18) Partie 4 (ligne 34 – ligne 45)

b *Imaginez d'autres titres pour les quatre parties du texte.*

2 On joue avec des nombres▽. *(§§ 38, 39)*

Du sagst eine Zahl zwischen 01 (zéro un) *und* 99 *und den Namen einer Mitschülerin/eines Mitschülers. Sie/Er nennt eine Zahl, die mit der letzten Ziffer der von dir genannten Zahl beginnt, und macht dann in der gleichen Weise weiter.*

Exemple: **23** **37** **70** **08** … *Jouez.*

3 Tu cherches le numéro, s'il te plaît? *(§§ 38, 39)*

a Mme Rigot veut inviter▽ des amis pour une fête.
Elle ne trouve pas les numéros de téléphone▽.
Julien cherche sur le minitel▽.

Exemple: *Mme Rigot:* Julien, tu cherches le numéro de Mme Bernard, s'il te plaît? Elle s'appelle Catherine et elle habite 71, rue du Marché.
Julien: C'est le 01 45 55 13 33.

Téléphone: 01 45 55 13 33

Faites les dialogues.

Roche Patrick
96, rue Daguerre
01 48 92 15 50

Grande Isabelle
13, rue de Rennes
01 46 99 76 06

Saïd Ali
16, rue Daguerre
01 42 90 07 62

Petit Christine
80, rue Martin
01 47 61 70 72

Lecombe Luc
79, rue de Lyon
01 44 14 81 18

Martin Nathalie
24, rue de Strasbourg
01 43 91 16 66

b ☞ ***A vous.***

Exemple: *Toi:* Ton numéro de téléphone, s'il te plaît?
Ta voisine/Ton voisin: C'est le …
Toi (tu notes▽): Alors, le … C'est ça?
Ta voisine/Ton voisin: | Oui. C'est ça.
| Non. Ce n'est pas ça. C'est le …

Ex. 1 ➛ CdA 1

Schwerpunkte: a Textverständnis. **b** Kreative Auseinandersetzung mit dem Text durch Suche alternativer Titelvorschläge
Hinweis: b Schriftliche Durchnahme wird empfohlen.
Lösungen:
a Partie 1: Julie veut faire une tarte.
Partie 2: Chez les Saïd, on travaille le dimanche.
Partie 3: M. Roche téléphone.
Partie 4: L'épicier a des problèmes.
b Vorschläge:
Partie 1: Julie à l'épicerie./Julie fait les courses.
Partie 2: Beaucoup de clients chez M. Saïd le dimanche de Pâques./Le dimanche de Pâques à l'épicerie de M. Saïd.
Partie 3: Un client malade téléphone./M. Roche ne peut pas faire les courses.
Partie 4: Le propriétaire veut augmenter le loyer./Le propriétaire, l'épicier et les supermarchés

Ex. 2 ➛ CdA 4 ➛ GBH §§ 38, 39

Schwerpunkt: Die Zahlen von 1 bis 100
Hinweise: Fakultative Auflockerungsübung. Alternative: L gibt eine Zahlenreihe an der Tafel vor und fordert S auf, das System herauszubekommen.
Neu: In Überschrift: *un nombre*

Ex. 3 ➛ CdA 4 ➛ GBH §§ 38, 39

Schwerpunkte: a, b Adresse und Telefonnummer erfragen und angeben. Die Zahlen von 21 bis 99; Wiederholung der Zahlen bis 20. Der *minitel*. **b** Übertragung auf S
Hinweise: b Kettenübung: S erfragen die Telefonnummer beliebiger Mit-S und schreiben sie an die Tafel. Auf diese Weise kann die Korrektur durch Vergleich mit der schriftlichen Form der Nummer erfolgen. Diese Übung kann auch in Gruppenarbeit durchgeführt werden. In jeder Gruppe werden die Telefonnummern von S erfragt und notiert. Auswertung im Plenum

Landeskunde:
- Der Name *minitel* bezeichnet eine durch *France Télécom* kommerzialisierte Serie von Terminals, die erlauben, das elektronische Telefonbuch sowie die *Télétel*-Dienste in Anspruch zu nehmen.
  Seit seinem Erscheinen auf dem Markt 1985 kennt der *minitel* sowohl in privaten Haushalten als auch in Geschäftsräumen eine sehr weite Verbreitung. Im Jahre 1994 benutzt bereits ein Drittel der Franzosen den *minitel*, der inzwischen 25 000 Dienste anbietet. Ein Viertel der Benutzer beschränkt sich auf die Verwendung des elektronischen Telefonbuchs, während die anderen über den *minitel* z.B. Zugfahrpläne konsultieren und Zugfahrkarten reservieren, ihr Bankkonto führen, Eintrittskarten für Konzert oder Theater zurücklegen lassen oder bei Versandhäusern einkaufen.
  Der *minitel* existiert in verschiedenen Ausführungen, die sich durch die Anzahl der angebotenen Funktionen unterscheiden. Seine Installation macht lediglich eine elektrische Steckdose von 220 V und einen Telefonanschluß erforderlich. Die Gebühren richten sich nach der Art der gewählten Dienstleitung und werden nach Zeiteinheiten über den Telefonanschluß verrechnet. Für die allgemeinen öffentlichen, über die Nummer 36 15 zugänglichen Dienste werden z.B. 1994 zwischen 0,36 und 2,19 Francs pro Minute berechnet.
  Allerdings sollte man beim Umgang mit dem *minitel* Vorsicht walten lassen. Die Anbieter sind für den Inhalt, die Qualität und den Tarif ihrer Dienste verantwortlich. Einige geschäftstüchtige unter ihnen konzipieren ihre Programme so, daß deren Inanspruchsnahme zeitaufwendig und infolgedessen für den Benutzer besonders kostspielig ist.
  Der *minitel* erlaubt außerdem den Zugang zu internationalen Diensten. U.a. ist der *minitel* z.B. mit dem deutschen 'BTX'-System vernetzt.
  Trotz seiner stetigen Perfektionierung im Laufe der Jahre könnte eines Tages selbst der einst bahnbrechende *minitel* überholt sein und durch multimediale Geräte abgelöst werden.
- Bei einem Gespräch von Deutschland nach Frankreich kommt zuerst die Vorwahlnummer 0033, dann die Nummer des Angerufenen (ohne die Null zu Beginn).
  Bei einem Anruf von Frankreich nach Deutschland ist die Vorwahl 0049. Danach kommt die Vorwahlnummer des deutschen Ortes ohne die 0 und die Nummer des deutschen Teilnehmers.

Neu: *inviter qn; un numéro de téléphone; le minitel; noter qc*

Ex. 4 ➝ GBH §§ 38, 39, 40

Schwerpunkte:
a, b Informationen über Preis einholen und geben. Erweiterung der Sachfelder 'Obst' und 'Gemüse' um leicht erschließbares Vokabular. Zahlen von 1 bis 100. **b** *Je voudrais.* Mengenangaben: (Zahlwort) + Mengennomen + *de* + Nomen sowie Zahlwort + Nomen

Hinweise:
a, b Beachtung des Genusunterschieds: *un citron.* **b** Fakultative Vertiefungsübung

Lösungen:
a – Les fraises coûtent combien?
– Les fraises coûtent 29 F 90 le kilo. 5 € 90 le kilo [5 euros 90 centimes/ (m.) cents le kilo

– Les pommes de terre coûtent combien?
– Les pommes de terre coûtent 5 F 40 le kilo.

– Les tomates coûtent combien?
– Les tomates coûtent 9 F 80 le kilo.

– Les carottes coûtent combien?
– Les carottes coûtent 7 F 20 le kilo.

– Les oranges coûtent combien?
– Les oranges coûtent 13 F 60 le kilo.

– Les artichauts coûtent combien?
– Les artichauts coûtent 30 F les cinq.

– Les citrons coûtent combien?
– Les citrons coûtent 5 F 50 les trois.

– Les bananes coûtent combien?
– Les bananes coûtent 13 F 30 le kilo.

Neu: *une tomate; une carotte; une orange; un citron; coûter*

Ex. 5 ➝ GBH § 40

Schwerpunkt: Mengennomen + *de*

Hinweise:
Das Problem der semantischen Affinität kann auf deutsch diskutiert werden (was paßt warum zusammen? was nicht?). Dabei wird es auch Grenzfälle geben. So ist etwa *un kilo de chocolat* zwar möglich, aber nicht sonderlich wahrscheinlich. (Hängt mit unseren Erfahrungen aus der uns umgebenden Wirklichkeit zusammen.) Schriftliche Durchnahme wird empfohlen.

Lösungen:
– un verre d'eau
– un kilo de bananes/d'oranges/de légumes/de spaghettis
– un carton de bananes/d'oranges/de légumes
– une bouteille d'eau
– une tablette de chocolat
– un sac de bananes/ d'oranges/de légumes
– une boîte de «Ronron»
– un billet de 100 F

4 Au marché (§§ 38, 39, 40)

a Au marché de la rue Daguerre, il y a ...

... des pommes ... des fraises ... des pommes de terre

... des tomates▽ ... des carottes▽ ... des oranges▽

... des artichauts ... des citrons▽ *(m.)* ... des bananes.

Exemple: – Les pommes coûtent▽ combien?
– Les pommes coûtent 18 F 10 le kilo. *Continuez.*

b Vous faites les courses pour la famille. *Faites des dialogues.*

Exemple: – Je voudrais des pommes.
– Combien?
– Deux kilos, s'il vous plaît.
– Voilà deux kilos de pommes.
Ça fait 36 F 20.

5 Un paquet d'eau? Ça n'existe pas! (§ 40)

Trouvez les mots qui vont ensemble.

Exemple: un paquet de spaghettis

		?		
paquet	verre		eau	bananes
kilo	carton		légumes	
bouteille			oranges	
tablette	sac		«Ronron»	100
boîte	billet		chocolat	spaghettis

6 Est-ce que tu as un ordinateur? (§ 40)

A vous. *Faites des dialogues.*

Exemple:

– Est-ce que tu as un ordinateur?
– Oui, j'ai un ordinateur.
  Non, je **n**'ai **pas d**'ordinateur.

Est-ce que tu as ...
1. un skateboard?
2. des patins à roulettes?
3. un instrument de musique?
4. des BD en français?
5. une souris?
6. un chat?
7. un perroquet?
8. une sœur?
9. un frère?

7 M. Saïd raconte. (§ 40) *Complétez.*

assez de / beaucoup de / combien de
pas de / peu de / plus de / trop de

M. Saïd: Vous demandez ~ clients nous avons? Nous n'avons pas ~ clients. ~ gens aiment mieux aller au supermarché. Nous, nous avons ~ clients quand ~ commerçants travaillent: le soir, le dimanche et les jours de fête. Nous n'avons ~ dimanche pour nous! Mais le samedi, à midi, nous n'avons ~ clients!

wieviel
genug
Zu viele
viele
wenig

keinen
keine mehr

8 Vouloir, ce n'est pas pouvoir! (§ 41)

Bildet Zweiergruppen. Jede Gruppe denkt sich zunächst unterschiedliche Personen und unterschiedliche Tätigkeiten aus, zum Beispiel:

(Person:) *je/tu/Mme Roche/nous/vous/Luc et Nathalie/...*
(Tätigkeit:) *écouter les «Bidules»/jouer au foot/faire les courses/...*

Dann schreibt jede Gruppe Dialoge nach dem folgenden Muster auf: (Dabei müsst ihr euch zusätzlich eine passende Begründung einfallen lassen.)

– Nous **voulons** écouter les «Bidules», mais nous ne **pouvons** pas.
– Vous ne **pouvez** pas écouter les «Bidules»? Et pourquoi?
– Nous ne trouvons pas la cassette.

Findet drei (oder mehr) Dialoge mit unterschiedlichen Personen, Tätigkeiten und Begründungen.

Ex. 6 ➛ CdA 2 ➛ GBH § 40

Schwerpunkt: Die Verneinung mit *ne ... pas de* als Mengenangabe

Hinweis:
Fragen an S gerichtet. Diese Übung kann auch in Zweiergruppen als freies Interview durchgeführt werden. L geht durch die Klasse und kontrolliert die Richtigkeit von Fragen und Antworten.

Lösungen:
1. – Est-ce que tu as un skateboard?
   – Oui, j'ai un skateboard./Non, je **n'ai pas de** skateboard.
2. – Est-ce que tu as des patins à roulettes?
   – Oui, j'ai des patins à roulettes./Non, je **n'ai pas de** patins à roulettes.
3. – Est-ce que tu as un instrument de musique?
   – Oui, j'ai un instrument de musique./Non, je **n'ai pas d'**instrument de musique.
4. – Est-ce que tu as des BD en français?
   – Oui, j'ai des BD en français./Non, je **n'ai pas de** BD en français.
5. – Est-ce que tu as une souris?
   – Oui, j'ai une souris./Non, je **n'ai pas de** souris.
6. – Est-ce que tu as un chat?
   – Oui, j'ai un chat./Non, je **n'ai pas de** chat.
7. – Est-ce que tu as un perroquet?
   – Oui, j'ai un perroquet./Non, je **n'ai pas de** perroquet.
8. – Est-ce que tu as une sœur?
   – Oui, j'ai une sœur./Non, je **n'ai pas de** sœur.
9. – Est-ce que tu as un frère?
   – Oui, j'ai un frère./Non, je **n'ai pas de** frère.

Ex. 7 ➛ CdA 3 ➛ GBH § 40

Schwerpunkte:
Die Mengenadverbien *assez de, beaucoup de, combien de, peu de, trop de* und die Verneinung *ne ... pas de* sowie *ne ... plus de*

Lösungen:
M. Saïd: Vous demandez **combien de** clients nous avons? Nous n'avons pas **assez de** clients. **Trop de** gens aiment mieux aller au supermarché. Nous, nous avons **beaucoup de** clients quand **peu de** commerçants travaillent: le soir, le dimanche et les jours de fête. Nous n'avons **pas de** dimanche pour nous! Mais le samedi, à midi, nous n'avons **plus de** clients!

Ex. 8 ➛ GBH § 41

Schwerpunkte:
Begründen. Die Modalverben *vouloir* und *pouvoir* einschließlich Infinitivanschlüssen und Verneinung

Hinweise:
Partnerarbeit. Schriftliche Durchnahme wird empfohlen. Alternativen: S schreiben Personen und Tätigkeiten auf Zettel, die dann ausgetauscht und bearbeitet werden. S können auch einen Wettstreit veranstalten: „Personen" und Tätigkeiten werden an der Tafel zusammengetragen. Dann werden Gruppen gebildet, die innerhalb einer vorgegebenen Zeit so viele kleine Dialoge wie möglich erstellen sollen. Am Ende hat die Gruppe gewonnen, welche die meisten und besten Dialoge verfaßt hat.

Lösungsvorschläge:
1. – Luc **veut** aller chez Julien après l'école, mais il ne **peut** pas.
   – Il ne **peut** pas aller chez Julien? Et pourquoi?
   – Parce qu'il a des devoirs.
2. – Ahmed et Nathalie **veulent** jouer au foot, mais ils ne **peuvent** pas.
   – Ils ne **peuvent** pas jouer au foot? Et pourquoi?
   – Parce qu'ils n'ont pas de ballon.
3. – Je **voudrais** regarder la télé dimanche, mais je ne **peux** pas.
   – Vous ne **pouvez** pas regarder la télé dimanche? Et pourquoi?
   – Parce que nous ne sommes pas à la maison. Nous sommes chez des amis.

Ex. 9 ➛ CdA 5, 6, 7

Schwerpunkte:
a, b Ein Einkaufsgespräch führen: Integration der kommunikativen und grammatischen Schwerpunkte des Lektionsteils: **a** Redemittelübersicht. **b** Anwendung. Landeskunde: französische Münzen und Banknoten

Hinweis:
b Vorbereitung des Dialogs in Gruppenarbeit. Es sind mehrere Verkäufer vorzusehen! Zur Erweiterung dieser Übung kann L Preise vorgeben.

9 Faire les courses

a On dit ...

La commerçante/Le commerçant:

– C'est à qui maintenant?
– Vous désirez, madame/mademoiselle/monsieur?
– Combien?
– | Voilà.
  | Voilà deux kilos de pommes.
  Et avec ça?
– Ça fait/coûte 20 F.
– Et voilà 30 F. Merci, madame/mademoiselle/monsieur, et au revoir.

La cliente/Le client:

– C'est à moi.
– | Je voudrais des pommes.
  | Des pommes, s'il vous plaît.
– Deux kilos.
– Merci. C'est tout.
  Ça fait/coûte combien?

– Voilà.
– Merci. Au revoir.

b A la maison, Isabelle trouve une lettre de sa mère.

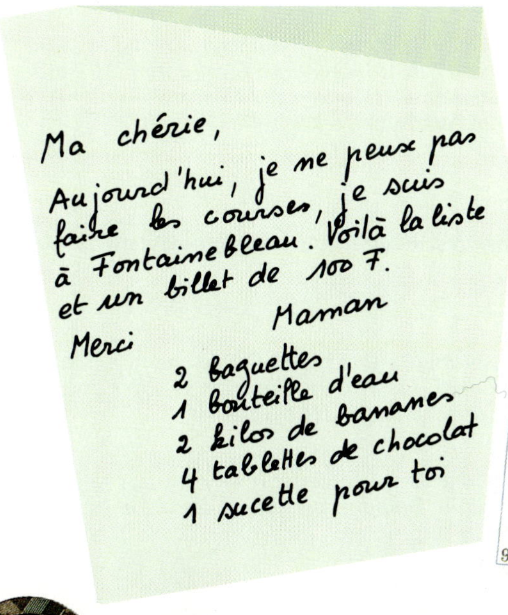
Ma chérie,
Aujourd'hui, je ne peux pas faire les courses, je suis à Fontainebleau. Voilà la liste et un billet de 100 F.
Merci
Maman

2 baguettes
1 bouteille d'eau
2 kilos de bananes
4 tablettes de chocolat
1 sucette pour toi

Isabelle fait les courses.
Travaillez en groupes.
Jouez la scène.

Die Abbildungen der Geldscheine und Münzen entsprechen nicht der Originalgröße.

Zu Itinéraires I und II

Leicht erschließbare Ausdrücke:

vom Dt./Engl. her	vom Visuellen her		vom Kontext her
1 un kilo (de) 3 un téléphone 3 une banane 3 des spaghettis 3 une liste 4 un supermarché	1 une fraise 1 32 F (TB) 1 un billet de 50F 2 peu de 2 65 (TB) 2 beaucoup de 2 un client 3 une pomme 3 une pomme de terre	3 un artichaut 3 un paquet 3 une bouteille d'eau 3 une boîte de «Ronron» 3 un chat 3 ne … pas de 3 ne … plus de 3 96 (TB)	1 je voudrais … 1 Combien? 1 payer qc 3 sonner 3 M. Roche 3 pas de problème **durch Gestik** 1 C'est tout.

Nr. 1

Schwer erschließbare Ausdrücke:

Abschnitt 1 und Überschrift: un épicier; C'est à qui?; C'est à moi; une tarte; Et avec ça?
Abschnitt 2: Pâques
Abschnitt 3: tout à coup; pouvoir faire qc
Abschnitt 4: malade; faire les courses; désirer qc; vouloir faire qc; combien de temps; un propriétaire; augmenter qc; un loyer; pas assez; le soir; un jour de fête; les gens

Nr. 2

Vorschläge zur Einführung der schwer erschließbaren Ausdrücke
Im folgenden sind nur die schwer erschließbaren neuen Ausdrücke unterstrichen.

- Abschnitt 1 ff.:
  L (zeigt auf Bild 1): *Voilà l'épicerie de M. Saïd. M. Saïd est épicier. Et voilà ses clients. M. Saïd regarde les clients et demande: C'est à qui, maintenant? Et Julie répond: C'est à moi. M. Saïd: Vous désirez? Julie prend des fraises. Puis, M. Saïd demande: Et avec ça? Julie prend seulement des fraises. Elle dit: C'est tout.* L läßt die eingeführten Ausdrücke rekapitulieren.
  Une tarte: L erklärt, daß *tarte* nicht mit 'Torte' gleichzusetzen ist: *une tarte*: ein Obstkuchen; 'Torte' ist hingegen mit *gâteau (m.)* zu übersetzen.

- Abschnitt 2:
  L (zeigt auf Kalender/Bild 1): *Aujourd'hui, c'est Pâques. Pâques, c'est une fête. Qu'est-ce que c'est, en allemand?*

- Abschnitt 3:
  Tout à coup: erraten, ggf. übersetzen lassen
  L: *Mme Saïd dit: Est-ce que tu peux aider ton père, Ahmed, s'il te plaît? Est-ce que tu peux apporter un carton de fruits à un client? Ton père ne peut pas quitter l'épicerie. Il a des clients.* Kontrollfrage: L: *Qu'est-ce que M. Saïd ne peut pas faire? Pourquoi?* S: …

- Abschnitt 4:
  L: *M. Roche reste au lit. Il est malade. Il ne peut pas aller à l'épicerie. Il ne peut pas faire les courses. M. Saïd veut rendre service à son client malade. Il apporte les fruits, les légumes etc. à M. Roche. Mme Blanchard dit à M. Saïd : Vous voulez toujours rendre service. M. Saïd répond: Nous rendons service quand nous pouvons.*
  Vous désirez?: s. Abschnitt 1
  L: *M. Saïd paie pour le magasin. Il paie un loyer. Il paie le loyer à un monsieur; il paie le loyer au propriétaire du magasin. Et le propriétaire veut augmenter* (Gestik) *le loyer.* Kontrollfrage: L: *Qu'est-ce que le propriétaire veut faire?* S: *Il veut augmenter le loyer de l'épicerie.*
  Combien de temps?: übersetzen
  L: *Tout le monde va souvent au supermarché. Les gens vont souvent au supermarché. Alors, les épiciers n'ont pas assez de clients.* TB: pas assez ≠ ? (*trop* bereits bekannt). Kontrollfrage: L: *Pourquoi est-ce que M. Saïd n'a pas assez de clients?* S: *Parce que les gens vont au supermarché.*
  Le soir: Un autre soir bereits in Lektion 6A. L: *Le soir, c'est de quelle heure à quelle heure?* S: …
  L: *Le jour de Pâques, par exemple, est un jour de fête.* Kontrollfrage: L: *Est-ce qu'on travaille, en principe, les jours de fête?* S: *Non, …*

Zu Itinéraire I

- In der Vorentlastungsphase wird das Einkaufsgespräch in einer sehr schematischen Form dargestellt. Es empfiehlt sich, den in Abschnitt 1 vorkommenden Redemitteln die Frage *Vous désirez?* (Z. 36) hinzuzufügen. Das Wort *fraises* kann zunächst durch eine leichter verständliche Vokabel – etwa *bananes, tomates, oranges* oder *carottes* – ersetzt werden.
- Die Mengenangaben werden in Verbindung mit den Lebensmitteln und mit Hilfe der Folie eingeführt. Falls keine Folie vorhanden ist, kann L einige Abbildungen, z.T. Werbematerial aus Zeitschriften, oder ggf. Lebensmittel mitbringen. *Beaucoup de ..., peu de ...* werden in Kontrast zueinander erklärt; *pas de ...* wird durch das Nicht-Vorhandensein bestimmter Lebensmittel (*il n'y a pas de bouteilles de coca▿, de fanta▿*) und *plus de ...* durch das Hindeuten auf den leeren Bananenkarton verdeutlicht.
- **V** S können auch einen Teil oder die Gesamtheit der dargestellten Vorentlastung übernehmen. Es empfiehlt sich besonders, S die Einführung der Mengenangaben und der Lebensmittel zu überlassen (s. vorigen Punkt). Leistungsstärkere S sollten zudem in der Lage sein, die Vorentlastung zu den anderen Abschnitten durchzuführen. Eine solche Beteiligung von S sollte langfristig geplant werden: für nähere Angaben zum allgemeinen Verfahren sei auf Lektion 4, *Itinéraire II* (S. L 43 und L 49f.) verwiesen.

Zu Itinéraire II

- Abschnitt 1: Klärung der Situation: S kennen bereits Ahmeds Aussehen und erraten, daß der Verkäufer Herr Saïd ist. Bei der Besprechung des ersten Bildes sollte L mindestens folgende Ausdrücke einführen: *un épicier* (*une épicerie* schon bekannt), *les clients, des fraises, un billet de 50 F* – eventuell auch *Pâques.*
- Abschnitt 3: Für die Einkaufsliste von Herrn Roche, die S beim Hören des Textes ergänzen sollen, s. Kasten Nr. 3.

M. Roche	**TB**
1 kg de _*(bananes)*_ ou de pommes	
_*(2 kg de)*_ pommes de terre	
2 _*(artichauts)*_	
*(1 paquet de)* spaghettis	
3 _*(bouteilles d')*_ eau	
1 _*(boîte de)*_ «Ronron»	

Nr. 3

Zu den Strukturen

Vouloir* und *pouvoir

Aufgabenstellung: *Complétez les phrases. Employez* vouloir *et* pouvoir.

Julien: Luc et Nathalie, est-ce que vous _*voulez*_ jouer au foot avec moi?
Luc: Nous ne _*pouvons*_ pas. Nous allons chez François.

Julien (à Mme Lacroix): Est-ce que Julie _*peut*_ faire un tour avec moi?
Mme Lacroix: Elle ne _*peut*_ pas. Elle a des devoirs.

Julien: Yasmina, est-ce que tu _*veux*_ faire du patin avec moi?
Yasmina: Je ne _*peux*_ pas. Je _*veux*_ terminer mon livre.

Mme Rigot (à Julien): Est-ce que tes copains _*veulent*_ passer à la maison demain?
Julien: Oui, mais moi, je ne _*veux*_ pas. Demain, je _*veux*_ rester sur mon lit et regarder mes BD.

Landeskunde

Der Lektionstext ist vor dem Hintergrund echter Existenzprobleme der kleinen Geschäfte in der *rue Daguerre* entstanden. Nähere Informationen hierzu finden Sie in Lektion 3, auf S. L 31.
In der Lektion 8A wird ein realistisches Bild der Einkaufspraxis der Bewohner in der *rue Daguerre* wiedergegeben: Das Gros ihres Lebensmitteleinkaufs wird im Supermarkt erledigt, wohingegen sie im Lebensmittelladen die frischen Produkte (Obst, Gemüse, Fisch, Fleisch, usw. ...) oder die Ware einkaufen, die sie im Supermarkt nicht finden konnten oder zu besorgen vergessen haben. Die „arabischen" Lebensmittelgeschäfte werden deshalb besonders geschätzt, weil sie noch spät abends und auch sonntags geöffnet sind.

B ... mais est-ce qu'il va rester?

1 Yasmina a peur. Qu'est-ce que son père va faire? Est-ce qu'il va fermer l'épicerie ...?

Monsieur le propriétaire,

S'il vous plaît, n'augmentez pas le loyer de M. Saïd.

Les amis de la rue Daguerre

2 Yasmina et Ahmed racontent tout aux copains. Tout le monde est d'accord: ils vont aider la famille Saïd. Comment? Eh bien, ils vont faire une lettre au propriétaire! Et puis, ils vont organiser une journée d'action dans la rue Daguerre. Au stand, tout le monde va signer la lettre.

3 La journée d'action commence. A côté du stand, les «Bidules» donnent un concert pour M. Saïd. La vedette? Yasmina!

4 Au stand d'Ahmed, beaucoup de gens achètent des merguez avec des frites ... et signent la lettre.

5 Tout à coup, une voiture arrive. Un homme descend. Mais ... c'est le propriétaire! Yasmina a peur! Et derrière l'homme, un chien! Elle a peur de l'homme et du chien. Elle veut crier, mais elle ne peut pas ... Alors l'homme va au micro. Qu'est-ce qu'il va dire? Surprise!

6 «Mes amis, oublions l'histoire! Achetons chez M. Saïd et mangeons des merguez ensemble. Allez, appelez M. Saïd. Je ne vais pas augmenter le loyer!» Les enfants crient: «Bravo, bravo! Merci, monsieur!»

7 *Mme Saïd:* Yasmina, il est sept heures! Yasmina, tu rêves encore?
Yasmina: Maman, on va garder l'épicerie, non?
Mme Saïd: Oui, je pense. Mais ça va être très difficile.

Folie: 21

B TEXTERARBEITUNG

Es empfiehlt sich, das *Futur composé* vor der Erarbeitung des Textes einzuführen. L gibt einige Beispiele, bei denen er das Präsens und das *Futur composé* kontrastiv verwendet (s. 'Vorschläge zur Einführung der schwer erschließbaren Ausdrücke', S. L 114) und fordert S auf, die Regel zur Bildung des *Futur composé* herausfinden.

Itinéraire I

- Der Text wird abschnittweise erarbeitet:
  - L knüpft an die Abbildungen an, stellt Fragen zu bereits bekannten Wörtern und führt den neuen Wortschatz im Zusammenhang ein (s. 'Vorschläge zur Einführung der schwer erschließbaren Ausdrücke', S. L 114 f.).
  - Der Abschnitt wird von der Kassette abgespielt oder von L in normalem Sprechtempo vorgelesen. Die Bücher bleiben geschlossen.
  - L stellt Fragen zum Verständnis, die S u. a. dazu veranlassen, in ihren Antworten die im Text vorkommenden Formen der neuen unregelmäßigen Verben zu verwenden.
- Der Text wird als Ganzes von der Kassette abgespielt oder von L vorgelesen; S lesen still mit.
- Die letzten Schwierigkeiten werden aus dem Weg geräumt.

Schwer erschließbare Ausdrücke:

Abschnitt 1 und Überschrift:	aller faire qc; avoir peur de qn/qc; fermer (qc)
Abschnitt 2:	une journée d'action; signer qc
Abschnitt 3:	commencer; une vedette
Abschnitt 4:	acheter qc; une merguez
Abschnitt 5:	un homme; descendre; derrière
Abschnitt 6:	manger qc; appeler qn; un enfant
Abschnitt 7:	rêver; garder qc; penser (à qn)

Nr. 1

Itinéraire II

- Erarbeitung der Binnengeschichte (Abschnitte 2 bis 6):
  - L erklärt zuerst, daß Yasmina träumt, und gibt den Inhalt des Traums im Präsens wieder. Er führt dabei einige Begriffe aus dem Text ein.
  - Die Abschnitte 2 bis einschließlich 6 werden zusammenhängend vorgespielt oder von L in normalem Sprechtempo vorgelesen. Gleichzeitig zeigt L auf die Abbildungen.
  - L stellt Fragen zum globalen Verständnis.
  - S hören diesselben Abschnitte noch einmal einzeln an und lesen diesmal mit.
  - Die schwierigen Stellen werden abschnittweise geklärt.
- Erarbeitung der Abschnitte 1 und 7:
  - L liest diese Abschnitte langsam vor und erklärt dabei den neuen Wortschatz; S lesen still mit.
  - Die letzten Schwierigkeiten werden beseitigt.
- Darbietung des gesamten Textes; S lesen still mit.
- L stellt Fragen zum gesamten Text.

FESTIGUNG

- S sammeln die im Text vorkommenden Formen der Verben *acheter, appeler, manger* und *commencer*. Die Paradigmen werden an der Tafel ergänzt. Das Verb *payer* (Lektion 8A) wird hinzugenommen.
- S stellen sich gegenseitig Fragen zum Text.
- In dieser Phase können die Übungen 1 aus dem Schülerbuch und 8 aus dem *Cahier d'activités* durchgenommen werden.
- s. weitere Vorschläge auf S. L 115 f.

LEÇON 8 B EXERCICES

Ex. 1 ➛ CdA 8

Schwerpunkt: Textverständnis

Hinweis: Schriftliche Durchnahme wird empfohlen.

Lösungen:
1. Yasmina est dans son lit.
2. Elle a peur parce que le propriétaire de l'épicerie de ses parents veut augmenter le loyer.
3. Les copains de Yasmina voudraient aider M. Saïd et faire une lettre au propriétaire.
4. Au stand, on peut acheter des merguez et des frites et signer une lettre au propriétaire.
5. Elle a peur parce que le propriétaire arrive avec un chien.
6. On peut parler d'une surprise parce que le propriétaire ne veut plus augmenter le loyer.

Ex. 2

Schwerpunkte:
1. und 2.: S äußern sich über ihre Lebensverhältnisse. Wiederholung der Präp. *à* mit dem best. Art.
3.: Einbezug des interkulturellen Aspekts in den Bereich Einkauf mittels Rollenspiel

Hinweise:
Schriftliche Durchnahme wird empfohlen. Punkt 3 eignet sich vornehmlich für leistungsstärkere S.

Lösungsvorschläge:
1. Dans ma famille, tout le monde fait les courses.
2. Pour faire les courses, nous allons au supermarché, au marché et souvent à l'épicerie aussi.
3. – Aujourd'hui, je voudrais faire une tarte, mais nous n'avons plus de fraises. Je vais faire les courses!
   – Mais c'est impossible! Le dimanche, on ne peut pas faire les courses, ici!
   – Ah! Ce n'est pas drôle, ça! En France, le dimanche, on peut faire ses courses à l'épicerie. On peut aussi acheter des baguettes à la boulangerie. Qu'est-ce que nous allons faire, alors?
   – Il y a encore des pommes dans un carton, à la cuisine. On fait une tarte avec?

Ex. 3 ➛ S

Schwerpunkte:
a Ausspracheschulung. Stamm- und endungsbetonte Formen der Verben *appeler, acheter, payer, commencer* und *manger*. **b** Bewußtmachung von Phonem-Graphem-Beziehungen bei den genannten Verben

Hinweise:
Diese gereimten Übungen werden einzeln und im Chor gesprochen. Nachdem die gereimten Texte artikulatorisch eingeübt und evtl. auswendig gelernt sind, werden sie im **b**-Teil nun ohne lautschriftliche Anteile von S aufgeschrieben.

Lösungen:

1. *appeler*
   Appelons les amis
   qui aiment les fêtes!
   Vous appelez Cathy,
   et moi, **j'appelle** Annette.

2. *acheter*
   Qu'est-ce qu'**on achète**
   pour les amis?
   Achetons des baguettes
   et des spaghettis!

3. *payer*
   Qui **paie** pour la fête?
   Vous **payez** les baguettes,
   et moi, les spaghettis.
   C'est oui? C'est oui!

4. *Commencer, manger*
   Commençons la fête!
   Mangeons des baguettes
   et des spaghettis!
   Ah non, merci!
   Quand c'est la fête,
   je ne **mange** pas de baguettes!
   Mais pour les spaghettis,
   c'est toujours oui!

Neu: Name: *Annette*

3 EXERCICES

1 A propos du texte

Répondez.

1. Où est Yasmina?
2. Pourquoi est-ce qu'elle a peur?
3. Pourquoi est-ce que les copains de Yasmina organisent une journée d'action?
4. Qu'est-ce qu'on peut faire au stand?
5. Tout à coup, Yasmina veut crier. Pourquoi?
6. Pourquoi est-ce qu'on peut parler d'une surprise?

2 ☞ A vous.

1. Qui, dans ta famille, fait les courses?
2. Où est-ce que vous allez pour faire les courses?
3. Des Français sont chez vous. Un dimanche, ils veulent faire des courses.
Imaginez le dialogue.

3 Jeu de sons

a *Lisez.*

①

appeler [aple]

[aplõ] les amis
qui aiment les fêtes!
[vuzaple] Cathy,
et moi, [ʒapɛl] Annette▽.

②

acheter [aʃte]

Qu'est-ce qu' [õnaʃɛt]
pour les amis?
[aʃtõ] des baguettes
et des spaghettis!

③

payer [peje]

Qui [pɛ] pour la fête?
Vous [peje] les baguettes,
et moi, les spaghettis.
C'est oui? C'est oui!

④

commencer [kɔmɑ̃se]
manger [mɑ̃ʒe]

[kɔmɑ̃sõ] la fête!
[mɑ̃ʒõ] des baguettes
et des spaghettis!
Ah non, merci!
Quand c'est la fête,
je ne [mɑ̃ʒ] pas de baguettes!
Mais pour les spaghettis,
c'est toujours oui!

b *Schreibt die kleinen Texte ohne Lautschrift in euer Heft.*

8 EXERCICES

☐ 4 Gros Minou▽ raconte . . . (§§ 41, 42, 43)

Accordez les verbes.

Gros Minou parle à un autre chat:
1. «Salut, je m'(appeler) Gros Minou. 2. Tu *(aimer)* les rues et les cours? 3. Tu *(détester)* les chiens et les chats d'appartement? Alors, bienvenue dans la rue Daguerre! 4. Nous *(commencer)* la journée à 5 heures. 5. D'abord, nous *(faire)* un tour dans le quartier. 6. Derrière les restaurants, on *(pouvoir)* toujours trouver quelque chose à *(manger)*. Super! 7. Mais nous ne *(manger)* pas beaucoup. 8. Il y *(avoir)* encore les magasins! 9. A 8 heures, les commerçants *(commencer)* à préparer les stands. 10. Puis, les clients *(arriver)*. 11. Ils *(acheter)* et ils *(payer)*. 12. Nous, nous *(manger)*, mais nous ne *(payer)* pas, bien sûr. 13. Après, nous *(chercher)* des souris. 14. A midi, je *(aller)* au 10, rue Daguerre et je *(rêver)* des heures et des heures de mon amie Minnie. 15. Le soir, à 10 heures, j'*(appeler)* mes copains et mes copines. 16. C'*(être)* l'heure de la fête. 17. Alors, mon ami, ne *(perdre)* pas une minute. 18. *(rester)* avec nous!»

5 Je vais regarder la télé. (§ 44)

a *Faites des phrases.*

Exemple:

Demain, je **vais** regarder la télé.
Je **ne vais pas** écouter la radio.

		regarder la télé	faire la cuisine	jouer au foot	rester à la maison	écouter la radio	rendre visite à une copine	jouer du piano	faire les courses	manger au restaurant
1.	Je	+				−		+	−	
2.	Tu		+	−	+		−			
3.	Isabelle	−			−	−	+			
4.	Les Lacroix		−			+			+	+
5.	Nous		−	+			+	+		
6.	Vous				+			+	−	−

b ☞ **A vous.**

Demain, c'est dimanche.

Demande à ta voisine/à ton voisin:

Ex. 4 ➛ CdA 10 ➛ GBH §§ 41, 42, 43

Schwerpunkte:
Morphologie der Verben *appeler, commencer, pouvoir, manger, acheter, payer.* Wdh. bereits bekannter Verben

Hinweis: Fakultative Integrationsübung

Lösungen:
1. «Salut, je m'**appelle** Gros Minou.
2. Tu **aimes** les rues et les cours?
3. Tu **détestes** les chiens et les chats d'appartement? Alors, bienvenue dans la rue Daguerre!
4. Nous **commençons** la journée à 5 heures.
5. D'abord, nous **faisons** un tour dans le quartier.
6. Derrière les restaurants, on **peut** toujours trouver quelque chose à **manger**. Super!
7. Mais nous ne **mangeons** pas beaucoup.
8. Il y **a** encore les magasins!
9. A 8 heures, les commerçants **commencent** à préparer les stands.
10. Puis, les clients **arrivent**.
11. Ils **achètent** et ils **paient**.
12. Nous, nous **mangeons**, mais nous ne **payons** pas, bien sûr.
13. Après, nous **cherchons** des souris.
14. A midi, je **vais** au 10, rue Daguerre et je **rêve** des heures et des heures de mon amie Minnie.
15. Le soir, à 10 heures, j'**appelle** mes copains et mes copines.
16. C'**est** l'heure de la fête.
17. Alors, mon ami, ne **perds** pas une minute.
18. **Reste** avec nous!»

Neu: In Überschrift: *Gros Minou*

Ex. 5 ➛ CdA 9 ➛ GBH § 44

Schwerpunkte: a, b Informationen über Vorhaben/Wunsch geben. **b** Übertragung auf S

Hinweis: a Schriftliche Durchnahme wird empfohlen.

Lösungen:

a
1. Demain, je vais jouer du piano. Je ne vais pas faire les courses.
2. Demain, tu vas faire la cuisine. Tu ne vas pas jouer au foot. Demain, tu vas rester à la maison. Tu ne vas pas rendre visite à une copine.
3. Demain, Isabelle ne va pas regarder la télé. Elle ne va pas rester à la maison. Demain, Isabelle ne va pas écouter la radio. Elle va rendre visite à une copine.
4. Demain, les Lacroix ne vont pas faire la cuisine. Ils vont écouter la radio, faire les courses et manger au restaurant.
5. Demain, nous n'allons pas faire la cuisine. Nous allons jouer au foot, rendre visite à une copine et jouer du piano.
6. Demain, vous allez rester à la maison et jouer du piano. Vous n'allez pas faire les courses et vous n'allez pas manger au restaurant.

Ex. 6

Schwerpunkte: Über sich selbst Auskunft geben. Das Sachfeld 'Haustiere'

Hinweise:
Schriftliche Durchnahme wird empfohlen. Eine Liste der beliebtesten Haustiere steht im Vokabular, S. 151.

Lösungsbeispiele:
– J'ai un perroquet. Il s'appelle Arthur. Il a 6 ans.
– J'ai une souris. Elle s'appelle Minnie. Elle a 1 an.

Neu: *un animal, des animaux*

Ex. 7

Schwerpunkte:
Einüben in die Fertigkeit des Dolmetschens. Redemittel, Wortschatz und Grammatik der ganzen Lektion

Hinweis:
S arbeiten zu dritt, wobei jeder eine bestimmte Rolle übernimmt. Es empfiehlt sich, entweder zwischendurch die Rollen zu tauschen, damit jeder S dolmetschen kann, oder die Rolle des Dolmetschers beim ersten Durchgang einem leistungstärkeren S, beim dritten einem leistungsschwächeren S zu übertragen.

Lösungen:
Z. 8 – C'est à nous. Je voudrais deux merguez avec des frites, s'il vous plaît.
Z. 11 – Er sagt, daß es keine Merguez mehr gibt, und fragt, ob wir Pommes wollen.
Z. 14 – Pas de problème. On prend/Nous prenons des frites.
Z. 18 – Er sagt, daß heute viele Leute im Viertel sind, und findet das toll.
Z. 21 – Ça fait combien, monsieur?
Z. 24 – Er sagt, daß man heute nicht bezahlen muß.
Z. 26 – Et pourquoi?/Pourquoi est-ce qu'on ne paie pas aujourd'hui?
Z. 33 – Heute ist ein Aktionstag. Man will den Lebensmittelhändlern/den kleinen Geschäftsleuten helfen. Die Mieten für die Geschäfte steigen, und viele Geschäfte werden bald zumachen müssen. Also unterschreiben die Leute hier einen Brief.
Z. 38 – Nous avons le même problème chez nous. Les épiciers n'ont pas assez de clients. Ils ne peuvent pas garder les magasins.
Z. 42 – Er sagt, daß die Leute ihre Einkäufe nicht im Viertel machen. Sie fahren mit dem Auto zum Supermarkt.
Z. 46 – Pour les épiciers, c'est difficile. Pour aider, nous allons/on va signer la lettre.

Neu: Überschrift: *Faites l'interprète.*

6 A propos du vocabulaire

Les animaux▽

☞ A vous.

Est-ce que tu as un animal?
Comment est-ce qu'il s'appelle?
Quel âge est-ce qu'il a?

Regardez dans le «Vocabulaire», p. 151.

7 Faites l'interprète. *(Spielt den Dolmetscher.)*

Tu es à Paris avec ta mère. Vous êtes dans la rue Daguerre. Vous arrivez à un stand où on peut acheter des merguez avec des frites. Derrière le stand, il y a un monsieur.

Faites l'interprète. Travaillez à trois.

Ta mère: Kauf uns zwei Merguez mit Pommes frites.
Le monsieur: C'est à qui?
Toi: C'est à nous. Je ...
Le monsieur: Il n'y a plus de merguez. Vous voulez des frites?
Toi: Er sagt ... und fragt, ...
Ta mère: Kein Problem! Wir werden Pommes frites nehmen.
Toi: ...
Le monsieur: D'accord. Aujourd'hui, il y a beaucoup de gens dans le quartier. C'est super!
Toi: ...
Le monsieur: Voilà les frites.
Ta mère: Frag ihn, was wir zahlen müssen.
Toi: ...
Le monsieur: Non, non. Aujourd'hui, on ne paie pas.
Toi: ...
Ta mère: Frag ihn, warum.
Toi: ...
Le monsieur: C'est une journée d'action. Nous voulons aider les épiciers. Les loyers des magasins augmentent. Bientôt, beaucoup de magasins vont fermer. Alors, les gens signent une lettre ici.
Toi: ...
Ta mère: Wir haben das gleiche Problem bei uns. Die Lebensmittelhändler haben nicht genug Kunden. Sie können die Geschäfte nicht behalten.
Toi: ...
Le monsieur: Oui. Les gens ne font pas les courses dans le quartier, ils prennent la voiture et vont au supermarché.
Toi: ...
Ta mère: Für die Lebensmittelhändler ist das schwierig. Um zu helfen, werden wir den Brief unterschreiben.
Toi: ...

Zu Itinéraires I und II

Leicht erschließbare Ausdrücke:

vom Dt./Engl. her	vom Visuellen her	vom Kontext her
2 organiser qc 3 un concert 4 des frites 5 une surprise 7 difficile	5 une voiture 5 un chien 5 un micro	2 Monsieur le propriétaire 3 à côté de

Nr. 2

Vorschläge zur Einführung der schwer erschließbaren Ausdrücke
Im folgenden sind nur die schwer erschließbaren neuen Ausdrücke unterstrichen.

- *Aller faire qc:*
  Aujourd'hui, nous restons à la maison: ma sœur regarde la télé, et moi, j'écoute des cassettes.
  Demain, nous **allons faire du sport:** ma sœur **va jouer au foot,** et moi, je **vais faire une promenade.**
  S vergleichen die beiden Blöcke und erschließen die Regel zur Bildung des *Futur composé.*
- Abschnitt 1:
  L: *Quand un chat arrive, les souris ne restent pas. Les souris ont peur des chats.* L (zeigt auf Bild 3): *Yasmina a peur. Elle a peur du monsieur et du chien.* Kontrollfragen: L: *[S-Name], tu as peur des chiens/des souris?* S: ...
  L: *Que veut faire le propriétaire de l'épicerie de M. Saïd?* S: *Il veut augmenter le loyer.* L: *Est-ce que les Saïd peuvent encore payer le loyer ou est-ce qu'ils vont fermer l'épicerie? C'est un problème pour la famille Saïd.* Kontrolle: L: *[S-Name], ferme ton livre/ton cahier. Qu'est-ce qu'il fait?* S: ...
- Abschnitt 2:
  L (zeigt auf Bild 2): *Il y a une fête. Qui est-ce, ici?* S: *C'est Yasmina et les «Bidules».* L: *Oui. Les gens écoutent les «Bidules». Qu'est-ce qu'ils font encore?* S: *Ils font une lettre au propriétaire de l'épicerie des Saïd.* L: *Oui. Ils signent la lettre.* (L zeichnet eine Unterschrift auf die Tafel). L: *C'est une journée d'action.* Kontrollübersetzung. Kontrollfrage: L: *Les gens veulent aider M. et Mme Saïd. Qu'est-ce qu'ils font?* S: *Ils font une journée d'action et signent une lettre au propriétaire de l'épicerie.*
- Abschnitt 3:
  L (auch TB): *Terminer une lettre/un livre ≠ commencer une lettre/un livre*
  L (zeigt auf Bild 2): La journée d'action commence. Les «Bidules» donnent un concert. Yasmina est la vedette (übersetzen). Kontrollfragen: L: *Est-ce que c'est la fin de la journée d'action?* S: *Non, la journée d'action commence.* L: *Que fait Yasmina ici?* S: *C'est la vedette.*
- Abschnitt 4:
  L: *Voilà le stand d'Ahmed. Au stand, on peut acheter des merguez* (übersetzen). Kontrollfragen: L: *Qu'est-ce qu'on peut acheter encore?* S: *On peut acheter des frites.* L: *Qu'est-ce qu'on achète au marché, par exemple?* S: *Au marché, on achète par exemple des fruits, des légumes ou des fleurs.*
- Abschnitt 5:
  L: *Un homme, c'est un monsieur.* L (zeigt auf Bild 3): *L'homme ne reste pas dans la voiture. Il descend de la voiture.* Kontrollübersetzung
  L (auch TB): *derrière ≠ devant.* Kontrollfrage: L: *Le chien est devant l'homme?* S: *Non, il est derrière l'homme.*
- Abschnitt 6:
  L: *Le repas d'un chat, c'est souvent une souris. Les chats mangent les souris.* (Kontrollfrage bei *Itinéraire I*: L: *Pourquoi est-ce que les souris ont peur des chats?)*
  L (zeigt auf Bild 2): *Qu'est-ce que les gens achètent au stand d'Ahmed?* S: *Ils achètent des merguez et des frites.* L: *Oui, les gens achètent et mangent des merguez et des frites.* L: *Puis, on appelle M. Saïd: M. Saïd! M. Saïd! Où est-ce que vous êtes? M. Saïd!* Kontrollfrage: L: *Dans la leçon 6B, Nathalie appelle Yasmina au téléphone?* S: *Non. Elle appelle Julie au téléphone.*
  Un enfant: übersetzen

- Abschnitt 7:
  L: *Yasmina donne un concert avec les «Bidules»? C'est vrai? Non, ce n'est pas vrai. Yasmina est dans son lit et elle rêve.*
  L (auch TB): *M. Saïd va fermer l'épicerie. ≠ M. Saïd va garder l'épicerie.* Kontrollübersetzung
  Penser (à qn): übersetzen. Anwendung: L: *A qui est-ce que Julien pense encore souvent? Pensez à la leçon 7A.* S: *Il pense encore souvent à Laurent Pennec, son copain de Rennes.*
  S sollen versuchen, eine adäquate Übersetzung für die Antwort von Frau Saïd, Z. 38: *Oui, je pense* zu finden (etwa 'Ich glaube schon').

Zu Itinéraire II

Wiedergabe des Trauminhalts im Präsens. Im folgenden sind alle neuen Ausdrücke unterstrichen:
Les copains de Yamina veulent aider les Saïd. Ils organisent une journée d'action.
Les «Bidules» donnent un concert avec Yasmina.
Au stand d'Ahmed, les gens achètent des frites et des merguez (übersetzen). Ils signent aussi une lettre au propriétaire. Tout à coup, un homme (un monsieur) arrive. C'est le propriétaire. Il parle au micro (zeigen). Il ne va pas augmenter le loyer.

Zur Festigung des Textes

L gibt ein paar Stichworte zu jedem Textabschnitt. S versuchen den Text mündlich nachzuerzählen. Die Folie – falls vorhanden – bleibt sichtbar. Je nach dem Leistungsstand der Klasse können mehr oder weniger Stichworte vorgegeben werden. (Die im folgenden halbfett gedruckten Ausdrücke geben das Gerüst des Textes an.). Bei einem zweiten oder dritten Durchgang können die Vorgaben nach und nach gelöscht werden. Am Ende steht eine Nacherzählung ohne Vorgaben.

Mögliche Stichworte:
Abschnitt 1: **avoir peur**; fermer?
Abschnitt 2: **une journée d'action**; aider; signer une lettre
Abschnitt 3: commencer; **un concert**; une vedette
Abschnitt 4: **acheter** des merguez et des frites
Abschnitt 5: une voiture; **un homme**; un chien; un micro; une surprise
Abschnitt 6: appeler M. Saïd; **ne pas augmenter le loyer**
Abschnitt 7: rêver; garder l'épicerie; **difficile**

Zu den Strukturen

Das *Futur composé*

Stillarbeitsphase oder Hausaufgabe. Aufgabenstellung: *Prépare pour tes camarades six questions avec le futur composé. Cherche des exemples pour toutes les personnes sauf la première du singulier./Bereite für deine Mit-S sechs Fragen mit dem* Futur composé *vor. Suche Beispiele für alle Personalformen außer der ersten Singular.* Die Fragen werden dann im Plenum gestellt und jeweils von dem angesprochenen Mit-S beantwortet. L kann auch einige Beispiele geben. Auch wenn die Antwort auf eine Frage positiv ausfällt, muß S mit einem vollständigen Satz antworten. Beispiele:

1) – Est-ce que tu vas faire des courses, demain?
– Non. Demain, je vais rester à la maison.
2) – Est-ce que ton frère va jouer au foot avec nous après l'école?
– Non. Aujourd'hui, c'est impossible. Après l'école, il va aller acheter un cadeau pour l'anniversaire d'un copain.
3) – Est-ce que nous allons commencer la leçon 9 demain?
– Non. Demain, nous allons terminer la leçon 8.
4) – Est-ce que vous allez organiser un concert pour la fête de l'école?
– Oui, nous allons organiser un concert.
5) – Est-ce que les Saïd vont garder l'épicerie?
– Oui, ils vont garder l'épicerie./Non, ils vont fermer l'épicerie. Ils ne vont pas pouvoir payer le loyer.

Die Zahlen bis 100

s. 'Spielkiste' S. L XIX, Spiele Nr. 8 und 9

Lebensmittel und Mengenangaben

- s. 'Spielkiste' S. L XIX, Spiel Nr. 11
- Anhand der Folie Nr. 22 stellen S einander Fragen.

Zum Wortschatz

- Wenn S darin geübt sind, mit Assoziationsfeldern zu arbeiten, können sie versuchen, ihre Assoziationen zum Thema *A l'épicerie* zu sammeln und gegliedert darzustellen. Aufgabenstellung: **a** *Faites un champ associatif sur le thème 'A l'épicerie'.* **b** *Faites un texte. Employez les mots du champ associatif.* / **a** *Erstellt ein Assoziationsfeld zum Thema 'Im Lebensmittelladen'.* **b** *Schreibt einen Text. Verwendet die Wörter aus dem Assoziationsfeld.*
- Falls die Übung in dieser Form zu schwierig ist, kann L das leere, nur durch einige zentrale (hier halbfett gedruckte) Begriffe gefüllte Assoziationsfeld vorgeben.

a Assoziationsfeld: A l'épicerie

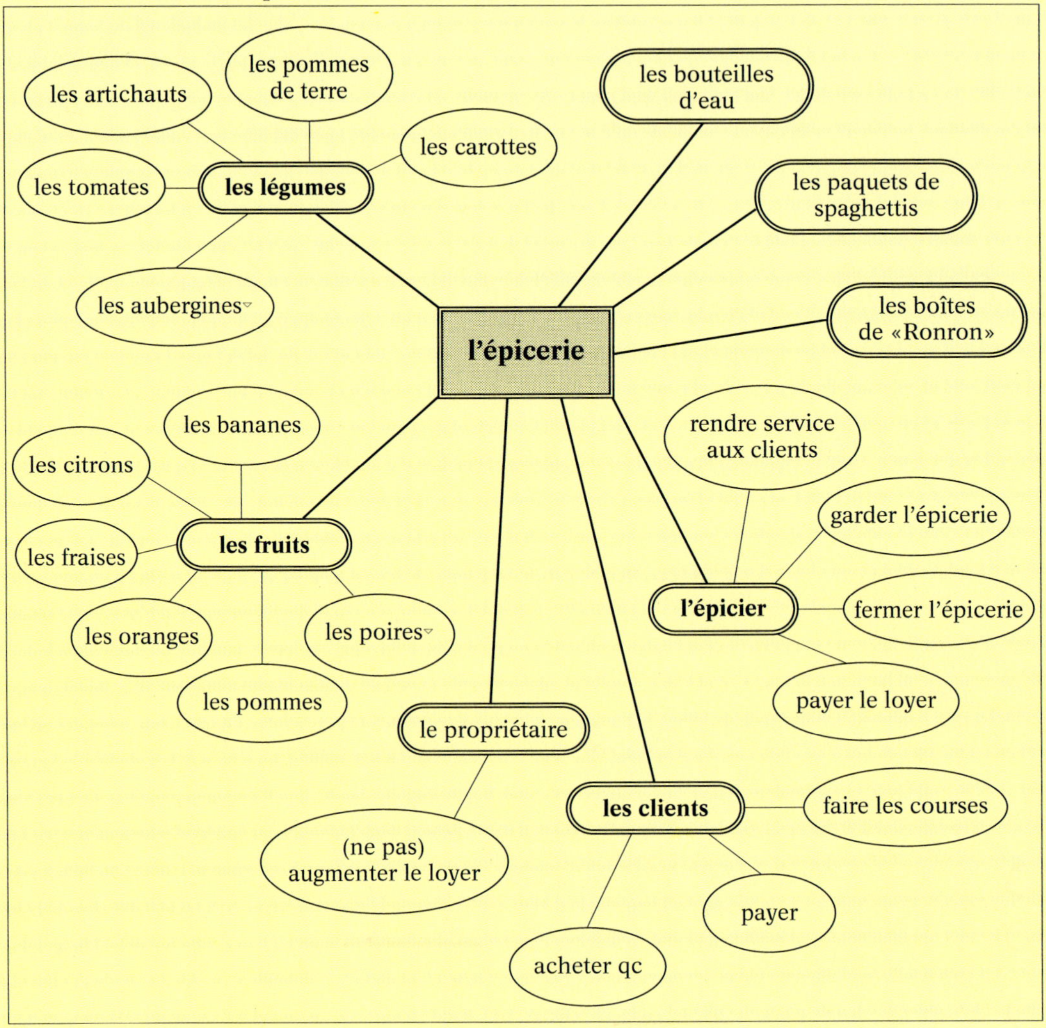

b Textvorschlag:

Je dessine[1] l'épicerie de mon quartier. A droite, je dessine les fruits: les bananes, les citrons, les fraises, les oranges et les pommes. Puis, je dessine les légumes: les pommes de terre, les carottes, les tomates, les aubergines et les artichauts. A gauche, je dessine l'épicier devant les paquets de spaghettis, les bouteilles d'eau et les boîtes de «Ronron».
L'épicicer de mon quartier est un monsieur très sympa. Il rend toujours service à ses clients. Mais en ce moment, il a des problèmes: il n'a pas beaucoup de clients et le propriétaire de son magasin veut augmenter le loyer. Mais comment est-ce qu'il va payer le loyer? Est-ce qu'il va garder l'épicerie? Est-ce qu'il va fermer l'épicerie? Nous allons organiser une journée d'action pour aider l'épicier.

[1] *dessiner:* zeichnen; in Lk. 2B SB Ex. 2 eingeführt

Der obige Text zum Assoziationsfeld (s. **b** Textvorschlag) und dessen deutsche Fassung (s. u.) können als Vorlage zu einer Übersetzungsübung dienen. Der französische Text eignet sich außerdem noch als Diktat.

Deutsche Fassung:
Ich zeichne[1] das Lebensmittelgeschäft meines Viertels. Rechts zeichne ich das Obst: die Bananen, die Zitronen, die Erdbeeren, die Orangen und die Äpfel. Dann zeichne ich das Gemüse: die Kartoffeln, die Karotten, die Tomaten, die Auberginen und die Artischocken. Links zeichne ich den Lebensmittelhändler vor den Spaghetti-Päckchen[2], den Wasserflaschen[2] und den «Ronron»-Dosen.
Der Lebensmittelhändler meines Viertels ist ein sehr sympathischer (/netter) Herr. Er hilft immer seinen Kunden. Aber zur Zeit hat er Probleme: Er hat nicht viele Kunden, und der Eigentümer seines Ladens will die Miete erhöhen. Aber wie wird er die Miete bezahlen? Wird er das Lebensmittelgeschäft behalten? Wird er das Lebensmittelgeschäft schließen? Wir werden einen Aktionstag organisieren (/veranstalten), um dem Lebensmittelhändler zu helfen.

[1] 'zeichnen': *dessiner;* in Lk. 2B Ex. 2 eingeführt. – [2] Der Franzose macht keinen Unterschied zwischen den Begriffen: 'ein Spaghetti-Päckchen' und 'ein Päckchen Spaghetti'; 'eine Wasserflasche' und 'eine Flasche Wasser'; 'eine *Ronron*-Dose' und 'eine Dose *Ronron*'.

Transfertext

- 1. Mme Lacroix appelle Julie.
  Mme Lacroix: Julie! Tu peux faire les courses, s'il te plaît?
  Julie: Bien sûr! Qu'est-ce que j'achète?
  Mme Lacroix: Voilà la liste. Ah! Et encore un kilo de pommes. Je vais faire une tarte. N'oublie pas les pommes.

  2. Julie va à l'épicerie. Chez M. Saïd, il y a peu de clients.
  Julie: Maintenant, c'est à moi. Je voudrais deux paquets de spaghettis, une bouteille d'eau, quatre tablettes de chocolat et des oranges, s'il vous plaît.
  M. Saïd: Combien?
  Julie: Un kilo.
  M. Saïd: Voilà, mademoiselle. Et avec ça?
  Julie: Merci. C'est tout.
  Julie paie et quitte l'épicerie.

  3. Julie arrive à la maison.
  Julie: Voilà, maman.
  Mme Lacroix: Merci, Julie. Mais, où sont les pommes?
  Julie: Oh! Nous n'avons pas de pommes!
  Mme Lacroix: Qu'est-ce qu'on va faire? Patrick et Isabelle veulent une tarte aux pommes[1]!
  M. Lacroix: Je vais à la boulangerie. Il y a des tartes au citron[1] aujourd'hui. Achetons et mangeons une tarte au citron.
  Isabelle: Mais moi, je veux une tarte aux pommes de maman.
  Julie: Ecoute, ne commence pas. Voilà une tablette de chocolat pour toi. Ça va mieux, maintenant?
  Isabelle: Merci, Julie.

  [1] *une tarte aux pommes/au citron:* leicht erschließbar

- Möglichkeiten der Nutzung:
  a Hörverstehensaufgabe: L liest den Text vor und stellt anschließend Fragen (s. u.).
  b Der Text eignet sich – wenn auch nicht in seiner vollen Länge – als Diktat-Text.
  c **V** L teilt S Fotokopien des Textes aus, läßt den Text mit verteilten Rollen vorlesen und diktiert Fragen, die schriftlich zu beantworten sind (s. u.).
- Mögliche Fragen:
  Abschnitt 1: 1. Mme Lacroix appelle Isabelle?
  2. Qu'est-ce que Mme Lacroix veut faire pour sa famille?
  Abschnitt 2: 1. Est-ce qu'il y a beaucoup de clients chez M. Saïd?
  2. Qu'est-ce que Julie achète*?
  3. Qu'est-ce que Julie oublie?
  * Zwecks Beantwortung dieser Frage sollte der Abschnitt mehrmals langsam vorgelesen werden.
  Abschnitt 3: 1. Qu'est-ce que les Lacroix vont faire?
  2. Qu'est-ce que Julie donne à Isabelle?

8 ⟨D'une leçon à l'autre⟩ 9

Astérix et Obélix

1. Voilà Astérix.
   Il a un look d'enfer
   avec son **joli** casque.

2. Astérix a un ami **sympathique**:
   c'est Obélix.
   Là, il porte un **grand** menhir.

3. Le **petit** chien **drôle** d'Obélix
   s'appelle Idéfix.

4. Tout le monde rêve de la **grande**
   intelligence d'Astérix et de la
   grande force d'Obélix.
   Ensemble, ils font beaucoup de
   missions **dangereuses**.
   Avec les Romains, ils sont toujours
   très **sympathiques** …

a *Lies den Text durch.*

b Um welche Wortart handelt es sich bei den fett gedruckten Wörtern im Text?

c Was fällt dir bei der Stellung dieser Wortart in den Texten 1–3 auf?

d Was fällt dir bei dieser Wortart im Text 4 auf?

Hier einige Vokabelhilfen:

joli [ʒɔli]: hübsch; **grand** [grɑ̃]: groß;
un menhir [ɛ̃menir]: ein Hinkelstein;
petit [pəti]: klein; **l'intelligence** [lɛ̃tɛliʒɑ̃s]: die Intelligenz; **la force** [lafɔrs]: die Kraft;
une mission [ynmisjõ]: eine Mission/ein Auftrag;
un Romain [ɛ̃rɔmɛ̃]: ein Römer.

Le tiercé

8

9

10

11

12

13

Avancez jusqu'à la case 12

Retournez à la case 5

6

5

4

3

2

1

15

16

17

18

19

20

DÉPART

ARRIVÉE

Retournez à la case DÉPART

2-4 Spieler

- 1 Pferd für jeden Spieler (eine Spielfigur, ein Knopf, eine Münze o. ä.)
- 1 Würfel
- 1 Liste von bekannten Verben

Regel: Jeder Spieler setzt sein Pferd an den Start *(sur la case DÉPART)* und würfelt. Wer die höchste Augenzahl hat, beginnt. Kommt der Spieler z. B. auf Feld 3, soll er mit dem Verb Nr. 3 *(chercher)* in der Form, die zur gewürfelten Zahl paßt (3. Ps. Sg.; s. hierzu SB Ex. 2 c, S. 32) einen Satz bilden, z. B.: *Julie cherche des cassettes.* Die Mitspieler beurteilen, ob die Verbform und der Satz stimmen. Sie können auch verlangen, daß der Satz geschrieben wird. Ist die Lösung falsch, so muß das Pferd drei Felder zurück. Wenn ein Spieler wegen eines Hindernisses den Platz wechseln muß, so braucht er am neuen Platz keine Aufgabe mehr zu lösen.

Die Spieler können vor dem Start entscheiden

- ob mehrere Pferde bei derselben Zahl stehen dürfen, oder ob das erste Pferd zum Start zurückgehen muß;
- ob Pferde, die nicht genau ins Ziel *(sur la case d'ARRIVÉE)* kommen, noch eine Runde reiten müssen, oder ob sie um die zuviel gewürfelte Zahl zurück müssen.

Bei den Feldern 7, 14 und 21 gibt es Sonderaufgaben:

- *Avancez jusqu'à la case ...*
  wörtl.: Rücken Sie vor zur Nr. ...
- *Retournez à la case ...*
  wörtl.: Gehen Sie zur Nr. ... zurück.
- *Retournez à la case DÉPART*
  wörtl.: Gehen Sie zum Start zurück.

27

26

25

24

23

22

LEÇON 9 A La correspondante de Julie

Thema: Schulalltag
Situativer Rahmen: Besuch der Briefpartnerin aus Berlin.
Gespräch über die Schule und den Tagesablauf
Textsorte: Narration mit dialogischen und deskriptiven Einschüben

Anmerkungen	Lerninhalte	SB Ex.	CdA Ex.
	Kommunikative Schwerpunkte:		
Erg. zu Lk. 7A; hier: Adjektive (s. u. Grammatik) ◄	– Personen/Sachen beschreiben	5, 6, 7	3
Erg. zu Lk. 5 (s. u. Grammatik) ◄	– Information zur Zeit einholen und geben	2, 3, 4	2
Erg. zu Lk. 7B; Erg. in Lk. 9B *CdA* Ex. 11 und SB S. XI f. ◄	– Nichtverstehen ausdrücken; Auskunft über ein Wort, dessen Aussprache und Schreibweise einholen: *Qu'est-ce que ça veut dire?; Comment est-ce qu'on prononce/ qu'on écrit ...?*	9	
Epeler: s. u. Grammatik; Erg. SB S. XII ◄	– Ein Wort buchstabieren	9	
	Wortschatz:		
Ecole bereits in Lk. 7A; Erg. in Lk. 9B ◄	– Schulalltag	6, 7	1
	– Wortschatz für das Unterrichtsgespräch	9	
Rév. S. 154; *mardi, jeudi* und *vendredi* erst in SB Ex. 4; *un soir* in Lk. 6A ◄	– Woche und Wochentage; *un matin, un après-midi*	4, 7	5
	Grammatik:		
In Lk. 5: volle und halbe Stunden, Viertelstunden ◄	– Die Uhrzeit: umgangssprachliche und offizielle Zeitangaben, GBH § 45	2, 3	2
	– Der best. Art. bei Tageszeiten und Wochentagen, GBH § 46	4, 7	
	– Das Adjektiv: Stellung, Genus, Numerus, GBH §§ 47, 48, 49	5, 6	3
Rév. S. 156; *on dit* schon bekannt; *lire* in Lk. 9B ◄	– Die Verben *dire* und *écrire*: Präs. und Imper., GBH § 50	8, 9	
Rév. S. 156 ◄	– Das Verb *répéter*: Präs. und Imper.	8, 9	
Rév. S. 156; erst in SB Ex. 9 eingeführt ◄	– Das Verb *épeler*: Präs. und Imper.	9	

Textverständnis:	– A propos du texte	SB	Ex. 1
Interkulturelles:	– L'école en France	SB	S. 157

Folien: **(A + B)**		– Nr. 23: Abb. Text 9A, SB S. 77 (oben), 78
		– Nr. 24: Abb. aus *En plus*, Lk. 9: Julies Stundenplan, SB S. 106
		– Nr. 25: Bildgeschichte: Lk. 9A + B, Ex.11; Hinweise: LB S. L 133
	sowie	– Nr. 13: Transfer: eine Uhr; Hinweise: LB S. L 121, L 127

Thema: Alltag und Abwechslung in der Schule
Situativer Rahmen: Besuch der deutschen Briefpartnerin in der französischen Schule
Textsorte: Dialog und Narration

Anmerkungen		Lerninhalte	SB Ex.	CdA Ex.
		Kommunikative Schwerpunkte:		
In dieser Lektion: die Objektpron. *me, te, nous, vous*	◄	– Jdn. nach seinen Interessen fragen; sein Interesse bekunden: …, *ça t'intéresse?; …, ça m'intéresse* etc.	2, 4	
Erg. zu Lk. 3B	◄	– Jdn. vorstellen	11	8
		Wortschatz:		
Erg. zu Lk. 9A	◄	– Schule (Erweiterung)		11
		– *Le français standard, le français familier*	9	
L'allemand, en allemand, français, française, en français, avoir français bereits bekannt	◄	– *La France, l'Allemagne, allemand, allemande*		
		Grammatik:		
Rév. S. 156; Erg. zu Lk. 9A	◄	– Die Verben *dire, lire* und *écrire*, Präs. und Imper., GBH § 50	8	4, 6
Rév. S. 156	◄	– Das Verb *mettre*: Präs. und Imper., GBH § 51	7	4, 6
Rév. S. 156	◄	– Das Verb *ouvrir*: Präs. und Imper.		
Die dir. Objektpron. *le, la, les* in Lk. 10A	◄	– Die Objektpron. *me, te, nous, vous* und deren Stellung, GBH §§ 52, 53	2, 3	8, 9
Mon, ma, mes; ton, ta, tes in Lk. 4; *son, sa, ses* in Lk. 7A – In SB Ex. 5: Wiedergabe des dt. Possessivbegleiters oder Personalpron. 'ihr' bzw. 'Ihr' usw.	◄	– Die Possessivbegleiter *notre, votre, leur; nos, vos, leurs*, GBH § 54	4, 5	10, 11
		Phonetik:		
		– Die obligatorischen Bindungen	10	

Textverständnis:	– A propos du texte	SB	Ex. 1
Integration und Transfer:	– Tagesablauf aus der Schülerperspektive; *d'abord, puis, ensuite, après;* das *Futur composé* (Wdh.)	SB	Ex. 6
	– Die Wochentage; das *Futur composé* (Wdh.)	CdA	Ex. 5
	– Das Adjektiv	CdA	Ex. 7
	– Bildgeschichte: Transfer des Lektionstextes	SB	Ex. 11
	– En français	CdA	Ex. 8, 9
	– Wdh. von Arbeitsanweisungen	CdA	Ex. 11
Interkulturelles:	– La bise	SB	S. 157
Landeskunde:	– Le collège	LB	S. L 138
Chanson:	– La corres de Julie	CdA	Ex. 12
Lire et comprendre:	– Ein Stundenplan	SB	S. 106
	– Le secret du peintre	SB	S. 107 f.
D'une leçon à l'autre:	– Stratégies: Faire moins de fautes	SB	S. 88

LEÇON 9

Folien: 13, 23, 24
S

A TEXTERARBEITUNG

Itinéraire I

- Die einzelnen Abschnitte werden nacheinander mit Hilfe der zugehörigen Bilder eingeführt und dargeboten. Das Unterrichtsgespräch konzentriert sich auf die schwierigeren neuen Wörter und Strukturen (s. 'Vorschläge zur Enführung der schwer erschließbaren Ausdrücke', S. L 122).
- L trägt den jeweiligen Abschnitt langsam, aber intonationsgerecht vor und gibt, falls erforderlich, weitere Verständnishilfen.
- Der Abschnitt wird von der Kassette abgespielt oder von L in normalem Sprechtempo vorgelesen; S lesen still mit. Einzelne Sätze können auch laut gelesen werden, sofern L unmittelbar vorher noch einmal die Aussprache vorgibt.
- L stellt nach jedem Abschnitt Fragen, die in Kurzantworten zu bewältigen sind.
- L prüft nach Durchnahme des ganzen Textes das Gesamtverständnis und geht ggf. noch einmal auf einzelne Passagen ein.

Schwer erschließbare Ausdrücke:

Abschnitt 1 und Überschrift:	une correspondante; passer ses vacances, en vacances; faire la connaissance de qn; dire qc à qn; une bêtise; bizarre; sans arrêt; bon
Abschnitt 2:	le collège François-Villon; la 4e F; une heure de cours; par semaine; le (+ Wochentag/Tageszeit); un après-midi; avoir classe; un matin; ensuite; une récréation; mauvais; jusque; joli; une ambiance
Abschnitt 3:	un club d'écriture; un flic

Nr. 1

Itinéraire II

Hier sollen S veranlaßt werden, sich aus der Rezeptionshaltung zu lösen und eigene Fragestellungen einzubringen.

- Zur Vermeidung einer Überforderung sind Vorentlastungen angebracht:
  - L und S komplettieren ggf. mit der schon in Lektion 5 benutzten Folienuhr (Folie Nr. 13) die umgangssprachlichen Zeitangaben, wobei die zweite Stundenhälfte bevorzugt wird. S arbeiten mit der Folienuhr.
  - S wandeln im Reihenwettbewerb die aus dem Deutschen vertrauten offiziellen Zeitangaben in umgangssprachliche um. Dabei wird auch *du matin, de l'après-midi* und *du soir* eingeübt.
  - In Verbindung mit der Uhrzeit werden *écrire, dire* und *répéter* eingeführt. L: *On écrit: 4 h 54, on dit: cinq heures moins six. Répétez. – Vous demandez l'heure à quelqu'un. Qu'est-ce que vous dites? Ecrivez la phrase au tableau.*
  - S erarbeiten in häuslicher Vorbereitung anhand von *D'une leçon à l'autre* (S. 76) die Grundvorstellungen vom Gebrauch des Adjektivs. Es empfiehlt sich jedoch, vorher den Text mit den S zu lesen, um die Fixierung falscher Aussprache, bedingt durch das Schriftbild (*grand, grande; petit, petite*) zu verhindern.
- Nach diesen Vorbereitungen bekommen S den Auftrag, in Gruppenarbeit oder als häusliche Vorbereitung Fragen zu den Abbildungen der Lektion zu entwerfen. Um das Interesse der S voll auszuschöpfen, können als Ausnahme auch Fragen auf deutsch gestattet werden.
- L wählt inhaltlich passende Fragen aus und zeigt, wie diese mit dem vorhandenen Wortschatz verbessert und erweitert werden können.
- S versuchen selbst, Antworten auf die Fragen zu finden.
- Ausgehend von den Vermutungen der S, vermittelt L den wesentlichen Inhalt der einzelnen Abschnitte (s. 'Didaktisch-Methodische Hinweise', S. L 127).
- L trägt in lockerer Form mit zusätzlichen Erläuterungen und Einschüben den gesamten Text vor. Die Bücher sind geschlossen.
- L liest den Text in normalem Sprechtempo vor oder spielt die Kassette ab. S lesen still mit.
- L greift einzelne Sätze heraus und läßt S im Chor oder einzeln nachsprechen.
- L stellt Verständnisfragen und klärt die restlichen Schwierigkeiten.

FESTIGUNG

- Zur Verständnissicherung und Präzisierung unmittelbar nach der Einführung des Textes eignen sich insbesondere die Übungen 1, 2 und 3 des Schülerbuchs sowie die Übung 1 des *Cahier d'activités.*
- s. weitere Vorschläge, S. L 127 f.

LEÇON 9

A La correspondante de Julie

1 Dimanche, 13 h 27, gare du Nord. Martina Wagner, la correspondante de Julie, arrive de Berlin. Elle va passer ses vacances de Pâques chez les Lacroix. Elle va aller au collège avec sa copine (Julie n'est pas encore en vacances), elle va faire la connaissance des copains de sa copine, et visiter Paris, bien sûr!

5 heures. Les deux amies sont dans la chambre de Julie. Elles discutent, écoutent des CD, disent des bêtises ... et rigolent beaucoup! Puis ...

Julie: Oh, 6 heures moins 20! Mince! Mes devoirs pour demain! On a un contrôle de géographie. J'aime bien la géo, mais les contrôles: beurk!

Martina: Qu'est-ce que ça veut dire: «beurk»?

Julie: On dit ça quand on déteste quelque chose. En géo, on a un prof intéressant, mais il est, disons, un peu bizarre. Il répète sans arrêt: «Qu'est-ce que vous dites? Qu'est-ce que vous dites?»

Martina: Dis donc, c'est un perroquet!

Julie: Oui, mais c'est un bon prof. On aime bien M. Charvet.

2 Après le repas, Martina pose beaucoup de questions à son amie française sur le collège François-Villon. Les élèves de la 4e F, la classe de Julie, ont 28 heures de cours par semaine. Le samedi et le mercredi après-midi, ils n'ont pas classe.
Le lundi matin, de 8 heures et quart à 9 heures et quart, ils ont géo, et ensuite maths. Et à 10 heures 10, c'est la récréation, la «récré», comme ils disent. De 10 heures 20 à midi et quart, ils ont français. Après, ils vont au «self», la grande cantine de Villon. Pour Julie et ses copains, c'est l'heure sympathique de la journée: on est avec les amis, sans profs, sans parents. Et puis, la cuisine n'est pas mauvaise.
Le lundi après-midi, la 4e F a allemand de 2 à 3 et, après 10 minutes de récréation, sport jusqu'à 5 heures. A 5 heures, c'est la fin des cours.
L'école de Julie est grande. Elle n'est pas très jolie, mais il y a une bonne ambiance.

EMPLOI DU TEMPS

HEURES	LUNDI
8 h 15 – 9 h 10	histoire-géo
9 h 15 – 10 h 10	maths
10 h 20 – 11 h 15	français
11 h 20 – 12 h 15	français
14 h – 14 h 55	allemand
15 h 05 – 16 h	EPS
16 h 05 – 17 h	EPS

9

(3) Puis, Julie parle de sa passion: le club d'écriture du collège François-Villon. Au club, elle écrit des petites histoires sur Paris: «Les jolies scènes du bord de la Seine». Et ses copains Julien et François écrivent un roman policier. Son titre: «Les flics sont sympathiques».

le collège François-Villon

le «self»

la cour

la «récré»

TEXTERARBEITUNG

Vorschläge zur Einführung der schwer erschließbaren Ausdrücke
Im folgenden sind nur die schwer erschließbaren neuen Ausdrücke sowie einige schwierige Konjugations- und Flexionsformen unterstrichen.

- Abschnitt 1:
  L (zeigt auf Bild 1): *Ce sont des sœurs ou des copines?* S: ... L: *Qui est/Comment s'appelle la fille à droite?* S: *La fille à droite, c'est Julie.* L: *La fille à gauche/à côté de Julie s'appelle Martina. Martina habite (à) Berlin. Elle écrit* (Gestik) *des lettres à Julie en allemand et Julie répond/écrit des lettres à Martina en français. Et vous, vous avez déjà un correspondant ou une correspondante?* S: ... L: *A qui est-ce que vous écrivez?* S: ... L: *Vous aimez mieux téléphoner?* S: ... L: *Chez nous, quand on téléphone à quelqu'un, on dit: «Ici, [Name]». Les Français disent: «Allô?». Moi, je dis: «[Name], bonjour!» Et vous, qu'est-ce que vous dites?* S: ... L: *Maintenant, Martina est chez Julie à Paris. En ce moment, elle ne va pas à l'école: elle est en vacances. Elle passe ses vacances de Pâques chez Julie. Julie va encore à l'école.* Kontrollfrage: L: *Est-ce que Julie est en vacances?* S: *Non, ...*
  L: *Martina et Julie bavardent et bavardent encore. Elles bavardent sans arrêt. Elles racontent des histoires drôles et disent des bêtises.* Das Wort *bête* ist schon bekannt: S versuchen die Bedeutung von *bêtise* von diesem bereits bekannten Wort abzuleiten.
  L: *Demain, au collège, Julie va avoir un contrôle, un contrôle de géographie. Les élèves disent 'géo'. Martina va aller au collège avec Julie. Au collège, Julie a beaucoup de vrais copains, de bons copains.* Kontrollfrage: L: *Qui sont les bons copains de Julie, par exemple?* S: ... L: *Martina va dire bonjour aux copains et aux copines et Julie. Elle va faire la connaissance des amis de Julie.*
  Bizarre: Wenn S das deutsche Wort 'bizarr' nicht kennen, wird es übersetzt.

- Abschnitt 2:
  L: *Le collège de Julie s'appelle:* collège François-Villon. S suchen selbständig im Schülerbuch, wer *François Villon* war (s. *Liste des mots*, S. IX).
  L (zeigt auf den Stundenplan, Bild 2): *Les cours commencent à huit heures pile?* S: ... L: *Les élèves ont cours jusqu'à quelle heure?* S: ...
  L vergleicht die Stundeneinteilung des *collège* mit derjenigen der eigenen Schule (TB) und verwendet dabei die umgangssprachlichen Zeitangaben zusammen mit den offiziellen. Anhand des Tafelbildes führt er *après-midi* (S stellen die dem Wort 'Nachmittag' parallele Zusammensetzung dieser Vokabel fest) und *matin* ein. L: *Vous avez combien d'heures de cours le matin?* S: ... Kontrollübersetzung
  L (Bild 2): *La récréation est de 10 h 10 à 10 h 20.* Kontrollfrage: L: *A quelle heure est la récréation, ici, le matin?* S: ...
  L ergänzt die Liste der bereits bekannten Wochentage an der Tafel (Neu: *lundi, mardi, jeudi, vendredi, samedi*). Kontrollfragen: L: *Vous avez aussi des cours l'après-midi?/Quand est-ce que vous avez cours l'après-midi?* S: ... L: *Est-ce que vous avez classe l'après-midi?* S: ... L: *Vous avez combien d'heures de cours par semaine?* S: ...
  L (zeigt auf Bild 3/*le collège François-Villon*): *C'est un grand bâtiment moderne▽, mais il n'est pas très joli. C'est une grande école pas très jolie.* Die Adjektive werden an der Tafel festgehalten.
  L: *Le bâtiment n'est pas très joli, mais il y a une bonne* atmosphère, une bonne ambiance. *Les profs sont sympathiques.*
  L: *Julie est en 4ᵉ, ça veut dire qu'elle est au collège depuis trois ans. Quand on entre au collège, on est en sixième▽, puis en cinquième▽, ensuite en quatrième.* L verdeutlicht die Reihenfolge an der Tafel. L: *La classe de Julie, c'est la 4ᵉ F.*
  L (zeigt auf die Bilder 4 und 5/*le self*): *Les élèves mangent à la cantine. Ici, c'est un self. Souvent, dans les cantines, les repas ne sont pas bons. On dit qu'ils sont mauvais. Au collège François-Villon, la cuisine n'est pas mauvaise.*

- Abschnitt 3:
  L: *Au collège de Julie, il y a un club d'écriture. Au club d'écriture, les élèves écrivent* (Gestik) *des petites histoires, mais aussi un vrai roman policier avec un commissaire, des policiers▽ – on dit souvent 'les flics' – et des gangsters▽.* Kontrollfragen: L: *Est-ce qu'il y a un club d'écriture, ici?* S: ... L: *Est-ce que vous avez des romans policiers chez vous?* S: ...

LEÇON 9 A EXERCICES

Ex. 1

Schwerpunkt: Textverständnis

Hinweis: Diese Übung ist auch ohne Kenntnis des Rösselsprungs im Schachspiel zu bewältigen.

Lösungen:
1. Martina Wagner est la correspondante de Julie Lacroix.
2. Un dimanche, elle arrive à Paris.
3. Elle va passer ses vacances chez les Lacroix.
4. A 5 h, les deux amies sont dans la chambre de Julie.
5. Julie parle de son professeur de géographie.
6. C'est un bon professeur, mais il est un peu bizarre.
7. Après le repas, Julie parle de son collège.
8. Le lundi matin, les élèves ont classe de 8 h et quart à midi et quart.
9. Après, les élèves mangent à la cantine du collège.
10. L'après-midi, ils ont classe de 2 h à 5 h.
11. Le collège François-Villon est grand, pas très joli, (...)
12. (...) mais il y a une bonne ambiance.

Neu: In Arbeitsanweisung: *le saut du cavalier*

Ex. 2 ➛ CdA 2 ➛ GBH § 45

Schwerpunkt: Informationen zur Uhrzeit einholen und geben; hier: die umgangssprachliche Uhrzeit

Hinweise:
Das Erfragen der alltäglichen Uhrzeit durch Personen, die sich duzen, ist nach Maßgabe von L zusätzlich zu üben. Die Übung 2 aus dem *Cahier d'activités* ist eine Integrationsübung zur offiziellen und umgangssprachlichen Uhrzeit.

Lösungen:
1. Il est 8 heures moins 5.
2. Il est midi/minuit.
3. Il est 1 heure 25.
4. Il est 10 heures et demie.
5. Il est 11 heures et quart.
6. Il est 5 heures moins 6.
7. Il est 6 heures 8.
8. Il est 4 heures moins le quart.

Neu: In Überschrift: *Vous avez l'heure?*

Ex. 3 ➛ GBH § 45

Schwerpunkte:
Informationen zur Uhrzeit einholen und geben; hier: die offizielle Uhrzeit. Wiederholung der Zahlen von 1 bis 59. Informationen über Ankunft eines Zuges einholen und geben.

Neu: *un train.* Städtenamen: *Cologne, Bruxelles, Moscou, Aix-la-Chapelle*

A EXERCICES

1 A propos du texte

Trouvez l'ordre des 11 sauts du cavalier (Rösselsprünge): racontez le texte 9 A.

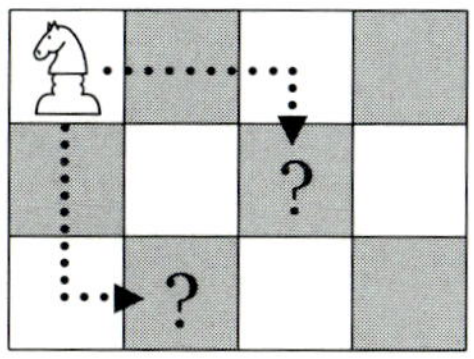

Martina Wagner est la correspondante de Julie Lacroix. ①	A 5 h, les deux amies sont dans la chambre de Julie.	Après le repas, Julie parle de son collège.	L'après-midi, ils ont classe de 2 h à 5 h.
Le lundi matin, les élèves ont classe de 8 h et quart à midi et quart.	Le collège François-Villon est grand, pas très joli,	Un dimanche, elle arrive à Paris.	Julie parle de son professeur de géographie.
Elle va passer ses vacances chez les Lacroix.	C'est un bon professeur, mais il est un peu bizarre.	Après, les élèves mangent à la cantine du collège.	mais il y a une bonne ambiance. ⑫

2 Vous avez l'heure▽? *(§ 45)*

Dans la rue, tu demandes l'heure. *Faites des dialogues.*

1 7 h 55 — 2 12 h 00 — 3 1 h 25 — 4 10 h 30 — 5 11 h 15 — 6 4 h 54 — 7 6 h 08 — 8 3 h 45

Exemple: – Pardon, madame,
vous avez l'heure, / il est quelle heure, / quelle heure est-il, | s'il vous plaît?

– Il est 11 heures moins le quart.

3 A la gare *(§ 45)* *Faites des dialogues.*

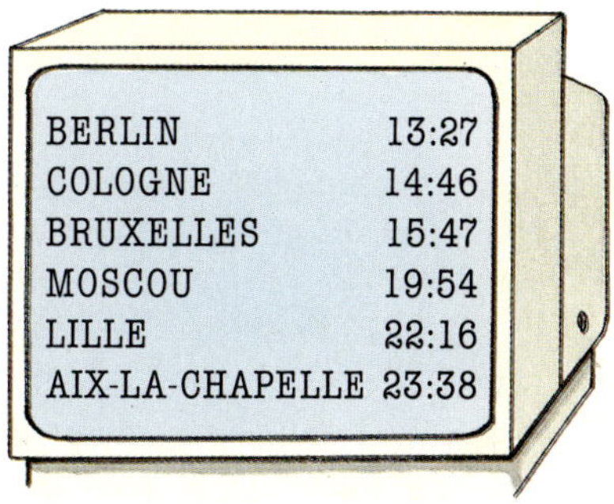

Exemple:

– Pardon, madame, le train▽ de Berlin arrive quand?
– Il arrive à 13 h 27, monsieur.

9 EXERCICES

4 La semaine de Julie *(§ 46)*

a *Regardez et faites des dialogues.*

Exemple: *Luc:* Demain, c'est lundi. Qu'est-ce que tu fais le lundi soir?
Julie: Le lundi soir, je joue toujours du piano.

lundi	mardi▽	mercredi	jeudi▽	vendredi▽	samedi	dimanche
jouer du piano	écouter le «Top 50» à la radio	faire la cuisine à la maison	regarder «Questions pour un champion» à la télé	faire les courses pour la famille	faire du patin à roulettes	jouer aux cartes avec Isabelle et mes parents

b ☞ **A vous.**

Exemple: – Qu'est-ce que tu fais | le lundi / le mardi / … | matin? / après-midi? / soir? – Le …, je …

5 C'est un livre intéressant. *(§§ 47, 48, 49)*

a *Faites des dialogues. Attention à la forme et à la place de l'adjectif! (Achtet auf die Form und die Stellung des Adjektivs!)*

Exemples: – Comment est-ce que tu trouves l'histoire?
– C'est une histoire **intéressante**.

– Comment est-ce que tu trouves la fleur?
– C'est une **jolie** fleur.

Comment est-ce que tu trouves l'animal?

une BD	un hôtel	un arbre	un chat	une fille
une histoire	une maison	une fleur	un chien	un garçon
un livre	un restaurant	une forêt	un perroquet	
un poème	une rue	un jardin	une souris	
un roman	une ville▽			

bon, mauvais, bête, bizarre, petit, grand, dangereux, difficile, drôle, joli, impossible, intéressant, sympathique

Ex. 4 ➛ GBH § 46

Schwerpunkte:
a, b Gebrauch des best. Art. bei Wochentagen und Tageszeiten. Auskunft geben über gewohnheitsmäßige Aktivitäten. Vervollständigung der Wochentage: **a** Kontrast zwischen Wochentagen mit und Wochentagen ohne den best. Art.; **b** selbständige S-Äußerungen bezüglich gewohnheitsmäßiger Aktivitäten

Hinweis:
Der fakultative **a**-Teil eignet sich vornehmlich für leistungsschwächere S, die eine stärkere Lenkung brauchen. Entfällt der **a**-Teil, so muß L zunächst die noch unbekannten Wochentage einführen.

Lösungen:
a
Luc: Demain, c'est mardi. Qu'est-ce que tu fais le mardi soir?
Julie: Le mardi soir, j'écoute le «Top 50» à la radio.

Luc: Demain, c'est mercredi. Qu'est-ce que tu fais le mercredi soir?
Julie: Le mercredi soir, je fais toujours la cuisine à la maison.

Luc: Demain, c'est jeudi. Qu'est-ce que tu fais le jeudi soir?
Julie: Le jeudi soir, je regarde toujours «Questions pour un champion» à la télé.

Luc: Demain, c'est vendredi. Qu'est-ce que tu fais le vendredi soir?
Julie: Le vendredi soir, je fais toujours les courses pour la famille.

Luc: Demain, c'est samedi. Qu'est-ce que tu fais le samedi soir?
Julie: Le samedi soir, je fais toujours du patin à roulettes.

Luc: Demain, c'est dimanche. Qu'est-ce que tu fais le dimanche soir?
Julie: Le dimanche soir, je joue toujours aux cartes avec Isabelle et mes parents.

Neu: *mardi, jeudi, vendredi*

Ex. 5 ➛ CdA 3 ➛ GBH §§ 47, 48, 49

Schwerpunkt: a, b Angleichung und Stellung des Adjektivs: **a** Singular; **b** Plural

Lösungsvorschläge:
a
C'est une **mauvaise** BD.
C'est une histoire **bête**.
C'est un livre **intéressant.**
C'est un poème **difficile**.
C'est un **bon** roman.
C'est un **grand** hôtel.
C'est une **petite** maison.
C'est un **joli** restaurant.
C'est une rue **dangereuse.**
C'est une ville **sympathique.**

C'est un **grand** arbre.
C'est une fleur **bizarre.**
C'est une forêt **dangereuse.**
C'est un jardin **bizarre.**
C'est un chat **impossible.**
C'est un chien très **drôle.**
C'est un **joli** perroquet.
C'est une souris **sympathique**.
C'est une fille **drôle.**
C'est un garçon **intéressant.**

(Fortsetzung auf S. L 125)

Ex. 5 (Fortsetzung)

b

Ce sont des **mauvaises** BD.
Ce sont des histoires **bêtes**.
Ce sont des livres **intéressants.**
Ce sont des poèmes **difficiles.**
Ce sont des **bons** romans.
Ce sont des **grands** hôtels.
Ce sont des **petites** maisons.
Ce sont des **jolis** restaurants.
Ce sont des rues **dangereuses**.
Ce sont des villes **sympathiques**.
Ce sont des **grands** arbres.
Ce sont des fleurs **bizarres.**
Ce sont des forêts **dangereuses.**
Ce sont des jardins **bizarres.**
Ce sont des chats **impossibles**.
Ce sont des chiens très **drôles.**
Ce sont des **jolis** perroquets.
Ce sont des souris **sympathiques.**
Ce sont des filles **drôles.**
Ce sont des garçons **intéressants.**

Neu:
une ville. Arbeitsanweisungen: *Attention à la forme et à la place de l'adjectif!; Employez le pluriel.*

Ex. 6 ➛ CdA 3 ➛ GBH §§ 47, 48, 49

Schwerpunkt: Stellung und Angleichung des Adjektivs in attributiver und prädikativer Verwendung

Hinweis: Diese Übung bereitet auf die Übung 7 vor.

Lösungen:
Martina: Le collège François-Villon, c'est une **grande** école?
Julie: Ah oui! Comme les autres collèges **français**, il n'est pas **petit**.
Martina: Vous avez des professeurs **sympathiques**?
Julie: Euh! ... Ils sont **sympa,** mais pas toujours. Ils posent souvent des questions **impossibles** et les contrôles sont **difficiles**. Ce sont des **mauvais** moments pour nous.
Martina: Je comprends. C'est comme chez nous. Et les devoirs ne sont pas toujours **intéressants.**
Julie: Moi, j'aime bien travailler avec des copains dans un **petit** groupe.
Martina: Ah! Faire les devoirs en groupe, c'est une **bonne** idée.
Julie: Et j'aime bien aller au club d'écriture. Là, on écrit des histoires **drôles**, des **jolis** poèmes ou des **petites** scènes. Et ça, dans une **bonne** ambiance! C'est **super**!

Ex. 7

Schwerpunkte:
Landeskundlich relevante Informationen zum Bereich Schule einholen und geben. Stellung und Angleichung des Adjektivs. Die Tageszeiten. Wortschatz zum Thema 'Schule'.

Hinweise:
Diese Übung ist eine Integrations- und Transferübung zu den wesentlichen Lerninhalten der Lektion. Spätestens bei dieser Übung wird im Unterrichtsgespräch der Schulalltag in Frankreich besprochen. Durch die Erarbeitung des Lektionstextes und der fakultativen Ergänzung im *En plus*-Teil (Schülerbuch, S. 106, Folie Nr. 24) bekommen S einen Einblick in den französischen Schulalltag. L fordert sie auf, sich zu diesem Thema (möglichst auf französisch) zu äußern und Vergleiche zu den deutschen Schulverhältnissen anzustellen (s. a. 'Zur Landeskunde', S. L 138).
Schriftliche Durchnahme wird empfohlen. Eine Ergänzung zu diesem 'Interview' liefert Lektion 10B, Übung 2b (... *un élève français te pose des questions* ...).

Lösungsvorschläge:
1. Mon école est très grande.
2. L'ambiance est super.
3. Les professeurs sont sympa.
4. J'ai ... heures de cours par semaine.
5. Non, je n'ai pas classe l'après-midi.
6. Le matin, les cours commencent à 7 h 50.
7. Le matin, nous avons une grande récréation.
8. A midi, je mange à la maison.
9. Je fais mes devoirs le soir.

b *Maintenant, employez le pluriel. (Verwendet ... den Plural.)*

Exemple: – Comment est-ce que tu trouves les histoires?
– Ce sont des histoires **intéressantes**.

6 Martina pose des questions à Julie. *(§§ 47, 48, 49)*

Ajoutez les adjectifs. Attention à la forme et à la place!

Martina: Le collège François-Villon, c'est une ~ école ~?	grand
Julie: Ah oui! Comme les autres ~ collèges ~, il n'est pas ~.	français/petit
Martina: Vous avez des ~ professeurs ~?	sympathique
Julie: Euh! ... Ils sont ~, mais pas toujours.	sympa
Ils posent souvent des ~ questions ~ et les contrôles sont ~.	impossible/difficile
Ce sont des ~ moments ~ pour nous.	mauvais
Martina: Je comprends. C'est comme chez nous. Et les devoirs	
ne sont pas toujours ~.	intéressant
Julie: Moi, j'aime bien travailler avec des copains dans	
un ~ groupe ~.	petit
Martina: Ah! Faire les devoirs en groupe, c'est une ~ idée ~.	bon
Julie: Et j'aime aller au club d'écriture. Là, on écrit	
des ~ histoires ~, des ~ poèmes ~ ou des ~ scènes ~.	drôle/joli/petit
Et ça, dans une ~ ambiance ~! C'est ~!	bon/super

7 Mon école

A vous.

Ta correspondante française pose des questions sur ton école.

Réponds aux questions.

1. Est-ce que ton école est grande ou petite?
2. Comment est l'ambiance?
3. Comment sont les professeurs?
4. Tu as combien d'heures de cours par semaine?
5. Tu as classe l'après-midi?
6. Les cours commencent à quelle heure le matin?
7. Vous avez combien de récréations le matin?
8. Où est-ce que tu manges à midi?
9. Quand est-ce que tu fais tes devoirs?

9 EXERCICES

8 Dis donc, Julie ... (§ 50) Complétez: dire / répéter / écrire

a 1. «**Dis** donc, Julie, qu'est-ce que tu penses de M. Charvet?» 2. «Il ~ toujours: ‹Qu'est-ce que vous ~?› 3. Mes copains ~: ‹Il est, ~, un peu bizarre.› 4. Mais moi, je ~ toujours: C'est un bon prof.»

b 1. «En classe, le professeur dit toujours:‹**Répétez** la phrase.› 2. Et nous ~. 3. Mais souvent, je ne fais pas attention quand les copains ~. 4. Je rêve et je ne ~ pas avec les autres. 5. Le prof demande alors:‹Pourquoi est-ce que tu ne ~ pas comme les autres?› 6. Alors, je fais comme Arthur. Il ~ toujours, mais souvent c'est faux!»

c 1. Au club d'écriture, Julie et ses copains **écrivent** des histoires et des romans. Mais pas toujours! 2. *Le professeur:* «Qu'est-ce que vous ~ aujourd'hui?» 3. *Julie:* «Aujourd'hui, nous ~ un poème en allemand. C'est pour Martina.» 4. *Martina:* «C'est super! Et moi, j'~ une carte postale▽ pour mes parents.» 5. François n'~ pas. 6. *Julien:* «Hé, François! Pourquoi est-ce que tu n'~ pas? Tu n'es pas en forme?» 7. *François:* «Si. Je vais signer la carte de Martina.»

9 En classe

a ***On dit ...*** Pardon, madame, monsieur,

je ne comprends pas.

je ne comprends pas | le mot ... / l'expression▽ ... / la phrase | à la ligne ...

que veut dire le mot ... / l'expression ... / la phrase à la ligne ... ?

comment est-ce qu'on | écrit le mot ... ? / prononce▽ le mot ... ?

est-ce que vous pouvez | expliquer le mot ... / l'expression ... ? / épeler▽ le mot ... ? / écrire le mot ... au tableau▽? / répéter, s'il vous plaît? (Vous parlez trop vite.)

Vous trouvez l'alphabet▽ à la page XII.

b ☞ **A vous.** *Epelle ton nom▽ et le nom de la ville où tu habites.*

c *Lisez la première partie du texte 9 B.*
Posez des questions avec les expressions de «On dit».

Ex. 8 ➛ GBH § 50

Schwerpunkt: Präs. und Imper. der Verben *dire, répéter* und *écrire*

Lösungen:
a 1. «**Dis** donc, Julie, qu'est-ce que tu penses de M. Charvet?» 2. Il **dit** toujours: 'Qu'est-ce que vous **dites**?' 3. Mes copains **disent**: 'Il est, **disons**, un peu bizarre.' 4. Mais moi, je **dis** toujours: C'est un bon prof.»

b 1. «En classe, le professeur dit toujours: '**Répétez** la phrase.' 2. Et nous **répétons**. 3. Mais souvent, je ne fais pas attention quand les copains **répètent**. 4. Je rêve et je ne **répète** pas avec les autres. 5. Le prof demande alors: 'Pourquoi est-ce que tu ne **répètes** pas comme les autres?' 6. Alors, je fais comme Arthur. Il **répète** toujours, mais souvent c'est faux!»

c 1. Au club d'écriture, Julie et ses copains **écrivent** des histoires et des romans. Mais pas toujours! 2. *Le professeur*: «Qu'est-ce que vous **écrivez** aujourd'hui?» 3. *Julie*: «Aujourd'hui, nous **écrivons** un poème en allemand. C'est pour Martina.» 4. *Martina*: «C'est super! Et moi, j'**écris** une carte postale pour mes parents.» 5. François n'**écrit** pas. 6. *Julien*: «Hé, François! Pourquoi est-ce que tu n'**écris** pas? Tu n'es pas en forme?» 7. *François*: «Si. Je vais signer la carte de Martina.»

Neu: *une carte postale*

Ex. 9

Schwerpunkte:
a, b, c Ausdrücke für das Unterrichtsgespräch: **a** Redemittelzusammenstellung; **b** Buchstabieren; **c** Anwendung der Ausdrücke aus dem Redemittelkasten: Fragen zu einem noch nicht erarbeiteten Text (9B)

Hinweis:
Der **c**-Teil stellt den Übergang zum B-Teil der Lektion her. S lernen, wie man Fragen zu unbekannten Redemitteln stellt.

Neu:
une expression; prononcer qc; épeler qc; un tableau, des tableaux. In Arbeitsanweisungen: *l'alphabet; un nom*

LEÇON 9 A DIDAKTISCH-METHODISCHE HINWEISE

Zu Itinéraires I et II

Leicht erschließbare Ausdrücke:

vom Dt./Engl. her	vom Visuellen her	vom Kontext her
[1] la gare du Nord [1] Berlin [1] visiter qc [1] un contrôle [1] la géo(graphie) en géo, histoire-géo [1] répéter qc [1] un prof [1] intéressant [2] les maths [2] une cantine [2] sympathique [3] un roman policier	[2] samedi (TB*/F. Nr. 24) [2] lundi (TB*/F. Nr. 24) [2] un self(-service) [3] un bord – SB, Karte von Paris [3] la Seine – SB, Karte von Paris * TB: samedi/dimanche/lundi	[1] 13 h 27 [1] 6 heures moins 20 [1] Dis donc ... [1] Charvet [2] français [2] avoir français **durch Mimik/Gestik** [1] Beurk! [2] grand [3] écrire qc [3] petit

Nr. 2

Zu Itinéraire I

- Sinn der Erarbeitungsphase ist die möglichst einprägsame Vernetzung der neuen schwierigen Ausdrücke mit den bereits eingeführten und den leicht verständlichen Redemitteln. Hier sollten besonders die Adjektive und die neuen Verben wiederholt kontextualisiert werden.
- Wenn die Einführung gerafft werden muß, kann die Durchnahme der Zeitbestimmungen ausgegliedert und mit Hilfe der Folienuhr (Folie Nr. 13) in eine der vorausgehenden Stunden verlegt werden.
- Falls die für deutsche S verwirrende Numerierung der Klassenstufen für eine Vermittlung in der Zielsprache zu schwierig erscheint, kann der Text *L'école en France*, S. 157, als vorbereitende Hausaufgabe gegeben werden.

Zu Itinéraire II

Aus lernpsychologischen Gründen sollten die S-Fragen auch dann ernsthaft behandelt werden, wenn sie nicht unmittelbar zum Inhalt des jeweiligen Abschnitts führen. Redemittel, die nicht aufgegriffen werden konnten, lassen sich noch in einem redundant gehaltenen abschließenden Lektionsvortrag verdeutlichen. Im Rahmen des bereits vorhandenen Wortschatzes können sich z. B. folgende Fragen ergeben:

- Bild 1: Qui est la fille à côté de Julie? – Pourquoi est-ce que la fille est avec Julie? – Où est-ce qu'elles sont? – Le CD, c'est un cadeau? – Est-ce qu'elles écoutent des CD? – Pourquoi est-ce que Julie regarde l'heure?
- Bild 2: Qu'est-ce que c'est: EPS? (EPS: éducation physique et sportive) – Que font les élèves de 12 h 15 à 14 heures? – Est-ce que les élèves sont toujours à l'école de 8 h 15 à 17 heures?
- Bild 3: Pourquoi est-ce que les élèves n'entrent pas? – Quelle heure est-il? – A quelle heure est-ce qu'ils peuvent entrer? – Quel âge ont les élèves au collège?
- Bilder 4 und 5: Est-ce que le self▽/la cantine▽ est dans le collège? – Comment sont les repas au self? – Est-ce que les élèves mangent toujours à l'école? – Est-ce qu'ils aiment les repas au self? – Pourquoi est-ce qu'ils ne mangent pas à la maison à midi?
- Bilder 6 bis 9 (*la cour, la «récré»*): Combien de temps est-ce que les élèves peuvent rester dans la cour? – Est-ce qu'ils ont beaucoup de devoirs? – Quand est-ce qu'ils font les devoirs? – Qu'est-ce que c'est, la «récré»? – Est-ce que les élèves travaillent souvent ensemble? – Est-ce qu'ils font beaucoup de sport? – Le bâtiment de l'école a combien d'étages? – Est-ce qu'il n'y a pas de professeurs dans la cour?

Zur Festigung des Textes

- Besondere Schwierigkeiten des Textes:
  - Z. 3: *pas encore*: andere Wortabfolge als bei 'noch nicht'
  - Z. 4: *visiter qc:* darf nicht mit *rendre visite à qn* verwechselt werden.
  - Z. 13: *ça veut dire*: S finden die Übersetzung dieses Ausdrucks im Schülerbuchkapitel *D'autres expressions utiles en classe*, S. XI.
  - Z. 18: *répéter qc* ist die Übersetzung von 'wiederholen', jedoch nicht im Sinne von 'eine Lektion wiederholen' (*revoir, réviser une leçon).*
  - Z. 25: *le collège François-Villon*: Bei Schulnamen werden im allgemeinen der Vorname und der Nachname des Namensgebers mit einem Bindestrich verbunden.

- Der Dialog in Abschnitt 1 bietet sich zum Nachspielen und zu schülerbezogenen Variationen (Fach, Lehrer) an.
- S betrachten Julies Stundenplan (Schülerbuch, S. 106, oder Folie Nr. 24) und stellen sich gegenseitig Fragen.
- L und S erstellen gemeinsam Tafelbilder, die den Textinhalt zusammenfassen und als Grundlage für eine mündliche Nacherzählung dienen können (s. u. Kästen Nr. 3 und 4)

Dimanche

• 13 h 27:	Martina, la correspondante de Julie, arrive à Paris. Elle va passer ses vacances de Pâques chez les Lacroix.
• 17 heures:	Les deux amies bavardent et écoutent des CD dans la chambre de Julie.
• 17 h 40:	Julie pense tout à coup à son contrôle de géographie de lundi. Elle parle de M. Charvet: c'est un bon prof; il est un peu bizarre, mais intéressant.
• Après le repas:	Martina pose des questions à Julie sur son collège.

Nr. 3

Le collège François-Villon
- Le collège est grand, pas très joli, mais il y a une bonne ambiance.
- La cuisine de la cantine n'est pas mauvaise.
- Les élèves de la 4ᵉ F ont 28 heures de cours par semaine.
- Le samedi et le mercredi après-midi, ils n'ont pas classe.
- La passion de Julie, au collège, c'est le club d'écriture.

Nr. 4

Zu den Strukturen

Der Behaltenseffekt ist größer, wenn S auch inhaltlich engagiert werden. Dabei ist es nicht in jedem Fall erforderlich, daß das zu übende Redemittel in der S-Antwort erscheint. Mögliche Fragen:

Zeitangaben
- Quand est-ce que tu quittes la maison le matin?
- Tu prends le bus? A quelle heure?
- Quand est-ce que tu arrives à l'école?
- Tu es à la maison à quelle heure?
- Quand est-ce que tu fais tes devoirs?
- Quand est-ce que tu regardes la télé?
- Tu regardes la télé seulement le dimanche?
- Quand est-ce que tu fais du sport?
- Quand est-ce que tu fais tes courses?

Adjektive
- Vous pensez que la [Automarke] est une bonne voiture?
- Est-ce que les [Name einer Musikgruppe] sont intéressants?
- Qui a un chien? Comment est-ce qu'il est?

Répéter, écrire, dire
- Répète/Répétez le mot '...', s'il vous plaît.
- Vous écrivez une lettre à un ami/une amie. Comment est-ce que vous terminez la lettre? Qu'est-ce que vous écrivez à la fin?
- Comment est-ce qu'on écrit: 'la cour', 'le cours', 'les courses'? Ecrivez les trois mots.
- Vous passez chez un ami/une amie. Qu'est-ce que vous dites?
- Est-ce que les élèves français disent 'professeur' et 'géographie'?

LEÇON 9

Folie:
25

B TEXTERARBEITUNG

Itinéraire I

- Einführung der Possessivbegleiter *notre, votre, leur, nos, vos, leurs*: L knüpft an Lektion 9A an, verwendet wieder deren Abbildungen und präsentiert die neuen Formen z.T. in Frageform (s. 'Vorschläge zur Einführung der schwer erschließbaren Ausdrücke', S. L 134, Kasten Nr. 3).
- Das Verb *lire* wird eingeführt: L: *Julie et ses copains lisent beaucoup de livres. Et vous, qu'est-ce que vous lisez? Des BD? Des romans?*
- Anhand der ersten Photos der Bildgeschichte S. 87, Ex. 11 (Folie Nr. 25) werden die Objektpronomen *me, te, nous, vous* vermittelt. TB: kontrastive Anordnung der Beispiele im Kontext (s. 'Vorschläge zur Einführung der schwer erschließbaren Ausdrücke', S. L 134, Kasten Nr. 4).
- Zusammen mit dem Objektpronomen wird die Struktur *présenter qn à qn* vorgestellt (s. Kasten Nr. 4).
- Auf dem Hintergrund derselben Photos S. 87 (Folie Nr. 25) wird auch das Verb *remettre* kontextualisiert: L: *Martina va parler de Berlin. Le prof dit: pas de contrôle aujourd'hui. On va faire le contrôle jeudi. Je remets le contrôle à jeudi.*
- Die Abschnitte 1 und 2 werden von L in mäßigem Sprechtempo vorgetragen. In den Vortrag werden die Übersetzungen von *faire la bise* und *draguer* eingeblendet. Dann wird der Text noch einmal von der Kassette abgespielt. S lesen still mit. Daran schließen sich einige Fragen zum Verständnis.
- L trägt die restlichen zwei Abschnitte in normalem Sprechtempo vor oder spielt den Text von der Kassette ab. Da die Illustrationen das Verständnis fördern, bleibt das Buch geöffnet.
- L läßt den letzten Satz (*'Ich gebe dir rendez-vous …'*) rückübersetzen.
- Einzelne Sätze aus dem gesamten Text werden von L noch einmal vorgelesen und innerhalb des Kurzzeitgedächtnisses von einzelnen S nachgelesen. Die letzten Schwierigkeiten werden beseitigt.
- L stellt Fragen zum Text.

Schwer erschließbare Ausdrücke:

Abschnitt 1:	un jour de classe; me; te; nous (Objektpron.); vous (Objektpron.); faire la bise à qn; draguer qn
Abschnitt 2:	C'est l'heure.; leur(s); le silence; remettre qc
Abschnitt 3:	vos; notre

Nr. 1

Itinéraire II

Diese Variante empfiehlt sich, wenn eine raschere Durchnahme geboten ist.

- L vermittelt den wesentlichen Inhalt der Lektion 9B in Form eines kurzgefaßten Filtertextes (s. die didaktisch-methodischen Hinweise zu *Itinéraire II*, S. L 135). Als Stütze dienen die Photos der Bildgeschichte S. 87, Ex. 11 (Folie Nr. 25).
- L trägt die einzelnen Abschnitte getrennt vor und übersetzt dabei einzelne Wortverbindungen. Das Sprechtempo wird ohne Verzerrung der Intonation gemäßigt. S lesen still mit.
- Jeder Abschnitt wird ein zweites Mal vorgetragen. L gibt wiederum von Sinnabschnitten oder kurzen Sätzen in raschem Sprechtempo die Übersetzung und veranlaßt S mit Blickkontakt, die eben gehörte entsprechende französische Formulierung innerhalb des Kurzzeitgedächtnisses zu reproduzieren.
- L spielt den gesamten Text von der Kassette ab. S lesen still mit. Letzte Schwierigkeiten werden geklärt.
- L stellt Fragen zum Text.

FESTIGUNG

- Die Schülerbuchübung 2 kann bereits nach Erarbeitung des ersten Abschnitts des Lektionstextes durchgenommen werden.
- S stellen die in den Texten 9A und 9B vertretenen Formen der Verben *mettre, répéter, lire, écrire, dire, faire* zusammen und ergänzen die fehlenden Formen. Dazu eignet sich die Übung 4 des *Cahier d'activités*.
- In dieser Phase kann auch die Übung 1 des Schülerbuchs durchgenommen werden.

3 Martina à François-Villon

1 Lundi. Premier jour de classe pour Martina, au collège François-Villon.
Il est 8 heures 5. Les copains de la 4e F sont dans la cour.
Julie: Je vous présente Martina, ma correspondante de Berlin.
François: La France te dit: «Bonjour!»
Martina: Et l'Allemagne te répond: «Salut!»
François: Je m'appelle François. Tu ne me fais pas la bise?
Julie: Eh, toi! Ne drague pas ma corres!
Luc: On ne va pas faire le contrôle de géo, je pense.
Martina: Pourquoi?
Luc: Pourquoi? Charvet adore l'Allemagne. Alors, il va te dire: «Est-ce que tu ne veux pas nous parler de ta ville? Berlin m'intéresse beaucoup et intéresse aussi tes camarades français.»

2 C'est l'heure. M. Charvet et ses élèves entrent dans la classe. Les élèves mettent leurs livres de géographie sur les tables, puis regardent leur professeur. M. Charvet met ses lunettes et attend le silence. Julie présente alors Martina au professeur d'histoire-géo.
Qu'est-ce qu'il va faire? Le contrôle? Parler de la capitale allemande?
M. Charvet: Je remets le contrôle à jeudi. Aujourd'hui, on va parler de Berlin.
Les élèves font: «Ouf!» Et M. Charvet dit: «Qu'est-ce que vous dites, qu'est-ce que vous dites?»

3 Martina, M. Charvet et les élèves parlent de Berlin.
François écrit, écrit, écrit ...
Après la récréation, en classe de français, le professeur dit: «Ouvrez vos livres et lisez le poème de la page 20.»
Et que fait François? Il écrit toujours.
Luc demande à Julie: «Mais qu'est-ce qu'il a, notre clown?»

4 C'est midi. Après le cours de français, François donne une lettre à Martina.

Elle lit le texte de François, un texte en allemand!
La fin de la lettre: «Ich gebe dir rendez-vous um 6 Stunden vor die Turm Montparnasse.»

B EXERCICES

1 A propos du texte *Lisez et corrigez le texte. (… korrigiert …)*

1. Lundi, c'est le premier jour de vacances pour Martin, le correspondant de Jules.
2. Les copains de la 3e F sont à la cantine.
3. Ils entrent dans la cour et mettent leurs livres d'allemand sur les tables.
4. M. Wagner remet le contrôle à dimanche.
5. Aujourd'hui, il va parler de Paris.
6. Les élèves font: «Bof!» et M. Wagner dit: «Qu'est-ce que vous dites?»
7. Le professeur et les élèves parlent de Paris, mais Françoise▽ lit un roman policier.
8. En classe d'anglais, les élèves écrivent un poème.
9. A 5 heures, à la fin des cours, Françoise donne rendez-vous à Martin devant le café Daguerre.

2 La télé, ça t'intéresse? *(§§ 52, 53)*

a ☞ **A vous.** *Posez des questions à vos copines/copains qui donnent les réponses.*

Exemple: – La télé, ça **t'**intéresse?
– Oui, ça **m'**intéresse beaucoup. / un peu.
Non, ça ne **m'**intéresse pas. / pas trop.

la télé
le skateboard
les poèmes
les BD
la pantomime
le football
les concerts de rock
les animaux …

b ☞ **A vous.** *Posez des questions à votre professeur.*

Exemple: – Madame/Monsieur, la télé, ça **vous** intéresse?
– Oui, … / Non, …

3 Lundi, après l'école … *(§§ 52, 53)* *Trouvez le bon ordre.*

1. *Julie:* [écrit] [t'] [François] [Qu'est-ce que] ?
2. *Martina:* [la] [tour] [Montparnasse] [m'] [devant] [Il] [attendre] [va] .
3. *Julie:* [intéresse] [rendez-vous] [t'] [Le] [François] [avec] ?
4. *Martina:* [Non,] [pas] [m'] [ça] [intéresse] [ne] .
5. *Julie:* [nous] [à] [maison] [on] [Allons,] [attend] [la] .
6. *Martina:* [accord] [D'] . [pas] [BD] [après le repas] [me] [montrer] [ne] [veux] [Tu] [tes] ?

Ex. 1

Schwerpunkt: Überprüfung des Textverständnisses durch Korrektur unzutreffender Aussagen zum Text

Hinweis: Schriftliche Durchnahme wird empfohlen.

Lösungen:
1. Lundi, c'est le premier jour de classe pour Martina, la correspondante de Julie.
2. Les copains de la 4e F sont dans la cour.
3. Ils entrent dans la classe et mettent leurs livres de géographie sur les tables.
4. M. Charvet remet le contrôle à jeudi.
5. Aujourd'hui, M. Charvet, Martina et les élèves parlent de Berlin.
6. Les élèves font «Ouf!» Et M. Charvet dit: «Qu'est-ce que vous dites, qu'est-ce que vous dites?»
7. Martina, M. Charvet et les élèves parlent de Berlin, mais François écrit.
8. En classe de français, les élèves lisent un poème.
9. François donne rendez-vous à Martina à 6 heures devant la tour Montparnasse.

Neu: In Arbeitsanweisung: *corriger qc*. Name: *Françoise*

Ex. 2 ➛ CdA 8, 9 ➛ GBH §§ 52, 53

Schwerpunkte:
a, b Erfragen und differenziertes Ausdrücken von Vorlieben. Das Verb *intéresser qn*.
a Die Objektpron. *me, te*. **b** Das Objektpron. *vous*

Hinweise:
Die Liste der Interessengebiete ist nach Maßgabe des bekannten Vokabulars erweiterungsfähig. Diese Übung kann bereits nach Erarbeitung von Abschnitt 1 des Lektionstextes durchgenommen werden.

Ex. 3 ➛ CdA 8, 9 ➛ GBH §§ 52, 53

Schwerpunkt:
Stellung der Objektpron. (hier: *me, te, nous*) in affirmativen, verneinten und Fragesätzen, u. a. auch in Konstruktionen mit Hilfsverb und Infinitiv

Hinweise: Spielerische Rekonstruktion von Sätzen. Schriftliche Durchnahme wird empfohlen.

Lösungen:
1. *Julie:* Qu'est-ce que François **t'**écrit?
2. *Martina:* Il va **m'**attendre devant la tour Montparnasse.
3. *Julie:* Le rendez-vous avec François **t'**intéresse?
4. *Martina:* Non, ça ne **m'**intéresse pas.
5. *Julie:* Allons, on **nous** attend à la maison.
6. *Martina:* D'accord. Tu ne veux pas **me** montrer tes BD après le repas?

Ex. 4 ➛ CdA 10 ➛ GBH § 54

Schwerpunkt: a, b Die Possessivbegleiter: **a** *notre, votre, nos, vos;* **b** *leur, leurs*

Hinweis: b Schriftliche Durchnahme wird empfohlen.

Lösungen:

a *Isabelle:* On va te montrer **notre** appartement?
Martina: Oui, **votre** appartement m'intéresse beaucoup.

Isabelle: On va te montrer **nos** chambres?
Martina: Oui, **vos** chambres m'intéressent beaucoup.

Isabelle: On va te montrer **nos** livres?
Martina: Oui, **vos** livres m'intéressent beaucoup.

Isabelle: On va te montrer **nos** instruments de musique?
Martina: Oui, **vos** instruments de musique m'intéressent beaucoup.

Isabelle: On va te montrer **notre** ordinateur?
Martina: Oui, **votre** ordinateur m'intéresse beaucoup.

Isabelle: On va te montrer **notre** souris?
Martina: Oui, **votre** souris m'intéresse beaucoup.

Isabelle: On va te montrer **nos** photos?
Martina: Oui, **vos** photos m'intéressent beaucoup.

b Julie et Isabelle montrent à Martina **leur** appartement, **leurs** chambres, **leurs** livres, **leurs** instruments de musique, **leur** ordinateur, **leur** souris, **leurs** photos.

Ex. 5 ➛ GBH § 54

Schwerpunkt:
Die Wiedergabe des deutschen Possessivbegleiters oder Personalpron. *ihr* bzw. *Ihr* und dessen Flexionsformen

Hinweis: Fakultative Vertiefungsübung

Lösungen:
1. Julie demande à **son** père:
2. «Est-ce que **vous** allez à Fontainebleau, dimanche?»
3. Elle veut présenter **sa** correspondante à **ses** grands-parents.
4. A Fontainebleau, les grands-parents de Julie montrent **leur** maison et **leur** jardin à Martina.
5. Martina dit:«**Votre** maison et **vos** fleurs sont très jolies.»
6. L'après-midi, les grands-parents présentent Martina à **leurs** voisins.

Ex. 6

Schwerpunkte:
Planung eines Tagesablaufs aus der S-Perspektive unter besonderer Berücksichtigung der zeitlichen Einteilung (*d'abord, puis, ensuite, après*). Wdh. des *Futur composé.* Integration der Possessivbegleiter

Hinweis: Schriftliche Durchnahme wird empfohlen.

Lösungsvorschlag:
Nous allons te chercher à la gare, bien sûr; et voilà (mon programme pour) notre première journée ensemble: D'abord, nous allons rentrer à la maison. Je vais te montrer notre appartement, ma chambre et mon chat Cäsar, et à midi, on va manger à la maison avec ma famille. Ensuite, on va faire une petite promenade. Tu vas visiter mon quartier et je vais te présenter à mon amie Petra. Après, on va faire le tour de la ville en bus. Le soir, on va manger au self. Là, je vais te présenter mes copains et mes copines. Tu es d'accord?

Neu: In Arbeitsanweisung: *décrire qc à qn*

4 *On va te montrer nos CD?* (§ 54)

notre / nos / votre / vos
leur / leurs

Julie et Isabelle parlent avec Martina.

a *Faites des dialogues.*

appartement chambres
livres
instruments de musique
ordinateur
souris photos

Exemple: *Isabelle:* On va te montrer **nos** CD?
Martina: Oui, **vos** CD m'intéressent beaucoup.

b *Complétez* (leur *ou* leurs?) *et lisez.*

Julie et Isabelle montrent à Martina ~ appartement, ~ chambres, ~ livres, ~ instruments de musique, ~ ordinateur, ~ souris, ~ photos.

5 *A Fontainebleau* (§ 54)

Complétez.

1. Julie demande à ~ père:	*ihren*	parents de Julie montrent ~ maison	*ihr*
2. «Est-ce que ~ allez à	*ihr*	et ~ jardin à Martina.	*ihren*
Fontainebleau, dimanche?»		5. Martina dit: «~ maison	*Ihr*
3. Elle veut présenter ~ corres-	*ihre*	et ~ fleurs sont très jolies.»	*Ihre*
pondante à ~ grands-parents.	*ihren*	6. L'après-midi, les grands-parents	
4. A Fontainebleau, les grands-		présentent Martina à ~ voisins.	*ihren*

6 *La première journée*

☞ ***A vous.*** Christine, ta correspondante française, va passer une semaine chez toi.
Décris à Christine comment vous allez passer la première journée. (Beschreibe …)

Voilà des idées:

D'abord, / Puis, / Ensuite, / Après,

- nous allons te chercher à la gare.
- nous allons
  - rentrer à la maison.
  - faire une petite promenade.
  - …
- je vais te montrer
  - ma ville.
  - notre appartement.
  - …
- je vais te présenter à
  - mon amie.
  - mes copains.
  - mon chien.
  - mon chat.
  - …

Continuez.

9 EXERCICES

7 Une jolie salade de fruits▽! *(§ 51)*

Mettez les formes du verbe mettre.

Julie: Alors, qu'est-ce que je ~ dans la salade de fruits?
Isabelle: Tu ~ des pommes, des oranges, des bananes, des tomates …
Martina: Vous ~ des tomates?
Isabelle: Oui, c'est joli.
Julie: Ecoute, sœurette, on ne ~ pas de tomates dans une salade de fruits. Tu es bête!
Martina: Nous ~ des fraises.
Isabelle: Il n'y a plus de fraises, mais il y a encore des carottes …
Martina: Beurk!

8 En classe de français *(§ 50)*

Mettez les formes du verbe lire.

1. En classe de français, les élèves ~ des poèmes. 2. Le professeur dit: «Aujourd'hui, nous ~ «Le chat noir».
3. D'abord, je vous ~ le poème.» 4. Le professeur ~ et les élèves écoutent. 5. «Maintenant, ouvrez vos livres et ~ le poème.»

☐ 9 A propos du vocabulaire

a Voilà des mots et des expressions en français standard▽.
Trouvez les mêmes mots et expressions en français familier▽.

le professeur
le correspondant
la correspondante
la géographie
les mathématiques
la récréation
le self-service
la télévision
la bande dessinée
Ah, non!
sympathique
fantastique▽
l'ami
l'amie
le petit frère
la petite sœur
l'agent▽ de police
flirter▽ avec qn

le self
la géo
draguer qn
le frérot
Mince!
le copain
les maths
le corres
la récré
la corres
la sœurette
la télé
le/la prof
super
la BD
sympa
le flic
la copine

b *«Traduisez» en français standard.*

1. Le corres de Françoise est au collège. 2. Il n'aime pas les maths. 3. Mais il adore la géo. 4. «Il est sympa», disent les copines. 5. Son cadeau pour Françoise: une BD! 6. Après la récré, Françoise va présenter son corres au prof d'histoire-géo. 7. Puis, au self, elle va lire sa BD «Attention aux flics». 8. Et les copines vont draguer son corres. 9. «Mince!»

Ex. 7 ➛ GBH § 51

Schwerpunkt: Präsensformen des Verbs *mettre*

Lösungen:
Julie: Alors, qu'est-ce que je **mets** dans la salade de fruits?
Isabelle: Tu **mets** des pommes, des oranges, des bananes, des tomates ...
Martina: Vous **mettez** des tomates?
Isabelle: Oui, c'est joli.
Julie: Ecoute, sœurette, on ne **met** pas de tomates dans une salade de fruits! Tu es bête!
Martina: Nous **mettons** des fraises.
Isabelle: Il n'y a plus de fraises, mais il y a encore des carottes ...
Martina: Beurk!

Neu: In Überschrift: *une salade de fruits*

Ex. 8 ➛ GBH § 50

Schwerpunkt: Präsens- und Imperativformen des Verbs *lire*

Lösungen:
1. En classe de français, les élèves **lisent** des poèmes. 2. Le professeur dit: «Aujourd'hui, nous **lisons** «Le chat noir».
3. D'abord, je vous **lis** le poème.» 4. Le professeur **lit** et les élèves écoutent.
5. «Maintenant, ouvrez vos livres et **lisez** le poème.»

Neu: *noir, noire*

Ex. 9

Schwerpunkt: Unterscheidung zwischen *français standard* und *français familier*

Hinweise:
Diese Übung ist fakultativ. Für den **b**-Teil wird die schriftliche Durchnahme empfohlen. L bespricht mit den S, wie man die Wahl des Sprachregisters auf den Adressaten bezieht. Er erklärt, daß die Verwendung des umgangssprachlichen Registers nicht konsequent sein muß.

Lösungen:
a

le professeur – le/la prof	le self-service – le self	l'ami – le copain
le correspondant – le corres	la télévision – la télé	l'amie – la copine
la correspondante – la corres	la bande dessinée – la BD	le petit frère – le frérot
la géographie – la géo	Ah, non! – Mince!	la petite sœur – la sœurette
les mathématiques – les maths	sympathique – sympa	l'agent de police – le flic
la récréation – la récré	fantastique – super	flirter avec qn – draguer qn

b
1. Le **correspondant** de Françoise est au collège. 2. l n'aime pas les **mathématiques**. 3. Mais il adore la **géographie**. 4. «Il est **sympathique**», disent les **amies** (de Françoise). 5. Son cadeau pour Françoise: une **bande dessinée.** 6. Après la **récréation**, Françoise va présenter son **correspondant** au **professeur** d'**histoire-géographie.** 7. Puis, au **self-service**, elle va lire sa **bande dessinée** «Attention aux **agents de police**». 8. Et ses **amies** vont **flirter** avec son **correspondant.** 9. «**Ah, non!**».

Neu:
fantastique, un agent de police, flirter avec qn. In Arbeitsanweisung: *le français standard, le français familier*

Ex. 10 ➛

Schwerpunkt:
Die obligatorischen Bindungen; Veränderung der Lautung bei bestimmten Bindungen (bei: *bon, grand, premier*). Die Laute [s] und [z]

Hinweise:
S lesen den Text einmal still durch, tragen die ihnen notwendig erscheinenden Bindungen mit dem Bleistift ein und lesen einmal den Text vor. Im Klassenverband werden die Bindungen besprochen. Anschließend werden die Sätze mehrmals von der Kassette abgespielt, notfalls von L vorgelesen. S tragen nun demnach ihre Korrekturen in das Buch ein. S üben das Vorlesen des Textes mit den Bindungen im Klassenverband und zu Hause ein. L achtet darauf, daß S die Sätze flüssig lesen und die Bindungen nicht 'vorwegnehmen'. Es empfiehlt sich, S darauf aufmerksam zu machen, daß sie nur leichte Bleistiftstriche in das Buch – wenn es ihnen nicht gehört – eintragen dürfen.

Lösungen:
1. Les élèves et leurs idées intéressent
   le professeur.
   Les bonnes idées de ses élèves sont
   très intéressantes.
2. Il appelle Minnie.
   Qui, «il»?
   Arthur. Il s'appelle Arthur.
   Ils appellent leurs bons amis,
   Julien et Julie.
3. Et où sont leurs bons amis?
   Ils sont dans la cour. Ils ont
   classe jusqu'à cinq heures.
4. C'est l'anniversaire de mon amie.
   Je dis: «Bon anniversaire, Julie!»
5. Mon père aime les grands hôtels.
   Quand il est dans un grand hôtel,
   il prend toujours une chambre
   au premier étage.

Neu: In Arbeitsanweisung: *une liaison*

Ex. 11 ➛ CdA 4, 5, 6, 7, 9 ➛ Folie Nr. 25

Schwerpunkte:
a Versprachlichung einer Bildgeschichte. Transfer des Lektionstextes: Martina als Perspektiventrägerin. **b** Kreative Weiterführung der Geschichte durch S

Hinweise:
Schriftliche Durchnahme wird empfohlen. Der fakultative **b**-Teil eignet sich eher für leistungsstärkere S. S können auch die Fortsetzung der Geschichte im Klassenverband oder in Gruppen besprechen, den Text schriftlich festhalten und ihn anschließend spielen.

Lösungsvorschläge:

a
1. Lundi. C'est mon premier jour de classe au collège François-Villon. A 8 heures 5, je suis dans la cour avec Julie, ma correspondante/corres, et ses copains de la 4e F.
   Elle me présente à François, le clown de la bande.
2. En classe de géo, Julie me présente à M. Charvet, le prof d'histoire-géo. Il remet le contrôle de géo. Il veut parler de Berlin, notre capitale. Les élèves font: «Ouf!» Et M. Charvet dit: «Qu'est-ce que vous dites?» François ne parle pas: il écrit sans arrêt.
3. Ça, c'est le cours de français, après la récré. Les élèves ouvrent les livres et lisent le poème de la page 20. François ne lit pas, il écrit toujours. Luc demande à ma corres: «Mais qu'est-ce qu'il a, notre clown?»
4. A midi, après la classe de français, François me donne une lettre: un texte en allemand!
5. A la fin de la lettre, il me donne rendez-vous à 6 heures devant la tour Montparnasse …

b
- Martina va aller au rendez-vous avec François. Mais avec Julie, sa correspondante!!!
  Qu'est-ce qu'elles vont rigoler! Pauvre François!
- Martina va aller au rendez-vous avec François, bien sûr! François est très sympa, c'est le clown de la classe. La 'France' intéresse beaucoup Martina. Alors, Martina veut faire la connaissance du clown. Ils vont visiter la tour Montparnasse et passer des heures intéressantes. Qu'est-ce qu'ils vont rigoler!

10 Jeu de sons

Lisez les phrases. Mais attention aux liaisons! (... die Bindungen)

1. Les élèves et leurs idées intéressent le professeur.
   Les bonnes idées de ses élèves sont très intéressantes.
2. Il appelle Minnie.
   Qui, «il»?
   Arthur. Il s'appelle Arthur.
   Ils appellent leurs bons amis, Julien et Julie.
3. Et où sont leurs bons amis?
   Ils sont dans la cour. Ils ont classe jusqu'à cinq heures.
4. C'est l'anniversaire de mon amie.
   Je dis: «Bon anniversaire, Julie!»
5. Mon père aime les grands hôtels.
   Quand il est dans un grand hôtel, il prend toujours une chambre au premier étage.

11 Mon premier jour de classe à François-Villon

a Martina montre des photos à un ami français:
«C'est mon premier jour de classe au collège François-Villon.
A 8 heures 5, je ...» *Continuez.*

b *Qu'est-ce que vous pensez?*
Est-ce que Martina va aller au rendez-vous?
Pourquoi? Pourquoi pas?

1

2

3

4

5

Zu Itinéraires I und II

Leicht erschließbare Ausdrücke:

vom Dt./Engl. her	vom Visuellen her	vom Kontext her	durch Gestik/Mimik
1 intéresser qn 1 un camarade	1 présenter qn à qn 2 des lunettes	1 la France 1 l'Allemagne 2 un professeur d'histoire-géo 2 la capitale allemande 3 toujours ('immer noch')	2 mettre qc sur … 2 mettre ses lunettes 3 ouvrir qc 3 lire qc

Nr. 2

Vorschläge zur Einführung der schwer erschließbaren Ausdrücke
Im folgenden sind nur die schwer erschließbaren neuen Ausdrücke unterstrichen.

Les copains de la rue Daguerre et leur école	**Notre école, l'école [Schulname]** **TB**
1. Leur école n'est pas jolie.	1. Est-ce que notre école est jolie?
2. Dans leur collège, il y a une bonne ambiance.	2. Est-ce que vous trouvez qu'il y a une bonne ambiance dans votre classe?
3. Leurs contrôles d'allemand sont difficiles.	3. Est-ce que nos contrôles de français sont difficiles aussi?
4. Ils font leurs devoirs ensemble.	4. Est-ce que vous faites vos devoirs ensemble?

Nr. 3

Julie présente Martina à la classe: **TB**

	Wem?		**Wen?**
Julie:	Je vous présente Martina, ma corres.	→	Elle vous invite* à parler allemand.
Le prof:	Tu nous parles un peu de Berlin?	→	Ça nous intéresse.
François:	Je voudrais te montrer Paris.	→	Je t'attends à midi devant le collège. Je te trouve super.
	Tu ne me réponds pas?	→	Tu ne me trouves pas sympa?

* Den S ist das Verb *inviter* nur in der Bedeutung von 'einladen' bekannt. Eine Übersetzung mit dem Wort 'einladen' wäre hier nicht falsch, sie wäre jedoch weniger gebräuchlich. S können von sich aus auf die Übersetzung 'auffordern' kommen. *Nr. 4*

- Abschnitt 1:
  L: *Les jours de fête, les élèves ne vont pas à l'école. Mais les jours de classe, ils vont en classe.* Kontrollfragen: L: *Est-ce que lundi/dimanche est un jour de classe?* S: …
  Faire la bise à qn: übersetzen; s. a. die landeskundlichen Angaben hierzu im Schülerbuch, S. 157
  L: *Draguer quelqu'un, ça veut dire flirter avec quelqu'un.*

- Abschnitt 2:
  L: *Il est 10 h 10. C'est l'heure: les élèves vont en récréation.* Kontrollfrage: L: *Est-ce que c'est bientôt l'heure de quitter l'école?* S: …
  L: *Les éléves entrent en classe et bavardent. Le professeur dit: Chut! Silence!* (Gestik) *Puis, le cours commence.*
  L: *M. Charvet dit: On ne fait pas le contrôle aujourd'hui. On fait le contrôle jeudi. M. Charvet remet le contrôle à jeudi.* Kontrollfrage: L: *Julien veut faire une partie de cartes avec François, mais aujourd'hui, François ne peut pas jouer avec Julien: il a des devoirs. Que fait Julien?* S: *Il remet la partie de carte.* L: *Oui. Julien dit: Je remets la partie de cartes à demain. Ou: Remettons la partie de cartes. Les garçons remettent la partie de cartes.* L schreibt diese Verbformen an und ergänzt mit S das Paradigma.

Zu Itinéraire I

Bei leistungsstarken Klassen kann L sich auf die in der Rubrik 'Vorschläge zur Einführung der schwer erschließbaren Ausdrücke' (S. L 134) gebotenen Erläuterungen beschränken.

Zu Itinéraire II

Vorschlag für eine kurzgefaßte Einstimmung

Im folgenden sind alle neuen Ausdrücke unterstrichen.

Fermez les livres. Nous écoutons d'abord la leçon et vous <u>lisez</u> le texte après.
Martina est au collège François-Villon avec sa correspondante Julie. Julie <u>présente</u> Martina à ses copains et copines. Elle dit: C'est Martina, ma corres de Berlin. Quand le professeur entre, c'est <u>le silence</u> (Gestik). Les élèves <u>mettent</u> leurs livres de géo sur la table et attendent un contrôle. Mais le prof dit: Pas de contrôle aujourd'hui. Nous <u>remettons</u> le contrôle à jeudi. Aujourd'hui, Martina <u>nous</u> parle de Berlin.

Zur Festigung des Textes

Textrekonstruktionsübung

S erstellen unter Anleitung von L ein Assoziationsfeld: Die wichtigsten handelnden Personen – Julie, Martina, François, Luc und M. Charvet – werden um die Bezugspunkte *géographie, contrôle de géographie, Allemagne* und *Berlin* gruppiert. Das Beziehungsgeflecht wird durch zwischengeschaltete Verben ausgedrückt. Anhand dieser Übersicht erzählen S den Textinhalt mündlich oder eventuell schriftlich nach.

Assoziationsfeld

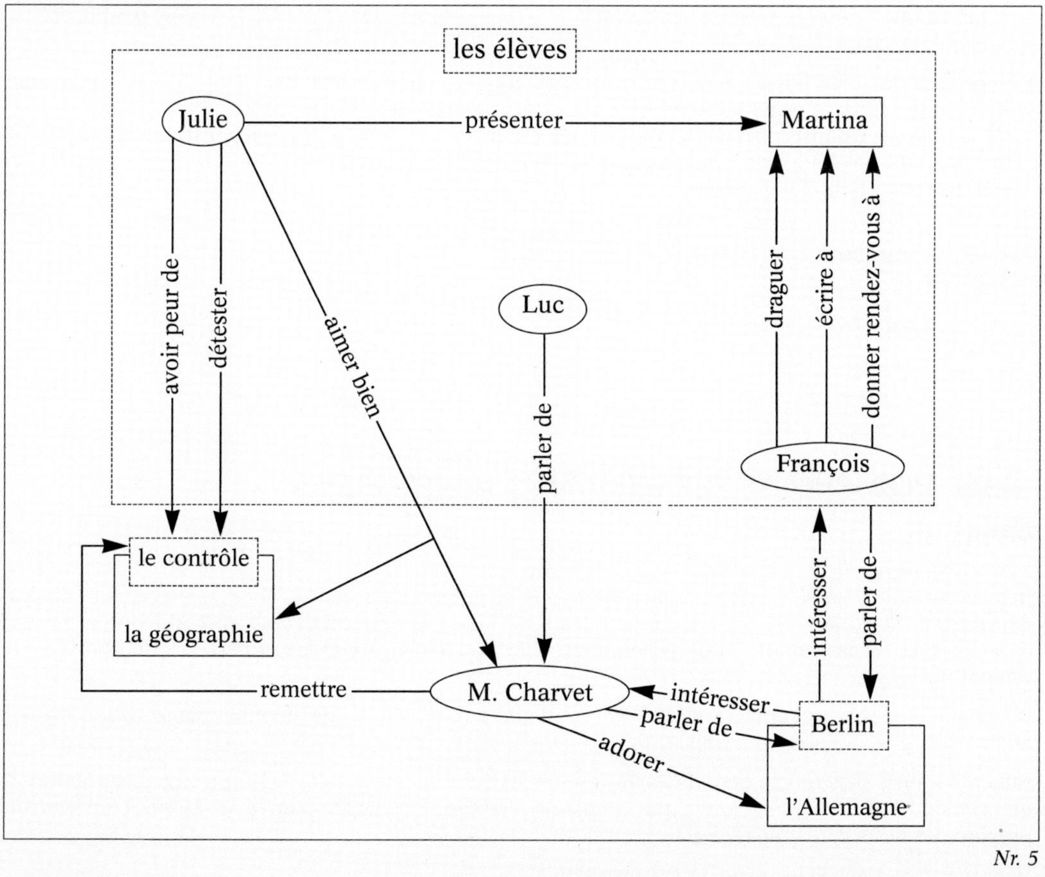

Nr. 5

LEÇON 9 DIDAKTISCH-METHODISCHE HINWEISE

Zum Wortschatz

Am Ende von Lektion 9 kennen S bereits viele Wörter zum Thema 'Schule'. L fordert sie auf, zu Hause oder in Kleingruppen im Klassenverband ein Sachfeld zu erstellten (s. u. Kasten Nr. 6). Dieses wird im Unterrichtsgespräch eventuell ergänzt und an der Tafel festgehalten.
S sollen dann einige ggf. lustige Äußerungen zum Thema 'Schule' mit dem aufgelisteten Wortschatz schreiben, die sie anschließend vor der Klasse vorlesen und eventuell zu einer Collage zusammenstellen.

L'école/Le collège:		
– les élèves (m./f.)	– les contrôles (m.)	– la cour
– les camarades (m./f.)	– le self/la cantine	– les jours de classe (m.)
– les professeurs (m.)	– les devoirs (m.)	– les vacances (f.)
– les classes (f.)	– les clubs (m.)	
– les cours (m.)	– la récréation	

Nr. 6

Zum Chanson

- Im *Cahier d'activités*, auf S. 71, finden Sie Noten und Text des Chansons *La corres de Julie*, das sich auf der L-Kassette befindet. Um das Verständnis zu erleichtern, sollten S den Text vor oder während der Darbietung lesen.
- L stellt Fragen zum Textinhalt:

1. – Que font Julie et ses copains au club d'écriture?
   – Que font Julie et ses copines aujourd'hui?
   – Est-ce que François écrit aussi?
   – Est-ce que François n'est pas en forme?
   – A qui est-ce qu'il pense?
2. – Comment est la correspondante de Julie?
   – Est-ce qu'elle s'intéresse à François?
   – Qu'est-ce qu'elle aime?
   – Est-ce qu'elle rigole souvent avec François?
   – Alors, qu'est-ce que François peut faire?

- S können das Lied mit dem auf der L-Kassette aufgezeichneten Playback singen oder sie können sich auf der Gitarre begleiten (Akkorde im *Cahier d'activités*).
- V Um dieses Chanson herum kann auch ein Projekt entstehen. S können Musikinstrumente mitbringen und das Lied selbst spielen und singen. Sie können außerdem Videoclips drehen, die sie z. B. bei einer Schulfeier zeigen.

Zur Landeskunde

s. S. L 138

A+B VORSCHLÄGE ZUR LEISTUNGSÜBERPRÜFUNG

Diktat

Julie à Berlin

Julie est à Berlin chez sa correspondante Martina. Elle passe trois semaines chez les Wagner, les parents de Martina. Martina n'est pas encore en vacances: Julie peut aller à l'école avec Martina et faire la connaissance de ses copains et de ses copines. Elle trouve les amis et les professeurs de Martina très sympathiques.

Martina n'a pas classe l'après-midi. Le mercredi après-midi, elle a une leçon de piano, et le vendredi après-midi, elle va jouer au tennis.

Julie aime bien Berlin. Les deux filles vont souvent en ville[1] ensemble. A Berlin, il y a beaucoup de quartiers intéressants. Julie trouve que la cuisine allemande n'est pas mauvaise. La mère de Martina prépare des bons petits repas.

[1] *une ville:* eine Stadt; in Lk. 9A, SB Ex. 5 eingeführt

Übersetzungsübung

Der folgende Text und dessen französische Fassung (s. u.) können wahlweise als Grundlage für eine Thème- bzw. Version-Übung dienen.

Julie schreibt einen Brief an ihre Eltern:

Lieber Papa, liebe Mama,

seit drei Tagen bin ich in Berlin und es geht mir sehr gut. Morgens gehe ich mit Martina in die Schule und nachmittags machen wir zusammen Spaziergänge. Wir haben viel Spaß. (Wir lachen viel.)
Martinas Schule ist so ähnlich wie das (ähnelt dem[1]) collège François-Villon. Morgen hat Martina zwei Stunden Französisch. Sie wird mich ihrem Lehrer vorstellen. Ich werde ein wenig von Paris erzählen (*parler de*).
Morgen gehe ich auch zu einem Konzert. Ein Freund von Martina will mich einladen. Er heißt Michael und ist sehr sympathisch. Er ist [ein] guter Schüler und will immer französisch mit mir sprechen. Wenn Martina nicht zu Hause ist, lese ich ein wenig [in] ihre[n] Bücher[n]. Sie hat viele interessante Bücher. Ich verstehe die deutsche Sprache schon sehr gut.

– Küßchen – Julie

[1] einer Sache ähneln: *ressembler à qc*; in Lk. 6B Ex. 1 eingeführt

Julie écrit une lettre à ses parents:

Cher papa, chère maman,

Je suis à Berlin depuis trois jours et je vais très bien. Le matin, je vais à l'école avec Martina et l'après-midi, nous faisons des promenades ensemble. Nous rigolons beaucoup.
L'école de Martina ressemble au[1] collège François-Villon. Demain, Martina a deux heures de français. Elle va me présenter à son prof. Je vais parler un peu de Paris.
Demain, je vais aussi à un concert: un ami de Martina veut m'inviter. Il s'appelle Michael et il est très sympa. Il est bon élève et veut toujours parler français avec moi.
Quand Martina n'est pas à la maison, je lis un peu ses livres. Elle a beaucoup de livres intéressants. Je comprends déjà très bien l'allemand.

– Bises – Julie

[1] *ressembler à qc*: einer Sache ähneln; in Lk. 6B Ex. 1 eingeführt

Gelenkte Dialogerstellung

Trouvez les questions de Martina.

Martina: *Est-ce que tu as un contrôle demain?*

Julie: Oui, en géo.

Martina: *Tu aimes les contrôles?/Tu n'aimes pas les contrôles?*

Julie: Non, je n'aime pas les contrôles: beurk!

Martina: *Qu'est-ce que ça veut dire: beurk?*

Julie: On dit ça quand on déteste quelque chose et moi, je déteste les contrôles.

Martina: *Il est comment, votre prof de géo?*

Julie: Il est un peu bizarre, mais c'est un bon prof.

Martina: *Où est-ce que vous mangez à midi?*

Julie: On va au self.

Martina: *La cuisine est comment?*

Julie: Elle n'est pas mauvaise.

Martina: *Tu as toujours classe, l'après-midi?*

Julie: Pas le mercredi et le samedi après-midi.

Stratégies

Faire moins de fautes
(Weniger Fehler machen)

Tipps für schriftliche Arbeiten!

1 Nachkorrektur

Nimm dir bei jeder schriftlichen Aufgabe ausreichend Zeit für eine intensive Nachkorrektur.
Lies den von dir verfassten Text noch einmal Wort für Wort durch.

2 Beachten fehleranfälliger Stellen

Es gibt „fehleranfällige" Stellen, auf die du bei deiner Durchsicht besonders achten musst, z. B.

a ***die Schreibung von Einzelwörtern:***

- **Akzente** vergisst man leicht oder setzt sie an der falschen Stelle (z. B. **ou** = oder ← → **où** = wo).
- Oft weicht die Schreibung von der des **Englischen** ab (z. B. un ex**e**mple, un exerci**c**e).

b ***die Übereinstimmung von Subjekt und Verbendung:***

Denke vor allem an das **-s** in der 2. Person Singular und an das **-ent** der 3. Person Plural.

Tu me présente**s** ton amie? / **Ils** regard**ent** leur professeur.

c ***die Angleichung von Begleitern und Adjektiven an Genus und Numerus des Nomens:***

François prend **sa** cassette. (= **une** cassette)

Julie lit **des** histoire**s** intéressant**es**. (= **une** histoire)

3 Fehlerprotokoll

Fertige dir nach der Rückgabe jeder schriftlichen Arbeit ein eigenes Fehlerprotokoll an.
Notiere die Sätze, in denen dir „typische" Fehler unterlaufen sind, in der berichtigten Form und unterstreiche die Stelle, an der du den Fehler gemacht hattest, farbig.
Lies die Fehlerprotokolle wiederholt durch.

ZUR LANDESKUNDE

Le collège ➛ Folie Nr. 24

Einige der folgenden Aspekte der französischen Schulwirklichkeit können im Unterricht zur Sprache kommen. (Nachstehende Informationen geben den Stand von Sommer 1994 an.):

- S sind wöchentlich neun Halbtage in der Schule. Je nach *collège* findet entweder am Mittwoch oder am Samstag vormittag Unterricht statt. Am Mittwoch und am Samstag nachmittag ist kein Unterricht.
- Die Unterrichtsstunden dauern in der Regel 55 Minuten.
- Ein Schultag endet meistens um 17 Uhr ('Ganztagsschule'). Abends sind zu Hause noch Hausaufgaben zu erledigen, was die Freizeit der S stark einschränkt. In Frankreich ist im Augenblick die Vergabe von Hausarbeiten nicht geregelt.
- Morgens und nachmittags gibt es eine große Pause.
- S, die einen weiten Weg nach Hause haben, essen mittags in der Kantine des *collège*, was jedoch keine Pflicht ist. Je nach Aufnahmekapazität der Kantine können dort auf Wunsch auch solche S bewirtet werden, deren Wohnung nicht weit von der Schule entfernt ist.
- Während der freien Stunden im Verlauf des Tages gehen S in einen Gemeinschaftsraum (*l'étude* oder *la salle de permanence* genannt), in dem sie unter der Aufsicht eines *surveillant* oder einer *surveillante d'externat* Schularbeiten erledigen müssen.
- In den *collèges* werden im Rahmen der *foyers socio-éducatifs* Arbeitsgemeinschaften mit den unterschiedlichsten Aktivitäten gebildet: Theater, Chor, Fotografie, Schachspiel, Journalismus, Tanz usw.
- Ein *collège* besteht aus:
  - einem Schulleiter bzw. einer Schulleiterin: le principal bzw. la principale
  - (meistens) einem stellvertretenden Schulleiter bzw. einer stellvertretenden Schulleiterin: *le principal adjoint* bzw. *la principale adjointe*
  - einem *conseiller d'éducation* bzw. einer *conseillère d'éducation*, der bzw. die den Dienst der Aufsichtskräfte *(surveillants d'externat)* regelt, die Anwesenheit der S überprüft und zudem eine soziale Funktion innehat.
  - einem bzw. einer *gestionnaire*, der bzw. die im Auftrag der Schulleitung das Budget verwaltet.
  - einem bzw. einer *documentaliste*, der bzw. die die Dokumentationsstelle (*le centre de documentation et d'information*, kurz *CDI*) betreut.
  - den *surveillants* und *surveillantes d'externat*
  - und natürlich aus den L, den S und den übrigen Beschäftigten.
- Schließlich muß man noch das *comité d'environnement social* erwähnen, dessen Aufgabe es ist, sozial geschädigte S auch in den unterrichtsfreien Zeiten zu betreuen.

LEÇON 10 A Paris en métro

Thema: Vorbereitung auf eine Bootsfahrt. Die Pariser Metro
Situativer Rahmen: Besuch der Cousine aus der Provinz
Textsorten: Erzählung mit Dialog

Anmerkungen		Lerninhalte	SB Ex.	CdA Ex.
		Kommunikative Schwerpunkte:		
Erg. zu Lk. 7B	◀	– Nach dem Weg fragen/den Weg beschreiben (Metro)	8	
		– Sorge ausdrücken: *Oh, là, là! C'est compliqué!*		
		– Beruhigen: *Tu sais, ce n'est pas difficile. Tu vois, c'est facile!*		
		Wortschatz:		
Rév. S. 161: *Les moyens de transport*	◀	– Die Verkehrsmittel, insbes. die Metro	7, 8	
SB Ex. 6: Integrationsübung zu den Präp.	◀	– Die Präp. *sous*	6	
		Grammatik:		
Me, te, nous, vous in Lk. 9B	◀	– Die dir. Objektpron. *le, la, les,* GBH § 55	2, 3, 4	2, 3
Rév. S. 161; in SB Ex. 5: u.a. Unterschied zwischen *voir* und *regarder*	◀	– Die Verben *savoir* und *voir*: Präs.; *voir* auch Imper., GBH § 56	5	4
Ne … plus, ne … rien in Lk. 10B	◀	– Die Verneinung *ne … jamais,* GBH § 57		
Die Verneinung beim Verb *aimer* in Lk. 10B	◀	– Die Verneinung beim Verb *être,* GBH § 58	6c	

Textverständnis:	– A propos du texte. Wdh. der Ergänzungsfrage	SB	Ex. 1
	– A propos du texte	CdA	Ex. 1
Landeskunde:	– Le métro	SB	S. 162

Folien: **(A + B)**		– Nr. 26: Abb. Text 10A (teilweise) und 10B (teilweise), SB S. 89 (oben) und S. 94 (Photos 1-4)
		– Nr. 27: Abb. Text 10B (Fortsetzung), SB S. 94 (Photos 5, 6) und S. 95 (Bilder 1, 3)
	sowie	– Nr. 29: Metroplan, SB S. XIV; Hinweise: LB S. L 141, L 145 (, L 146)
		– Nr. 30: Karte von Paris; Hinweise: LB S. L 149

Thema: Einige Sehenswürdigkeiten von Paris
Situativer Rahmen: Ausflug in Paris: Seinefahrt mit einem *bateau-mouche* und Picknick
Textsorten: Erzählung mit Dialog

Anmerkungen	Lerninhalte	SB Ex.	CdA Ex.
	Kommunikative Schwerpunkte:		
	– Räumlich ordnen: *En face, sur votre droite, sur votre gauche*		
	– Gefallen ausdrücken: *Dites donc, c'est chouette!*		
s. Zusammenstellung in SB Ex. 2 ◀	– Ablehnen, verneinen, Mißfallen ausdrücken	2	5
	Wortschatz:		
	– Sehenswürdigkeiten von Paris		6
	Grammatik:		
Ne … jamais bereits in Lk. 10A ◀	– Die Verneinung: *ne … plus, ne … jamais, ne … rien,* GBH § 57	2	5
Die Verneinung mit *être* bereits in Lk. 10A ◀	– Die Verneinung bei den Verben *être* und *aimer*, GBH § 58	2	5
	Phonetik:		
	– Schwerpunktartige Wdh. des franz. Lautsystems	4	

Textverständnis:	– A propos du texte	SB	Ex. 1
Integration und Transfer:	– Faites l'interprète.	SB	Ex. 3
	– Wdh. des Buchstabierens. Textproduktion	SB	Ex. 5
	– Sich in einem Brief vorstellen: Wdh. einiger Redemittel	SB	Ex. 6
	– Den Weg beschreiben: Wdh.	CdA	Ex. 6
	– Wdh. der unregelmäßigen Verben	CdA	Ex. 8
	– La course: Wdh. von Lk. 8-10	CdA	S. 88
Landeskunde:	– Paris	SB	S. 161
Interkulturelles:	– Le collège	SB	Ex. 2
Chanson:	– 'Alors regarde' von Patrick Bruel	SB	S. 99
Lesetexte:	– 'Le chat noir': Gedicht	SB	S. 99
	– Passer ses vacances en France avec des jeunes: Auswertung eines Prospektes	CdA	Ex. 7
	– Salut les vacances!	CdA	Ex. 9
Projektarbeit:	– Le jeu des sept familles	SB	S. 109 ff.

LEÇON 10

Folien: 26, 29

A TEXTERARBEITUNG

Der Einstieg in den Unterricht erfolgt über ein Gespräch, das an das Vorwissen der S über die Pariser Metro anknüpft. Dabei können die Wörter *métro, ticket de métro, plan du métro* und *station de métro* eingeführt werden. Die Erfahrungsberichte der S können durch den Metroplan (Schülerbuch, S. XIV oder Folie Nr. 29) abgestützt werden. L kann eventuell Anschauungsmaterial mitbringen (Fahrscheine, *carnet*, Photos von Metroeingängen im Jugendstil, usw.).

Itinéraire I

- Die Abschnitte 1 und 2 werden nacheinander erarbeitet, wobei Abschnitt 2 unterteilt wird (Z. 8-20; Z. 21-28):
  - L paraphrasiert den jeweiligen Textteil und erklärt dabei die neuen Ausdrücke (s. 'Vorschläge zur Einführung der schwer erschließbaren Ausdrücke', S. L 146).
  - Der Abschnitt wird bei geschlossenen Büchern von der Kassette abgespielt oder von L in normalem Sprechtempo vorgelesen.
  - L stellt Verständnisfragen.
- Abschnitt 3 wird mit Hilfe der Skizze im Schülerbuch, S. 89 unten, erläutert, die L an der Tafel reproduziert:
  - S werden zuerst mit den Namen der Metrostationen vertraut gemacht.
  - Die Redemittel zum Komplex *prendre le métro* (s. Redemittelkasten in der Schülerbuchübung 8, S. 93) werden vorgestellt.
  - Mit Hilfe der Skizze versuchen S, den Weg zwischen *Denfert-Rochereau* und *Alma-Marceau* zu wiederholen.
  - Der Abschnitt wird von der Kassette abgespielt oder von L in normalem Sprechtempo vorgelesen. S lesen still mit.
- S lesen den gesamten Text still durch und stellen Fragen zu den verbliebenen klärungsbedürftigen Stellen.

Schwer erschließbare Ausdrücke:

Abschnitt 1:	content; eh bien; inviter qn à faire qc; être sûr de faire qc
Abschnitt 2:	Ah, le voilà!; voir qn/qc; de loin; ne ... jamais; savoir qc
Abschnitt 3:	compliqué; prendre la direction ...; changer; le pont de l'Alma; facile

Nr. 1

Itinéraire II

- Die Abschnitte 1 und 2 werden wie bei *Itinéraire I* durch L eingeführt.
- Abschnitt 3 wird wie folgt erarbeitet:
  - In Partnerarbeit (ca. fünf Minuten) suchen S selbst anhand des Metroplans (Schülerbuch, S. XIV) den Weg von *Denfert-Rochereau* über *Trocadéro* nach *Alma-Marceau* und entdecken dabei, daß sie beim Ein- bzw. Umsteigen auf die *direction* achten müssen. Falls diese Aufgabe für S, die das Schema S. 89 bereits gesehen haben, zu einfach ist, kann ersatzweise ein anderer Weg gewählt werden (s. Beispiele S. 93, Ex. 8). Die Ergebnisse dieser Vorbereitungsphase werden kurz im Klassenverband auf deutsch, dann auf französisch besprochen.
  - L erklärt rasch die restlichen neuen Ausdrücke, liest den dritten Abschnitt langsam vor und zeigt dabei den Weg auf der Skizze, die er zuvor an die Tafel gezeichnet hat.
  - S versuchen mit Hilfe der Skizze den Weg von *Denfert-Rochereau* bis *Alma-Marceau* nachzuvollziehen.
- S lesen den gesamten Text noch einmal still durch und stellen anschließend Fragen zu den schwierigen Stellen.

FESTIGUNG

- S lesen den Text – stellenweise mit verteilten Rollen – vor. Im dialogischen Teil des zweiten Abschnitts können S versuchen, die Aussagen von Nathalie oder von François sinngemäß wiederzugeben, ohne sie abzulesen.
- In dieser Zeit können die Übungen 1 aus dem Schülerbuch und aus dem *Cahier d'activités* bereits durchgenommen werden.
- s. weitere Vorschläge, S. L 147

LEÇON 10

A Paris en métro

1 C'est le week-end du 1er mai. Nicole, la cousine de Luc et de Nathalie, est chez les Noblet. Luc et sa sœur sont contents: ils vont montrer la capitale à leur cousine. Comment? Eh bien, ils vont l'inviter à faire une promenade en bateau-mouche. Et la promenade, ils vont la faire avec François. Comme ça, ils sont sûrs de bien rigoler.

2 Dimanche matin, 9 heures. Luc, Nathalie et Nicole attendent François devant la station de métro Denfert-Rochereau. Ah, le voilà! Ils le voient déjà de loin: il fait des grands gestes.

François: Salut, tout le monde! Mais, dis donc, Luc, qu'est-ce que tu as dans ton sac à dos?
Nathalie: Ce sont ses patins. Il ne les laisse jamais à la maison.
François: Il est fou!
Nathalie: Ça, nous le savons.
Luc: Fou? Vous allez voir ...

Nathalie: Qui a des tickets?
François: Moi. Tiens.
Nathalie: Mais ... ce ne sont pas des tickets de métro, ce sont des billets de cinéma.
François: Ha! Ha! Non, je n'ai pas de tickets.
Nathalie: Bon. Moi, j'achète un carnet. Et vous, vous cherchez la ligne sur le plan. D'accord?

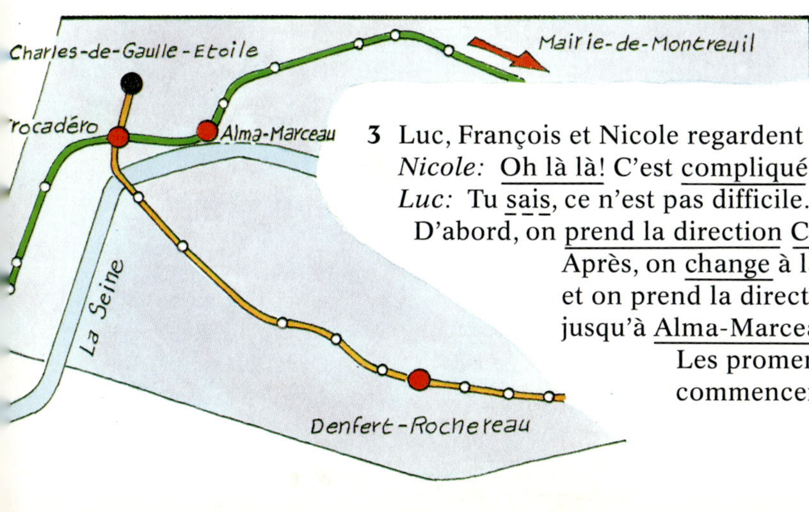

3 Luc, François et Nicole regardent le plan du métro.
Nicole: Oh là là! C'est compliqué! Vous la voyez, la ligne?
Luc: Tu sais, ce n'est pas difficile. Regarde. On est ici. D'abord, on prend la direction Charles-de-Gaulle-Etoile. Après, on change à la station Trocadéro et on prend la direction Mairie-de-Montreuil jusqu'à Alma-Marceau. Et là, on descend. Les promenades en bateau-mouche commencent au pont de l'Alma. Tu vois, c'est facile!

10

A EXERCICES

1 A propos du texte

Posez des questions sur le texte et répondez.

A qui est-ce que …? / Pourquoi est-ce que …? / Qu'est-ce que …? / Où est-ce que …? / Quand est-ce que …? / Avec qui est-ce que …? / Comment est-ce que …? / Qui …?

Exemple: Nicole est ?.
– Qui est Nicole?
– Nicole est la cousine de Luc et de Nathalie.

1. Luc et Nathalie vont montrer Paris à ?.
2. Ils vont faire la promenade avec ? pour bien rigoler.
3. ?, les amis attendent le clown devant une station de métro.
4. La station de métro s'appelle ?.
5. Nathalie achète ? pour le groupe.
6. Luc, François et Nicole cherchent la direction sur ?.
7. ? explique le plan à Nicole.
8. Les amis descendent à Alma-Marceau parce que ?.

2 Nicole arrive. *(§ 55)*

le / la / l' / les

Mettez le, la, l' *ou* les *à la place des expressions en italique (… in Schrägdruck).*

Exemple: Luc et Nathalie ont une cousine: Nicole.
Ils trouvent *Nicole* très sympathique. → Ils **la** trouvent très sympathique.

Samedi soir, Nicole arrive à Paris. Nathalie et Luc attendent *Nicole* à la gare. Nicole voit *Nathalie et Luc* déjà de loin. Elle a un cadeau. Elle donne *le cadeau* à Nathalie. Nicole: «Vous aimez les sucreries?» Luc: «Nathalie n'aime pas *les sucreries*. Mais moi, j'adore *les sucreries*. Merci.» «Luc, tu as des tickets de métro?», demande Nathalie. «Bien sûr», dit Luc. Et il montre *les tickets* aux filles. Nicole est contente: «Ah, la capitale! Je ne vois pas souvent *la capitale*. Et le métro! Je trouve *le métro* super!»

3 Le voilà! *(§ 55)*

Les amis de la rue Daguerre ont rendez-vous devant la tour Montparnasse. Ils veulent faire une promenade. Il y a beaucoup de gens …
Trouvez les phrases qui vont ensemble.

1 Vous avez les billets?	a Me voilà, frérot.
2 Mais où est Ahmed?	b Oui, les voilà.
3 Julie et Julien ne sont pas là?	c La voilà, Luc.
4 Où est ma tablette de chocolat?	d Si, nous voilà.
5 Yasmina n'est pas encore là?	e Le voilà, à côté de Luc.
6 Nathalie, je ne te vois pas!	f Oui, le voilà.
7 Tu as mon plan de Paris?	g Si, la voilà.

Ex. 1 ➛ CdA 1

Schwerpunkte: Textverständnis. Wdh. der Ergänzungsfrage

Hinweis: Schriftliche Durchnahme wird empfohlen.

Lösungen:
1. – **A qui est-ce que** Luc et Nathalie vont montrer Paris?
   – Ils vont montrer Paris à Nicole/à leur cousine.
2. – **Avec qui est-ce qu'**ils vont faire la promenade pour bien rigoler?
   – Pour bien rigoler, ils vont faire la promenade avec François.
3. – **Quand est-ce que** les amis attendent le clown devant une station de métro?
   – Ils attendent le clown devant une station de métro dimanche matin.
4. – **Comment est-ce que** la station de métro s'appelle?
   – La station de métro/Elle s'appelle Denfert-Rochereau.
5. – **Qu'est-ce que** Nathalie achète pour le groupe?
   – Pour le groupe, Nathalie achète un carnet.
6. – **Où est-ce que** Luc, François et Nicole cherchent la direction?
   – Ils cherchent la direction sur le plan du métro.
7. – **Qui** explique le plan à Nicole?
   – Luc explique le plan à Nicole.
8. – **Pourquoi est-ce que** les amis descendent à Alma-Marceau?
   – Les amis descendent à Alma-Marceau parce que les promenades en bateau-mouche commencent au pont de l'Alma.

Ex. 2 ➛ GBH § 55

Schwerpunkt: Die dir. Objektpron. *le, la, l', les*

Hinweis:
Die Umformung des 'Untextes' mit Hilfe der Pronomen verdeutlicht die wichtige Rolle der Pronomina bei der Textkonstruktion.

Lösungen:
Samedi soir, Nicole arrive à Paris. Nathalie et Luc **l'**attendent à la gare. Nicole **les** voit déjà de loin. Elle a un cadeau. Elle **le** donne à Nathalie. Nicole: «Vous aimez les sucreries?» Luc: «Nathalie ne **les** aime pas. Mais moi, je **les** adore. Merci.» «Luc, tu as des tickets de métro?», demande Nathalie. «Bien sûr», dit Luc. Et il **les** montre aux filles. Nicole est contente: «Ah, la capitale! Je ne **la** vois pas souvent. Et le métro! Je **le** trouve super!»

Neu: In Arbeitsanweisung: *en italique*

Ex. 3 ➛ CdA 3 ➛ GBH § 55

Schwerpunkte:
Vorhandensein oder Anwesenheit demonstrativ ausdrücken. Die dir. Objektpron. *le, la, les*; Wdh. der Pron. *me, te, nous, vous*

Lösungen:

1. – Vous avez les billets?
b. – Oui, les voilà.

2. – Mais où est Ahmed?
e. – Le voilà, à côté de Luc.

3. – Julie et Julien ne sont pas là?
d. – Si, nous voilà.

4. – Où est ma tablette de chocolat?
c. – La voilà, Luc.

5. – Yasmina n'est pas encore là?
g. – Si, la voilà.

6. – Nathalie, je ne te vois pas!
a. – Me voilà, frérot.

7. – Tu as mon plan de Paris?
f. – Oui, le voilà.

Ex. 4 ➛ CdA 2, 3 ➛ GBH § 55

Schwerpunkte:
a, b Informationen einholen und geben. Die Objektpron. u. a. in verneinten Sätzen und/oder in Sätzen mit Hilfs- bzw. Modalverben. **b** Freie Anwendung

Hinweise:
b Fakultative Differenzierungsübung vornehmlich für leistungsstärkere S. Bei Partnerarbeit können leistungsstärkere S die Rolle der Mutter übernehmen, neue Fragen erfinden und ggf. die Antworten korrigieren.

Lösungen/Lösungsvorschläge:
a

La mère:
– Tu vas *me* téléphoner?
– Tu as *le numéro de téléphone des Noblet*?
– Tu ne veux pas prendre *les bananes*?
– Et les *oranges*?
– Où est *la bouteille d'eau*?
– Tu ne prends pas *ton plan du métro*?
– Tu as *les trois billets de 100 F*?
– Et tu vas *nous* écrire?

Nicole:
– Oui, maman. Je vais **te** téléphoner.
– Oui, maman. Je **l'** ai.
– Si, maman. Je **les** prends./Je vais **les** prendre./
– Non, maman. Je ne veux pas **les** prendre.
– **La** voilà, maman.
– Si, maman. je **le** prends.
– **Les** voilà, maman.
– Bien sûr, maman. Je vais **vous** écrire.

b

La mère:
– Tu vas appeler *Martina* aujourd'hui?
– Tu mets *la tablette de chocolat* dans ton sac?
– Tu prends aussi *les pommes*?
– Où est *le cadeau pour les Wagner*?
– Tu ne veux pas prendre *ton vélo*?
– Dans le train, tu vas lire *ton roman policier*?
– Est-ce que Martina va *t'*attendre à la gare?
– Je peux *vous* téléphoner une fois par semaine?

Julie:
– Oui, maman. Je vais **l'**appeler aujourd'hui.
– Oui, maman. Je **la** mets dans mon sac.
– Oui, maman. Je **les** prends.
– **Le** voilà, maman.
– Non, maman. Je ne **le** prends pas.
– Oui, maman. Je vais **le** lire.
– Oui, maman. Elle va **m'**attendre à la gare.
– Oui, maman. Tu peux **nous** téléphoner, bien sûr!

Ex. 5 ➛ CdA 4 ➛ GBH § 56

Schwerpunkte:
a, b, c Die Verben *voir* und *savoir*: **a** Konjugieren dieser Verben und des Verbs *avoir* in spielerischer Form. **b** Textgesteuertes Einsetzen dieser Verben. **c** Bildgesteuertes Üben des Unterschieds zwischen *voir* und *regarder*

Hinweis:
Der fakultative **a**-Teil ist eine Auflockerungsübung. Sie dient der Integration von *voir, savoir* und *avoir*, und – für leistungsschwächere S – der Vorbereitung auf den **b**-Teil.

Lösungen:
b

1. – Est-ce que vous **voyez** les bateaux-mouches sur la Seine?
   – Oui. Nous les **voyons** très bien d'ici.
2. – Monsieur, je veux aller à Alma-Marceau. Je ne **vois** pas la station sur le plan.
   – C'est là. Tu la **vois**?
3. – Nathalie, tu es de Paris. Tu ne **sais** pas où on change pour aller à la gare du Nord?
   – Non. Je ne **sais** pas. Mais demande à Luc: il **sait** tout.
4. – Luc et ses patins! Vous **savez**, il est fou!
   – Nous le **savons**. Mais il est sympa!

c

1. Luc et Nathalie **regardent** le plan du métro.
2. Luc et Nathalie **regardent** la télé(vision).
3. Luc et Nathalie **voient** François.
4. M. Charvet dit: «je ne **vois** pas mes lunettes!»

4 *Toujours des questions!* (§ 55)

a La mère de Nicole pose des questions. *Complétez les réponses.*

Exemple: – Tu n'oublies pas *les cadeaux*?
– Non, maman. ~ ⟶ Non, maman. Je ne **les** oublie pas.

La mère:
– Tu vas *me* téléphoner?
– Tu as *le numéro de téléphone des Noblet*?
– Tu ne veux pas prendre *les bananes*?
– Et *les oranges*?
– Où est *la bouteille d'eau*?
– Tu ne prends pas *ton plan du métro*?
– Tu as *les trois billets de 100 F*?
– Et tu vas *nous* écrire?

Nicole:
– Oui, maman. ~
– Oui, maman. ~
– Si, maman. ~
– Non, maman. ~
– ~ voilà, maman.
– Si, maman. ~
– ~ voilà, maman.
– Bien sûr, maman. ~

□ ***b*** Julie va passer ses vacances chez Martina à Berlin.
Sa mère pose des questions. *Imaginez le dialogue.*

5 *Voir / savoir / avoir* (§ 56)

□ ***a Jouez aux dés.***
Mit dem ersten Wurf wählst du das Verb aus: 1 oder 2 = voir, *3 oder 4 =* savoir, *5 oder 6 =* avoir. *Danach würfelt deine Nachbarin / dein Nachbar und du nennst die entsprechende Verbform (1 =* je; *2 =* tu *usw.). Dann wechselt ihr.*

b Voir / savoir *Mettez* voir *ou* savoir.

1. – Est-ce que vous ~ les bateaux-mouches sur la Seine?
– Oui. Nous les ~ très bien d'ici.
2. – Monsieur, je veux aller à Alma-Marceau. Je ne ~ pas la station sur le plan.
– C'est là. Tu la ~ ?
3. – Nathalie, tu es de Paris. Tu ne ~ pas où on change pour aller à la gare du Nord?
– Non. Je ne ~ pas. Mais demande à Luc: il ~ tout.
4. – Luc et ses patins! Vous ~, il est fou!
– Nous le ~. Mais il est sympa!

c Voir / regarder
Qu'est-ce qu'ils font? *Employez* voir *ou* regarder.

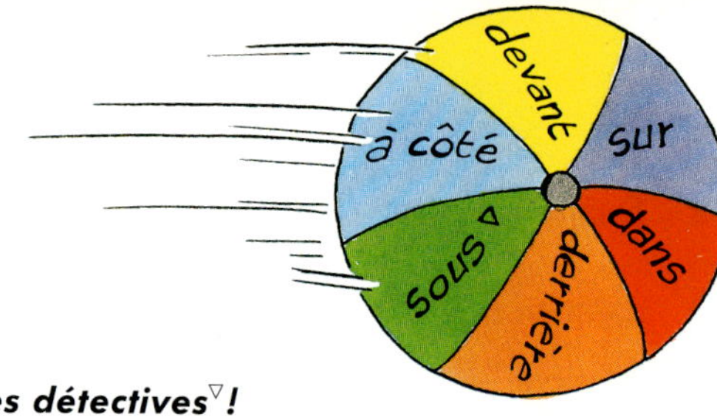

6 A propos du vocabulaire

Voilà deux dessins▽ de la chambre de Julien: l'original▽ et un faux▽.

a *Décrivez l'original.*
Exemple: Sous la table, il y a Minnie.

b ☞ ***A vous, les détectives▽!***
Qu'est-ce qu'il n'y a pas sur le faux?
Exemple: Sur le faux, il n'y a pas de lettres.

c ***Jouez en classe.*** *(§ 58)*

Eine Schülerin / Ein Schüler geht an die Tafel und zeichnet mit wenigen Strichen einen Gegenstand oder mehrere Exemplare davon. Während die Zeichnung entsteht, versuchen alle anderen herauszufinden, um was es sich handelt. Wer richtig rät, darf dann zeichnen.

Exemple:
– C'est **un** livre? – Ce **n'**est **pas un** livre!
– Ce sont **des** BD? – Ce **ne** sont **pas des** BD!
– Ce sont des lettres? – Gagné! Ce sont des lettres.

Ex. 6 ➛ GBH § 58

Schwerpunkte:
a, b Räumlich ordnen. Eine Sache beschreiben. Integration der Präp. **b** *Il n'y a pas de …* (Wdh.).
c Die Verneinung beim Verb *être*

Hinweise:
a Alternativvorschlag: S betrachten das Originalbild zwei oder drei Minuten lang. Die Bücher werden geschlossen. S beschreiben das Bild schriftlich aus dem Gedächtnis. Die Ergebnisse werden im Klassenverband besprochen, und schließlich werden die Aussagen der S mit dem Bild verglichen.
b Partnerarbeit wird empfohlen. **c** Eignet sich für die Durchnahme im Klassenverband. L sollte vor Beginn die Kurzantwort *non* generell untersagen. Es dürfen nur Gegenstände gezeichnet werden, deren französischer Name bereits bekannt ist. Nur Fragen und Antworten auf französisch werden zugelassen. Evtl. Vorbereitung der Übung durch S zu Hause oder in Gruppen.
Das Spiel ist auch als Wettkampfspiel denkbar. In diesem Fall wird die Klasse in zwei, drei oder vier Gruppen eingeteilt. Abwechselnd zeichnet je ein Mitglied einer Gruppe einen Gegenstand an die Tafel; diejenige Gruppe, aus der ein S den Gegenstand erkennt, erhält einen Punkt. Sieger ist die Gruppe mit den meisten Punkten.

Lösungen:
a L'original: A gauche, il y a une table. **Sur** la table, il y a un ordinateur. **A côté de** l'ordinateur, il y a une bouteille d'eau et un verre **sur** des BD. **Devant** l'ordinateur, il y a une tablette de chocolat. **Sous** la table, il y a la souris Minnie **sur** le plan du métro. A droite, il y a une étagère et le lit. **Sur** l'étagère, il y a des livres. **Devant** les livres, il y a deux oranges. **Sur** le lit, il y a des patins à roulettes. **A côté des** patins, il y a un livre de géographie **sur** des lettres. **Devant** le lit, il y a un carton. **Dans** le carton, il y a un skateboard. **Derrière** le carton, il y a un ballon de foot. Il y a un plan de Paris **derrière** Julien.

b Sur le faux, il n'y a pas de ballon de foot derrière le carton; pas d'oranges sur l'étagère, pas de lettres sous le livre de géographie; pas de plan du métro sous la table et pas de verre sur les BD.

Neu: *sous*. In den Arbeitsanweisungen: *un dessin; un original; un faux; un détective*

Ex. 7

Schwerpunkte:
a, b Bildgesteuerte Übung zum Sachfeld 'Verkehrsmittel'. *Prendre [Verkehrsmittel] pour aller à [Ort] vs. aller à [Ort] en [Verkehrsmittel]; aller à [Ort] à pied.* **b** Anwendung auf S

Hinweise:
a Schriftliche Durchnahme wird empfohlen. **b** Fakultativer Übungsteil. Partnerarbeit vorgesehen. Alternative: S schließen ihre Bücher. L gibt für jeden Satz das Subjekt und den Ort an und zeigt das Verkehrsmittel auf der Folie. S wählen die eine oder die andere Ausdrucksform. L achtet darauf, daß keine Äußerungsform zu kurz kommt. Anschließend können S die Rolle von L übernehmen und ihre Mit-S befragen.

Lösungen:
a
1. Luc et Nathalie vont au pont de l'Alma **en** métro.
2. Mme Lacroix prend la voiture pour aller à Rennes.
3. Les grands-parents de Julie vont à Paris **en** train.
4. Martina va à l'école **à/en** vélo.
5. Mme Rigot prend le bus pour aller à l'hôpital.
6. M. Noblet prend le TGV pour aller à Lyon.
7. Les Rigot vont au restaurant **à pied**.
8. François va à l'épicerie **en** patins à roulettes.

Übungserweiterungen:
1. S stellen ihren Mit-S Fragen und können ggf. das Verkehrsmittel auf der Folie zeigen, das sie in der Antwort zu hören wünschen. Beispiele: *Quand tu vas chez tes grands-parents, tu prends le train?; Est-ce que les parents de François vont à l'hôpital en tram? [métro]*
2. S ergänzen den *Révisions*-Kasten S . 161 – *Les moyens de transport* – und fügen die ihnen bereits bekannten Fortbewegungsmittel hinzu. Anhand dieser Vokabelliste können S 'Bingo' spielen (s. 'Spielkiste' S. L XIX, Spiel Nr. 10).

Verkehrs- bzw. Fortbewegungsmittel				
les pieds	le vélo	l'ascenseur	le métro	la voiture
les patins à roulettes	la mobylette*	le bus	le train	le bateau (-mouche)
le skateboard	la moto*	le tram	le TGV	l'avion*

* bezeichnet neue Wörter

Nr. 2

Neu: *un vélo, un tram, un pied, à pied*

Ex. 8 → Folie Nr. 29

Schwerpunkte:
a, b Nach dem Weg fragen, den Weg beschreiben (Metro): **a** Redemittelübersicht; **b** Anwendung

Hinweis:
b Partnerarbeit wird empfohlen. Der angegebene Plan dient zur Groborientierung; die genaue Strecke ist im detaillierten Metroplan im Schülerbuch, auf S. XIV, oder auf der Folie Nr. 29 nachzusehen. Wegalternativen sind möglich.

Lösungen:
b
1. – Pardon, madame, pour aller à Chaussée d'Antin, s'il vous plaît?
   – D'abord, vous prenez la direction Charles de Gaulle-Etoile. Vous changez à (la station) Trocadéro. Après, vous prenez la direction Mairie de Montreuil jusqu'à Chaussée d'Antin.
   – Merci, madame.
2. – Pardon, monsieur, pour aller à Denfert-Rochereau, c'est quelle direction?
   – D'abord, vous prenez la direction Pont de Sèvres. Vous changez à Trocadéro. Puis, vous prenez la direction Nation et vous descendez à Denfert-Rochereau.
   – Merci, monsieur.
3. – Pardon, mademoiselle, pour aller à (la station) Voltaire, s'il vous plaît?
   – D'abord, vous prenez la direction Châtelet. Vous changez à (la place de la) République. Puis, vous prenez la direction Mairie de Montreuil jusqu'à (la station) Voltaire.
   – Merci, mademoiselle.

7 A propos du vocabulaire

le vélo▽	le train	la voiture
le bus	le métro	le TGV
les patins	le tram▽	

a *Faites des phrases.*

Exemples:

Martina /  / Berlin → Martina prend le train pour aller à Berlin.

Martina / Berlin /  → Martina va à Berlin **en** train.

Mais:
Martina / la tour Montparnasse /  → Martina va à la tour Montparnasse **à pied**▽.

1. Luc et Nathalie / le pont de l'Alma / 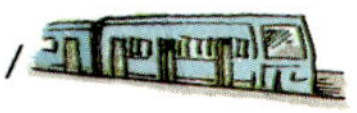
2. Mme Lacroix /  / Rennes
3. Les grands-parents de Julie / Paris / 
4. Martina / l'école / 
5. Mme Rigot /  / l'hôpital
6. M. Noblet /  / Lyon
7. Les Rigot / le restaurant / 
8. François / l'épicerie / 

b ☞ **A vous.**

Comment est-ce que tu vas à l'école? *Demande à ta voisine / à ton voisin.*

8 Prendre le métro

a **On dit ...**

– Pardon, madame / mademoiselle / monsieur, pour aller à ...,
  | c'est quelle direction?
  | s'il vous plaît?

– D'abord, vous prenez la direction ...
  Vous changez à ...
  Puis,/ Après, vous prenez la direction ...
  | jusqu'à ...
  | et vous descendez à ...

b ☞ **A vous.**

Vous êtes à une station de métro et vous voulez aller à une autre.
Regardez le plan (page XIV) avec votre voisine / voisin, puis faites des dialogues.

1. Passy ① → Chaussée d'Antin ②
2. Alma-Marceau ③ → Denfert-Rochereau ④
3. Place des Fêtes ⑤ → Voltaire ⑥

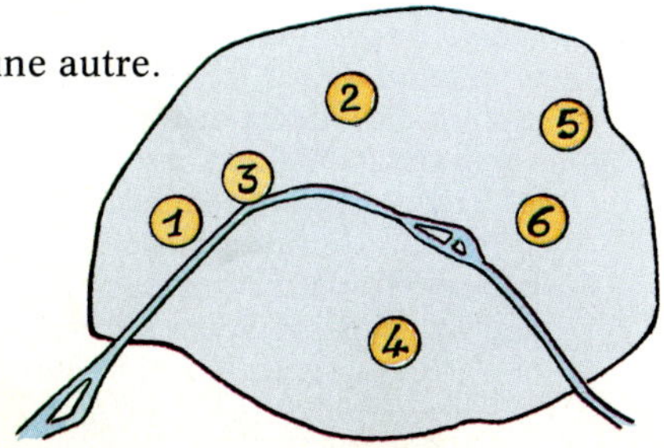

Zu Itinéraires I und II

Leicht erschließbare Ausdrücke:

vom Dt./Engl. her	vom Visuellen her	vom Kontext her	durch Mimik/Gestik
le métro; en métro 1 un week-end 1 une cousine 2 une station de métro 2 laisser 2 un ticket de métro	1 le 1er mai (TB) 1 un bateau-mouche 2 un sac à dos 2 un carnet (Abb. SB) 2 Denfert-Rochereau (TB) 3 Charles-de-Gaulle-Etoile (TB) 3 Trocadéro (TB) 3 Mairie de Montreuil (TB) 3 Alma-Marceau (TB)	1 Nicole 1 l', la (Objektpron.) 2 les (Objektpron.) 2 un billet de cinéma 2 le plan du métro	2 un geste 2 Il est fou! 3 Oh là là!

Nr. 3

Vorschläge zur Einführung der schwer erschließbaren Ausdrücke
Im folgenden sind nur die schwer erschließbaren neuen Ausdrücke unterstrichen.

- Abschnitt 1:
  L: *Nicole, la cousine de Luc et de Nathalie est chez les Noblet. Luc et Nathalie pleurent? Non, bien sûr. Ils sont contents.* Kontrollfrage: L: *[S-Name], est-ce que tu es content(e) quand tu as un 2 en français?* S: ...
  L: *Qu'est-ce que Luc, Nathalie et Nicole vont faire ensemble? Eh bien, ils vont visiter Paris. Comment? Eh bien, ils vont faire une promenade en bateau-mouche.* Kontrollübersetzung
  L: *Luc et Nathalie vont faire une promenade en bateau-mouche avec Nicole et ils vont aussi payer la promenade: Ils vont inviter Nicole à faire une promenade.* Kontrollfrage: L: *[S-Name], quand c'est ton anniversaire, tu invites qui à fêter avec toi?* S: *Quand c'est mon anniversaire, j'invite mes copines, mes copains/mes grands-parents/mes oncles et mes tantes à fêter avec moi.*
  L: *Luc, Nathalie et Nicole vont faire la promenade avec François. Comme ça, ils vont bien rigoler, bien sûr. Comme ça, ils sont sûrs de bien rigoler.* Kontrollfrage: L: *Pourquoi est-ce que Luc et Nathalie invitent aussi François à faire la promenade?* S: *Parce que comme ça, ils sont sûrs de bien rigoler.*
- Abschnitt 2:
  L: *Luc, Nathalie et Nicole attendent François. Tout à coup, ils voient François* (Gestik). *Ah! Voilà François! Nathalie dit: Ah, le voilà!.* Kontrollübersetzung
  L (zeigt auf Bild 1): *François est déjà à côté de Nicole et de ses cousins? Non. Il est encore loin. Luc et Nathalie voient François de loin.* Kontrollfrage: L (spricht einen S an, der hinten im Klassenraum sitzt): *Est-ce que tu peux me montrer François de loin?*
  L: *Quand Luc fait une promenade, il prend toujours ses patins. Il ne laisse jamais ses patins à la maison.* TB: toujours ≠ jamais. Kontrollfrage: L: *[S-Name], quand tu rentres, après les cours, est-ce que tu laisses souvent tes livres et tes cahiers au collège?* S: *Non, je ne laisse jamais mes livres et mes cahiers au collège.*
  L: *Luc a un sac à dos. Qu'est-ce qu'il y a dans le sac à dos? Nicole ne le sait pas. Mais Nathalie le sait. Elle dit: Ce sont ses patins.* Kontrollfrage: L: *[S-Name], qu'est-ce qu'il y a dans le sac de Luc? Est-ce que tu le sais?* S: *Non, je ne le sais pas./Oui, je le sais. Dans le sac de Luc, il y a des patins/des sucreries.*
- Abschnitt 3:
  L: TB: compliqué ≃ *difficile*
  L: *Nicole trouve que le plan du métro est compliqué.* Kontrollfrage: L: *Est-ce que Nicole comprend le plan du métro sans problème?* S: *Non, elle trouve que le plan du métro est compliqué.*
  L läßt nun die Namen der auf der Skizze (Schülerbuch, S. 89) erscheinenden Metrostationen wiederholen. Anschließend beschreibt er den Weg zwischen *Denfert-Rochereau* und *Alma-Marceau* (Tafelskizze): L: *Nathalie, Luc, Nicole et François sont ici, à Denfert-Rochereau. Ils prennent la direction Charles-de-Gaulle-Etoile jusqu'à Trocadéro. Là, ils changent et prennent la direction Mairie-de-Montreuil et descendent à Alma-Marceau.* S wiederholen den Weg.
  L (zeigt auf dieselbe Skizze): *On peut traverser la Seine par exemple au pont de l'Alma.*
  L: *Luc dit à Nicole: Le plan du métro, ce n'est pas compliqué; c'est facile!* Kontrollfragen: L: *[S-Name], pour toi, le français/l'anglais/le patin à roulettes/jouer du piano, c'est difficile?* S: ...

Zu den Strukturen

Die Verben *savoir* und *voir*

- S tragen die im Text vorkommenden Formen dieser Verben zusammen und ergänzen mit Hilfe von L die fehlenden Konjugationsparadigmen des Präsens – beim Verb *voir* auch die des Imperativs.
- Im Text erscheint das Verb *savoir* nur in der Bedeutung von 'wissen'. L gibt die zweite Bedeutung des Verbs an ('können, was man gelernt hat') an. Er schreibt Beispiele an die Tafel und fordert S auf, weitere zu bilden.
  Beispiele: *Luc sait jouer au foot/faire du patin à roulettes/faire la cuisine.*

Das Verb *être* mit der Verneinung

L schreibt zwei Sätze aus dem Lektionstext an die Tafel und bittet S, diese zu vergleichen:

– Ce ne sont pas des tickets de métro. (Z. 23 f.) – Je n'ai pas de tickets. (Z. 26)	**TB**

S stellen fest, daß im ersten Satz nach verneintem *être* der unbestimmte Artikel Plural anstelle von *de* steht. L erklärt die grammatische Regel (s. GBH § 58). *Nr. 4*

Die dir. Objektpron. *le, la, les*

Die Zuordnung der Pronomen zu Geschlecht und Zahl dürfte aufgrund der Ähnlichkeit mit den bestimmten Artikel keine Schwierigkeiten bieten. Die Frage der Stellung des Objektpronomens im Satz verdient hingegen mehr Aufmerksamkeit. Im Lektionstext gibt es mehrere Belege, an deren Beispiel L die unterschiedlichen Fälle verdeutlichen kann (s. GBH § 55). S suchen die Beispiele im Text. Diese werden an die Tafel geschrieben, sortiert und besprochen. Zur Orientierung werden im folgenden die Textbelege angegeben (kein TB!):

• Zwischen Subjekt und einfachem Prädikat: *Ils **le** voient.* (Z. 12) *Nous **le** savons.* (Z. 19) *Vous **la** voyez.* (Z. 30)	• mit *voilà: **Le** voilà*! (Z. 11) • mit Verneinung: *Il ne **les** laisse jamais …* (Z. 17) • mit Hilfsverb und Infinitiv: *Ils vont **la** faire …* (Z. 6); *Ils vont **l'**inviter …* (Z. 5)

Ein Beispiel eines direkten Objektpronomens in Verbindung mit dem Hilfsverb und der Negation sollte an der Tafel festgehalten werden, etwa: *Je ne vais pas **le** prendre.* *Nr. 5*
Zur Vertiefung dieses Kapitels, s. GBH § 55

Zum Wortschatz

a *Trouvez les mots.*

une station / un ticket | de *métro*

un jour | de fête / de classe

une salle | de séjour / de bains

un club | de patin à roulettes / de foot / d'écriture

un groupe / un CD / une cassette / un concert | de *rock*

un contrôle / un prof / un devoir / un cours | de *mathématiques*

b *Traduisez les expressions de* **a** *en allemand.*

c *Traduisez les expressions suivantes:*

1. une fête de famille
2. une salade de pommes de terre
3. une photo de groupe
4. une vedette de cinéma
5. une carte de France
6. une carte de crédit
7. un champion de foot
8. un billet de train

10

B Paris en bateau-mouche ... et en patins?

1 Les quatre amis prennent le métro. Vingt minutes après, ils sont au pont de l'Alma. En face, ils voient la tour Eiffel: le symbole de Paris. Et leur promenade en bateau commence.

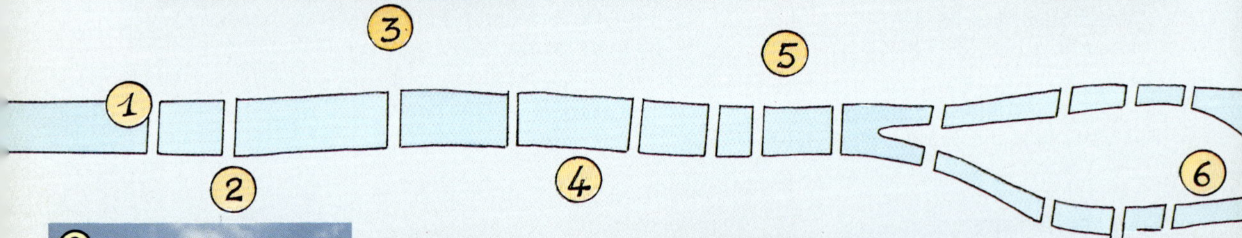

2 *Le guide:* Mesdames et Messieurs, bonjour. Bienvenue à bord ... Sur votre droite, vous voyez l'Hôtel des Invalides, où il y a – comme vous le savez – le tombeau de Napoléon ... Maintenant, nous passons devant la place de la Concorde. Vous pouvez voir l'Obélisque ... Là, nous arrivons devant le musée d'Orsay ... Ce palais sur votre gauche, c'est le musée du Louvre avec ...

Luc: ... la Pyramide en verre. Nous le savons!

B TEXTERARBEITUNG

Wenn man von *ne ... plus, ne ... rien* und vom verneinten Verb *aimer* absieht, enthält dieser Text in grammatischer Hinsicht nichts Neues. Schwerpunkte sind hier Wortschatz und Landeskunde.

Itinéraire I

- Erarbeitung der Abschnitte 1-3:
  - Anhand der Folien Nr. 26 und 27, der Abbildungen im Schülerbuch oder von selbst mitgebrachtem Bildmaterial vollzieht L die Bootsfahrt nach – wobei er einen Teil der neuen Ausdrücke einführt – und hält die einzelnen Stationen in einem Tafelbild fest (s. u. Kasten Nr. 1 sowie die Vorschläge zur Einführung der schwer erschließbaren Ausdrücke, S. L 153).
    L sollte sich dabei der Tatsache bewußt sein, daß die Namen der im Text erwähnten Sehenswürdigkeiten für die meisten S neu zu lernendes Vokabular darstellen, das umso schwerer ist, als S diese Begriffe auch noch dem richtigen Bild zuordnen und die Sehenswürdigkeiten auf dem Stadtplan (Schülerbuch Innenumschlag hinten) orten sollen.
  - S versuchen mit Hilfe der Bilder und zunächst mit, dann ohne Tafelbild, die Bootsfahrt zu beschreiben.
  - L gibt zusätzliche knappe Informationen zu den erwähnten Sehenswürdigkeiten auf deutsch an (s. Schülerbuch, *Liste des mots*, S. IX).
  - L erklärt die restlichen neuen Ausdrücke.
  - S hören, ohne mitzulesen, die drei Abschnitte.
  - L stellt Fragen zum Verständnis.
- Erarbeitung der Abschnitte 4 und 5:
  - L erklärt die neuen Ausdrücke des jeweiligen Abschnitts.
  - Der Abschnitt wird von der Kassette abgespielt oder von L in normalem Sprechtempo vorgelesen.
  - L stellt Fragen zum Verständnis.
  - S lesen den gesamten Text noch einmal still durch und nennen die verbliebenen schwierigen Stellen. Klärung im Klassengespräch.

La promenade en bateau-mouche:

1. La tour Eiffel: le symbole de Paris	**TB**
2. L'Hôtel des Invalides avec le tombeau de Napoléon *(pl. des tombeaux)*	
3. La place de la Concorde avec l'Obélisque	
4. Le musée d'Orsay	
5. Le musée du Louvre avec la Pyramide en verre	
6. L'île de la Cité avec Notre-Dame (la cathédrale de Paris)	

Nr. 1

Schwer erschließbare Ausdrücke:

Abschnitt 1: en face (de)
Abschnitt 2: un guide; à bord; le tombeau de Napoléon; un palais

Fortsetzung S. L 149

Nr. 2

LEÇON 10

Folien: 26, 27, 30

TEXTERARBEITUNG

Itinéraire II V

- Erarbeitung der Abschnitte 1-3:
  - L erklärt die neuen Ausdrücke dieser Abschnitte bis auf die Namen der Sehenswürdigkeiten.
  - Während einer Still- oder Partnerarbeitsphase oder zu Hause bereitet eine S-Gruppe die Beschreibung der Bootsfahrt vor. L übergibt vorher der Gruppe einen Zettel mit den Ausdrücken, die sie einführen soll.
    Bei leistungsschwächeren S kann diese Aufgabe zwei Gruppen übertragen werden (Z. 1-9; Z. 10-22). Eine andere Möglichkeit besteht darin, daß L bei der Semantisierung des neuen Wortschatzes die Namen der Sehenswürdigkeiten einführt.
    L vergewissert sich, daß S die neuen Vokabeln korrekt aussprechen können.
  - S beschreiben die Bootsfahrt und zeigen gleichzeitig auf den Folien, im Schülerbuch oder auf mitgebrachtem Bildmaterial die einzelnen Stationen.
    Sie können über die Fahrt in Form eines Kommentars oder eines Dialogs berichten, oder aber die Rolle des Fremdenführers übernehmen.
    Ggf. geben S einige zusätzliche Informationen zu den Sehenswürdigkeiten auf deutsch (Schülerbuch, *Liste des mots*, S. IX).
    Interessierte S können Kurzreferate zu einzelnen Sehenswürdigkeiten auf deutsch vorbereiten.
  - Diese Abschnitte werden von der Kassette abgespielt oder von L in normalem Sprechtempo vorgelesen. S lesen nicht mit.
  - Die einführende S-Gruppe stellt Fragen zum Verständnis.
- Erarbeitung der Abschnitte 4 und 5: s. *Itinéraire I*, S. L 148
- S lesen den Text noch einmal still durch und fragen nach klärungsbedürftigen Stellen.

Schwer erschließbare Ausdrücke:

Abschnitt 3: ne ... plus; surtout
Abschnitt 4: un jeune; le palais de Chaillot; une vue magnifique; chouette; ne ... rien
Abschnitt 5: un jambon; un orangina; manquer

Nr. 3

FESTIGUNG

- In dieser Phase kann bereits die Schülerbuchübung 1 durchgenommen werden.
- S beschreiben die Bootsfahrt nun mit Hilfe des Plans von Paris (Schülerbuch Innenumschlag hinten oder Folie Nr. 30).
- Rollenspiel: *Un pique-nique*; Vorbereitung und Ausführung (evtl. auch als kurzer Video-Clip) in Gruppen
- Anhand des Stadtplans (im Schülerbuch Innenumschlag hinten) können zwei oder drei S-Gruppen in Anlehnung an den Lektionstext eine Besichtigungsfahrt mit dem Bus ausarbeiten und diese den Mit-S mittels des Stadtplans auf Folie Nr. 30 vorstellen. Eventuell könnte L bestimmte Routen vorgeben oder die Zahl der zu erwähnenden Sehenswürdigkeiten beschränken. Wünschenswert wäre es außerdem, daß L Bildmaterial zur Verfügung stellt.
- s. weitere Vorschläge, S. L 154

3 Luc et François n'écoutent plus le guide. Ils regardent les gens: c'est amusant. Les touristes prennent sans arrêt des photos: une fois à droite, une fois à gauche. Et ce sont des ooooh! et des aaaah!, surtout devant l'île de la Cité avec Notre-Dame, la cathédrale de Paris. François fait le clown, bien sûr. Il imite les touristes ... et clic! ... et clac! avec des ooooh! et des aaaah!

4 Après cette promenade en bateau, les quatre jeunes vont au palais de Chaillot: de la terrasse, on a une vue magnifique sur la tour Eiffel.

Nicole: Dites donc, c'est chouette!
François: Oui, pas mal. Mais moi, j'ai faim.
Nathalie: Moi aussi. Mais on n'a rien à manger.
François: Qu'est-ce qu'on fait? On rentre?
Luc: Moi, je fais d'abord un peu de patin.
Nathalie: Ah non! Pas maintenant!
Luc: Si, maintenant! Et vous attendez un peu.
Nathalie: Je n'aime pas les sportifs comme toi.

5 Alors, Luc ouvre son sac à dos. Surprise! Des sandwichs au jambon, deux tablettes de chocolat, des fruits et une grande bouteille d'orangina: il ne manque rien pour faire un pique-nique!

Nicole: Super, Luc! Les sportifs comme toi, on les aime!

B EXERCICES

1 A propos du texte

a *Racontez l'histoire du texte 10 B. Les expressions vont vous aider.*

1. prendre le métro
2. le pont de l'Alma
3. le symbole de Paris
4. la promenade
5. le guide – décrire les monuments▽
6. ne plus écouter
7. regarder les gens
8. les touristes – des photos
9. François – imiter
10. le palais de Chaillot
11. avoir faim
12. vouloir faire du patin
13. le sac à dos
14. surprise
15. le pique-nique

b ☞ **A vous.** Comment est-ce que vous trouvez Nathalie et François? Et Luc, vous l'aimez? *Pourquoi (pas)?*

2 Dire non (§§ 57, 58)

a Ihr kennt jetzt schon viele Möglichkeiten der Verneinung. Hier eine Übersicht. Ihr könnt sie auf einen großen Bogen schreiben und im Klassenzimmer aufhängen.

1. ne ... pas (de)

Je ne travaille pas.
Je n'ai pas de devoirs.
– Est-ce que tu n'écoutes pas tes CD?
– Non, je n'écoute pas mes CD.
je ne les écoute pas.
je ne vais pas les écouter.

2. ne ... plus (de)

Je ne travaille plus.
Je n'ai plus de devoirs.
Je ne vais plus travailler:
je vais jouer.

3. ne ... jamais (de)

M. Saïd ne ferme jamais:
il n'a jamais de dimanche
pour sa famille.

4. ne ... rien

On n'a rien à manger:
je ne mange rien.

5. Oui – non – si – non plus

– Vous voulez des fruits?
Oui. / Moi aussi. / Moi non. Merci.

– Vous ne voulez pas de merguez?
Moi si. / Moi non. / Moi non plus.

6. verneintes *être*

L'Hôtel des Invalides?
Ce n'est pas **un** hôtel, c'est un monument.

Ce ne sont pas **des** tickets de métro,
ce sont des billets de cinéma.

7. verneintes *aimer/détester*

– Vous voulez des sandwichs?
– Non, merci. Je n'aime pas **les** sandwichs.

8. verneintes *avoir faim / avoir soif*
avoir classe / avoir cours

– Tu as faim?
– Non, je n'ai pas faim.
– Tu n'as plus soif?
– Si.

Ex. 1

Schwerpunkte:
a Überprüfung des Textverständnisses durch Vorgabe von Stichwörtern. **b** Meinung äußern. Gefallen bzw. Mißfallen ausdrücken. Begründen

Hinweis: Schriftliche Durchnahme wird empfohlen.

Lösungen:

a
1. Les quatre amis prennent le métro.
2. Vingt minutes après, ils sont au pont de l'Alma.
3. En face, ils voient la tour Eiffel, le symbole de Paris.
4. Leur promenade en bateau commence.
5. Le guide décrit les monuments: l'Hôtel des Invalides, l'Obélisque sur la place de la Concorde, le musée d'Orsay et le Louvre avec la Pyramide en verre.
6. Luc et François n'écoutent plus le guide.
7. Ils regardent les gens.
8. Les touristes prennent sans arrêt des photos (: une fois à droite, une fois à gauche).
9. François les imite. François imite les touristes.
10. Après cette promenade en bateau, les quatre jeunes vont au palais de Chaillot.
11. François a faim.
12. Luc dit: «Moi, je fais d'abord un peu de patin.»/Luc veut d'abord faire un peu de patin.
13. Puis, Luc ouvre son sac à dos.
14. Dans le sac à dos, il y a une suprise.
15. Il ne manque rien pour faire un pique-nique.

Lösungsvorschläge:

b Nathalie et François, je les aime bien./Je ne les aime pas./J'aime bien Nathalie parce qu'elle est sympa et sportive et aussi François parce qu'il est souvent très drôle./J'aime bien François parce qu'il a beaucoup d'idées, mais je n'aime pas Nathalie: je la trouve bête.
Luc, je l'aime bien (aussi). Je le trouve intéressant, et puis, il aime les sucreries, comme moi. Mais avec sa sœur, il n'est pas toujours sympa.

Neu: *un monument*

Ex. 2 ➛ CdA 5 ➛ GBH §§ 57, 58

Schwerpunkte:
a, b Ablehnen, verneinen, Mißfallen ausdrücken: **a** Redemittelübersicht; **b** Anwendung. Angaben zur eigenen Person

Hinweise:
Die Übersicht im **a**-Teil eignet sich für die Erstellung einer Wandzeitung. (Für praktische Hinweise, vgl. Lektion 6B, Ex. 3, S. L 74. Die Punkte 2, 3 und 5 gelten sinngemäß.) **b** Schriftliche Durchnahme wird empfohlen.

Interkulturelles:
In Zusammenhang mit dem **b**-Teil werden die Unterschiede im Schulalltag der deutschen und der französischen Schüler – soweit sie nicht bereits bei Lektion 9 thematisiert wurden – im Klassenverband besprochen.

- In jedem *collège* in Frankreich gibt es eine Kantine, wo S, die nicht in der Nähe der Schule wohnen, zu Mittag essen können.
- Je nach *collège* haben S entweder mittwochs morgens oder samstags morgens Unterricht. Mittwochs nachmittags gibt es prinzipiell keinen Unterricht.
- S haben ansonsten den ganzen Tag Unterricht, teilweise bis 17 Uhr.
- Die Dauer der Mittagspause ist variabel.
- Die Stunden dauern 55 Minuten.

(Fortsetzung auf S. L 151)

Ex. 2 (Fortsetzung)

Lösungsvorschläge:

b 1. Non, nous n'avons pas de cantine à l'école.
2. Oui, le matin, je mange un sandwich ou une banane à l'école.
3. Non, je ne fais jamais mes devoirs le dimanche.
4. Oui, je travaille encore après le repas du soir.
5. Non, nous avons une récréation à 10 h 20.
6. Non, je n'ai pas classe le mercredi après-midi.
7. Moi aussi, je déteste le sport.
8. Moi, j'adore l'anglais.
9. J'aime bien les cours de maths parce que le professeur est très sympa.

Ex. 3 ➛ CdA 6

Schwerpunkte:
Einüben der Fertigkeit des Dolmetschens. Lexik und Redemittel der Lektion 10, insbesondere zum Thema 'Nach dem Weg fragen' bzw. 'Den Weg beschreiben' (Straße, Metro)

Hinweise:
S arbeiten zu viert, wobei jeder eine bestimmte Rolle übernimmt. Sie können die Übung eventuell zweimal durchnehmen und die Rollen zwischendurch tauschen. Im ersten Durchgang übernehmen leistungsstärkere S die Rolle des Dolmetschers. Bei leistungsschwächeren Lerngruppen wird die Übung im Klassenverband durchgenommen.

Z. 6 – Nous sommes Allemands, mais je parle français.
Z. 10 – Sie fragt, ob wir ihr helfen können. Sie möchte zum *Hôtel des Invalides* (gehen/fahren).
Z. 15 – (Est-ce que) Vous ne voulez pas prendre/aller à notre hôtel, l'hôtel Gare du Nord? Ce n'est pas loin et il y a beaucoup de chambres.
Z. 17 – Sie versteht uns/dich nicht./Sie sagt, daß sie uns/dich nicht versteht.
Z. 21 – Mon père aime rigoler. Est-ce que vous voulez visiter le tombeau de Napoléon?
Z. 26 – Sie sagt, daß sie dich nett findet. Sie will das *Hôtel des Invalides* besichtigen. Sie möchte wissen, ob es hier in der Nähe eine Metrostation gibt.
Z. 31 – Vous prenez la première rue à droite, puis, vous continuez tout droit. Ensuite, vous prenez la deuxième rue à gauche et à droite, il y a la station de métro.
Z. 34 – In welche Richtung muß sie dann mit der Metro fahren?
Z. 42 – La station de métro de monsieur Napoléon, c'est Invalides. Vous pouvez prendre d'abord la direction Porte d'Orléans jusqu'à Strasbourg-Saint-Denis. Là, vous changez et vous prenez la direction Balard. Vous descendez à Invalides.
Z. 47 – Sie bedankt sich. Sie sagt, daß es leicht ist. An der Rezeption des Hotels wird sie nach der Zimmernummer von Herrn Napoleon fragen.

b ☞ **A vous.** Tu es à Paris, un élève français te pose des questions et tu réponds.

Exemple: – Est-ce que tu as classe le samedi?
– Non, je n'ai pas classe le samedi.
  Oui, j'ai classe le samedi.

1. Est-ce que vous avez une cantine à l'école?
2. Est-ce que tu manges quelque chose le matin à l'école?
3. Est-ce que tu fais souvent tes devoirs le dimanche?
4. Est-ce que tu travailles encore après le repas du soir?
5. Est-ce que vous avez aussi une récréation à 10 heures 10?
6. Est-ce que tu as classe le mercredi après-midi?
7. Moi, je déteste le sport. Et toi?
8. Je n'aime pas l'anglais. Et toi?
9. Est-ce que tu aimes les cours de maths?

3 Faites l'interprète.

Tu es à Paris avec tes parents. Dans le quartier de la gare du Nord, ton père regarde le plan de Paris. Une touriste demande le chemin à ton père.
Travaillez en groupes.

La touriste: Pardon, monsieur, pour aller à l'Hôtel des Invalides, s'il vous plaît?

Ton père: Wir sind Deutsche, aber mein Sohn spricht Französisch.

La touriste: Pardon?

Toi: Nous ...

La touriste: Ah oui? Est-ce que vous pouvez m'aider? Je veux aller à l'Hôtel des Invalides.

Toi: Sie fragt, ob ...

Ton père: Frag sie doch, ob sie nicht unser Hotel, das Hôtel Gare du Nord, nehmen will. Das ist nicht weit und es gibt viele Zimmer.

Toi: ...

La touriste: Je ne vous comprends pas.

Toi: ...

Ta mère: Sag ihr, dass dein Vater ein Spaßvogel ist, und frag sie, ob sie das Grabmal Napoleons besichtigen will.

Toi: ...

La touriste: Il est sympa, votre père. Oui, je veux visiter l'Hôtel des Invalides. Est-ce qu'il y a une station de métro pas loin d'ici?

Toi: ...

Ton père: Sie geht die erste Straße rechts, dann geradeaus weiter. Danach nimmt sie die zweite links, dort ist die Metrostation auf der rechten Seite.

Toi: ...

La touriste: Et puis, en métro, c'est quelle direction?

Toi: ...

Ton père avec le plan du métro: Die Metrostation von Herrn Napoleon heißt „Invalides". Sie kann zunächst Richtung Porte d'Orléans bis Strasbourg-Saint-Denis fahren. Dort steigt sie um und fährt Richtung Balard. Sie steigt in „Invalides" aus.

Toi: ...

La touriste: Merci beaucoup. C'est facile. Et à la réception de l'hôtel, je vais demander le numéro de la chambre de M. Napoléon.

Toi: ...

Ta mère: Hi! Hi! Au revoir.

10 EXERCICES

4 Jeu de sons

a *Lisez vite, puis apprenez par cœur (... lernt auswendig).*

1. Jules ne joue jamais le jeudi
dans le joli jardin de Julien et de Julie.

2. Charlotte cherche le chocolat
chez Jules, son chéri, mais
son chat Charles l'a déjà!

3. Le petit Patrick pleure
parce que son pauvre perroquet
a un plâtre ...
et ne peut plus parler!

4. Samedi, à sept heures seize,
Sébastien sonne chez sa sœur Suzette.
«Salut, sœurette! Voilà une sucette.»

5. Et voilà Viviane!
Elle veut visiter votre ville
en voiture avec vos voisins.

b ☞ **A vous.**

Bildet Sätze, in denen möglichst viele Wörter mit dem gleichen oder einem ähnlichen Laut beginnen.

5 Bienvenue au club!

Au club d'écriture du collège François-Villon, on écrit des petites histoires. Maintenant, vous aussi, vous allez écrire une histoire en français!
D'abord, épelez votre nom, puis cherchez des mots qui commencent par ses lettres (... die mit ... beginnen).

Exemple: N - i - c - o - l - e: le **n**uméro ..., **i**nstaller ..., **c**omprendre ..., l'**o**rdinateur ..., les **l**égumes ..., l'**é**picerie ....

Ensuite, employez les mots dans un petit texte.

6 Ça, c'est moi!

Tu apprends le français depuis des mois. Maintenant, tu peux entrer en contact avec une Française / un Français. Tu te présentes dans une lettre: ta famille, tes ami(e)s, tes hobbys▽, ta musique ...

Ça, c'est moi.

Ex. 4 ➛ S

Schwerpunkte:
a Punktuelle Wiederholung des französischen Lautsystems, insbes. der Laute [ʒ], [ʃ], [p], [s] und [v].
b Textproduktion

Hinweis: b Für diesen fakultativen Übungsteil wird die schriftliche Durchnahme empfohlen.

Lösungsvorschläge:
1. Ahmed appelle son amie Annette: «Allô, Annette? Alors, tu aimes l'Allemagne?»
2. Brigitte et Bernard bavardent devant la boulangerie.
3. Le commerçant ne comprend pas Cathy, ma copine, quand elle crie: «Combien coûtent quatre kilos de carottes?»
4. Une fille française flirte avec le frère de François.
5. Une infirmière invite un inspecteur à faire une interview.
6. Le pauvre professeur a peur et pleure parce que son perroquet Patrick ne peut plus prononcer les 'p'.
7. Le guide fait un grand **g**este et dit au groupe de garçons: à gauche, il y a une gare.
8. Lundi, Laurent lit son livre et ses lettres sans lunettes parce qu'elles sont trop loin de son lit.
9. Mardi matin, Marie montre les magnifiques musées de Marseille à Martina. A midi, elles mangent des merguez au bord de la mer‿. Pas mal, non?
10. Notez notre numéro de téléphone, Nicole, et n'oubliez pas de nous donner des nouvelles!
11. Au revoir, la ville et les voitures. Vive‿ les vacances à vélo!

Neu: In Arbeitsanweisung: *apprendre par cœur*

Ex. 5

Schwerpunkte:
Wdh. des Buchstabierens. Textproduzieren um Kernwörter herum, die mit dem Anfangsbuchstaben des eigenen Vornamens beginnen

Hinweis: Für die Textproduktion wird die schriftliche Durchnahme empfohlen.

Neu: In Arbeitsanweisung: *commencer par*

Ex. 6

Schwerpunkte:
Briefe schreiben: Kontakt aufnehmen; jdn. (in Brief) begrüßen; sich, die Familie, die Freunde vorstellen; Informationen über Name, Alter, Familie, Wohnort und Vorlieben einholen und geben

Hinweis:
Für diese umfassende Integrationsübung wird die schriftliche Durchnahme empfohlen. Im Vorfeld dieser Übung ist es ratsam, S auf den *Révisions*-Kasten 'Briefe schreiben' im Schülerbuch, S. 145, hinzuweisen.

Neu: *un hobby, des hobbys*

Zu Itinéraires I und II

Leicht erschließbare Ausdrücke:

vom Dt./Engl. her	vom Visuellen her	vom Kontext her
1 un symbole 2 un musée 3 amusant 3 un touriste 3 une cathédrale 3 imiter qn 5 un sandwich 5 un pique-nique	1 la tour Eiffel 2 l'Hôtel des Invalides 2 la place de la Concorde 2 l'Obélisque 2 le musée d'Orsay 2 le musée du Louvre 2 la Pyramide 3 prendre une photo 3 une fois (TB: 1x) 3 l'île de la Cité 3 Notre-Dame	en patins 2 sur votre droite 2 sur votre gauche 4 cette 4 Pas mal.

Nr. 4

Vorschläge zur Einführung der schwer erschließbaren Ausdrücke
Im folgenden sind nur die schwer erschließbaren neuen Ausdrücke unterstrichen.

- Abschnitt 1:
  L: *Regardez la première photo. Ça, c'est le bateau-mouche, et voilà la tour Eiffel. La tour Eiffel est en face du bateau-mouche.* Kontrollfrage: L: *Regardez le dessin numéro 3, à la page 95: Est-ce que François est à côté de Luc?* S: *Non, il est en face de Luc.*
- Abschnitt 2:
  L: *Le guide, c'est le monsieur qui montre Paris aux touristes▽. Le guide dit: Bienvenue dans le bateau! ou: Bienvenue à bord!*
  Le tombeau de Napoléon: Übersetzen. S suchen die Kurzinformation zu *Napoléon* im Wörterverzeichnis des Schülerbuchs (S. IX).
  L (zeigt auf den *Louvre*): *Voilà le palais du Louvre. Trouvez le mot allemand qui ressemble au mot* palais. S: *Palast.*
- Abschnitt 3:
  L: *Luc et François écoutent le guide. Puis, ils n'ont plus envie. Ils n'écoutent plus le guide.* Kontrollfrage: L: *[S-Name], est-ce que tu travailles encore le soir à dix heures?* S: *Non, le soir à dix heures, je ne travaille plus.*
  L: *Yasmina adore les livres. Elle aime surtout les romans.* Kontrollfrage: L: *Après l'école, est-ce que Luc pense surtout à ses devoirs?* S: *Non, après l'école, Luc pense surtout à faire du sport/au sport.*
- Abschnitt 4:
  L: *Les copains de la rue Daguerre, ce ne sont plus des enfants. Ce sont des jeunes. Jusqu'à 25 ans, on est encore des jeunes.* Kontrollfrage: L: *Tes amis, ce sont surtout des enfants?* S: *Non, ce sont surtout des jeunes, bien sûr.*
  L: *Le palais de Chaillot, c'est un musée.* S suchen ihn auf dem Plan.
  Une vue magnifique : S erschließen das Wort *vue* aus dem ihnen bereits bekannten Verb *voir*. L: *Une vue magnifique, c'est une vue très, très jolie.*
  L: *Souvent, les jeunes ne disent pas: c'est magnifique! Ils disent: C'est chouette.* L erklärt, daß *chouette* – im eigentlichen Sinne 'Eule' – ein umgangssprachliches Allzweck-Wort (*un mot fourre-tout*) ist, das soviel wie 'prima' oder 'klasse' bedeutet und sowohl etwas Schönes, Angenehmes und irgendwie Lobenswertes wie auch eine freundliche Person bezeichnen kann.
  L: *François a faim, mais il ne peut pas manger: il n'a pas de bananes, pas de pain ... : il n'a rien à manger.* Kontrollfrage: L: *[S-Name], est-ce que tu veux quelque chose?* S: *Non, monsieur. Je ne veux rien.*
- Abschnitt 5:
  Le jambon: übersetzen. L (zeigt auf Bild 3, S. 95): *Voilà des sandwichs au jambon.*
  L: *L'orangina, ça ressemble au fanta.* Kontrollfrage: L (zeigt auf Bild 3, S. 95): *C'est une bouteille d'eau? Non, c'est une bouteille d'orangina.*
  L: *Qu'est-ce que Luc a dans son sac à dos pour le pique-nique?* S: *Il a une bouteille d'orangina, des sandwichs au jambon, des pommes et des bananes.* L: *Oui, et il a aussi deux tablettes de chocolat. Tout est là pour faire un bon pique-nique. Il ne manque rien pour faire un bon pique-nique.* Kontrollfrage: L: *Est-ce que quelqu'un manque aujourd'hui?* S: ...

Zu den Strukturen

Ne … pas/plus/jamais/rien

- Die verschiedenen Formen der Verneinung werden rekapituliert und an der Tafel mit Beispielen festgehalten (s. im Kasten Nr. 5).
- L schreibt nur die linke Hälfte des Tafelbildes im Kasten Nr. 6 (s. u.) an sowie den Anfang der Sätze aus der rechten Hälfte. S ergänzen die Sätze, indem sie die Aussagen des linken Textes in ihr Gegenteil verwandeln.

	TB
Nathalie dit:	Luc **ne** travaille **pas.**
Luc **ne** fait **rien.**	**plus.**
	jamais.

Nr. 5

	TB
Arthur a *encore* faim.	Mais tout à coup, Arthur **n'**a **plus** faim.
Il a *toujours* faim.	Quand il n'est pas content, il **n'**a **jamais** faim.
Il *veut* manger *quelque chose.*	Il **ne** veut **rien** manger.
Il *fait* un petit repas.	Il **ne** fait **pas** de petit repas.

Nr. 6

***Savoir, voir* und andere unregelmäßige Verben**

V Mit dem Spiel *Le tiercé* (s. Spielfeld und Spielregel S. L 118) können – vorzugsweise nach Durchnahme von Übung 8 des *Cahier d'activités* – in einem oder ggf. mehreren Durchgängen die Präsensformen folgender Verben wiederholt werden:

1 savoir	6 appeler	11 écrire	16 vouloir	21 …	26 lire
2 acheter	7 …	12 savoir	17 prendre	22 être	27 appeler
3 payer	8 commencer	13 mettre	18 aller	23 mettre	
4 manger	9 dire	14 …	19 voir	24 faire	
5 voir	10 lire	15 pouvoir	20 avoir	25 descendre	

A+B VORSCHLÄGE ZUR LEISTUNGSÜBERPRÜFUNG

Transfertexte

Paris en voiture

1 C'est le week-end du premier mai. Nicole est chez les Noblet. M. Noblet travaille dans la cuisine. Luc et sa sœur veulent faire encore une promenade dans Paris avec leur cousine.
Luc: Papa, tu travailles encore?
M. Noblet: Non, maintenant, je ne travaille plus.
Luc: Est-ce que tu veux nous montrer la ville en voiture?
M. Noblet: C'est une bonne idée. Je vous invite à faire une promenade en voiture. Attendez devant la maison. J'arrive.
Nicole: Nathalie, tu prends ton sac à dos?
Nathalie: Bien sûr! Tu sais, je ne le laisse jamais à la maison.
Luc: Tu es folle!

2 M. Noblet arrive avec la voiture.
M. Noblet: Mesdames et Monsieur, bonjour! Bienvenue à bord! D'abord, vous allez voir Notre-Dame.
Quand (Als) ils arrivent sur l'île de la Cité, Nicole demande: «Là, à gauche, c'est le Louvre?»
Luc: Non, ce n'est pas le Louvre, c'est le Palais de Justice (der Justizpalast).

3 Puis, ils visitent encore beaucoup de monuments. M. Noblet fait le guide. Mais Nicole ne l'écoute plus: elle veut manger quelque chose.
Nicole: On n'a rien à manger, hein?
Nathalie: Si. Dans mon sac à dos, il y a des sandwichs et une bouteille d'orangina. Vous voyez, je pense à tout!
Luc: Super! Les sœurs comme toi, on les aime!
Nicole: Alors, tu la trouves encore folle?
Luc: Mais non! Il ne manque rien pour faire un bon pique-nique. Bravo!

Möglichkeiten der Nutzung

- Hörverstehensaufgabe: L liest den Text vor und stellt anschließend Fragen:
  1. Qu'est-ce que M. Noblet va faire avec les trois jeunes?
  2. Où est-ce qu'ils vont, d'abord?
  3. Pourquoi est-ce que Nicole n'écoute plus M. Noblet?
     Qu'est-ce qu'il y a dans le sac à dos de Nathalie?
     Que dit Luc, à la fin du dialogue?
- Diktat. Dieser Text sollte jedoch nicht auf einmal in voller Länge diktiert werden.
- Lesetext. L gibt S Kopien des Textes. Dieser wird von L oder von S mit verteilten Rollen vorgelesen. Nach Klärung der schwierigen Stellen stellt L Fragen zum Verständnis.
- Übersetzung des Textes ins Deutsche oder des deutschen Textes ins Französische

Paris per Auto

1 Es ist das Wochenende des ersten Mai. Nicole ist bei den Noblets. Herr Noblet arbeitet in der Küche. Luc und seine Schwester wollen mit ihrer Cousine noch einen Spaziergang durch Paris machen.
Luc: Papa, arbeitest du noch?
Herr Noblet: Nein, jetzt arbeite ich nicht mehr.
Luc: Willst du uns die Stadt per Auto zeigen?
Herr Noblet: Das ist eine gute Idee. Ich lade euch ein, eine Spazierfahrt im Auto zu machen. Wartet vor dem Haus. Ich komme [gleich].
Nicole: Nathalie, nimmst du deinen Rucksack [mit]?
Nathalie: Na klar! Du weißt [doch], ich lasse ihn nie zu Hause.
Luc: Du bist verrückt!

2 Herr Noblet kommt mit dem Auto.
Herr Noblet: Guten Tag, meine Damen, mein Herr! (wörtl.: Meine Damen und mein Herr, guten Tag!) Willkommen an Bord! Zuerst werden Sie Notre-Dame sehen.
Als *(Quand)* sie auf der Ile de la Cité ankommen, fragt Nicole: «Da, links, ist das der Louvre?»
Luc: Nein, das ist nicht der Louvre, das ist der Justizpalast *(le Palais de Justice).*

3 Dann besichtigen sie noch viele Baudenkmäler. Herr Noblet spielt *(fait)* den Führer. Aber Nicole hört ihm nicht mehr zu: Sie will etwas essen.
Nicole: Wir haben nichts zu essen, oder? *(hein?)*
Nathalie: Doch. In meinem Rucksack sind belegte Brote und eine Flasche Orangina. Seht ihr, ich denke an alles!
Luc: Super! Schwestern wie dich hat man gerne (wörtl.: liebt man)!
Nicole: Nun, findest du sie immer noch verrückt?
Luc: Aber nein! Es fehlt nichts, um ein gutes Picknick abzuhalten *(pour faire)*. Bravo!

Un touriste sympa

1 Aujourd'hui, Luc, Nathalie, François et Nicole vont à la tour Eiffel. A la station de métro Raspail[1], Nathalie achète un carnet. Elle donne un ticket à son copain François et à sa cousine et ... elle oublie Luc.
Luc: Tu ne me donnes pas de ticket, sœurette?
Nathalie: Mon pauvre frérot! Le voilà, ton ticket!

2 Maintenant, les quatre amis sont sous[2] la tour Eiffel.
François: Mince! Il y a trop de touristes devant l'ascenseur. On ne peut pas monter[3]. Qu'est-ce qu'on fait maintenant?
Nicole: Oh, regardez! A côté des touristes, il y a un clown. Il les imite, il fait les mêmes gestes et les gens ne le voient pas. Il est très drôle! Je vais prendre des photos.

3 Tout à coup, le clown les appelle.
Le clown: Comment est-ce que vous trouvez mon petit jeu[4]? Vous n'êtes pas des touristes, hein? (oder?)
François: Euh ... non! Et vous?
Le clown: Moi, je suis de Marseille[5]. Je voudrais monter sur (in) la tour, mais vous voyez le problème: je ne veux pas attendre deux heures pour prendre l'ascenseur!
Nathalie: Vous savez, on peut aussi monter à pied[6]. On attend alors trente minutes seulement.
Luc: Mais non. Aujourd'hui, vous visitez un musée et demain, vous arrivez ici à 8 h 30. Il n'y a alors pas beaucoup de touristes: la tour ouvre à 9 heures!

4 *Le clown:* Très bien. Et maintenant, je vous invite à manger une glace (ein Eis) avec moi. Vous êtes d'accord?
Nicole: Oui, c'est chouette. Merci beaucoup!
Luc: Je n'aime pas les glaces, je ne mange jamais de sucreries, mais ça ne fait rien. Je suis sympa. (Ich bin ja ein netter Kerl.) Je vais manger trois ou quatre boules de glace (Kugeln Eis) avec vous.

[1]*Raspail:* bei einem Diktat anschreiben – [2]*sous:* unten; in Lk. 10A SB Ex. 6 eingeführt – [3]*monter:* steigen, hier: hochfahren; in Lk. 6B SB Ex. 7 eingeführt – [4]*un jeu:* ein Spiel; kommt im Übungsapparat häufig vor – [5]*Marseille:* in Lk. 3A SB Ex. 6 eingeführt – [6]*à pied:* zu Fuß; in Lk. 10A SB Ex. 7 eingeführt

Möglichkeiten der Nutzung
- Diktat. Dieser Text sollte jedoch nicht auf einmal in voller Länge diktiert werden.
- Thème- oder Version-Übung (s. u. deutsche Fassung des Textes)
- Leseverstehensübung. L stellt Fragen zum Verständnis

Ein sympathischer Tourist

1 Heute fahren Luc, Nathalie, François und Nicole zum Eiffelturm. An der Metrostation Raspail kauft Nathalie einen Fahrkartenblock. Sie gibt ihrem Freund François und ihrer Cousine ein Ticket und ... sie vergißt Luc.
Luc: Gibst du mir keine Fahrkarte, Schwersterchen?
Nathalie: Mein armes Brüderchen! Da hast du (... *voilà,*) deine Fahrkarte!

2 Jetzt sind die vier Freunde unter[1] dem Eiffelturm.
François: Mist! Da stehen (*Il y a*) zu viele Touristen vor dem Aufzug. Wir können nicht hochfahren (*monter*). Was machen wir jetzt?
Nicole: Oh, seht mal! Neben den Touristen steht (*Il y a*) ein Clown. Er ahmt sie nach, er macht die gleichen Gesten, und die Leute sehen ihn nicht. Er ist sehr lustig! Ich werde Photos machen.

3 Plötzlich ruft der Clown sie.
Der Clown: Wie findet ihr mein Spielchen (kleines Spiel[2])? Ihr seid keine Touristen, oder? (*hein?*)
François: Äh ... nein! Und Sie?
Der Clown: Ich bin aus Marseille[3]. Ich will in *(sur)* den Turm hochfahren *(monter)*, aber ihr seht das Problem: ich will keine zwei Stunden warten, um den Aufzug zu nehmen!
Nathalie: Wissen Sie, man kann auch zu Fuß[4] hinaufgehen. Man wartet dann nur dreißig Minuten.
Luc: Aber nein. Heute besichtigen Sie ein Museum, und morgen kommen Sie um 8 Uhr 30 hier[her]. Dann sind [hier] nicht viele Touristen: Der Turm macht um 9 Uhr auf!

4 *Der Clown:* Sehr gut. Und jetzt lade ich euch ein, ein Eis *(une glace)* mit mir zu essen. Seid ihr einverstanden?
Nicole: Ja, das ist prima. Vielen Dank!
Luc: Ich mag kein Eis, ich esse niemals Süßigkeiten, aber das macht nichts. Ich bin ja ein netter Kerl. *(Je suis sympa.)* Ich werde drei oder vier Kugeln Eis *(boules de glace)* mit euch essen.

[1]unter: *sous*; in Lk. 10A SB Ex. 6 eingeführt – [2]ein Spiel: *un jeu*; kommt im Übungsapparat häufig vor – [3]*Marseille:* in Lk. 3A SB Ex. 6 eingeführt – [4]zu Fuß: *à pied;* in Lk. 10 A SB Ex. 7 eingeführt

Une chanson et un poème

Chanson: Alors regarde →

Hinweise:
- L erklärt, daß Patrick Bruel ein französischer Popstar und Schauspieler ist, der bei den französischen Jugendlichen sehr beliebt ist. S wurden im Prinzip bei der Schülerbuchübung 13 auf S. 44 mit ihm bekannt gemacht.
- L liest jeden Abschnitt des Chansontextes zweimal vor. (S lesen mit.) Beim ersten Vorlesen fügt er die Übersetzung der schwierigen Stellen in den Vortrag ein. Es empfiehlt sich, den Text zügig zu erarbeiten, um die Motivation der S aufrechtzuerhalten. Eine andere Möglichkeit ist es, die S den Text anhand der Verständnishilfen im Schülerbuch auf S. 162 zu Hause oder in kleinen Gruppen im Unterricht vorbereiten zu lassen.
- Nach einem nicht allzu langen Vorlauf wird das Chanson von der (S-) Kassette abgespielt.
- S äußern ihre ersten Eindrücke zum Chanson auf deutsch.
- Die Frage des Sprachniveaus wird erörtert. S stellen fest, daß dieser Text umgangssprachlich gehalten ist, was an den wiederkehrenden Auslassungen (Z. 1: *d'moi = de moi*; Z. 5: *qu'c'est = que c'est* usw.) und am konsequenten Weglassen des ersten Teils der Verneinung (*ne*) festzumachen ist.
- Mit Hilfe von L erstellen S ein Tafelbild, das den Chansontext zusammenfaßt (s. u. Vorschlag).
- Anschließend wird das Gespräch über die Textbotschaft auf deutsch weitergeführt und vertieft (s. u. Anregungen).

Moi | **Toi** | **TB**

J'ai vu: →
- des hommes qui courent,
- une terre qui recule,
- des appels au secours,
- des enfants qu'on bouscule.

↓

- Le sommeil ne veut pas de moi. ↔ – Tu rêves depuis longtemps.
- Dans ma tête, il y a une musique d'Afrique, mais je ne vois pas le paysage.
- Je ne vais pas me taire. C'est encore plus facile de ne parler de rien. ↔ – Tu dis que ce n'est pas mon rôle de parler de tout ça, qu'avant de prendre la parole, il faut aller là-bas. Tu dis que c'est trop facile, que ça ne sert à rien. Tu as mal aux yeux.

↓

Regarde un peu.
Tu verras tout ce qu'on peut faire si on est deux.

Weiterführendes Gespräch: Anregungen
- S versuchen, die Aussage dieses Chansons in knappen Worten zu formulieren, nämlich: Angesichts des Elends in der Welt darf man weder die Augen verschließen noch schweigen. Man sollte sich vielmehr mit anderen zusammenschließen und handeln.
- Je nach geistiger Reife der S kann L sie zu einer kritischen Betrachtung des Textes anleiten: Welche verzweifelte Situation wird angedeutet? Geographische Lage? Konkrete Handlungsvorschläge: keine genauen Angaben.
- Einige Probleme der dritten Welt – sofern S sie selbst ansprechen – sowie Möglichkeiten des Handelns können besprochen werden.

Poème: Le chat noir →

Hinweise:
- *Variante 1:* L gibt die neuen Wörter an und spielt das Gedicht von der (S-) Kassette ab. S sagen auf französisch, was sie verstanden haben. Bei Bedarf hören sie das Gedicht versweise noch einmal und wiederholen die einzelnen Verse. Anschließend lesen S das Gedicht vor.
- *Variante 2:* V L erklärt die neuen Wörter und gibt jedem zweiten S das Gedicht, das er zuvor vergrößert kopiert und in Streifen geschnitten hat (ein oder zwei Streifen für jeden Vers; ein Streifen für die Überschrift). Zu zweit versuchen S, das Gedicht zusammenzusetzen. Es wird anschließend von der Kassette abgespielt und von den S vorgelesen.
- *Variante 3:* s. Spiel Nr. 2, LB S. L XVII

Alors regarde *(Chanson)*

Le sommeil veut pas d'moi, tu rêves depuis longtemps
Sur la télé, la neige a envahi l'écran
J'ai vu des hommes qui courent, une terre qui recule
Des appels au secours, des enfants qu'on bouscule

Tu dis qu'c'est pas mon rôle de parler de tout ça
Qu'avant d'prendre la parole il faut aller là-bas
Tu dis qu'c'est trop facile, tu dis qu'ça sert à rien
Mais c't'encore plus facile de ne parler de rien

(refrain:) Alors regarde, regarde un peu ...
Je vais pas me taire parce que t'as mal aux yeux
Alors regarde, regarde un peu ...
Tu verras tout c'qu'on peut faire si on est deux
...

Dans ma tête, une musique vient plaquer ses images
Sur des rythmes d'Afrique, mais j'vois pas l'paysage
Toujours ces hommes qui courent, cette terre qui recule
Ces appels au secours, ces enfants qu'on bouscule

Alors regarde, regarde un peu ...
Je vais pas me taire parce que t'as mal aux yeux
Alors regarde, regarde un peu ...
Tu verras tout c'qu'on peut faire si on est deux

Le chat noir

J'ai dans ma cave un chat noir.
Ses yeux sont de couleur claire.
Mais s'il les ferme, bonsoir!
Pour le trouver, rien à faire!

Lucie Delarue-Mardrus

⟨EN PLUS⟩ Ecouter et comprendre *(Hören und verstehen)*

LEÇON 2

a *Ecoutez les scènes 1 et 2. (Hört euch die Szenen 1 und 2 an.)*

Scène 1: Que fait Isabelle?
Elle joue avec Minnie? Elle porte un carton? Elle cherche Minnie?

Scène 2: *Trouvez le dessin qui va avec le texte. (Findet die Zeichnung, die zum Text paßt.)*

b Auch im französischen Rundfunk telefonieren die Moderatoren manchmal während einer Sendung mit Hörern. Gleich wirst du zwei Ausschnitte solcher Gespräche hören. Natürlich brauchst du nicht alles zu verstehen.
Bitte notiere dir nur auf einem Zettel, ob die Moderatorin/der Moderator die Hörerin/den Hörer begrüßt oder sich von ihr/ihm verabschiedet.

LEÇON 4

a *Ecoutez la chanson (... das Lied).*

Répondez. 1. Le monsieur est inspecteur, professeur ou conducteur?
2. Il habite où?

b *Ecoutez le premier couplet (... die erste Strophe).*
Complétez les phrases.

Je ☹ les arbres, le jardin et les fleurs.

J' ☺ les BD et les ordinateurs.

Maintenant, écoutez le deuxième couplet (... die zweite Strophe), puis complétez les phrases.

Je ☹ le football, les cassettes de Christine.

J' ☺ les repas dans ma cuisine.

LEÇON 2

Schwerpunkte:
Hörverstehen: **a** Lerninhalte der Lektion 2; **b** Formeln der Begrüßung und der Verabschiedung

Hinweis:
b In beiden Rundfunkmitschnitten sind viele Ausdrücke den S noch unbekannt. Aufgabe ist hier das selektive Heraushören von bereits bekannten Redemitteln.

Text ➛ L

a Scène 1:
Isabelle: Minnie? Minnie?
Mais où est Minnie?
Maman, où est Minnie?
Mme Lacroix: Regarde dans le carton.
Isabelle: Dans le carton?
Mais oui! Elle est là, dans le carton.
Pourquoi tu te caches comme ça?
Viens, on joue ensemble …

Scène 2:
[Dessin n° 2]
Julie: Ah, c'est toi, Julien! Salut. Ça va?
Julien: Ça va. Regarde la BD. Elle est pour toi. Elle est super!
Julie: Oh, merci! On regarde la BD ensemble?
Julien: D'accord.

b 1. *Patrick:* Et Jean-Claude vous souhaite beaucoup, beaucoup de belles découvertes dans tous vos greniers.
Jean-Claude: Merci beaucoup.
Patrick: **Au revoir, Jean-Claude! Au revoir! A bientôt! Merci!**
2. *Patrick:* Et nous allons accueillir tout de suite notre candidate Marie-Ange.
Marie-Ange: Bonjour, Christèle! Bonjour, Patrick!
Christèle: **Bonjour, Marie-Ange!**
Patrick: Marie-Ange habite Bierghes?
Marie-Ange: Oui.
Patrick: Vous êtes mère au foyer: vous avez deux filles. De quel âge?
Marie-Ange: Douze ans et neuf ans et demi.

LEÇON 4

Schwerpunkte:
Hörverstehen eines Chansons: Ausdrücke bis einschließlich Lektion 4: die Verneinung: Vorbereitung auf Lektion 5; **a** Auskunft über jdn.; **b** Ausdruck der Vorlieben und des Mißfallens

Hinweise:
Auf der L-Kassette und der L-CD kommt nach dem Chanson das Playback. S können mit dem Playback das Lied selbst singen. Die Noten zu diesem Lied finden Sie im Lehrerbuch nach Lektion 4, auf S. L 52.

Text ➛ L

Text und Melodie: Wolfgang Froese;
Bearbeitung und Arrangement:
Florence Absolu und Eugen Karges
© Klett

Oh non!

1. Tu comptes les arbres avec tes copains?
Tu travailles avec papa dans le jardin?
Tu fais des promenades avec tes parents?
Tu regardes les fleurs avec maman?

Oh non, non! Non, non, non!
Je n'aime pas les arbres, le jardin et les fleurs.
J'adore les BD et les ordinateurs. } (bis)

2. Tu joues au football avec tes amis?
Tu écoutes des cassettes avec Julie?
Tu fais un tour avec ta voisine?
Tu fêtes l'anniversaire de Christine?

Oh non, non! Non, non, non!
Je déteste le football, les cassettes de Christine.
J'aime bien les repas dans ma cuisine. } (bis)

Ha, ha, ha, ha …!
J'aime mes élèves et mon ordinateur.
J'habite à Paris et je suis … professeur.

LEÇON 6

Schwerpunkte:
a Über jdn. Auskunft einholen. Die Entscheidungs- und die Ergänzungsfragen. Das Thema 'Rollschuhfahren'. **b** Zusätzliches Vokabular. **c, d** Hörverstehen: Informationen über jdn.; Thema 'Rollschuhfahren'

Text ➛ L

L'interview d'un patineur
La journaliste: Super, ton saut! Bravo! ...
Euh, ... je suis journaliste à «Radio-Montparnasse».
Le patineur: Le micro, c'est pour une interview?
La journaliste: Oui. Tu es d'accord?
Le patineur: Oui, oui.
La journaliste: Tu t'appelles comment?
Le patineur: Olivier.
La journaliste: Tu as quel âge?
Le patineur: **14 ans, bientôt 15.**
La journaliste: Tu es dans un club?
Le patineur: Oui, c'est le club de la tour Montparnasse.
La journaliste: Tu habites à Montparnasse?
Le patineur: Non, **à Cachan, en banlieue.**
La journaliste: Et tu aimes le patin, bien sûr?!
Le patineur: J'adore!
La journaliste: Pourquoi?
Le patineur: Ben ... Euh ... Je trouve pas les mots! Euh ... **C'est parce qu'il y a les copains et les copines. On est ensemble, c'est super! A Cachan, j'ai pas ça.**
La journaliste: Ce n'est pas dangereux, le patin?
Le patineur: Bof!
La journaliste: Merci, Olivier.
Le patineur: Ça passe quand?
La journaliste: **Demain soir, à 7 heures,** sur «Radio-Montparnasse».
Le patineur: O.K. Au revoir!

LEÇON 8

Schwerpunkte:
Hörverstehen von: **a** Uhrzeit und Preisen; **b** Werbesprüchen von Marktschreiern, Telefonnummern und Uhrzeiten

Hinweis:
In den Texten des **a**-Teils gibt es viele unbekannte Ausdrücke. S müssen bestimmte Informationen selektiv heraushören.

Text ➛ L

a 1. *Ecoutez.*
La présentatrice: Europe 1, **il est** très exactement **8 heures**.
2. *Ecoutez.*
Un premier marchand: Allez, achetez des artichauts. 10 F les cinq.
Un deuxième marchand: Allez, on goûte le melon. 10 F la pièce.
Allez, goûtez. Il est bon, le melon.
Le premier marchand: Achetez des tomates. **19 F les 2 kilos.**
3. *Ecoutez.*
La caissière: Voilà, messieurs dames. Ça fait **85 F 40.**
4. *Ecoutez.*
La standardiste: France Télécom, renseignements téléphoniques, bonjour.
Un monsieur: Bonjour, madame. Je voudrais avoir le numéro de M. Léo Durand à Versailles, s'il vous plaît.
La standardiste: **C'est le 02 39 55 02 83.**
Un monsieur: 02 39 55 02 83. Merci, madame. Au revoir.
La standardiste: Au revoir.

LEÇON 6

a *Avant l'écoute (Vor dem Hören):*
Tu fais une interview avec une patineuse. Quelles questions est-ce que tu poses? (Welche Fragen stellst du?)
Travaillez en groupes.

b *Lisez:* un saut [so]: ein Sprung; un/une journaliste [ʒurnalist]: ein Journalist/eine Journalistin; un micro: ein Mikrofon; Olivier: männl. Vorname; une banlieue [bɑ̃ljø]: ein Vorort; Cachan [kaʃɑ̃]: Vorort südlich von Paris; passer: *hier:* gesendet werden.

c *Lisez les questions, puis écoutez le texte.*
1. Olivier a quel âge?
2. Où est-ce qu'il habite?
3. A quelle heure est-ce que l'interview passe à la radio?

d *Lisez les questions, puis écoutez le texte encore une fois (... noch einmal).*
Pourquoi est-ce qu'Olivier aime le patin?
1. Parce que c'est dangereux? 2. Parce qu'il aime être avec les copains et les copines? 3. Parce que le public crie: «Bravo! Bravo!»?

LEÇON 8

a Du verbringst mit deinen Eltern die Ferien in Frankreich.

EUROPE 1 C'EST LA PÊCHE

1. Du liegst morgens früh im Bett, hast den Walkman auf und hörst den Sender Europe 1 [ørɔpɛ̃]. Da kommt eine Zeitansage. Hör genau zu. Wie viel Uhr ist es? Wiederhole die Uhrzeit auf Französisch.
2. Ihr wollt Tomaten kaufen. Ihr geht auf den Markt. Hört gut zu. Wie viel kostet das Kilo Tomaten? 9 F 50? 15 F? 5 F? Wiederholt den richtigen Preis auf Französisch.
3. Ihr habt im Supermarkt eingekauft. An der Kasse siehst du den Preis. Hör zu, was die Frau an der Kasse sagt. Wie reagierst du?
4. Nun erkundigt ihr euch bei der Auskunft nach einer Telefonnummer. Hört zu und notiert sie.

b ☞ ***A vous.***

1. Denkt euch Werbesprüche von Marktschreiern aus und nehmt die Szene auf Kassette auf.
2. Spielt Telefonansage und nehmt französische Telefonnummern auf Kassette auf. Spielt sie in der Klasse vor. Eure Mitschülerinnen/Mitschüler notieren die Telefonnummern.
3. Nehmt selbst Uhrzeiten bei französischsprachigen Sendern im Radio auf. (Die Frequenz von Europe 1 ist z. B. Langwelle 183 kHz, die von France Inter [frɑ̃sɛ̃tɛr] Langwelle 162 kHz, die von RTL Langwelle 234 kHz.) Spielt die Uhrzeiten in der Klasse vor. Eure Mitschülerinnen/Mitschüler notieren sie.

⟨EN PLUS⟩ ***Lire et comprendre*** *(Lesen und verstehen)*

LEÇON 3

En France
(In Frankreich)

Du verstehst schon eine Menge,
wenn du nach Frankreich kommst.
Welches Schild hilft dir weiter,
wenn du ...

1. ein Medikament besorgen musst,
2. eine Zeitung kaufen willst,
3. auf die Toilette musst,
4. das Verkehrsamt suchst,
5. einen Brief aufgeben willst,
6. ins Kino willst,
7. eine Tafel Schokolade kaufen willst?

LEÇON 5

a *Regardez les trois dessins. (Schaut euch die drei Zeichnungen an.)*

Lisez le texte.
Trouvez le dessin qui va avec la fin de l'histoire.
(... die zum Ende der Geschichte passt.)

Depuis trois jours, M. Lacroix a un ordinateur. Julie raconte ça à Julien. Julien dit: «Mais c'est super! J'ai un jeu sur disquette. Tu joues avec moi?»

Julien cherche la disquette et ils vont chez les Lacroix.

M. et Mme Lacroix ne sont pas à la maison. Mais Isabelle est là. Elle joue avec Minnie.

Hop! La disquette est dans l'ordinateur. Dans le jeu, il y a des chats et une souris. Les chats chassent la souris. Et avec la souris de l'ordinateur, on dirige la souris sur l'écran.

Julie et Julien jouent ensemble. Ils aiment bien le jeu. Isabelle aussi. Elle regarde l'écran. Elle n'est plus avec Minnie.

Mais là, qu'est-ce que c'est? La souris de l'ordinateur ne fonctionne plus. Julien crie: «Ah non, ce n'est pas vrai! Et ça dans mon jeu!»

Alors, Julie et Julien contrôlent le câble de la souris. Et qu'est-ce qu'ils trouvent? ... Minnie! Elle joue avec le câble ... coupé!

un jour: ein Tag
une disquette [diskɛt]
un chat [ʃa]: eine Katze
chasser [ʃase]: jagen
diriger [diriʒe]; un écran [ekrɑ̃]: ein Bildschirm
ne ... plus [ply]: nicht mehr
fonctionner [fɔ̃ksjɔne]
contrôler [kɔ̃trole]; un câble [kabl]
coupé [kupe]: durchgetrennt

b *Le texte parle de trois souris.*
Qui sont les souris?

c *Imaginez un titre pour l'histoire.*
(Denkt euch einen Titel für die Geschichte aus.)

⟨EN PLUS⟩ Lire et comprendre

LEÇON 7

Faisons un poème.

a *Lisez le poème.*

Où est ma souris?,
demande Marie.
Elle n'est pas sur le lit,
répond Cathy.
Elle n'est pas sous la télé,
crie René.
Elle n'est pas devant les patins,
hurle Julien.
Elle n'est pas derrière le carton,
répond Gaston.
Elle n'est pas dans l'appartement,
crie Laurent.
Elle n'est pas chez le voisin,
répond Martin.
Elle n'est pas à Paris,
hurle Nathalie.
Ne pleurez pas, elle est là,
dit Yasmina.

sous [su] la télé

derrière [dɛrjɛr] le carton

b *Complétez le poème.*

Où est mon CD?,
demande André.
Il n'est pas sur ~,
répond Pierre.
Il n'est pas sous ~,
crie Juliette.
Il n'est pas devant la BD,
hurle ~.
Il n'est pas derrière ~,
répond Christine.
Il n'est pas dans la salle,
crie ~.
Il n'est pas chez ~,
répond ~.
Il n'est pas à ~,
hurle ~.
Ne pleurez pas, il est là,
dit ~.

Barbara
Marie-Hélène
Pascal
Rennes
l'étagère

Renaud
la baguette
le jean
Roger
le frérot

c *Faites un poème.*

Où est ma sucette?,
. . .
. . .
dit Nicolas.

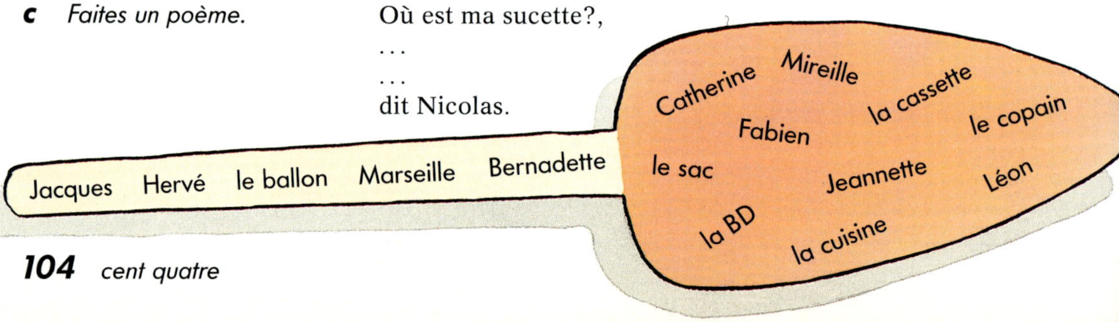

LEÇON 8

J'ai pas de frère!

1. *Dans le texte, il y a les mots* une ferrari [ynfɛrari], un ranch [ɛ̃rɑ̃ʃ], une secrétaire [ynsəkretɛr], un idiot [ɛ̃nidjo]. *Trouvez les mots en allemand.*
2. *Pourquoi est-ce que le garçon dit* «j'ai pas de frère» *à la place de* «je n'ai pas de frère»*?*
3. *Traduisez le texte en allemand. Travaillez à deux.*
4. *Est-ce que la fille pense au frère du garçon quand elle dit* «... et il a un idiot de fils, ton père»? *A qui est-ce qu'elle pense?*
5. *Trouvez un autre titre pour l'histoire.*
6. *Imaginez un autre dialogue entre la fille et le garçon. Travaillez à deux.*

---

1 une piscine [ynpisin]: ein Schwimmbad; 2 un fils [ɛ̃fis]: ein Sohn

⟨EN PLUS⟩ Lire et comprendre

LEÇON 9

L'emploi du temps de Julie Lacroix

EMPLOI DU TEMPS NOM Julie Lacroix CLASSE 4e F

HEURES	LUNDI	MARDI	MERCREDI	JEUDI	VENDREDI	SAMEDI
8 h 15 9 h 10	histoire-géo	sciences naturelles	maths		sciences physiques	
9 h 15 10 h 10	maths	sciences naturelles	anglais	histoire-géo	technologie	
10 h 20 11 h 15	français		anglais	sciences physiques	anglais	
11 h 20 12 h 15	français	allemand	français	EPS	éducation civique	
14 h 14 h 55	allemand	histoire-géo		maths	français	
15 h 05 16 h	EPS	maths		musique	dessin	
16 h 05 17 h	EPS			allemand		

Vocabulaire:

EPS = l'éducation *(f.)* physique [fizik] et sportive. (Les élèves disent aussi «sport».)
les sciences naturelles *(f.)* [sjɑ̃snatyrɛl]: les élèves disent aussi «biologie» [bjɔlɔʒi].
les sciences physiques [sjɑ̃sfizik]: c'est «physique» et «chimie» [ʃimi].
la technologie [tɛknɔlɔʒi]: on dit aussi «éducation manuelle et technique». Qu'est-ce que c'est en allemand?
l'éducation civique [sivik]: qu'est-ce que c'est en allemand? (Demandez à votre professeur.)
le dessin [desɛ̃]: pensez à «dessiner».

a *Décrivez l'emploi du temps de Julie. (Beschreibt ...)*
Le lundi, de 8 h 15 à 9 h 10, Julie a un cours d'histoire-géo. Après, de 9 h 15 à 10 h 10, elle a maths. Puis, il y a une récréation de 10 minutes. Ensuite, de 10 h 20 à midi et quart, elle a français ... *Continuez.*

b *Martina pose des questions à Julie sur son emploi du temps, par exemple:*
– Quand est-ce que tu as français?
– J'ai français le lundi de ... à ... et le ... *Continuez.*

c ☞ ***A vous.***
1. *Décris ton emploi du temps à une copine française/un copain français.*
2. *Quelles matières* (une matière: ein Schulfach) *est-ce que tu aimes et quelles matières est-ce que tu n'aimes pas?*

Le secret du peintre

Au club d'écriture

Julie a une passion: le club d'écriture du collège François-Villon. Au club, elle écrit des petites histoires sur Paris: «Les jolies scènes du bord de la Seine». Voilà une de ses histoires. Son titre:

Le secret du peintre

Vous demandez: «peintre», qu'est-ce que ça veut dire?
Eh bien, regardez le dessin et vous allez comprendre.
Le peintre a «un secret». Pensez au mot anglais «a secret».
Alors, le titre, c'est «Le secret du peintre».
Qu'est-ce que Julie va raconter dans son histoire???
Est-ce que vous avez une idée?

Maintenant, lisez l'histoire.

Le secret du peintre

La Seine, un dimanche après-midi. Paris-musique: au bord de l'eau, un groupe de rock improvise un concert; ambiance et bravos sont au rendez-vous. Paris-famille: on écoute, on bavarde, un frère et sa sœur ne sont pas d'accord, on crie. Paris-copain-copine: c'est l'heure de la promenade; j'aime, tu aimes, Chantal aime Jean-Marc, Jean-Marc aime Chantal. Les deux amis parlent de demain, parlent de toujours.

Devant l'île Saint-Louis, un peintre est au travail. Au travail? Difficile à dire. Il regarde les bâtiments de l'île, la Seine et sa toile, puis quitte sa toile et regarde encore les bâtiments de l'île Saint-Louis et la Seine. Le peintre cherche des idées; il veut raconter une histoire, mais quelle histoire?

Chantal: Un peintre!
Jean-Marc: On reste un peu?
Chantal: Oui.

une île de la Seine: l'île Saint-Louis [lilsɛ̃lwi]

⟨EN PLUS⟩ Lire et comprendre

Mais le peintre ne prend toujours pas son pinceau. Il regarde, regarde et regarde encore. Chantal et Jean-Marc continuent leur promenade.

Jean-Marc: C'est bizarre, il regarde ... sans regarder. Tu ne trouves pas?

Chantal: Il pense, il cherche, il est dans un autre monde.

Pour Chantal et Jean-Marc, c'est maintenant l'heure de rentrer. Mais ils n'ont pas envie de rentrer tout de suite: ils veulent regarder le travail du peintre, faire sa connaissance et deviner son secret, parce qu'il a un secret, c'est sûr ...

Sur la toile, des soleils, des soleils et des soleils, des petits et des grands. Ce n'est pas l'île Saint-Louis, ce n'est pas la Seine. Chantal et Jean-Marc ne comprennent pas. Ils ont alors envie de poser des questions au peintre.

Chantal: Monsieur ...

Déjà, il répond.

Le peintre: Ça ne ressemble pas à l'île Saint-Louis, hein? Mais dans mon rêve, si. Il y a là quelque chose de magique. Mais pourquoi est-ce que je vous dis tout ça? Bon. Maintenant, excusez-moi: j'ai un rendez-vous en ville.

Le peintre range alors ses soleils et ses pinceaux, puis prend sa canne d'aveugle.

le monde: die Welt

tout de suite [tutsɥit]: sofort

un soleil [ɛ̃sɔlɛj]: eine Sonne

magique [maʒik]: wie ein Zauber

ranger [rɑ̃ʒe]: einräumen

Répondez.

«Il prend sa canne d'aveugle [kandavœgl].»

Qu'est-ce que ça veut dire? Est-ce que vous avez une idée?
Dans le texte, il y a des phrases qui vous aident à comprendre:

«... il regarde ... sans regarder.»
«... il est dans un autre monde.»

Alors, quel est le secret du peintre?

Maintenant, relisez le texte.

a *Le texte a combien de parties? Trouvez un titre pour chaque partie (... für jeden Teil).*

b ☞ ***A vous.***
Le secret du peintre: trouvez une autre fin. Vous pouvez travailler à deux ou en groupes.

LEÇON 10

Jouez aux sept familles.

1 Faire un jeu des sept familles sur Paris? C'est facile!
Voilà comment vous faites:

a *Lisez les petits textes des pages 110 à 111, puis regardez les photos des pages 112 à 114. Quel texte va avec quelle photo? Le plan de Paris (pages XV et XVI) et le plan du métro (page XIV) vont vous aider.*

b *Photocopiez les photos et les textes. Prenez les photocopies et découpez les photos et les textes.*
Collez chaque photo avec son texte sur un carton (DIN A7).
Regardez le modèle.

c *Ecrivez en haut de chaque carte le nom de la «famille» et les quatre noms qui font partie de la même famille.*
Soulignez le nom qui va avec la photo de la carte.

d *Facile? Oui, facile!*
Et maintenant, formez des groupes de quatre élèves et jouez.
Vous demandez comment on joue? Voilà comment Nathalie, Luc, Nicole et François jouent aux sept familles.

IV: Places et rues
1. le boulevard Saint-Michel
2. les Champs-Elysées
3. la place de la Concorde
4. la place Charles-de-Gaulle

la place Charles-de-Gaulle/
place de l'Etoile

4. Mon nom officiel, c'est le nom d'un général. Mais on continue à m'appeler par mon autre nom. Monte sur l'Arc de Triomphe et tu vas comprendre pourquoi. Les douze avenues qui commencent ici forment une étoile.

2 Nicole donne sept cartes à chaque joueur. François, le joueur à gauche de Nicole, commence.

François: Nicole, dans la famille «Places et rues», tu as «le boulevard Saint-Michel»?
Nicole: Non, je ne l'ai pas. Mais toi, tu as peut-être «les Champs-Elysées»?
François: Oui, les voilà.
Nicole: Tu as aussi «la place de la Concorde»?
François: Mais bien sûr. La voilà.
Nicole: Merci, François. Et je voudrais «le boulevard Saint-Michel» de … Luc.
Luc: Le voilà.

Nicole met sa carte «la place Charles-de-Gaulle» et les trois autres cartes de la famille «Places et rues» sur la table. Elle a sa première famille. Puis, elle continue.

Nicole: Nathalie, dans la famille «Moyens de transport», tu as «le bus»?
Nathalie: Non. Mais François, tu me donnes «le métro»?
François: Voilà ton métro. Mince alors! Et moi, je commence quand?

⟨EN PLUS⟩ Le jeu des sept familles

Famille n° I:
Paris moderne

1. Je suis le symbole de La Défense, un quartier moderne qui se trouve à quelques kilomètres de l'Arc de Triomphe, mon petit frère. A mes pieds, on fait souvent du patin à roulettes.
2. Je suis une construction moderne en verre, en béton et en métal, près du Centre Pompidou. J'ai six étages (quatre sous la terre) avec des magasins, des musées et des cinémas.
3. La grande boule dans le parc de la Villette, c'est moi. Les gens adorent mes films parce que je ne suis pas un cinéma comme les autres.
4. Quand on me voit, on pense à l'Egypte. Je suis en verre et en métal. On me trouve dans la cour du palais du Louvre. Je suis l'entrée du musée.

Famille n° II:
Monuments près de la Seine

1. Je suis un «hôtel» sur la rive gauche de la Seine. J'ai un client qui s'appelle Napoléon.
2. Je suis la cathédrale de Paris et on me trouve dans l'île de la Cité. On me voit bien du bateau-mouche. Les touristes me prennent souvent en photo.
3. Je suis un palais. J'ai la forme d'une banane. De ma terrasse, on a une vue magnifique sur la tour Eiffel.
4. Je suis le symbole de Paris. Je suis en métal. Tu es sportif? Alors, monte à pied. Tu n'es pas sportif? Alors, prends l'ascenseur. Mais c'est cher!

Famille n° III:
Musées

1. Je ressemble à une raffinerie, mais je suis une bibliothèque et un musée où on fait des expositions d'art moderne. Je porte le nom d'un président de la République.
2. Tu aimes la technique? Alors, je t'invite à une visite de mes expositions. Prends le métro et descends à la porte de la Villette.
3. Pour entrer chez moi, on passe par une pyramide. Elle est dans la cour du palais. Dans une de mes salles, tu peux faire la connaissance d'une jolie dame: la Joconde.
4. Du bateau-mouche, on me voit sur la rive gauche. Non, je ne suis plus une gare! Aujourd'hui, tu ne trouves plus de trains chez moi, mais des tableaux.

Famille n° IV:
Places et rues

1. Je suis un boulevard qui traverse le Quartier Latin, le quartier des étudiants. Je passe près de la Sorbonne, une des universités de Paris.
2. Je suis une avenue très, très connue. Je monte de la place de la Concorde à la place Charles-de-Gaulle. Les gens aiment prendre un verre aux terrasses de mes cafés. Mais c'est cher!
3. Je suis une grande place avec un obélisque au milieu.
4. Mon nom officiel, c'est le nom d'un général. Mais on continue à m'appeler par mon autre nom. Monte sur l'Arc de Triomphe et tu vas comprendre pourquoi. Les douze avenues qui commencent ici forment une étoile.

Famille n° V: Gares de Paris

1. Nathalie et Luc attendent leur cousine Nicole à la gare. Nicole est de Metz. Elle arrive avec le train de Francfort via Sarrebruck et Metz.

2. M. Rigot regarde son agenda. Demain, il va à Marseille. Il quitte son appartement à 15 h 30 pour aller à la gare. Départ de son TGV: 17 h 15.

3. Pour l'anniversaire de la grand-mère de Julien, les Rigot vont à Rennes. Ils prennent le train à la gare qui est près de la tour Montparnasse.

4. Dimanche, 13 h 27. Martina Wagner, la correspondante de Julie, arrive de Berlin via Cologne. Julie l'attend déjà à la gare.

Famille n° VI: Moyens de transport

1. Tu es à Paris. Tu veux aller d'un quartier à l'autre et tu veux voir les rues, les immeubles, les places, les gens ... Alors, prends-moi.

2. Tu es à Paris. Tu veux aller très vite d'un quartier à l'autre. Prends-moi. Je suis le moyen de transport typique de Paris.

3. Tu es à Paris. Tu veux aller très vite à Euro-Disney. Alors, prends-moi.

4. Le week-end, tu veux faire des promenades dans la forêt de Fontainebleau. Prends-moi. Je t'attends à la gare de Lyon.

Famille n° VII: Magasins de la rue Daguerre

1. Tu as faim? Je te vends des baguettes, des croissants ou des pains au chocolat.

2. Chez moi, on travaille aussi le soir, le dimanche et les jours de fête. Mon patron aime rendre service aux clients. Mais combien de temps encore?

3. Tu veux t'acheter un livre ou une BD? Pas de problème. Ici, tu trouves tout ça.

4. Tu aimes le poisson? Ici, tu peux acheter des poissons qui sont toujours très frais.

Wortschatz

Einige Wörter aus den Texten sind leicht zu verstehen, obwohl du sie noch nicht gelernt hast. Andere sind nicht so leicht zu verstehen. Diese erklären wir dir hier.

Wenn du wissen willst, wie die Sehenswürdigkeiten ausgesprochen werden, die auf den Seiten 112 bis 114 vorkommen, schau auf S. 163 nach.

(I) 1. **quelques** [kɛlkə]: einige; 2. **près de** [prɛdə]: nahe bei; 3. **une boule** [ynbul]: eine Kugel; 4. **l'Egypte** *(f.)* [leʒipt]: Ägypten; **l'entrée** [lɑ̃tre]: der Eingang

(II) 1. **une rive** [ynriv]: ein Ufer; 4. **c'est cher**: das ist teuer

(III) 1. **l'art** *(m.)* [lar]: die Kunst; 3. **la Joconde** [laʒɔkɔ̃d]: Mona Lisa; 4. **un tableau** [ɛ̃tablo]: ein Gemälde

(IV) 1. **un étudiant** [ɛ̃netydjɑ̃]: ein Student; 2. **connu(e)** [kɔny]: bekannt; 3. **le milieu** [ləmiljø]: die Mitte

(V) 1. **Metz** [mɛs]: Stadt in Ostfrankreich; **via** [vja]: über; 2. **un agenda** [ɛ̃naʒɛ̃da]: ein Terminkalender; **le départ** [lədepar]: die Abfahrt

(VII) 1. **vendre** [vɑ̃dr]: verkaufen; **un pain** [ɛ̃pɛ̃]: ein Brot; 2. **le patron** [ləpatrɔ̃]: der Chef; 4. **frais** [frɛ]: frisch

〈EN PLUS〉 Le jeu des sept familles

le RER

l'épicerie de M. Saïd

les Champs-Elysées

Notre-Dame de Paris

le musée du Louvre

la Cité des Sciences

la gare Montparnasse

le train

La prononciation des noms et des mots inconnus est à la page 163.

l'Hôtel des Invalides

le Forum des Halles

la Pyramide

le palais de Chaillot

une boulangerie

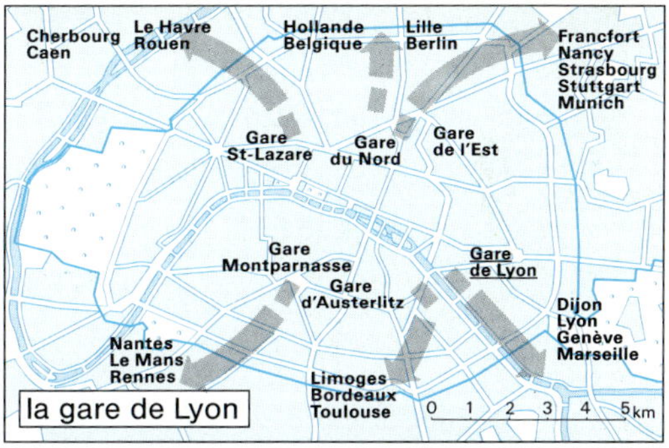

la gare de Lyon

la gare du Nord

la Géode

la place de la Concorde

une librairie

le métro

une poissonnerie

la place Charles-de-Gaulle/
place de l'Etoile

la gare de l'Est

le centre Georges-Pompidou

le bus

la tour Eiffel

le boulevard Saint-Michel

la Grande Arche

le musée d'Orsay

VOCABULAIRE

Lautzeichen

Vokale

[a] m**a**d**a**me; wie das deutsche *a*.
[e] caf**é**, mang**er**, regard**ez**; geschlossenes *e*, etwa wie in *geben*.
[ɛ] il f**ait**, il m**et**, il **est**, m**e**rci; offenes *ä*, etwa wie in *Ärger*.
[i] **i**l, l'am**ie**; geschlossener als das deutsche *i*, Lippen stark spreizen.
[ɔ] la p**o**rte, al**o**rs, ch**o**c; offenes *o*, offener als in *Loch*.
[ø] d**eux**, monsi**eur**; geschlossenes *ö*, etwa wie in *böse*.
[o] phot**o**, all**ô**, **au**ssi, cad**eau**; geschlossenes *o*, wie in *Rose*.
[œ] s**œu**r, n**eu**f, h**eu**re; offenes *ö*, bei kurzem Vokal etwa wie in *Röcke*.
[ə] l**e**, r**e**pas; der Laut liegt zwischen [œ] und [ø], näher bei [œ].
[u] gr**ou**pe, **où**, bonj**ou**r; geschlossenes *u*, etwa wie in *Ufer*.
[y] t**u**, r**ue**, sal**u**t; ähnlich dem deutschen *ü* in *Tüte*.

Nasalvokale

[ɛ̃] **un**, bi**en**, l**un**di, cop**ain**, vois**in**; nasales [ɛ]
[õ] **on**, s**on**t, n**om**; nasales [o]
[ɑ̃] d**an**s, ch**am**bre, je pr**en**ds; nasales [ɑ]

Die Nasalvokale haben im Deutschen keine Entsprechung.

Beachte: *un, lundi:* Neben [ɛ̃] hört man in Frankreich auch [œ̃] = nasales [œ].

Konsonanten

[f] **f**rère, **ph**oto; wie das deutsche *f* in *falsch*.
[v] **v**erre, rê**v**er, il arri**v**e; wie das deutsche *w* in *werden*.
[s] **s**œur, **c**'est, **ç**a, re**s**ter, récréa**t**ion; stimmloses *s*, wie in *Los*; als Anlaut vor Vokal ist *s* immer stimmlos.
[z] phra**s**e, mai**s**on, il**s**‿arrivent, **z**éro; stimmhaftes *s*, wie in *Esel*; zwischen zwei Vokalen ist *s* stimmhaft.
[ʒ] **j**e, bon**j**our, **g**éographie, éta**ge**; wie *j* in *Journalist*.
[ʃ] je **ch**er**ch**e; stimmloses *sch*, wie in *schön*.
[ɲ] ma**gn**ifique; etwa wie in *Kognak*.
[ŋ] in Wörtern aus dem Englischen, z. B. campi**ng**, parki**ng**.
[r] **r**egarder, po**r**te, jou**r**; Zäpfchen-Reibelaut; wird auch am Wortende und vor Konsonant deutlich ausgesprochen.

Die nicht erwähnten Konsonanten sind den deutschen sehr ähnlich.
Bei [p], [b], [t], [d], [k], [g] ist jedoch darauf zu achten, dass sie ohne „Hauchlaut" gesprochen werden.

Halbkonsonanten

[j] b**i**en, fami**ll**e; weicher als das deutsche *j* in *ja*.
[w] **ou**i, t**oi**; flüchtiger [u]-Laut, gehört zum folgenden Vokal.
[ɥ] c**u**isine, je s**u**is, h**u**it; flüchtiger [y]-Laut, gehört zum folgenden Vokal.

1 VOCABULAIRE

Hinweise zum Aufbau des Vocabulaire

Das *Vocabulaire* hat drei Spalten.
Die mittlere Spalte hilft dir beim Lernen der Vokabeln. Decke die linke Spalte ab und versuche, das neue Wort aus dem Satzzusammenhang in der mittleren Spalte zu erschließen. Es ist dort durch eine **Tilde** (~) ersetzt. Die Tilde kann ein einzelnes Wort oder auch eine Folge von mehreren Wörtern ersetzen. Verändert sich das Wort im Beispielsatz, so findest du in einer Fußnote die richtige Form.
Die mittlere Spalte hat noch andere Funktionen:
- Sie zeigt dir in französischen Beispielsätzen eine typische Verwendung des neuen Wortes.
- Du findest dort auch nützliche Tipps. Diese sind immer schräg gedruckt.

Das Zeichen ←→ bedeutet, dass du auf einen bestimmten Unterschied achten sollst. Meist geht es um Unterschiede zwischen den Sprachen, z. B. um Unterschiede im grammatischen Geschlecht. Geht es um die Schreibweise, so steht in der mittleren Spalte nur der Teil des französischen Wortes, der besonders zu beachten ist. Der Rest der Buchstaben ist durch waagerechte Striche ---- wiedergegeben.

Symbole und Abkürzungen

→	Vergleiche mit …	*m.*	*masculin* (= maskulin)
≠	das Gegenteil von …	*pl.*	*pluriel* (= Plural)
←→	Achte auf den Unterschied zwischen …	*qc*	*quelque chose* (= etwas)
F	Französisch	*qn*	*quelqu'un* (= jemand)
D	Deutsch	*etw.*	etwas
E	Englisch	*jdn.*	jemanden
fam.	*familier* (= umgangssprachlich)	*jdm.*	jemandem
ugs.	umgangssprachlich	*u. a.*	unter anderem
f.	*féminin* (= feminin)	⟨ ⟩	fakultativ

LEÇON 1

une leçon [ynləsõ]		eine Lektion
1 = un [ɛ̃]		eins

Arthur à Paris

Arthur [artyr]		*männl. Vorname; hier: Name eines Papageis*
à [a]		in
Paris [pari]		*Hauptstadt Frankreichs*
Bonjour! [bõʒur]	~, Arthur!	Guten Tag!
une rue [ynry]		eine Straße
c'est [sɛ]		das ist
monsieur … [məsjø]		Herr …
Rigot [rigo]		*Familienname*
Julien [ʒyljɛ̃]		*männl. Vorname*

avec [avɛk]		mit
et [e]	C'est M. Rigot avec Julien ~ Arthur.	und
un perroquet [ɛ̃pɛrɔkɛ]		ein Papagei
Arthur **est** un perroquet. [artyrɛtɛ̃pɛrɔkɛ]	*C'est Julien et | un perroquet.* [… eɛ̃ …] *Arthur est‿un perroquet.* [… ɛtɛ̃ …]	Arthur ist ein Papagei.
Lacombe [lakõb]		*Familienname*
un voisin [ɛ̃vwazɛ̃]		ein Nachbar
M. Lacombe [məsjølakõb]		*Abkürzung für* Monsieur Lacombe
madame … [madam]		Frau …
Bonjour, madame!		Guten Tag! *(zu einer Frau)*
Bonjour, monsieur!		Guten Tag! *(zu einem Mann)*
Bienvenue! [bjɛ̃vəny]		Herzlich willkommen!
Je m'appelle … [ʒəmapɛl]	Je ~ Julien.	Ich heiße … /Mein Name ist …
Mme Rigot [madamrigo]	*Mme* ←→ *M.*	*Abkürzung für* Madame Rigot
Catherine [katrin]		*weibl. Vorname*
moi [mwa]		ich *(betont)*
je suis [ʒəsɥi]		ich bin
Bernard [bɛrnar]		*männl. Vorname*
Moi, je suis Bernard Rigot.		Ich *(betont)* bin Bernard Rigot.
Charles [ʃarl]		*männl. Vorname*
A bientôt! [abjɛ̃to]		Bis bald!
Isabelle [izabɛl]		*weibl. Vorname*
Salut! *(fam.)* [saly]		Grüß dich!/Hallo! *(ugs.)*
toi [twa]		du *(betont)*
Tu t'appelles … [tytapɛl]		Du heißt …
comment [kɔmɑ̃]		wie
Et toi, tu t'appelles comment?	Moi, je m'appelle Isabelle. ~	Und du *(betont)*? Wie heißt du?
Oh! [o]		Oh! *(Ausdruck des Erstaunens)*
Qui est-ce? [kiɛs]	~? – C'est M. Lacombe, un voisin.	Wer ist das?
Salut! *(fam.)*		*hier:* Tschüs! *(ugs.)*
Blanchard [blɑ̃ʃar]		*Familienname*
une voisine [ynvwazin]	M. Lacombe est un voisin. Mme Blanchard est ~.	eine Nachbarin
Tu es … ? [tyɛ]	Moi, je suis Isabelle. Et toi, ~ Julien?	Bist du … ?
Non. [nõ]	Tu es Arthur? – ~, monsieur, je m'appelle Julien.	Nein.
Au revoir! [ɔrvwar]	~, monsieur! A bientôt!	Auf Wiedersehen!
bête [bɛt]		dumm/blöde
Oui. [wi]	≠ Non.	Ja.

2 VOCABULAIRE

Exercices

	un exercice [ɛ̃nɛgzɛrsis]	F = ------c- ←→ E = *exercise*	eine Übung
1	**un exemple** [ɛ̃nɛgzɑ̃pl]	F = --e---- ←→ E = *example*	ein Beispiel
	Christine [kristin]		*weibl. Vorname*
3	**mademoiselle** [madmwazɛl]	Bonjour, madame! Bonjour, monsieur! Bonjour, ~!	Fräulein
	maintenant [mɛ̃tnɑ̃]		nun/jetzt
	4 = quatre [katr]		vier
4	**Brigitte** [briʒit]		*weibl. Vorname*
	un dialogue [ɛ̃djalɔg]		ein Dialog
5	**une question** [ynkɛstjõ]		eine Frage
6	**une phrase** [ynfraz]		ein Satz
7	**8 = huit** [ɥit]		acht
8	**une scène** [ynsɛn]		eine Szene
9	**Martine** [martin]		*weibl. Vorname*
	Lecombe [ləkõb]		*Familienname*
	Martin [martɛ̃]		*männl. Vorname*

Révision

je/tu – moi/toi

– Salut! **Tu es** Julien?	– Hallo! Bist du Julien?	**Moi, je m'**appelle Julie.	Ich *(betont)* heiße Julie.
– Oui, **je suis** Julien.	– Ja, ich bin Julien.	Et **toi, tu** t'appelles comment?	Und du *(betont)*, wie heißt du?
– Qui est Julie?	– Wer ist Julie?		
– Moi.	– Ich.		

LEÇON 2

2 = deux [dø]		zwei

A Que fait Julien?

Que fait Julien? [kəfɛ]		Was macht Julien?
le père [ləpɛr]		der Vater
de [də]	M. Rigot est le père ~ Julien.	von
entrer [ɑ̃tre]		be-/eintreten/herein-kommen
dans [dɑ̃]		in
une cuisine [ynkɥizin]		eine Küche

Le père de Julien entre dans **la** cuisine.		Juliens Vater betritt die Küche.
porter qc [pɔrte]		etw. tragen
un carton [ɛ̃kartõ]		ein Karton
Il porte un carton. [ilpɔrtɛ̃kartõ]		Er trägt einen Karton.
poser qc [poze]		etw. setzen/stellen/legen
sur [syr]		auf/über
une étagère [ynetaʒɛr]	M. Rigot pose le carton sur ~.	ein Regal(brett)/Bücherbord
Ouf! [uf]		Uff!/Puh!
encore [ɑ̃kɔr]	~ un carton!	noch
chéri/chérie [ʃeri]		Liebling
la mère [lamɛr]	M. Rigot est le père de Julien et Mme Rigot est ~ de Julien.	die Mutter
regarder qc [rəgarde]		etw. sehen/ansehen/betrachten
une étiquette [ynetikɛt]	F = *une* ~ ←→ D = *ein Etikett*	ein Etikett/ein Aufkleber
La mère de Julien regarde **l'**étiquette.		Juliens Mutter betrachtet das Etikett.
mais [mɛ]		aber
Regarde. [rəgard]		Sieh mal!
pour [pur]	Le carton est ~ Julien.	für
à propos [aprɔpo]	~, que fait Julien?	übrigens/apropos
travailler [travaje]	Que fait Julien? – Il ~[1].	arbeiten
ou [u]		oder
jouer [ʒwe]	Julien travaille? – Non, il ~[2].	spielen
installer qc [ɛ̃stale]		etw. aufstellen/anschließen/installieren
un ordinateur [ɛ̃nɔrdinatœr]		ein Computer
Il installe **l'**ordinateur. [ilɛ̃stallɔrdinatœr]		Er schließt den Computer an.
une chambre [ynʃɑ̃br]		ein (Schlaf)Zimmer
trouver qc [truve]		etw. finden
un lit [ɛ̃li]	M. Rigot porte le ~ dans la chambre de Julien.	ein Bett
Elle trouve Julien sur le lit. [ɛltruv …]		Sie findet Julien auf dem Bett.
alors [alɔr]		nun/jetzt/dann
monsieur [məsjø]	Alors, ~ travaille?	*hier:* der Herr
une BD (**b**ande **d**essinée) [bede]	Astérix est ~.	ein Comic(Heft)
maman [mamɑ̃]		Mama/Mutti
Qu'est-ce que c'est? [kɛskəsɛ]	 ~? – C'est un carton.	Was ist das?
en allemand [ɑ̃nalmɑ̃]	«Un lit», qu'est-ce que c'est ~? – C'est «ein Bett».	auf Deutsch

[1] travaille – [2] joue

2 VOCABULAIRE

A Exercices

2	**en français** [ɑ̃frɑ̃sɛ]	«Ein Bett», qu'est-ce que c'est ~? – C'est «un lit».	auf Französisch
3	**un verbe** [ɛ̃vɛrb]		ein Verb
4	**pour toi** [purtwa]	La BD est pour moi ou ~?	für dich
	papa [papa]	*maman ←→ papa*	Papa/Vati

B Où est Minnie?

où [u]	*où = wo ←→ ou = oder (Auf der Oder schwimmt kein Graf!)*	wo
Minnie [mini]		*weibl. Vorname*
Où est Minnie? [uɛmini]	~ Minnie? – Elle est dans la cuisine.	Wo ist Minnie?
Ça va? [sava]		Wie geht's?/Geht's (dir) gut?
Ça va.	Ça va? – Oui, ~.	Es geht (mir) gut.
chercher qn/qc [ʃɛrʃe]		jdn./etw. suchen
Je cherche Minnie. [ʒəʃɛrʃmini]		Ich suche Minnie.
un appartement [ɛ̃napartəmɑ̃]		eine Wohnung
Elle est dans l'appartement.	Où est Minnie? – ~	Sie ist in der Wohnung.
une souris [ynsuri]	Qui est Minnie? – C'est ~.	eine Maus
Tu joues avec une souris? [tyʒu …]		Spielst du (etwa) mit einer Maus?
aimer qn [ɛme]		jdn. lieben/mögen
J'aime Minnie. [ʒɛmmini]	Tu aimes Minnie? – Oui, ~.	Ich mag Minnie.
Et alors? [ealɔr]	Tu joues avec une souris? – ~?	*hier:* Na und?
avec moi [avɛkmwa]	Tu joues ~? – Oui, je joue avec toi.	mit mir
Tu cherches Minnie avec moi? [tyʃɛrʃ …]		Suchst du Minnie mit mir?
D'accord. [dakɔr]	Tu cherches Minnie avec moi? – Oui, ~.	Einverstanden!/O.K.
une salle de bains [ynsaldəbɛ̃]		ein Badezimmer
une salle de séjour [ynsaldəseʒur]		ein Wohnzimmer
Cherche dans la salle de bains. [ʃɛrʃ …]		Such im Badezimmer.
Entre. [ɑ̃tr]		Komm herein!/Herein!
Julie [ʒyli]		*weibl. Vorname*
une sœur [ynsœr]		eine Schwester
la sœur **d'**Isabelle [lasœrdizabɛl]	Qui est Julie? – C'est ~.	die Schwester von Isabelle/Isabelles Schwester
Tu es Julien, **non**?		Du bist Julien, nicht wahr?
C'est ça. [sɛsa]	Tu es Julien, non? – ~.	Genau!/Das stimmt!

on [õ]		man/wir
on cherche [õʃɛrʃ]		man sucht/wir suchen
ensemble [ɑ̃sɑ̃bl]	On cherche la souris ~? – D'accord.	zusammen/gemeinsam
Au secours! [oskur]		Hilfe!
Hé! [e]		He!
un repas [ɛ̃rəpa]		ein Essen/eine Mahlzeit
…, hein? *(fam.)* [ɛ̃]		…, nicht?/ja?/nicht wahr? *(ugs.)*
pauvre [povr]		arm

B Exercices

1	**un texte** [ɛ̃tɛkst]	F = ---te ←→ D = *Text*	ein Text
2	**le vocabulaire** [ləvɔkabylɛr]		der Wortschatz/das Vokabular
	un architecte [ɛ̃narʃitɛkt]		ein Architekt
	dessiner [desine]		zeichnen
	un plan [ɛ̃plɑ̃]		ein Plan
3	**une réponse** [ynrepõs]		eine Antwort
4	**s'il te plaît** [siltəplɛ]	Porte l'étagère avec moi, ~.	bitte *(wenn man jdn. duzt)*
	demander [dəmɑ̃de]		fragen/bitten
5	**un groupe** [ɛ̃grup]	F = *un* ~ ←→ D = *eine Gruppe*	eine Gruppe
	la suite [lasɥit]		die Fortsetzung
6	**Cathy** [kati]		*weibl. Vorname*
	un mot [ɛ̃mo]		ein Wort

Révisions

L'appartement

un appartement	eine Wohnung	**la chambre**	das (Schlaf)Zimmer
la salle de séjour	das Wohnzimmer	***la salle à manger** [lasalamɑ̃ʒe]	das Esszimmer
la salle de bains	das Badezimmer	***les W.-C.** *(m.)* [levese]	das WC
la cuisine	die Küche	***les toilettes** *(f.)* [letwalɛt]	die Toilette

* Wörter, die hier zur Vervollständigung zusätzlich erwähnt werden.
Sie werden in den folgenden Lektionen nicht als bekannt vorausgesetzt.

Jemanden begrüßen – Auf eine Begrüßung antworten – Sich verabschieden

– Salut, Julien! Ça va?	– Grüß dich/Hallo, Julien! Wie geht's?	**Salut!**	Tschüs!
– Oui. Ça va.	– Gut.	**Au revoir!**	Auf Wiedersehen!
Salut, Isabelle!	Grüß dich/Hallo, Isabelle!	**A bientôt!**	Bis bald!
Bonjour, monsieur!	Guten Tag (, mein Herr)!		
Bienvenue!	Herzlich willkommen!		

3 VOCABULAIRE

⟨D'une leçon à l'autre⟩

d'une leçon à l'autre [dynləsõalotr]		von einer Lektion zur anderen
une table [yntabl]		ein Tisch
une serviette [ynsɛrvjɛt]		eine Schultasche/Aktentasche
un livre [ɛ̃livr]		ein Buch
un cahier [ɛ̃kaje]		ein Heft
une trousse [yntrus]		ein Federmäppchen/Etui
un stylo [ɛ̃stilo]		ein Kugelschreiber/Füller
une gomme [yngɔm]		ein Radiergummi
un crayon [ɛ̃krɛjõ]		ein Bleistift
il y a [ilja]	→ E *there is/there are*	es gibt/es ist/es sind
Qu'est-ce qu'il y a sur la table de Julie? [kɛskilja …]		Was ist/liegt auf Julies Tisch?

⟨En plus⟩

en plus [ɑ̃plys]		zusätzlich

LEÇON 3

3 = trois [trwa]	Un, deux, ~	drei

A La rue Daguerre

Daguerre [dagɛr]		*frz. Name (Jacques Daguerre, 1787–1851, Erfinder der Fotografie)*
la rue Daguerre		die Daguerrestraße
habiter [abite]		wohnen
10 = dix [dis]		zehn
Julien habite 10, rue Daguerre.		Julien wohnt in der Daguerrestraße 10.
aussi [osi]	Julien habite 10, rue Daguerre. Julie ~.	auch
à côté [akote]	à - ô - é	nebenan/daneben
il y a [ilja]	E → *there is/there are*	es gibt/es ist/es sind
un café [ɛ̃kafe]	A côté, il y a ~.	eine Kneipe
une terrasse [yntɛras]	Dans la rue Daguerre, il y a un café avec ~.	eine Terrasse
Il/Elle **s'appelle …** [il/ɛlsapɛl]		Er/Sie/Es heißt …

Le Daguerre		*Name eines Cafés in der Daguerrestraße*
un immeuble [ɛ̃nimœbl]		ein *(mehrgeschossiges)* Gebäude/Wohnhaus
des immeubles [dezimœbl]	Dans la rue Daguerre, il y a ~.	Gebäude *(Plural)*/ Wohnhäuser
un hôtel [ɛ̃notɛl]		ein Hotel
des hôtels [dezotɛl]		Hotels
un restaurant [ɛ̃rɛstɔrɑ̃]		ein Restaurant
des restaurants [derɛstɔrɑ̃]	Dans la rue Daguerre, il y a des hôtels, des cafés et ~.	Restaurants
un magasin [ɛ̃magazɛ̃]	Dans la rue Daguerre, il y a aussi des ~[1].	ein Geschäft/Laden
par exemple [parɛgzɑ̃pl]		zum Beispiel
une parfumerie [ynparfymri]		eine Parfümerie
une poissonnerie [ynpwasɔnri]		ein Fischgeschäft
une boucherie [ynbuʃri]		eine Metzgerei/Fleischerei
des boucheries		Metzgereien/Fleischereien
une épicerie [ynepisri]		ein Lebensmittelgeschäft
une boulangerie [ynbulɑ̃ʒri]	Dans la rue Daguerre, il y a des magasins: par exemple, une parfumerie, une poissonnerie, des boucheries, des épiceries et des ~[2].	eine Bäckerei
aujourd'hui [oʒurdɥi]		heute
un marché [ɛ̃marʃe]		ein Markt
Aujourd'hui, c'est le marché.	F = ~ *le* ~.	Heute ist Markt.
un stand [ɛ̃stɑ̃d]		ein (Markt)Stand
ce sont [səsõ]		das/es sind
où [u]		wo *(Relativpronomen)*
un fruit [ɛ̃frɥi]	F = *un* ~ ←→ D = *eine Frucht*	eine Frucht/Obstsorte
des fruits	Ce sont des stands où on trouve ~.	Obst/Früchte
un légume [ɛ̃legym]		ein Gemüse
des légumes	Ce sont des stands où on trouve des fruits et ~.	Gemüse
une fleur [ynflœr]		eine Blume
un vêtement [ɛ̃vɛtmɑ̃]	Ce sont des stands où on trouve aussi des fleurs et des ~[3].	ein Kleidungsstück

A Exercices

1	**ici** [isi]		hier
	là [la]	Ici et ~.	da/dort
2	**une classe** [ynklas]		eine Klasse
	en classe [ɑ̃klas]	Jouez ~.	in der Klasse

[1] magasins – [2] boulangeries – [3] vêtements

3 VOCABULAIRE

3 **Qu'est-ce qu'il y a** dans le carton? [kɛskilja]		Was ist/befindet sich in dem Karton?
6 **Calais** [kalɛ], **Lille** [lil], **Strasbourg** [strasbur], **Lyon** [ljõ], **Marseille** [marsɛj], **Toulouse** [tuluz], **Bordeaux** [bɔrdo], **Brest** [brɛst], **Orléans** [ɔrleɑ̃], **Limoges** [limɔʒ]		*Städte in Frankreich*

B Des baguettes pour maman

une baguette [ynbagɛt]	 C'est ~.	eine Baguette *(frz. Stangenweißbrot)*
on fait [õfɛ]		man macht/wir machen
un tour [ɛ̃tur]		ein (Spazier)Gang/Rundgang
On fait un tour?		Machen wir einen Spaziergang?/Sollen wir einen Spaziergang machen?
un quartier [ɛ̃kartje]	On fait un tour dans le ~?	ein (Stadt)Viertel
apporter qc [apɔrte]	Tu ~ [1] une baguette, Julien?	etw. (mit)bringen
Julie et Julien → **Ils** sont dans la rue. [ilsõ ...]	F = *dans la rue* ←→ D = *auf der Straße*	Sie *(weibl. und männl.)* sind auf der Straße.
devant [dəvɑ̃]		vor *(örtlich)*
les stands [lestɑ̃d]		die (Markt)Stände
écouter qn/qc [ekute]	Julien ~[2] Arthur.	jdm. zuhören/etw. (an)hören
un commerçant/une commerçante [ɛ̃kɔmɛrsɑ̃/ynkɔmɛrsɑ̃t]		ein Händler/eine Händlerin
un jean [ɛ̃dʒin]	C'est un stand où on trouve des vêtements: des ~[3], par exemple.	eine Jeans/ein Paar Jeans
un copain/une copine *(fam.)* [ɛ̃kɔpɛ̃/ynkɔpin]	Julie est une ~ de Julien.	ein Freund/eine Freundin *(ugs.)*
arriver [arive]		(an)kommen
Deux copines arrivent. [døkɔpinariv]		Zwei Freundinnen kommen an.
bavarder [bavarde]		plaudern/sich unterhalten
Les copines → **Elles** bavardent. [ɛlbavard]		Sie *(weibl.)* plaudern.
puis [pɥi]	F = ~, *Julien entre dans ...* ←→ D = *Dann betritt Julien ...*	dann
quitter qn/qc [kite]		jdn./etw. verlassen
une fille [ynfij]		ein Mädchen
un skateboard [ɛ̃skɛtbɔrd]	 C'est ~.	ein Skateboard
Nathalie [natali]		*weibl. Vorname*

[1] apportes – [2] écoute – [3] jeans

un ami/une amie	Nathalie est l'~[1] de Julie.	ein (guter) Freund/eine (gute) Freundin
l'attention *(f.)* [latɑ̃sjõ]	F = [atɑ̃sjõ] ←→ E = [ə'tenʃn]	die Aufmerksamkeit
Attention!		Vorsicht!/Achtung!
Boum! [bum]		Bums!
un choc [ɛ̃ʃɔk]		*hier:* ein Zusammenstoß
Mince!/Mince alors! *(fam.)* [mɛ̃s/mɛ̃salɔr]		Mist!/Verflixt noch mal! *(ugs.)*
Hi! Hi! [ii]		Hi, hi! *(Kichern)*
Deux et deux **font** quatre. [døedøfõkatr]		Zwei und zwei sind/macht vier.
Ahmed [amɛd]		*männl. Vorname*
Luc [lyk]		*männl. Vorname*
jouer au foot *(fam.)* [ʒweofut]	 Ahmed et Luc ~[2].	Fußball spielen *(ugs.)*
Ahmed et Luc → **Ils** habitent rue Daguerre. [ilzabit ...]		Sie *(männl.)* wohnen in der Daguerrestraße.
16 = seize [sɛz]		sechzehn
une cour [ynkur]		ein Hof
un garçon [ɛ̃garsõ]	Nathalie est une fille. Luc est ~.	ein Junge
un ballon [ɛ̃balõ]		ein Ball
taper dans le ballon [tape ...]		gegen den Ball treten/den Ball spielen
Super! *(fam.)* [sypɛr]		Super!/Toll! *(ugs.)*
Tu es super!		Du bist super!
rentrer [rɑ̃tre]	Julien, on ~[3]? – Oui, oui. J'arrive.	heimgehen/heimkommen
Alors, elles arrivent, les baguettes?		Na, kommen die Baguettes endlich (an)?
un prix/des prix [ɛ̃pri/depri]		ein Preis/Preise

B Exercices

1	**une partie** [ynparti]		ein Teil
5	**Pardon.** [pardõ]	~, madame, je cherche une boulangerie.	Verzeihung./Entschuldigung.
8	**une pantomime** [ynpɑ̃tɔmim]	Jouez ~.	eine Pantomime
10	**raconter qc** [rakõte]		etw. erzählen
	Racontez ... [rakõte]		Erzählt ...
	une histoire [ynistwar]	Racontez ~.	eine Geschichte
	Merci. [mɛrsi]	Ça va? – Oui, ça va. ~.	Danke.

[1] amie – [2] jouent au foot – [3] rentre

3 VOCABULAIRE

⟨D'une leçon à l'autre⟩

une stratégie [ynstrateʒi]	eine Strategie *(eine Technik, die man anwendet, um ein Ziel zu erreichen)*
lire à haute voix [liraotvwa]	laut lesen

Révisions

Une ville

* **une ville** [ynvil]	eine Stadt	**un hôtel**	ein Hotel
un quartier	ein (Stadt)Viertel	**un magasin**	ein Geschäft
une rue	eine Straße	**une boucherie**	eine Metzgerei/Fleischerei
un immeuble	ein (mehrgeschossiges) Gebäude/Wohnhaus	**une boulangerie**	eine Bäckerei
* **une maison** [ynmɛzõ]	ein Haus	**une épicerie**	ein Lebensmittelgeschäft
		une parfumerie	eine Parfümerie
un café	eine Kneipe	**une poissonnerie**	ein Fischgeschäft
une terrasse	eine Terrasse	**le marché**	der Markt
un restaurant	ein Restaurant	**un stand**	ein (Markt)Stand

* Wörter, die hier zur Vervollständigung zusätzlich erwähnt werden.
Sie werden in den folgenden Lektionen nicht als bekannt vorausgesetzt.

Sagen, wo man wohnt und woher man stammt

– **Tu habites où?**	– Wo wohnst du?
– **A Paris.** **J'habite à Paris.**	– In Paris. Ich wohne in Paris.
– **Tu es d'où?**	– Von wo bist du?
– **De Paris.** **Je suis de Paris.**	– Aus Paris. Ich bin aus Paris.
– **La rue où tu habites s'appelle comment?**	– Wie heißt die Straße, in der du wohnst?
– **Rue Daguerre.** **Elle s'appelle la rue Daguerre.**	– Daguerrestraße. Sie heißt Daguerrestraße.
J'habite 10, rue Daguerre.	Ich wohne in der Daguerrestraße 10.

Einen Vorschlag machen

– **On fait un tour dans le quartier?**	– Sollen wir einen Spaziergang durch das Stadtviertel machen?
– **D'accord.**	– Einverstanden.
– **On rentre?**	– Sollen wir heimgehen/nach Hause gehen?
– **Oui.**	– Ja.

En France

Une baguette

In Frankreich wird traditionell Weißbrot gegessen. Die häufigste Form ist das Stangenweißbrot, das es in verschiedenen Größen gibt. Es wird auch zusätzlich zu den Hauptmahlzeiten gegessen.

Un café

In einem französischen *café* gibt es kalte und warme Getränke sowie einfach und schnell zuzubereitende Speisen. Es entspricht in etwa der deutschen Kneipe, nicht aber dem deutschen Café, in dem man vor allem Kuchen bekommt. Möchte man in Frankreich zu seinem Getränk etwas Süßes essen, sollte man einen *salon de thé* suchen.

LEÇON 4

Les Rigot, les Lacroix et … les «Bidules»

les Rigot [lerigo]	[F] = *les Rigot* ←→ [D] = *die Rigots*	die Rigots/die Familie Rigot
les Lacroix [lelakrwa]		die Lacroix/die Familie Lacroix
un bidule *(fam.)* [ɛ̃bidyl]		ein Dingsbums *(ugs.)*
les «Bidules»		die „Dingsbums“, *hier: Name einer Rockband*
Rennes [rɛn]		*Stadt in Frankreich*
un conducteur [ɛ̃kõdyktœr]		ein Fahrer; *hier:* ein Lokführer
un TGV [ɛ̃teʒeve]		ein TGV *(frz. Hochgeschwindigkeitszug, ähnlich dem ICE)*
un conducteur de TGV	M. Rigot est ~. *(ohne «un»)*	ein TGV-Lokführer
un infirmier/une infirmière [ɛ̃nɛ̃firmje/ynɛ̃firmjɛr]	Mme Rigot est ~. *(ohne «une»)*	ein Krankenpfleger/eine Krankenschwester
un hôpital [ɛ̃nɔpital]	Mme Rigot est infirmière. Elle travaille dans ~.	ein Krankenhaus
les parents *(m., pl.)* [leparɑ̃]	M. et Mme Lacroix sont ~ de Julie et d'Isabelle.	die Eltern
une famille [ynfamij]	La ~ Lacroix, c'est M. et Mme Lacroix, Julie et Isabelle.	eine Familie
depuis [dəpɥi]	La famille Lacroix est à Paris ~ quatre ans.	seit
un an [ɛ̃nɑ̃]		ein Jahr
Patrick [patrik]		*männl. Vorname*
un inspecteur [ɛ̃nɛ̃spɛktœr]		ein Inspektor
la police [lapɔlis]		die Polizei
un inspecteur de police	M. Lacroix est ~. *(ohne «un»)*	ein Polizeiinspektor
Marie [mari]		*weibl. Vorname*

4 VOCABULAIRE

un/une comptable [ɛ̃/ynkɔ̃tabl]	Mme Lacroix est ~ dans un magasin. *(ohne «une»)*	ein Buchhalter/eine Buchhalterin
Fontainebleau [fɔ̃tɛnblo]		*Stadt in Frankreich*
les grands-parents *(m., pl.)* [legrɑ̃parɑ̃]	~ de Julie et d'Isabelle habitent à Fontainebleau.	die Großeltern
une maison [ynmɛzɔ̃]	Les grands-parents de Julie et d'Isabelle habitent dans ~.	ein Haus
un jardin [ɛ̃ʒardɛ̃]	A Paris, Julie joue dans la cour. A Fontainebleau, elle joue dans le ~.	ein Garten
souvent [suvɑ̃]	Les Lacroix sont ~ à Fontainebleau.	oft
chez [ʃe]	Julie et Isabelle sont souvent ~ les grands-parents.	bei
une forêt [ynfɔrɛ]	M. et Mme Lacroix aiment la ~ de Fontainebleau.	ein Wald
détester qc [detɛste]	≠ aimer	etw. verabscheuen/ überhaupt nicht mögen
une promenade [ynprɔmnad]	Julie déteste les ~[1] avec les parents.	ein Spaziergang
aimer mieux qc [ɛmemjø]	Tu aimes Fontainebleau, Julie? – Non, j'~[2] Paris.	etw. lieber mögen
le rock [lərɔk]		der Rock/die Rockmusik
un groupe de rock [ɛ̃grupdərɔk]	Les «Bidules» sont ~.	eine Rockgruppe
adorer qc [adɔre]	→ aimer; ≠ détester	etw. sehr gern mögen
Moi aussi. [mwaosi]	J'aime le rock. – ~.	Ich auch.
une cassette [ynkasɛt]	Julie écoute ~.	eine (Musik)Kassette
ton/ta/tes [tɔ̃/ta/te]	Julie, où est ~[3] père/ ~[4] amie/ ~[5] sœur? Et où sont ~[6] grands-parents?	dein/deine
extra *(fam.)* [ɛkstra]	Les «Bidules» sont super! – Oui, ils sont ~!	stark/super *(ugs.)*
un frère [ɛ̃frɛr]	Isabelle est la sœur de Julie. Et Luc est le ~ de Nathalie.	ein Bruder
Ah! [a]	Julie, tu aimes les promenades? – ~, non!	Ah!/Ach!/Oh!
vous écoutez [vuzekute]	Ah, Julie et Julien, ~ les «Bidules»? Super!	ihr hört/Sie hören
dimanche *(m.)* [dimɑ̃ʃ]	Julie, tu es à Paris ~?	Sonntag
ça [sa]	Les promenades dans la forêt, je déteste ~!	das
aimer bien qc [ɛmebjɛ̃]	→ aimer; → adorer; ≠ détester	etw. gern mögen
rester [rɛste]	Je suis à Paris dimanche. Tu ~[7] avec moi?	bleiben
comme [kɔm]		wie *(im Vergleich)*
toujours [tuʒur]	Je reste à Paris comme ~.	immer
mon/ma/mes [mɔ̃/ma/me]	Je cherche ~[8] frère/ ~[9] amie/ ~[10] sœur/ ~[11] parents.	mein/meine
nous restons [nurɛstɔ̃]	Vous restez à Paris? – Oui, ~/on reste à Paris comme toujours.	wir bleiben

---
[1] promenades – [2] aime mieux – [3] ton [4] ton – [5] ta – [6] tes – [7] restes – [8] mon [9] mon – [10] ma – [11] mes

un anniversaire [ɛ̃naniversɛr]	C'est ton ~ aujourd'hui?	ein Geburtstag
l'anniversaire de Luc	Vous restez aussi à Paris? – Oui, nous restons pour ~.	Lucs Geburtstag
à la maison [alamɛzõ]		*(bei uns)* zu Hause
passer [pase]		*hier:* vorbeigehen/vorbeikommen
Passez à la maison.		Kommt bei uns *(zu Hause)* vorbei.
vous êtes [vuzɛt]		ihr seid/Sie sind
Bien sûr! [bjɛ̃syr]	Tu aimes le rock? – ~!	Sicher!/Na klar!
une idée [ynide]	On écoute les «Bidules», d'accord? – Elle est super, ton ~!	eine Idee
• **un CD/des CD** [ɛ̃sede/desede]	[F] = *un* ~ ←→ [D] = *eine CD*	eine CD/CDs
impossible [ɛ̃pɔsibl]	Julie, reste à Paris dimanche! – Non, c'est ~.	unmöglich
nous sommes [nusɔm]	Vous êtes d'accord? – Oui, ~/on est d'accord.	wir sind
fêter qc [fɛte]		etw. feiern
fêter l'anniversaire	Dimanche, nous ~[1] de Luc.	(den) Geburtstag feiern
vous, vous fêtez		ihr *(betont)* feiert
compter qc [kõte]	Je ~[2] de un à trois.	etw. zählen
un arbre	 C'est ~.	ein Baum

Exercices

1 **Vrai ou faux?** [vrɛufo]		Richtig oder falsch?
2 **un dé** [ɛ̃de]	 C'est ~.	ein Würfel
Jouez aux dés. [ʒweode]		Würfelt.
3 **un professeur** [ɛ̃prɔfɛsœr]		ein Lehrer/eine Lehrerin
un/une élève [ɛ̃nelɛv/ynelɛv]	Le professeur et les ~[3] entrent dans la classe.	ein Schüler/eine Schülerin
parler (à qn) [parle]	Tu ~[4] français? – Bien sûr!	(mit/zu jdm.) sprechen
s'il vous plaît [silvuplɛ]	Julie, écoute le texte, s'il te plaît. Julie et Isabelle, écoutez le texte, ~. Monsieur, écoutez le texte, ~.	bitte *(wenn man mehrere Personen anspricht oder jdn. siezt)*
7 **un sac** [ɛ̃sak]		ein Sack/eine Tasche
8 **parler de qn**		über jdn. sprechen
Parle de toi.		Sprich über dich.
9 **rimer** [rime]		sich reimen
un poème [ɛ̃pɔɛm]	Faites ~ avec des mots qui riment.	ein Gedicht

[1] fêtons l'anniversaire – [2] compte
[3] élèves – [4] parles

4 VOCABULAIRE

Révisions

Verbes

travailler	je travaille, tu travailles, il/elle/on travaille, nous travaillons, vous travaillez, ils/elles travaillent
être	je suis, tu es, il/elle/on est, nous sommes, vous êtes, ils/elles sont

La nature

* **la nature** [lanatyr]	die Natur	**une fleur**	eine Blume
une forêt	ein Wald	**des légumes** *(m.)*	Gemüse
un arbre	ein Baum	**des fruits** *(m.)*	Obst
un jardin	ein Garten		

Une famille

les grands-parents	die Großeltern	* **un enfant** [ɛ̃nɑ̃fɑ̃]	ein Kind
* **la grand-mère**	die Großmutter	* **la fille** [lafij]	die Tochter
* **le grand-père**	der Großvater	* **le fils** [ləfis]	der Sohn
les parents	die Eltern	**la sœur**	die Schwester
la mère	die Mutter	**le frère**	der Bruder
le père	der Vater		

* Wörter, die hier zur Vervollständigung zusätzlich erwähnt werden.
Sie werden in den folgenden Lektionen nicht als bekannt vorausgesetzt.

Über sich selbst Auskunft geben

Je m'appelle …	Ich heiße …
Je suis un ami / une amie / un copain / une copine de …	Ich bin ein Freund/eine Freundin von …
Je suis de …	Ich bin aus … *(+Stadt)*
J'habite à …	Ich wohne in … *(+Stadt)*
La rue où j'habite s'appelle …	Die Straße, in der ich wohne, heißt …
Mon père est …	Mein Vater ist … *(+Beruf ohne Artikel)*
Il travaille dans …	Er arbeitet in …
Ma mère est …	Meine Mutter ist … *(+Beruf ohne Artikel)*
J'aime …	Ich liebe/mag …
J'aime bien …	Ich mag gern …
J'adore …	Ich mag sehr gern …
Je déteste …	Ich mag … überhaupt nicht.
J'aime mieux …	Ich mag … lieber.

la/le/les ……

Attention!

J'aime J'aime bien J'aime mieux J'adore Je déteste	**les** jeans.	Ich mag Ich mag gern Ich mag lieber Ich mag sehr gern Ich mag überhaupt nicht	[ ] **Jeans.** [ ] **Jeans**

En France

Un TGV

TGV ist die Abkürzung von *train à grande vitesse* (wörtlich: „Zug mit großer Geschwindigkeit"). Der *TGV* erreicht Reisegeschwindigkeiten von 300 km/h.

Rennes

Die Stadt Rennes liegt in der Bretagne und hat ca. 200 000 Einwohner.

Fontainebleau

Die Stadt Fontainebleau liegt südlich von Paris und hat ca. 16 000 Einwohner. Der große Wald von Fontainebleau ist ein beliebtes Ausflugsziel für die Einwohner von Paris. Sehr sehenswert ist auch das schöne Schloss mit dem Napoleon-Museum.

LEÇON 5

Luc et Nathalie

sept [sɛt] — sieben

une heure [ynœr] — eine Stunde

Il est sept heures. [ilɛsɛtœr]  Il est ~. — Es ist sieben Uhr.

Noblet [nɔblɛ] — *Familienname*

Ils font le repas. — Sie bereiten das Essen zu.

la télévision [latelevizjõ] — das Fernsehen

la télé *(fam.)* [latele] — das Fernsehen *(ugs.)*

regarder la télé(vision) — fernsehen

sept heures et quart  Il est ~. — Viertel nach sieben

avoir [avwar] — haben

j'ai [ʒe]

tu as [tya]

il/elle a [il/ɛla]

avoir soif [avwarswaf]	 Nathalie ~[1].	Durst haben
donner qc à qn [dɔne]	Julie ~[2] une cassette ~ Julien.	jdm. etw. geben
un verre [ɛ̃vɛr]		ein Glas
trop [tro]		zu viel
ne … pas [nə … pa]		nicht
Je ne trouve pas. [ʒəntruvpa]	Tu regardes trop la télé. – ~.	Ich finde nicht.
aimer la télé [ɛmelatele]	Nathalie regarde souvent la télé. Elle ~[3].	gern fernsehen/Fernsehen mögen
un devoir [ɛ̃dəvwar]		eine (Haus)Aufgabe
…, non?		…, nicht wahr?
Si. [si]		Doch.
pas maintenant	Tu ne travailles pas? – Si, mais ~.	nicht jetzt/jetzt nicht
à la télé	Il y a les «Bidules» ~.	im Fernsehen
crier [krie]		schreien
et puis [epɥi]	Tu regardes la télé avec moi? Il y a les «Bidules». – Non, j'ai des devoirs. ~, je n'aime pas le rock.	*hier:* und außerdem
Luc **n'**est **pas** là.		Luc ist nicht da.
Il est quelle heure? [ilɛkɛlœr]	~? – Il est sept heures.	Wie viel Uhr/Wie spät ist es?
René [rəne]		*männl. Vorname*
Il est sept heures et demie. [ilɛsɛtœredmi]	 Il est ~.	Es ist halb acht.
Huit heures pile! [ɥitœrpil]		Punkt acht!
avoir faim [avwarfɛ̃]	Tu as soif? – Oui, j'ai soif et j'~[4].	Hunger haben
demander qc à qn [dəmɑ̃de]		jdn. etw. fragen
il demande à Nathalie …	~: «Ça va?»	er fragt Nathalie …
Comment ça va? [kɔmɑ̃sava]	~? – Ça va bien. Et toi?	Wie geht's (dir/Ihnen)?
une sœurette *(fam.)* [ynsœrɛt]		ein Schwesterchen *(ugs.)*
Moi, ça va.	Ça va? – Oui, ~, et toi?	Mir *(betont)* geht's gut.
juste [ʒyst]		*hier:* gerecht
à huit heures [aɥitœr]	Luc rentre ~.	um acht Uhr
neuf [nœf]		neun
neuf heures moins le quart [nœvœrmwɛ̃lkar]	 Il est ~.	Viertel vor neun
Je suis toujours **avec vous.**		Ich bin immer mit euch zusammen/bei euch.
Ah non, alors! [anõalɔr]	Je reste toujours à la maison. ~! Ce n'est pas juste.	Also nein!
quatorze [katɔrz]		vierzehn
avoir quatorze ans	F = *J'~[5] 14 ans.* ←→ D = *Ich bin 14.*	vierzehn Jahre alt sein
treize [trɛz]		dreizehn
une différence [yndiferɑ̃s]		ein Unterschied

[1] a soif – [2] donne … à – [3] aime la télé
[4] ai faim – [5] ai

Exercices

1	**Gagné!** [gaɲe]		Gewonnen!
2	**Quelle heure est-il?** [kɛlœrɛtil]	Il est quelle heure? – Pardon? – ~? – Il est une heure.	Wie viel Uhr/Wie spät ist es?
	midi [midi]	 Il est ~.	zwölf Uhr *(mittags)*
	minuit [minɥi]	 Il est ~.	zwölf Uhr *(nachts)*
3	**la musique** [lamyzik]	Tu aimes ~ rock? – J'adore.	die Musik
4	**demain** [dəmɛ̃]	Aujourd'hui et ~, je ne suis pas là.	morgen
	préparer qc	Luc, tu ~[1] le repas demain.	etw. vorbereiten/bereiten
5	**la fin** [lafɛ̃]		das Ende
6	**l'âge** *(m.)* [laʒ]		das Alter
	Tu as quel âge? [tyakɛlaʒ]	~? – J'ai 14 ans.	Wie alt bist du?
13	**à deux** [adø]	Travaillez en groupes ou ~.	zu zweit
	Patrick Bruel [patrikbryɛl]		*frz. Popstar und Schauspieler*

⟨D'une leçon à l'autre⟩

apprendre par cœur [aprɑ̃drəparkœr]	auswendig lernen

Révisions

Sagen, wie es einem geht

– **Ça va?**	– Wie geht's?
– **Oui. Ça va (bien).**	– Gut.
Et toi, comment ça va?	Und wie geht's dir?
– **Moi, ça va.**	– Mir geht's gut.
Moi, ça ne va pas.	Mir geht's nicht gut.
J'ai faim.	Ich habe Hunger.
J'ai soif.	Ich habe Durst.

En France

Les devoirs

Die französische Schule ist eine Ganztagsschule. Der Unterricht dauert an manchen Tagen bis 17 Uhr. Danach müssen noch die Hausaufgaben gemacht werden, bei 13–14-jährigen bis zu zwei Stunden pro Tag. ▷

[1] prépares

6 VOCABULAIRE

Les repas

Zum Frühstück gibt es in Frankreich häufig Milchkaffee.
Dazu isst man aufgeschnittene „baguette“ oder Zwieback bzw. Toastbrot. Als Aufstrich nimmt man Butter und Marmelade. Manchmal gibt es auch Croissants.
Mittags und abends wird zumeist warm gegessen.
Nachmittags, wenn die Kinder aus der Schule kommen, essen sie häufig Hörnchen oder Brot mit Schokolade und trinken Kakao, Milchkaffee oder etwas Kaltes.
Natürlich kann man dies alles nicht verallgemeinern. Es gibt auch in Frankreich große Unterschiede, was die Mahlzeiten betrifft.

LEÇON 6

A *Le club de la tour Montparnasse*

un club [ɛ̃klœb]		ein Klub/Verein
une tour [yntur]	F = <u>une</u> ~ ←→ D = <u>ein</u> *Turm*	ein Turm/Hochhaus
Montparnasse [mõparnas]	Les Noblet habitent à ~.	*Stadtviertel von Paris*
la tour Montparnasse	Luc est dans le club de ~.	*Hochhaus in Paris (210 m hoch)*
un soir [ɛ̃swar]	Bon~!	ein Abend
un autre soir [ɛ̃notrəswar]		ein anderer Abend/an einem anderen Abend
faire qc [fɛr]	Qu'est-ce que vous ~[1]? – Nous ~[2] des devoirs.	etw. machen
faire la cuisine	Qui ~[3] chez vous? – Mon père. Il aime préparer les repas.	kochen
après [aprɛ]	~, j'écoute des CD.	nach/danach
une table [yntabl]	 C'est ~.	ein Tisch
à table	Après le repas, nous restons souvent ~.	bei/am Tisch
montrer qc à qn [mõtre]	Luc ~[4] des photos ~ Nathalie.	jdm. etw. zeigen
une photo [ynfɔto]	F = <u>une</u> ~ ←→ D = <u>ein</u> *Foto*	ein Foto
Euh … [œ]		Äh … *(Ausdruck des Zögerns)*
un patineur/une patineuse [ɛ̃patinœr/ynpatinøz]	Dans le club de la tour Montparnasse, il y a des ~ et des ~[5].	ein Rollschuhläufer/eine Rollschuhläuferin *(auch: Schlittschuhläufer/in)*
un jour [ɛ̃ʒur]	Bon~!	ein Tag
une démonstration [yndemõstrasjõ]		eine Vorführung

— ment : m.

[1] faites – [2] faisons – [3] fait la cuisine
[4] montre … à – [5] patineurs … patineuses

quelque chose
quelqu'un

un slalom [ɛ̃slalɔm]		ein Slalom
une démonstration de slalom	Demain, nous faisons ~ dans le club.	eine Slalomvorführung
Ça alors! [saalɔr]	Ton père fait toujours la cuisine chez vous? – Bien sûr! – ~!	Na, so was!/Donnerwetter!
seulement [sœlmɑ̃]	Il y a ~ des filles dans le club? – Non, il y a aussi des garçons.	nur
pourquoi [purkwa]	Je n'aime pas Arthur. – ~? – Il bavarde trop.	warum
parce que [parskə]	Je n'aime pas Arthur. – Pourquoi? – ~[1]il bavarde trop.	weil
Tiens, regarde. [tjɛ̃ …]	Où est mon jean? – ~. Il est sur le lit.	Da, sieh mal.
voilà [vwala]	Tu as des photos de tes parents? – Oui, ~ une photo de ma mère et ~ des photos de mon père.	da/dort ist/sind
avoir [avwar]	Tu ~[2] un frère, Nathalie?	haben
le look *(fam.)* [ləluk]		das Aussehen/der „Look“ *(ugs.)*
• **l'enfer** *(m.)* [lɑ̃fɛr]		die Hölle
avoir un look d'enfer *(fam.)* [avwarɛ̃lukdɑ̃fɛr]	Les patineuses ~[3].	irre toll aussehen *(ugs.)*
Bof! *(fam.)* [bɔf]	Tu aimes les souris? – ~! Pas trop!	Na ja!/Ach! *(Ausdruck der Gleichgültigkeit, ugs.)*
sympa *(fam.)* = sympathique [sɛ̃pa/sɛ̃patik]		sympathisch/nett *(ugs.)*
exister [ɛgziste]		existieren
un idiot/une idiote [ɛ̃nidjo/ynidjɔt]		ein Idiot/eine Idiotin
pleurer [plœre]	 Julie ~[4].	weinen
Ne pleure pas.		*hier:* Reg dich nicht auf!
• **une sucette** [ynsysɛt]		ein (Dauer)Lutscher
Bon. [bɔ̃]	Tu fais la cuisine avec nous? – ~, d'accord.	Gut./Also gut.
oublier qc [ublije]		etw. vergessen
un casque [ɛ̃kask]		ein Sturz-/Schutzhelm
N'oubliez pas les casques.		Vergesst die Sturzhelme nicht.

A Exercices

2 • **une interview** [ynɛ̃tɛrvju]	F = *une* ~ ←→ D = *ein Interview*	ein Interview
Saïd [said]		*Familienname*
Yasmina [jasmina]		*weibl. Vorname*

[1] Parce qu' – [2] as – [3] ont un look d'enfer
[4] pleure

B Le slalom

mercredi *(m.)* [mɛrkrədi]	Aujourd'hui, c'est dimanche. Dans trois jours, c'est ~.	Mittwoch
téléphoner à qn [telefɔne]	Nathalie ~[1] Julie.	jdn. anrufen
Allô? [alo]	~? – ~, Julie? C'est Nathalie.	Hallo? *(am Telefon)*
est-ce que [ɛskə]		*Frageformel*
des patins *(m.)* **à roulettes**	 Ce sont ~.	Rollschuhe
Est-ce que tu as des patins à roulettes?		Hast du Rollschuhe?
Pourquoi est-ce que ... ?	~ tu demandes ça?	Warum ... ?
avoir envie *(f.)* [avwarɑ̃vi]		Lust haben
Je n'ai pas envie. [ʒənepa(z)ɑ̃vi]	Tu écoutes des CD avec moi? – Non, ~.	Ich habe keine Lust.
... que ... [kə]		... , dass ...
dangereux [dɑ̃ʒrø]		gefährlich
Je trouve que c'est dangereux.		Ich finde, dass es gefährlich ist.
pour regarder	Tu fais un slalom avec nous? – Non, je n'ai pas envie. Mais ~, d'accord.	zum Zuschauen
Quand est-ce que ... ? [kɑ̃tɛskə]	~ tu rentres à la maison aujourd'hui? – A 7 heures.	Wann ... ?
un rendez-vous [ɛ̃rɑ̃devu]		eine Verabredung/ein Termin
avoir rendez-vous		eine Verabredung haben
Quand est-ce que vous avez rendez-vous?	~? – A 5 heures.	Wann seid ihr verabredet?
une dalle [yndal]	Nous avons rendez-vous à 5 heures et demie sur la ~ devant la tour Montparnasse.	eine Steinplatte, *hier:* eine Terrasse/ein großer Vorplatz
le public [ləpyblik]		das Publikum
Bravo! [bravo]	Le public crie: «~!»	Bravo!
sans [sɑ̃]		ohne
une faute [ynfot]	«Exercise» avec un «s», c'est ~ en français.	ein Fehler
sans fautes		ohne Fehler/fehlerfrei
un problème [ɛ̃prɔblɛm]	F = -----<u>ème</u> ←→ D = *Probl<u>em</u>*	ein Problem
enfin [ɑ̃fɛ̃]		endlich/schließlich
Enfin, c'est le tour de Luc.		Endlich ist Luc an der Reihe.
mesdames *(f., pl.)* **et messieurs** *(m., pl.)* [medamzemesjø]	A la télé: « ~, bonsoir!»	meine Damen und Herren
un champion/une championne [ɛ̃ʃɑ̃pjɔ̃/ynʃɑ̃pjɔn]		ein (Welt)Meister/eine (Welt)Meisterin/ein Champion

[1] téléphone à

un numéro [ɛ̃nymero]	Luc, tu es le champion, le ~ 1.	eine Nummer
François [frɑ̃swa]		*männl. Vorname*
un clown [ɛ̃klun]		ein Clown
une bande [ynbɑ̃d]	François est le clown de la ~.	eine Bande
hurler [yrle]		schreien
Qu'est-ce que ... ? [kɛskə]	~ tu fais? – Je fais mes devoirs.	Was ... ? *(Fragepronomen)*
Qu'est-ce qu'il fait? [kɛskilfɛ]		Was macht er?
rater qc [rate]		etw. verfehlen
un virage [ɛ̃viraʒ]		eine Kurve
rater un virage		aus der Kurve fliegen
tomber [tõbe]	Luc rate un virage et ~[1] sur François.	fallen/hinfallen
Aïe! [aj]	Luc tombe sur François et François crie: «~!»	Au!/Aua!
la forme [lafɔrm]	F = ----*e* ←→ D = *Form*	die Form
être en forme [ɛtrɑ̃fɔrm]	Ça va? – Non, ça ne va pas. Je ne ~[2] aujourd'hui.	in Form sein
un frérot *(fam.)* [ɛ̃frero]	Luc dit: «Nathalie est ma sœurette.» Nathalie dit: «Luc est mon ~.»	ein Brüderchen *(ugs.)*

B Exercices

1	**ressembler à qc** [rəsɑ̃ble]		einer Sache ähneln
	l'allemand [lalmɑ̃]		das Deutsche/die deutsche Sprache
	l'anglais [lɑ̃glɛ]	Trouvez des mots qui ressemblent à l'allemand et à ~.	das Englische/die englische Sprache
5	**Moi non.**		Ich nicht.
	Moi non plus. [mwanõply]	Tu aimes les promenades? – Non. Et toi? – ~.	Ich auch nicht.
	la radio [laradjo]	F = *la* ~ ←→ D = *das Radio*	das Radio
7	**Jules** [ʒyl]		*männl. Vorname*
	l'ordre *(m.)* [lɔrdr]		die Reihenfolge
	le bon ordre [ləbɔnɔrdr]	Trouvez ~.	die richtige Reihenfolge
	Petit [pəti]		*Familienname*
	Grande [grɑ̃d]		*Familienname*
	monter [mõte]	M. Petit ~[3] sur le skateboard.	steigen

Révisions

Verbes

avoir j'ai, tu as, il/elle/on a, nous avons, vous avez, ils/elles ont

faire je fais, tu fais, il/elle/on fait, nous faisons, vous faites, ils/elles font

▷

[1] tombe – [2] suis pas en forme – [3] monte

Sagen, daß man etwas mag oder nicht mag

– Tu aimes le foot?	– Magst du Fußball?
– Oui, j'aime le foot.	– Ja, ich mag Fußball.
j'aime bien le foot.	ich mag gern Fußball.
j'adore le foot.	ich mag sehr gern Fußball.
le foot, c'est extra!	Fußball ist stark!
le foot, c'est super!	Fußball ist super!
Non, je n'aime pas le foot.	Nein, ich mag Fußball nicht.
je déteste le foot.	ich mag Fußball überhaupt nicht.
j'aime mieux le skateboard.	ich mag lieber Skateboard.
– Tu aimes les BD?	– Magst du Comics?
– Oui. Et toi?	– Ja. Und du?
– Moi aussi.	– Ich auch.
Moi non.	Ich nicht.
– Tu aimes les promenades?	– Magst du Spaziergänge?
– Non. Et toi?	– Nein. Und du?
– Moi si.	– Ich doch.
Moi non plus.	Ich auch nicht.

En France

Montparnasse

Das Stadtviertel von Montparnasse liegt im südlichen Paris. Es ist sehr lebendig und interessant: Alte Häuser stehen neben modernen Gebäuden. Auch die *rue Daguerre* befindet sich am Rande dieses Viertels. Sehenswert sind der große Bahnhof, der Ausgangspunkt der Bahnstrecken in die Bretagne ist, sowie der Friedhof, auf dem viele berühmte Franzosen begraben sind. Das ganze Viertel wird von der *tour Montparnasse* überragt. Es handelt sich um einen der höchsten Wolkenkratzer Frankreichs. Er hat 58 Stockwerke und ist 210 m hoch. Die Aussichtsplattform auf der 56. Etage ist in ca. 40 Sekunden mit dem Lift zu erreichen.

Le club de la tour Montparnasse

Rollschuhlaufen und Skateboardfahren sind in Frankreich ebenso beliebt wie in Deutschland. Sogar aus den manchmal etwas öden Pariser Vororten kommen viele Jugendliche ins Zentrum, um dort dem staunenden Publikum Kunststücke vorzuführen.

Allô?

Wenn man z. B. einen Freund in Frankreich anruft, so meldet er sich in der Regel nicht mit seinem Namen, sondern nur mit *Allô*?

Bof!

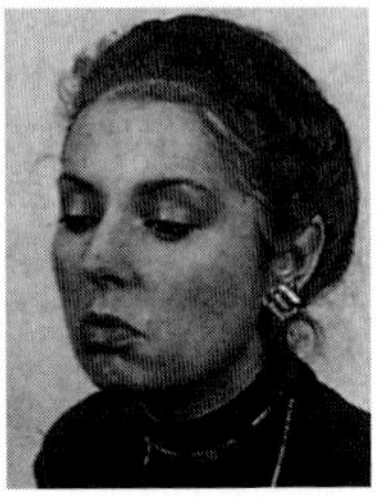

Dieser französische Ausdruck lässt sich kaum ins Deutsche übersetzen.
Man drückt damit aus, dass einem etwas ziemlich egal ist, dass einen etwas nicht gerade vom Hocker reißt.
Bof! wird häufig von einem typischen Gesichtsausdruck begleitet.

LEÇON 7

A Les copains de la rue Daguerre

une lettre [ynlɛtr]	F = ----*re* ←→ E = *letter*	ein Brief
son/sa/ses [sõ/sa/se]	Julien cherche ~[1] père, ~[2] amie, ~[3] sœur et ~[4] grands-parents. Isabelle cherche ~[5] père, ~[6] amie, ~[7] sœur et ~[8] grands-parents.	sein(e)/ihr(e)
Laurent [lɔrɑ̃]		*männl. Vorname*
Pennec [pɛnɛk]		*Familienname*
Saint-Malo [sɛ̃malo]		*Stadt in Frankreich*
février *(m.)* [fevrie]		Februar
..., le 2 février	F = *le 2* ←→ D = *den 2.*	..., den 2. Februar
cher/chère [ʃɛr/ʃɛr]		lieber/liebe/liebes
Cher Laurent		Lieber Laurent *(Anrede im Brief)*
un mois [ɛ̃mwa]	Un an a douze ~.	ein Monat
déjà [deʒa]	Où est Laurent? Est-ce qu'il est ~ là?	schon
aller [ale]		gehen/fahren
très [trɛ]		sehr
bien [bjɛ̃]		gut *(Adverb)*
Je vais très bien.	Tu vas bien? – Oui, ~.	Es geht mir sehr gut.
un collège [ɛ̃kɔlɛʒ]		ein „Collège" *(weiterführende Schule für alle 11–15-jährigen Schüler; entspricht der Sekundarstufe I)*
aller au collège [aleokɔlɛʒ]	Julie ~[9] avec Julien.	auf das „Collège" gehen
un sportif/une sportive [ɛ̃spɔrtif/ynspɔrtiv]		ein Sportler/eine Sportlerin
le sportif **du** groupe [ləspɔrtifdygrup]	Luc est ~.	der Sportler der Gruppe
une école [ynekɔl]	Dans ~, il y a des professeurs et des élèves.	eine Schule
le sport [ləspɔr]	F = [spɔr] ←→ D = *Sport*	der Sport
faire du sport	Tu ~[10]? – Oui, je joue au foot.	Sport treiben
perdre qc [pɛrdr]	≠ trouver qc	etw. verlieren
une minute [ynminyt]	F = [minyt] ←→ D = *Minute*	eine Minute
faire du patin à roulettes	Tu fais du skateboard? – Oui, mais j'aime mieux ~.	Rollschuh laufen
une passion [ynpasjõ]	Tu aimes le sport? – Oui, c'est ma ~.	eine Leidenschaft
des sucreries *(f., pl.)* [desykrəri]	Luc aime les ~, par exemple les sucettes.	Süßigkeiten
un cadeau/des cadeaux [ɛ̃kado/dekado]	Tu as déjà un ~ pour l'anniversaire de Luc? – Bien sûr!	ein Geschenk/Geschenke

[1] son – [2] son – [3] sa – [4] ses – [5] son
[6] son – [7] sa – [8] ses – [9] va au collège
[10] fais du sport

le cadeau **des** copains		das Geschenk der Freunde
le foot(ball) [ləfutbɔl]	Tu aimes ~? – Oui, mais seulement à la télé.	der Fußball *(als Sportart)*
un ballon de foot	Tu as ~? – Oui, mais je n'ai pas envie de jouer au foot.	ein Fußball
le chocolat [ləʃɔkɔla]	[F] = *le* ~ ←→ [D] = *die Schokolade*	die Schokolade
en chocolat [ɑ̃ʃɔkɔla]		aus Schokolade
Ce n'est pas une fille.		Das ist kein Mädchen.
quand	Les élèves écoutent ~ le professeur parle.	*hier:* wenn
aller chez qn	On ~[1] toi pour écouter le CD?	zu jdm. *(nach Hause)* gehen
la tête [latɛt]	Ne perdez pas ~.	der Kopf
un livre [ɛ̃livr]	N'oublie pas ton cahier et ton ~.	ein Buch
répondre à qn [repɔ̃dr]	→ donner une réponse à qn; ≠ poser une question à qn	jdm. antworten
attendre qn [atɑ̃dr]	J'~[2] Luc depuis 20 minutes.	auf jdn. warten/jdn. erwarten
terminer qc [tɛrmine]	On regarde la télé? – Attends. Je ~[3] mes devoirs.	etw. beenden
une page [ynpaʒ]	[F] = [paʒ] ←→ [E] = [peɪdʒ]	eine Seite
aider qn [ɛde]	[F] = ~ *qn* ←→ [D] = *jdm. helfen*	jdm. helfen
rendre qc à qn [rɑ̃dr]	Quand est-ce que tu ~[4] le livre à Julie?	jdm. etw. (zurück)geben
rendre service à qn [rɑ̃drəsɛrvis]	→ aider qn	jdm. einen Dienst erweisen/helfen
Il rend service **aux** copains et **aux** copines. [… o …]		Er hilft den Freunden und Freundinnen.
passer qc à qn	Nathalie ~[5] son CD de Patrick Bruel à Julie. Deux jours après, Julie rend le CD à Nathalie. → passer à la maison	jdm. etw. geben/überlassen
les devoirs d'anglais	Tu fais les devoirs d'allemand et ~ avec moi?	die Englisch(haus)aufgaben
tout le monde [tulmɔ̃d]	~ est là?	alle/jeder/alle Welt
Il passe ses devoirs d'anglais à tout le monde.		*hier:* Er lässt jeden seine Englisch(haus)aufgaben abschreiben.
le/la même … [lə/lamɛm]	[F] = *C'est la ~ chose.* ←→ [D] = *Das ist dasselbe.*	der-/die-/dasselbe …
un piano [ɛ̃pjano]		ein Klavier
jouer du piano	J'aime le sport et la musique: je joue au foot et je ~[6].	Klavier spielen
parler à qn	*~ à qn= mit/zu jdm. sprechen;* *~ avec qn= mit jdm. sprechen;* *~ de qn/qc= über jdn./etw. sprechen*	mit/zu jdm. sprechen
beaucoup [boku]	Julie ne parle pas ~.	viel
le clown **de l'**école [ləklundəlekɔl]	François est ~.	der Clown der Schule
rigoler *(fam.)* [rigɔle]		lachen/Spaß haben *(ugs.)*

[1] va chez – [2] attends – [3] termine
[4] rends – [5] passe – [6] joue du piano

	Qu'est-ce qu'on rigole avec François!		Was wir mit François für einen Spaß haben!
	un moment [ɛ̃mɔmɑ̃]		ein Moment/Augenblick
	ce [sə]	Ah, François! J'adore ~ garçon!	dieser *(vor maskulinen Nomen)*
	en ce moment [ɑ̃smɔmɑ̃]		im Augenblick/zur Zeit
	Il est **à l'hôpital.**	En ce moment, ~.	Er ist im Krankenhaus.
	une jambe [ynʒɑ̃b]		ein Bein
	le plâtre [ləplatr]		der Gips
	avoir une jambe dans le plâtre	En ce moment, François est à l'hôpital. Il ~[1].	ein Bein in Gips/ein Gipsbein haben
	Voilà pour aujourd'hui.		Das wär's für heute.
	vite [vit]	Répétez, s'il vous plaît. Vous parlez trop ~.	schnell
	une nouvelle [ynnuvɛl]		eine Nachricht
	J'attends des nouvelles.		Ich warte auf Neuigkeiten.
	Amicalement… [amikalmɑ̃]		Herzliche Grüße … *(Abschlussformel im Brief)*

A Exercices

6	**une ligne** [ynliŋ]	Lisez, à la page 16, la ~ 2.	eine Linie
7	**un jeu/des jeux** [ɛ̃ʒø/deʒø]	→ jouer	ein Spiel/Spiele
	un instrument de musique [ɛ̃nɛ̃strymɑ̃dmyzik]	Le piano est ~.	ein Musikinstrument

Révisions

Des sports

des sports	Sportarten
jouer au / faire du football	Fußball spielen
* **jouer au / faire du tennis** [tenis]	Tennis spielen
* **jouer aux boules** *(f.)* [bul]	„Boules" spielen
* **jouer au ping-pong** [piŋpɔ̃g]	Tischtennis spielen
faire du skateboard	Skateboard fahren
faire du patin à roulettes	Rollschuh laufen
* **faire du patin à glace** [patɛ̃glas]	Schlittschuh laufen
* **faire de la natation** [natasjɔ̃]	schwimmen *(als Sportart)*
* **nager** [naʒe]	schwimmen *(zum Vergnügen)*
* **faire du vélo** [velo]	Fahrrad fahren
* **faire de l'athlétisme** *(m.)* [atletism]	Leichtathletik betreiben
* **faire du ski** [ski]	Ski laufen
* **faire du cheval** [ʃval]	reiten

[1] a une jambe dans le plâtre

7 VOCABULAIRE

Dialogue

– **Tu aimes le tennis?**	– Magst du Tennis?
Tu aimes jouer au tennis? **Tu aimes faire du tennis?**	Spielst du gern Tennis?
– **Je n'aime pas le tennis.**	– Ich mag Tennis nicht.
Je n'aime pas jouer au tennis. **Je n'aime pas faire du tennis.**	Ich spiele nicht gern Tennis.

Les instruments de musique

jouer du piano	Klavier spielen
* **jouer de l'accordéon** *(m.)* [akɔrdeõ]	Akkordeon spielen
* **jouer de la batterie** [batri]	Schlagzeug spielen
* **jouer de la flûte** [flyt]	Flöte spielen
* **jouer de la guitare** [gitar]	Gitarre spielen
* **jouer de l'harmonica** *(m.)* [armɔnika]	Mundharmonika spielen
* **jouer de la trompette** [trõpɛt]	Trompete spielen
* **jouer du violon** [vjɔlõ]	Geige spielen

Les jeux de société

* **un jeu de société** [ʒødsɔsjete]	ein Gesellschaftsspiel
jouer aux cartes	Karten spielen
jouer aux dés	würfeln
jouer aux dominos	Domino spielen
* **jouer aux petits chevaux** *(m.)* [ptiʃvo]	Mensch-ärgere-dich-nicht spielen
* **jouer aux dames** *(f.)* [dam]	Dame spielen
* **jouer aux échecs** *(m.)* [ozeʃɛk]	Schach spielen
* **jouer au scrabble** [skrabl]	Scrabble spielen

* Wörter, die hier zur Vervollständigung zusätzlich erwähnt werden.
Sie werden in den folgenden Lektionen nicht als bekannt vorausgesetzt.

En France

Les sports

Geht man von der Anzahl der Vereinsmitglieder aus, sind Fußball und Tennis die beliebtesten Sportarten in Frankreich. Der eigentliche Volkssport ist jedoch das „Boules-Spiel", das dem Boccia ähnelt.
Fast überall in Frankreich trifft man auf den öffentlichen Plätzen Gruppen von Spielern, die versuchen, mit den Metallkugeln der kleinen Zielkugel (*le cochonnet* = das Schweinchen) möglichst nahe zu kommen.

B Une visite à l'hôpital

une visite [ynvizit]		ein Besuch
prendre qc [prɑ̃dr]		etw. nehmen
un bus [ɛ̃bys]	F = [bys] ←→ D = *Bus*	ein (Auto)Bus
rendre visite à qn	Les amis ~[1] à François.	jdn. besuchen
la réception [laresɛpsjõ]	A ~ de l'hôpital, les amis demandent le numéro de la chambre.	die Rezeption/der Empfang
une dame [yndam]	On dit «Bonjour, monsieur!» à un monsieur et «Bonjour, madame!» à ~.	eine Dame
d'abord [dabɔr]	On va chez Luc ou chez Julien? – Allons ~ chez Luc et puis chez Julien.	zuerst/zunächst
tout droit [tudrwa]	Où est l'hôpital, s'il vous plaît? – C'est ~.	geradeaus
tourner [turne]		abbiegen/drehen
à gauche [agoʃ]	 Tournez ~.	(nach) links
traverser qc [travɛrse]	Attention quand vous ~[2] la rue!	etw. überqueren
un bâtiment [ɛ̃batimɑ̃]	La chambre n° 15 est dans le ~ C.	ein Gebäude
un ascenseur [ɛ̃nasɑ̃sœr]	Pour monter très vite, prenez l'~.	ein Aufzug
le premier/la première ... [ləprəmje/laprəmjɛr ...]		der/die/das erste ...
un étage [ɛ̃netaʒ]	F = *un* ~ ←→ D = *eine Etage*	eine Etage/ein Stockwerk
au premier étage [oprəmjɛretaʒ]		im ersten Stock
le/la deuxième ... [lə/ladøzjɛm]	→ deux	der/die/das zweite ...
à droite [adrwat]	≠ à gauche	(nach) rechts
frapper [frape]	Entrez sans ~.	klopfen/schlagen
une porte [ynpɔrt]	 C'est ~.	eine Tür
frapper à la porte	Yasmina ~[3], puis elle entre.	an die Tür klopfen
Salut, les copains! *(fam.)*		Hallo, Freunde! *(ugs.)*
mieux		besser
Ça va mieux, ta jambe?		Geht es deinem Bein besser?
une béquille [ynbekij]	François a des ~[4] parce qu'il a une jambe dans le plâtre.	eine Krücke
Je fais du slalom **avec.**		Ich laufe/mache damit Slalom.
drôle [drol]	Avec François, on rigole toujours. Il est très ~.	lustig/witzig
Eh oui!		Nun ja!/In der Tat!
aimer faire qc		etw. gern tun
Tu aimes rigoler!		Du lachst gern!
une tablette de chocolat [yntablɛtdəʃɔkɔla]	F = *une* ~ ←→ D = *eine Tablette*	eine Tafel Schokolade

[1] rendent visite – [2] traversez – [3] frappe à la porte – [4] béquilles

merci beaucoup	Voilà un cadeau pour toi. – Oh, ~!	vielen Dank
comprendre qc [kõprɑ̃dr]	Vous parlez trop vite, madame. Je ne ~[1] pas. Répétez, s'il vous plaît.	etw. verstehen
Allez, …		Los, …
attaquer qc [atake]	Allez, on ~[2] les tablettes de chocolat.	etw. angreifen; *hier:* etw. anbrechen/einer Sache zu Leibe rücken
une carte [ynkart]		eine (Spiel)Karte
une partie [ynparti]	Faisons ~ de cartes.	eine Partie/Runde
jouer aux cartes	On ~[3]? – Oui, prenons les cartes et faisons une partie.	Karten spielen
discuter [diskyte]	Les amis ~[4] du collège.	sich unterhalten/diskutieren
avoir mal [avwarmal]	Aïe! J'~[5].	Schmerzen haben
Tu as mal à la jambe?		Hast du Schmerzen im Bein?/Tut dir dein Bein weh?
le ventre [ləvɑ̃tr]	Tu as mal à la tête? – Non, ~[6].	der Bauch

B Exercices

2	**jouer aux dominos** [… dɔmino]		Domino spielen
3	**accorder qc** [akɔrde]	~[7] les verbes.	etw. angleichen
4	**un Français/une Française** [ɛ̃frɑ̃sɛ/ynfrɑ̃sɛz]	→ en français	ein Franzose/eine Französin
5	**un titre** [ɛ̃titr]	Trouvez ~ pour la première partie du texte.	ein Titel
	un titre de livre/des titres de livres		ein Buchtitel/Buchtitel
6	**un chemin** [ɛ̃ʃmɛ̃]		ein Weg
	demander son chemin (à qn)	Luc ~[8] un monsieur.	(jdn.) nach dem Weg fragen
	expliquer qc à qn [ɛksplike]	Le professeur ~[9] le mot aux élèves.	jdm. etw. erklären
	le/la troisième … [lə/latrwazjɛm]	le premier/la première; le/la deuxième; ~	der/die/das dritte …
	une gare [yngar]	Le TGV arrive à la ~ Montparnasse.	ein Bahnhof
	la gare Montparnasse		*Bahnhof in Paris*
	deviner qc [dəvine]	Il y a une lettre pour toi. – De qui? – ~[10].	etw. erraten
7	**une liste** [ynlist]	Il y a dix mots sur la ~.	eine Liste
	ajouter qc [aʒute]	D'abord, vous cherchez un mot avec «c», puis vous ~[11] le mot sur la liste.	etw. hinzufügen

[1] comprends – [2] attaque – [3] joue aux cartes – [4] discutent – [5] ai mal
[6] au ventre – [7] Accordez
[8] demande son chemin à – [9] explique
[10] Devine – [11] ajoutez

Révisions

Verbes

répondre	je réponds, tu réponds, il/elle/on répond, nous répondons, vous répondez, ils/elles répondent
prendre	je prends, tu prends, il/elle/on prend, nous prenons, vous prenez, ils/elles prennent
aller	je vais, tu vas, il/elle/on va, nous allons, vous allez, ils/elles vont

Nach dem Weg fragen

– **Pardon, madame,**	– Entschuldigen Sie, (meine Dame,)
je cherche la gare.	ich suche den Bahnhof.
où est la gare, s'il vous plaît?	wo ist bitte der Bahnhof?
pour aller à la gare, s'il vous plaît?	wie komme ich bitte zum Bahnhof?
– **D'abord, vous allez tout droit.**	– Gehen Sie zunächst geradeaus.
Puis, vous prenez la première rue à droite.	Nehmen Sie dann die erste Straße rechts.
Après, vous tournez à gauche.	Danach gehen Sie nach links.
Vous traversez la rue,	Sie überqueren die Straße,
vous continuez tout droit,	Sie gehen weiter geradeaus,
et vous arrivez à la gare.	und Sie kommen am Bahnhof an.
– **Merci, madame.**	– Danke (, meine Dame).

Briefe schreiben

Halle, le 1er février	Halle, den 1. Februar
Halle, le 2 février	Halle, den 2. Februar
(Ma) chère Nathalie,	(Meine) liebe Nathalie,
(Mon) cher Luc,	(Mein) lieber Luc,
Merci pour ta lettre.	danke für deinen Brief.
(Est-ce que) tu vas bien?	Geht es dir gut?
Comment ça va?	Wie geht es dir?
Je vais (très) bien. / **Moi, ça va (très) bien.**	Mir geht es (sehr) gut.
Moi, en ce moment, ça ne va pas parce que …	Im Augenblick geht es mir nicht gut, weil …
Voilà pour aujourd'hui.	Das wär's für heute.
J'attends ta réponse.	Ich warte auf deine Antwort.
Réponds vite.	Antworte schnell.
J'attends des nouvelles de …	Ich warte auf Neuigkeiten/Nachrichten von …
J'attends de tes nouvelles.	Ich warte auf Neuigkeiten/Nachrichten von dir.
* **Tu as le bonjour de mes parents.**	Meine Eltern lassen dich grüßen.
* **(Donne le) bonjour à tes parents.**	Grüße deine Eltern.
A bientôt!	Bis bald!
Amicalement …	Herzliche Grüße …

* Ausdrücke, die hier zur Vervollständigung zusätzlich erwähnt werden.
Sie werden in den folgenden Lektionen nicht als bekannt vorausgesetzt.

8 VOCABULAIRE

⟨D'une leçon à l'autre⟩

la règle du jeu [larɛglədyʒø]	die Spielregel
un joueur/une joueuse [ɛ̃ʒwœr/ynʒwøz]	ein Spieler/eine Spielerin
chaque [ʃak]	jeder/jede/jedes
un pion [ɛ̃pjõ]	eine Spielfigur
jeter qc [ʒte]	etw. werfen
Jetez le dé.	Werft den Würfel!/ Würfelt!
avoir un six	eine Sechs haben
commencer qc [kɔmɑ̃se]	etw. anfangen/beginnen
recommencer qc [rəkɔmɑ̃se]	etw. wieder/neu anfangen
recommencer à zéro	wieder von vorn/bei null beginnen
avancer [avɑ̃se]	vorrücken
une case [ynkaz]	ein Spielfeld
avancer de huit cases	acht Felder vorrücken
reculer [rəkyle]	rückwärts gehen/zurückgehen
une case spéciale [ynkazspesjal]	ein besonderes Feld/ Spezialfeld
C'est mon tour.	Ich bin dran./Ich bin an der Reihe.

LEÇON 8

A L'épicier est toujours là ...

un épicier/une épicière [ɛ̃nepisje/ynepisjɛr]	→ une épicerie	ein Lebensmittelhändler/eine Lebensmittelhändlerin
C'est à qui? [sɛtaki]		Wer ist an der Reihe?
C'est à moi.	C'est à qui? – ~.	Ich *(betont)* bin an der Reihe.
je voudrais ... [ʒəvudrɛ]		ich möchte ...
une fraise [ynfrɛz]		eine Erdbeere
combien (de) [kõbjɛ̃]	Tu as ~ de livres?	wie viel(e)
un kilo (de) [ɛ̃kilo]		ein Kilo
une tarte [yntart]	Tu aimes la ~ aux fraises? – Bien sûr!	ein Obstkuchen
un kilo de fraises	F = ~ *de* ~	ein Kilo Erdbeeren
Et avec ça?		Sonst noch etwas?
tout [tu]	Et avec ça? – Merci. C'est ~.	alles
32 = **trente-deux** [trɑ̃tdø]		zweiunddreißig
payer qc [peje]	Tu ~[1] pour moi?	etw. zahlen/bezahlen
un billet [ɛ̃bijɛ]		ein Schein/Geldschein
50 = **cinquante** [sɛ̃kɑ̃t]	cinq, quinze, ~	fünfzig
le franc/F [ləfrɑ̃]		der Franc *(Währungseinheit)*
un billet de 50 F	F = ~ *de* ~	ein Fünfzigfrancsschein
Pâques *(f., pl.)* [pak]		Ostern

[1] paies

peu (de) [pø]	[F] = ~ *de commerçants* ←→ [D] = *wenig Händler*	wenig(e)
65 = **soixante-cinq** [swasɑ̃tsɛ̃k]		fünfundsechzig
beaucoup (de)	≠ peu (de)	viel(e)
un client/une cliente [ɛ̃klijɑ̃/ynklijɑ̃t]	Il y a beaucoup de ~[1] dans le magasin.	ein Kunde/eine Kundin
tout à coup [tutaku]		plötzlich
le téléphone [lətelefɔn]	→ téléphoner (à qn)	das Telefon
sonner [sɔne]	Tout à coup, le téléphone ~[2].	klingeln/läuten
Roche [rɔʃ]		*Familienname*
une banane [ynbanan]		eine Banane
une pomme [ynpɔm]		ein Apfel
une pomme de terre [ynpɔmdətɛr]		eine Kartoffel
un artichaut [ɛ̃nartiʃo]	[F] = *un* ~ ←→ [D] = *eine Artischocke*	eine Artischocke
un paquet [ɛ̃pakɛ]		ein Paket/Päckchen
des spaghettis *(m., pl.)* [despagɛti]		Spaghetti *(Plural)*
un paquet de spaghettis		ein Päckchen Spaghetti
une bouteille [ynbutɛj]		eine Flasche
l'eau *(f.)* [lo]		das Wasser
une bouteille d'eau		eine Flasche Wasser
une boîte [ynbwat]		eine Dose/Schachtel/Kiste
le «Ronron» [lərɔ̃rɔ̃]		*Katzenfuttermarke*
une boîte de «Ronron»		eine Dose „Ronron"
un chat [ɛ̃ʃa]	Les souris détestent ~[3].	eine Katze
ne ... pas de	Je ~ ai ~[4] fraises.	kein(e) *(bei Mengen)*
Pas de problème. [padprɔblɛm]	[F] = ~ *de* ~	Kein Problem.
ne ... plus de [nə ... plydə]		kein(e) ... mehr
Il n'y a plus de bananes. [ilnjaplydbanan]	Est-ce qu'il y a encore des bananes? – Non, ~.	Es gibt keine Bananen mehr./Es sind keine Bananen mehr da.
pouvoir [puvwar]		können
pouvoir faire qc	Nous ne ~[5] pas payer ça!	etw. tun können
96 = **quatre-vingt-seize** [katrəvɛ̃sɛz]		sechsundneunzig
malade [malad]	Ça va? – Non, ça ne va pas aujourd'hui, je suis ~.	krank
les courses *(f., pl.)* [lekurs]		die Einkäufe/Besorgungen
faire les courses	M. Roche ne peut pas ~[6] aujourd'hui.	(die) Einkäufe machen/einkaufen
désirer qc [dezire]	Vous ~[7], madame? – Un kilo de fraises, s'il vous plaît.	etw. wünschen

[1] clients – [2] sonne – [3] les chats
[4] n'... pas de – [5] pouvons
[6] faire ses courses – [7] désirez

8 VOCABULAIRE

vouloir qc [vulwar]	Tu ~[1] une sucette? – Non, merci.	etw. wollen
vouloir faire qc		etw. tun wollen
le temps [lətɑ̃]		die Zeit
combien de temps?	Tu restes ~ chez tes grands-parents? – Trois jours.	wie lange?
un/une propriétaire [ɛ̃/ynprɔprietɛr]		ein Eigentümer/Besitzer/eine Eigentümerin/Besitzerin
augmenter qc [ɔgmɑ̃te]		etw. erhöhen
le loyer [ləlwaje]	Le propriétaire veut augmenter ~.	die Miete
assez (de) [ase]	M. Saïd n'a pas ~[2] clients.	genug/genügend
le soir [ləswar]	~, je regarde toujours la télé.	abends
une fête [ynfɛt]	→ fêter	eine Feier/ein Fest
un jour de fête	Pâques, ce sont deux ~[3].	ein Feiertag/Festtag
les gens *(m., pl.)* [leʒɑ̃]	Le soir, il y a beaucoup ~[4] dans l'épicerie de M. Saïd.	die Leute
un supermarché [ɛ̃sypɛrmarʃe]	→ un marché	ein Supermarkt

A Exercices

2	**un nombre** [ɛ̃nɔ̃br]	1, 2, 3, 4 sont des ~[5].	eine Zahl
3	**inviter qn** [ɛ̃vite]	J'~[6] Luc à/pour mon anniversaire.	jdn. einladen
	un numéro de téléphone [ɛ̃nymerodtelefɔn]		eine Telefonnummer
	le minitel [ləminitɛl]	Pour trouver des numéros de téléphone, tapez le 11 sur ~.	*entspricht dem deutschen BTX-System (Bildschirmtext)*
	noter qc [nɔte]		etw. notieren
4	**une tomate** [yntɔmat]		eine Tomate
	une carotte [ynkarɔt]		eine Karotte/Möhre
	une orange [ynɔrɑ̃ʒ]		eine Orange/Apfelsine
	un citron [ɛ̃sitrɔ̃]	F = *un* ~ ←→ D = *eine* Zitrone	eine Zitrone
	coûter [kute]	Les tomates ~[7] combien aujourd'hui?	kosten

Révisions

Des fruits

une banane	eine Banane	**une orange**	eine Orange/Apfelsine
un citron	eine Zitrone	* **une poire** [pwar]	eine Birne
une fraise	eine Erdbeere	**une pomme**	ein Apfel

[1] veux – [2] assez de – [3] jours de fête
[4] de gens – [5] nombres – [6] invite
[7] coûtent

Tim inf tol–

I: p.77

II: p.63

Tim

Des légumes

un artichaut	eine Artischocke	**une carotte**	eine Karotte/Möhre
* **une aubergine** [obɛrʒin]	eine Aubergine	**une pomme de terre**	eine Kartoffel
		une tomate	eine Tomate

* Wörter, die hier zur Vervollständigung zusätzlich erwähnt werden.
Sie werden in den folgenden Lektionen nicht als bekannt vorausgesetzt.

Faire les courses

– **C'est à qui maintenant?**	– Wer ist an der Reihe?
– **C'est à moi.**	– Ich.
– **Vous désirez?**	– Sie wünschen?
– **Je voudrais des pommes.** / **Des pommes, s'il vous plaît.**	– Ich möchte Äpfel. / Äpfel, bitte!
– **Combien?**	– Wie viele?
– **Deux kilos.**	– Zwei Kilo.
– **Voilà deux kilos de pommes. Et avec ça?**	– Hier sind zwei Kilo Äpfel. Sonst noch etwas?
– **Merci. C'est tout. Ça fait / coûte combien?**	– Danke. Das ist alles. – Wie viel macht / kostet das?
– **Ça fait / coûte 20 F.**	– Das macht / kostet 20 Francs.
– **Voilà 50 F.**	– Hier sind 50 Francs.
– **Et voilà 30 F. Merci, madame, / mademoiselle, / monsieur, et au revoir.**	– Und hier sind 30 Francs zurück. Danke und auf Wiedersehen.
– **Merci. Au revoir.**	– Danke. Auf Wiedersehen.

B ... mais est-ce qu'il va rester?

aller faire qc	Qu'est-ce que tu ~[1] demain? – Demain, je vais rester à la maison.	etw. tun werden
la peur [lapœr]		die Angst
avoir peur de qn/qc	Mon père ~[2] souris.	Angst vor jdm./etw. haben
fermer (qc) [fɛrme]	M. Saïd ~[3] son épicerie à 10 heures du soir. Son épicerie ~[4] à 10 heures du soir.	(etw.) schließen
organiser qc [ɔrganize]		etw. organisieren
une action [ynaksjõ]		eine Aktion
une journée [ynʒurne]	→ un jour	ein Tag/Tagesablauf

[1] vas faire – [2] a peur des – [3] ferme
[4] ferme

8 VOCABULAIRE

une journée d'action	Les amis de la rue Daguerre organisent ~.	ein Aktionstag
signer qc [siɲe]	Tout le monde ~[1] la lettre.	etw. unterschreiben
Monsieur le propriétaire		*hier als Anrede:* Sehr geehrter Herr Eigentümer
commencer qc [kɔmɑ̃se]	*nous* ------ç---	etw. anfangen/beginnen
à côté de	~[2] stand, il y a Yasmina.	neben
un concert [ɛ̃kõsɛr]	Le groupe de rock donne ~.	ein Konzert
une vedette [ynvədɛt]	F = <u>une</u> ~ ←→ D = <u>ein</u> *Star*	ein Star/ein Hauptdarsteller/eine Hauptdarstellerin
acheter qc [aʃte]	Beaucoup de gens ~[3] tout au supermarché.	etw. kaufen
une merguez [ynmɛrgɛz]		*stark gewürzte Bratwurst*
des frites *(f., pl.)* [defrit]		Pommes frites *(pl.)*
une voiture [ynvwatyr]	Dans les rues, il y a trop de ~[4].	ein Auto
un homme [ɛ̃nɔm]		ein Mann/Mensch
descendre [desɑ̃dr]	Tout à coup, un homme ~[5] de la voiture.	aussteigen
derrière [dɛrjɛr]	≠ devant	hinter
un chien [ɛ̃ʃjɛ̃]	Tu as un chat? – Non, ~.	ein Hund
un micro [ɛ̃mikro]		ein Mikrofon
une surprise [ynsyrpriz]	F = [s<u>y</u>rpri<u>z</u>] ←→ E = [s<u>ə</u>'pr<u>aɪ</u>z]	eine Überraschung
manger qc [mɑ̃ʒe]	*nous* ---<u>*geo*</u>--	etw. essen
appeler qn [aple]	→ je m'appelle …	jdn. rufen/anrufen
un enfant [ɛ̃nɑ̃fɑ̃]	M. Saïd appelle ses ~[6].	ein Kind
rêver [rɛve]	Yasmina est dans son lit. Elle ~[7].	träumen
garder qc [garde]	Tu peux ~ le CD.	etw. beschützen/bewahren, *hier:* behalten
penser (à qn) [pɑ̃se]		(an jdn.) denken
difficile [difisil]	Je pense que ça va être très ~.	schwierig/schwer

B Exercices

3	**Annette** [anɛt]		*weibl. Vorname*
4	**Gros Minou** [grominu]		*hier: Name einer Katze*
6	**un animal/des animaux** [ɛ̃nanimal/dezanimo]	Un chat, un chien, un perroquet, une souris, ce sont des ~.	ein Tier/Tiere
7	**un/une interprète** [ɛ̃nɛ̃tɛrprɛt/ynɛ̃tɛrprɛt]	Faites l'~.	ein Dolmetscher/eine Dolmetscherin

⟨D'une leçon à l'autre⟩

Astérix [asteriks]	*Name des Hauptheldes einer berühmten frz. Comicstrip-Reihe*
Obélix [ɔbeliks]	*Freund von Astérix*
Idéfix [idefiks]	*Hund von Obélix*

[1] signe – [2] A côté du – [3] achètent
[4] voitures – [5] descend – [6] enfants
[7] rêve

Révisions

Verbes

pouvoir	je peux, tu peux, il/elle/on peut, nous pouvons, vous pouvez, ils/elles peuvent
vouloir	je veux, tu veux, il/elle/on veut, nous voulons, vous voulez, ils/elles veulent
acheter	j'achète [ʒaʃɛt], nous achetons [nuzaʃtõ], ils achètent [ilzaʃɛt]
appeler	j'appelle [ʒapɛl], nous appelons [nuzaplõ], ils appellent [ilzapɛl]
payer	je paie [ʒəpɛ], nous payons [nupejõ], ils paient [ilpɛ]
commencer	je commence, nous commen**ç**ons
manger	je mange, nous mang**e**ons

Les animaux

un animal/des animaux	ein Tier/Tiere	* **un cheval/des chevaux** [ʃval/ʃvo]	ein Pferd/Pferde
un chat	eine Katze	* **un cochon d'Inde** [kɔʃõdɛ̃d]	ein Meerschweinchen
un chien	ein Hund		
un perroquet	ein Papagei	* **le hamster** [ləamstɛr]	ein Hamster
une souris	eine Maus	* **une perruche** [pɛryʃ]	ein Wellensittich

* Wörter, die hier zur Vervollständigung zusätzlich erwähnt werden.
Sie werden in den folgenden Lektionen nicht als bekannt vorausgesetzt.

En France

Faire les courses

In Frankreich sind die Geschäfte samstags den ganzen Tag geöffnet; dafür sind die meisten Geschäfte montags mindestens vormittags geschlossen.
Die Supermärkte bedeuten für die kleinen Geschäfte eine große Konkurrenz. In ganz Frankreich, vor allem aber in den Großstädten, findet man Kaufhäuser, die an manchen Tagen bis 22 Uhr geöffnet sind.
Besonders im Großraum Paris müssen die kleinen Lebensmittelhändler oft bis spät in die Nacht arbeiten oder auch sonntagvormittags geöffnet haben, damit das Geschäft rentabel bleibt.

LEÇON 9

A La correspondante de Julie

un correspondant/une correspondante [ɛ̃kɔrɛspõdɑ̃/ynkɔrɛspõdɑ̃t]	Martina est la ~[1] de Julie.	ein Brieffreund/eine Brieffreundin/ein Austauschpartner/eine Austauschpartnerin

[1] correspondante

9 VOCABULAIRE

un/une corres *(fam.)* [ɛ̃/ynkɔrɛs]	Julie dit: «Martina est ma ~.»	ein Brieffreund/eine Brieffreundin *(ugs.)*
13 h 27 [trɛzœrvɛ̃tsɛt]	Quelle heure est-il? – Il est ~.	13.27 Uhr *(offizielle Uhrzeit)*
la gare du Nord [lagardynɔr]	Martina arrive à ~.	*Bahnhof in Paris*
Berlin [bɛrlɛ̃]	La correspondante de Julie est de ~.	*Hauptstadt Deutschlands*
les vacances *(f., pl.)* [levakɑ̃s]		die Ferien/der Urlaub
passer ses vacances	Martina ~[1] à Paris.	seine/ihre Ferien, seinen/ihren Urlaub verbringen
en vacances	Julie n'est pas encore ~.	in Ferien/Urlaub
une connaissance [ynkɔnɛsɑ̃s]	*une --nn--ss----*	eine Bekanntschaft
faire la connaissance de qn	Je voudrais ~ ta ~[2].	die Bekanntschaft von jdm. machen/jdn. kennen lernen
visiter qc [vizite]	→ une visite	etw. besichtigen
dire qc à qn [dir]	Qu'est-ce que vous ~[3]?	jdm. etw. sagen
une bêtise [ynbɛtiz]	→ bête	eine Dummheit/ein Unfug
6 heures moins 20	Il est quelle heure? – Il est ~.	20 vor 6
un contrôle [ɛ̃kõtrol]	[F] = *un* ~ ←→ [D] = *eine Kontrolle*	eine Kontrolle, *hier:* eine Leistungsüberprüfung/ein Test
la géographie [laʒeɔgrafi]	[F] = [ʒeɔgrafi] ←→ [D] = *Geographie*	die Erdkunde/Geographie
la géo *(fam.)* [laʒeo]	Julie dit: «J'aime bien ~.»	die Erdkunde *(ugs.)*
en géo *(fam.)*		in Erdkunde *(ugs.)*
un contrôle de géographie	Demain, nous avons ~.	ein Erdkundetest
Beurk! *(fam.)* [bœrk]		Igitt! *(ugs.)*
un/une prof *(fam.)* [ɛ̃/ynprɔf]	→ *un professeur (= m.+f.!)*	ein Lehrer/eine Lehrerin *(ugs.)*
intéressant/intéressante [ɛ̃terɛsɑ̃/ɛ̃terɛsɑ̃t]	[F] = [ɛ̃terɛsɑ̃] ←→ [D] = *interessant*	interessant
bizarre [bizar]	Je ne comprends pas l'histoire. Elle est ~.	seltsam/komisch
répéter qc [repete]	Vous parlez trop vite. ~[4], s'il vous plaît.	etw. wiederholen
sans arrêt [sɑ̃zarɛ]	Le perroquet répète ~: «Bonjour, bonjour, bonjour, … »	unaufhörlich/dauernd
Dis donc … [didõk]	~, tu as quel âge?	Sag mal …
bon/bonne [bõ/bɔn]	→ bonjour	gut
Charvet [ʃarvɛ]		*Familienname*
français/française [frɑ̃sɛ/frɑ̃sɛz]	→ un Français/une Française	französisch
François Villon [frɑ̃swavijõ]		*frz. Dichter (1431 – ca. 1463)*

[1] passe ses vacances – [2] faire ta connaissance – [3] dites – [4] Répétez

le collège François-Villon	Julie Lacroix est élève au ~.	das Collège François-Villon
la 4e = la quatrième	Julie Lacroix est ~[1].	*Klassenbezeichnung; entspricht dem 8. Schuljahr*
un cours [ɛ̃kur]	*un ----s = eine Unterrichtsstunde* ←→ *une cour = ein Hof* ←→ *les courses = die Einkäufe*	eine Unterrichtsstunde
une heure de cours	J'ai six ~[2] aujourd'hui.	eine Stunde Unterricht
une semaine [ynsmɛn]	~ a sept jours.	eine Woche
par semaine [parsmɛn]	La 4e F de Julie a 28 heures de cours ~.	wöchentlich/pro Woche
le samedi [ləsamdi]	~, je fais toujours du sport.	samstags/sonnabends
le mercredi [ləmɛrkrədi]		mittwochs
avoir classe *(f.)*	→ avoir cours	Unterricht/Schule haben
un après-midi [ɛ̃naprɛmidi]	Le mercredi ~, Julie n'a pas classe.	ein Nachmittag
un matin [ɛ̃matɛ̃]	Tu passes chez moi demain après-midi, demain soir ou demain ~?	ein Morgen
lundi *(m.)* [lɛ̃di]	~, c'est le premier jour de la semaine.	Montag
le lundi matin	~, Julie a géo de 8 heures et quart à 9 heures et quart.	montagmorgens
histoire-géo *(f.) (fam.)* [istwarʒeo]	→ histoire-géographie	Geschichte-Erdkunde *(ugs.), hier: als Unterrichtsfach*
ensuite [ɑ̃sɥit]	→ puis; ≠ d'abord	dann/danach
les mathématiques *(f., pl.)* [lematematik]	*les ~s*	die Mathematik
(les) maths *(fam.)* [lemat]	Julien dit: «J'adore ~[3].»	Mathe *(ugs.)*
une récréation [ynrekreasjõ]	A 10 heures 10, les élèves vont dans la cour. Ils ont ~.	eine Pause
une récré *(fam.)* [ynrekre]		eine Pause *(ugs.)*
avoir français	De 10 heures 20 à midi et quart, les élèves ~[4].	Französisch *(als Sprache/Unterrichtsfach)* haben
un self-service [ɛ̃sɛlfsɛrvis]		ein Selbstbedienungsrestaurant
un self *(fam.)*		*hier: Kantine mit Selbstbedienung (ugs.)*
grand/grande [grɑ̃/grɑ̃d]		groß
une cantine [ynkɑ̃tin]	La grande ~ de François-Villon, c'est un self-service.	eine Kantine
sympathique [sɛ̃patik]	F = [sɛ̃patik] ←→ D = *sympathisch*	sympathisch
mauvais/mauvaise [mɔvɛ/mɔvɛz]	≠ bon/bonne	schlecht, böse
jusque [ʒysk]		bis
jusqu'à 5 heures [ʒyskasɛ̃kœr]	Le lundi, Julie a sport ~.	bis fünf Uhr

1 en quatrième – 2 heures de cours
3 les maths – 4 ont français

joli/jolie [ʒɔli]		hübsch
une ambiance [ynɑ̃bjɑ̃s]	Le collège François-Villon n'est pas très joli, mais il y a une bonne ~.	eine Stimmung/Atmosphäre
une écriture [ynekrityr]		eine Schrift/Handschrift
un club d'écriture		ein Schreibklub
écrire qc [ekrir]	Tu ~[1] une lettre?	etw. schreiben
petit/petite [pəti/pətit]	≠ grand/grande	klein
un bord [ɛ̃bɔr]		ein Ufer
la Seine [lasɛn]	Julie et Martina font une promenade au bord de ~.	*Fluss in Frankreich*
un roman [ɛ̃rɔmɑ̃]		ein Roman
un roman policier [ɛ̃rɔmɑ̃pɔlisje]	Au club d'écriture, Julien et François écrivent ~.	ein Kriminalroman
un flic *(fam.)* [ɛ̃flik]	Le roman policier de Julien et de François s'appelle: «Les ~[2] sont sympathiques».	ein Polizist *(ugs.)*

A Exercices

2	**Vous avez l'heure?** [vuzavelœr]	→ Quelle heure est-il?/Il est quelle heure?	Wie viel Uhr ist es?/Wie spät ist es?
3	**Cologne** [kɔlɔɲ]		Köln
	Bruxelles [brysɛl]		Brüssel
	Moscou [mɔsku]		Moskau
	Aix-la-Chapelle [ɛkslaʃapɛl]		Aachen
	un train [ɛ̃trɛ̃]	Le ~ de Cologne arrive à la gare du Nord.	ein Zug
4	**mardi** *(m.)* [mardi]		Dienstag
	jeudi *(m.)* [ʒødi]		Donnerstag
	vendredi *(m.)* [vɑ̃drədi]		Freitag
5	**une ville** [ynvil]	Paris est une très grande ~.	eine Stadt
8	**une carte postale** [ynkartpɔstal]	Martina écrit ~ à ses parents.	eine Postkarte
9	**une expression** [ynɛksprɛsjõ]	Que veut dire l'~: «avoir une jambe dans le plâtre»?	ein Ausdruck
	prononcer qc [prɔnõse]	On ~[3] le mot «club» avec un [œ].	etw. aussprechen
	épeler qc [eple]	Comment est-ce qu'on écrit «la Seine»? Tu peux ~ le mot?	etw. buchstabieren
	un tableau/des tableaux [ɛ̃tablo/detablo]	Va au ~ et écris l'expression «avoir cours».	eine (Wand)Tafel/(Wand)Tafeln
	l'alphabet *(m.)* [lalfabɛ]	[F] = [alfabɛ] ←→ [D] = *Alphabet*	das Alphabet
	un nom [ɛ̃nõ]	Tu t'appelles comment? – Mon ~, c'est Martina.	ein Name

Révisions

Les jours de la semaine

lundi	Montag	**jeudi**	Donnerstag	**samedi**	Samstag/Sonnabend
mardi	Dienstag	**vendredi**	Freitag	**dimanche**	Sonntag
mercredi	Mittwoch				

[1] écris – [2] flics – [3] prononce

B Martina à François-Villon

un jour de classe	Lundi, c'est le premier ~ pour Martina.	ein Schultag
présenter qn à qn [prezɑ̃te]	Julie ~ Martina ~[1] ses copains. Elle dit: «C'est Martina.»	jdm. jdn. vorstellen
me [mə]	François demande à Martina: «Tu ~ comprends?»	mir/mich
te [tə]	François répond à Martina: «Oui, je ~ comprends.»	dir/dich
nous [nu]	Les élèves demandent: «Tu ne ~ parles pas de Berlin?»	uns
vous [vu]	Martina répond: «Si, je vais ~ parler de Berlin.»	euch/Sie/Ihnen
la France [lafrɑ̃s]	→ français/française	Frankreich
l'Allemagne *(f.)* [lalmaɲ]	Berlin est en ~[2].	Deutschland
une bise *(fam.)* [ynbiz]		ein Kuss *(ugs.)*
faire la bise à qn *(fam.)*		jdn. mit Wangenkuss begrüßen *(ugs.)*
draguer qn *(fam.)* [drage]		jdn. anmachen *(ugs.)*/ mit jdm. flirten
intéresser qn [ɛ̃terɛse]	→ intéressant/intéressante	jdn. interessieren
un/une camarade [ɛ̃/ynkamarad]	F = ---a---- ←→ D = *Kamerad*	ein Kamerad/eine Kameradin
C'est l'heure. [sɛlœr]	Il est 8 heures et quart. ~. Les élèves entrent dans la classe.	Es ist Zeit.
mettre qc [mɛtr]	M. Rigot entre et ~[3] le carton sur la table.	etw. legen/setzen/stellen
leur/leurs [lœr]	Les élèves mettent ~[4] livres de géographie sur les tables, puis regardent ~[5] professeur.	ihr/ihre
les lunettes *(f., pl.)* [lelynɛt]	M. Charvet met ses ~.	die Brille
le silence [ləsilɑ̃s]	F = [silɑ̃s] ←→ E = ['sailəns]	die Stille/Ruhe
un professeur d'histoire-géo *(fam.)*	M. Charvet est le ~ de la 4ᵉ F.	ein Geschichts- und Erdkundelehrer *(ugs.)*
une capitale [ynkapital]	Paris est la ~ de la France et Berlin est la ~ de l'Allemagne.	eine Hauptstadt
allemand/allemande [almɑ̃/almɑ̃d]	Berlin est la capitale ~[6].	deutsch
remettre qc [rəmɛtr]	M. Charvet dit: «Je ~[7] le contrôle à jeudi.»	etw. verschieben/verlegen
ouvrir qc [uvrir] j'ouvre [ʒuvr]	≠ fermer qc	etw. öffnen
votre [vɔtr]	Martina demande à Julie et à François: «M. Charvet est ~ professeur d'histoire-géo?»	euer/Ihr
vos [vo]	Martina demande à Julie et à François: «~ professeurs sont sympathiques?»	eure/Ihre

---

[1] présente … à – [2] en Allemagne – [3] met
[4] leurs – [5] leur – [6] allemande – [7] remets

	lire qc [lir]		etw. lesen
	toujours	Les élèves lisent le poème, mais François écrit ~.	*hier:* immer noch
	notre/nos [nɔtr/no]	Julie dit: «~[1] professeurs sont sympathiques, mais ~[2] prof d'histoire-géo est un peu bizarre.»	unser/unsere

B Exercices

1	**corriger qc** [kɔriʒe]	Lisez et ~[3] le texte.	etw. korrigieren/verbessern
	Françoise [frɑ̃swaz]		*weibl. Vorname*
6	**décrire qc à qn** [dekrir]	Le professeur dit aux élèves: «~[4] la photo, s'il vous plaît.»	jdm. etw. beschreiben
7	**une salade de fruits** [ynsaladdəfrɥi]	Qu'est-ce qu'on met dans ~?	ein Obstsalat
8	**noir/noire** [nwar]		schwarz
9	**le français standard** [ləfrɑ̃sɛstɑ̃dar]	Pour «un corres», on dit «un correspondant» en ~[5].	das Standardfranzösisch
	le français familier [ləfrɑ̃sɛfamilje]	Pour «un correspondant», on dit «un corres» en ~.	das umgangssprachliche Französisch
	fantastique [fɑ̃tastik]	J'adore Paris. C'est une ville ~.	fantastisch/toll
	un agent de police [ɛ̃naʒɑ̃dpɔlis]	Pardon, madame, où est la gare? – Je ne suis pas d'ici. Demandez à ~.	ein Polizeibeamter
	flirter avec qn [flœrte]	François veut ~ Martina.	mit jdm. flirten

⟨D'une leçon à l'autre⟩

faire moins de fautes — weniger Fehler machen

Révisions

Verbes

dire	je dis, tu dis, il/elle/on dit, nous disons, vous dites, ils/elles disent
lire	je lis, tu lis, il/elle/on lit, nous lisons, vous lisez, ils/elles lisent
écrire	j'écris, tu écris, il/elle/on écrit, nous écrivons, vous écrivez, ils/elles écrivent
mettre	je mets, tu mets, il/elle/on met, nous mettons, vous mettez, ils/elles mettent
répéter	je répète [ʒərepɛt], nous répétons [nurepetõ], ils répètent [ilrepɛt]
épeler	j'épelle [ʒepɛl], nous épelons [nuzeplõ], ils épellent [ilzepɛl]
ouvrir	wie Verben auf *-er!*

Expressions utiles en classe

Die Übersicht zu den Redewendungen, die im Unterricht nützlich sind, befindet sich auf den Seiten X–XII.

[1] Nos – [2] notre – [3] corrigez
[4] Décrivez – [5] français standard

En France

L'école en France

Die französischen Kinder gehen in der Regel von 6 bis 11 Jahren in die Grundschule *(l'école primaire* [primɛr]). Sie hat fünf Klassenstufen.
Danach beginnt das *collège*. In diese Schule gehen alle 11- bis 15-jährigen Schüler. Das *collège* hat vier Klassenstufen. Sie heißen: 6e = sixième, 5e = cinquième, 4e = quatrième, 3e = troisième.
Der Eintrittsklasse des *collège*, der 6e, entspricht in Deutschland das 6. Schuljahr.
Nach dem *collège* haben die französischen Schüler die Möglichkeit, einen Beruf zu erlernen oder in einem *lycée* das Abitur zu machen. Das *lycée* entspricht der Sekundarstufe II. Es hat drei Klassenstufen. Man legt also das Abitur, wenn alles gut geht, mit 18 Jahren ab. Das Abitur heißt auf französisch *le baccalauréat* [ləbakalɔrea] oder kurz *le bac*.

La bise

In Frankreich ist die *bise* (Kuss auf beide Wangen) zur Begrüßung üblich zwischen Verwandten und guten Bekannten (auch bei Jugendlichen, jedoch selten zwischen Jungen).

LEÇON 10

A Paris en métro

le métro [ləmetro]	F = le ~ ←→ D = die Metro	die Metro/U-Bahn in Paris
en métro	Tu veux rentrer à la maison en bus ou ~?	mit der Metro
un week-end [ɛ̃wikɛnd]	~, c'est samedi et dimanche.	ein Wochenende
mai *(m.)* [mɛ]	Ton frère va arriver en février ou en ~?	Mai
le 1er mai = le premier mai [ləprəmjemɛ]	Il va arriver ~ ou le 2 mai.	der erste Mai
Nicole [nikɔl]		*weibl. Vorname*
un cousin/une cousine [ɛ̃kuzɛ̃/ynkuzin]		ein Cousin/eine Cousine
content/contente [kõtɑ̃/kõtɑ̃t]	Les vacances commencent. Nicole est ~[1].	zufrieden, glücklich
eh bien [ebjɛ̃]	Tu peux passer chez moi demain? – ~, je ne pense pas.	nun
le	Tu prends le sac? – Oui, je ~ prends.	ihn/es *(Objektpronomen)*
la	Tu prends la cassette? – Oui, je ~ prends.	sie/es *(Objektpronomen)*
les	Tu prends les casques? – Oui, je ~ prends.	sie *(Objektpronomen)*
inviter qn à faire qc [ɛ̃vite]	Je t'~[2] passer tes vacances en Allemagne.	jdn. einladen etw. zu tun

[1] contente – [2] invite à

un bateau-mouche/des bateaux-mouches [ɛ̃batomuʃ/debatomuʃ]		*Schiff, mit dem Besichtigungsfahrten auf der Seine in Paris durchgeführt werden*
être sûr/sûre de faire qc [syr]	→ Bien sûr!	sicher/gewiss sein etw. zu tun
une station [ynstasjõ]		eine Station, *hier:* Haltestelle
une station de métro	Est-ce qu'il y a ~ dans le quartier?	eine U-Bahnstation/Metrostation
Denfert-Rochereau [dɑ̃fɛrrɔʃro]		*Metrostation in Paris*
Ah, le voilà!	Où est François? – ~.	Ah, da ist er (ja)!
voir qn/qc [vwar]	Où est Nicole? Je ne la ~[1] pas.	jdn./etw. sehen
loin [lwɛ̃]	La gare, c'est ~?	weit
de loin	Je vois François ~.	von weitem
un geste [ɛ̃ʒɛst]	F = <u>un</u> ~ ←→ D = <u>eine</u> *Geste*	eine Geste
le dos [lədo]	J'ai mal au ~.	der Rücken
un sac à dos [ɛ̃sakado]	Mon dos me fait mal. Tu peux porter mon ~?	ein Rucksack
ne … jamais [nə … ʒamɛ]	Pour aller en ville, je ~ prends ~ le bus, je prends toujours le métro.	nie/niemals
laisser [lɛse]	Luc ne ~[2] jamais ses patins à la maison.	lassen
fou/folle [fu/fɔl]	C'est une idée ~[3].	verrückt
Il est fou!		Er spinnt!
savoir qc [savwar]	Où est Nathalie? – Je ne ~[4] pas.	etw. wissen
Ça, nous le savons.		Das *(betont)* wissen wir.
un ticket [ɛ̃tikɛ]		ein Ticket/Fahrschein
un ticket de métro		ein Metrofahrschein
un billet [ɛ̃bijɛ]		*hier:* eine Eintrittskarte
le cinéma [ləsinema]	On va au ~? Il y a un film intéressant.	das Kino
un billet de cinéma	Ce n'est pas un ticket de métro, c'est ~.	eine Kinokarte
un carnet [ɛ̃karnɛ]	Dans ~, il y a dix tickets de métro.	ein Heft, *hier:* Fahrkartenblock
le plan du métro	Où est la station Denfert-Rochereau? – Je ne sais pas. Regardons ~.	der Metroplan
Oh là là! [olala]		Oh weh!
compliqué/compliquée [kõplike]	Prendre le métro à Paris, ce n'est pas ~[5].	kompliziert
la direction [ladirɛksjõ]		die Richtung
prendre la direction …		die Richtung … nehmen/einschlagen
Charles-de-Gaulle-Etoile [ʃarldəgoletwal]		*Platz/Metrostation in Paris*
changer [ʃɑ̃ʒe]	*nous ----<u>geo</u>--*	wechseln, *hier:* umsteigen
Trocadéro [trɔkadero]		*Platz/Metrostation in Paris*

[1] vois – [2] laisse – [3] folle – [4] sais
[5] compliqué

Mairie-de-Montreuil [mɛridəmõtrœj]		*Metrostation in Paris*
Alma-Marceau [almamarso]		*Metrostation in Paris*
un pont [ɛ̃põ]		eine Brücke
le pont de l'Alma	Les promenades commencent au ~.	*Brücke in Paris*
facile [fasil]	≠ difficile	leicht

A Exercices

6	**un dessin** [ɛ̃desɛ̃]	→ dessiner	eine Zeichnung
	un original [ɛ̃nɔriʒinal]		ein Original
	un faux	→ faux/fausse	eine Fälschung
	sous [su]	≠ sur	unter
	un détective [ɛ̃detɛktiv]		ein Detektiv/eine Detektivin
7	**un vélo** [ɛ̃velo]		ein Fahrrad
	un tram [ɛ̃tram]		eine Straßenbahn
	un pied [ɛ̃pje]		ein Fuß
	à pied	Je vais à l'école ~.	zu Fuß

B Paris en bateau-mouche ... et en patins?

en patins		auf Rollschuhen
en face (de) [ɑ̃fas]	Le café est ~ de la gare.	gegenüber (von)
la tour Eiffel [laturɛfɛl]		der Eiffelturm *(erbaut 1889 nach Plänen des frz. Ingenieurs Gustave Eiffel)*
un symbole [ɛ̃sɛ̃bɔl]	La tour Eiffel est le ~ de Paris.	ein Symbol
un guide [ɛ̃gid]	Pour visiter la ville, on peut prendre ~.	ein (Fremden)Führer
à bord [abɔr]		an Bord
sur votre droite		zu Ihrer Rechten/auf der rechten Seite
sur votre gauche		zu Ihrer Linken/auf der linken Seite
l'Hôtel des Invalides [lotɛldezɛ̃valid]		*historisches Bauwerk in Paris (heute u. a. mit dem Armee-Museum und dem Grabmal Napoleons)*
un tombeau/des tombeaux [ɛ̃tõbo/detõbo]		ein Grabmal/Grabmäler
Napoléon [napɔleõ]	Dans l'Hôtel des Invalides, il y a le tombeau de ~.	Napoleon Bonaparte, *frz. Kaiser von 1804-1815*
la place [laplas]	F = <u>la</u> ~ ←→ D = <u>der</u> *Platz*	der Platz
la place de la Concorde [laplasdəlakõkɔrd]		*Platz in Paris*

10 VOCABULAIRE

l'Obélisque *(m.)* [lɔbelisk]		*vierkantige, spitze Säule (Obelisk), die auf der place de la Concorde steht*
un musée [ɛ̃myze]		ein Museum
le musée d'Orsay [ləmyzedɔrsɛ]	Tu vas au ~ avec moi?	*Museum in Paris (u. a. Gemälde der Impressionisten), früher Bahnhof*
un palais [ɛ̃palɛ]		ein Palast/Schloss
le musée du Louvre		*Museum in Paris (u. a. Gemälde, Skulpturen, Altertumssammlungen)*
une pyramide [ynpiramid]		eine Pyramide
la Pyramide		*Pyramide aus Glas, die im Hof des Louvre steht*
ne ... plus	Luc ~écoute ~[1] le guide.	nicht mehr
amusant/amusante [amyzɑ̃/amyzɑ̃t]	→ drôle	unterhaltend, belustigend
un/une touriste [ɛ̃/ynturist]		ein Tourist/eine Touristin
prendre une photo	[F] *prendre ~* ←→ [D] *ein Foto machen*	ein Foto machen
une fois [ynfwa]	~, ce n'est pas assez!	einmal
surtout [syrtu]	Je vais au cinéma ~ le samedi.	vor allem/besonders
une île [ynil]		eine Insel
l'île de la Cité [lildəlasite]		*Seine-Insel in Paris*
Notre-Dame [nɔtrədam]		*gotische Kathedrale in Paris (erbaut 1163–1245)*
une cathédrale [ynkatedral]	Notre-Dame est la ~ de Paris.	eine Kathedrale
imiter qn [imite]		jdn. nachahmen
cette [sɛt]	Ah, Nathalie! J'adore ~ fille!	diese *(vor femininen Nomen)*
un/une jeune [ɛ̃/ynʒœn]	Mon grand-père aime bien les ~[2] d'aujourd'hui.	ein Jugendlicher/eine Jugendliche
le palais de Chaillot [ləpalɛdʃajo]		*Museumsgebäude in Paris (u. a. Marine-Museum, Museum der Geschichte des Menschen)*
une vue [ynvy]	→ voir	eine Aussicht/ein Ausblick
magnifique [maɲifik]	De la tour Eiffel, on a une vue ~ sur Paris.	herrlich/großartig
chouette *(fam.)* [ʃwɛt]	Faire du patin, c'est ~!	prima/klasse *(ugs.)*
mal	Ça va bien? - Non, ça va ~.	schlecht *(Adverb)*
Pas mal.	Ça va? - Oui. ~.	Nicht schlecht.

[1] n' ... plus – [2] jeunes

ne … rien [nə … rjɛ̃]	Où sont mes lunettes? Je ~ vois ~.	nichts
un sandwich [ɛ̃sɑ̃dwitʃ]		ein Sandwich/belegtes Brot
un jambon [ɛ̃ʒɑ̃bõ]		ein Schinken
un sandwich au jambon		ein Sandwich mit Schinken
un orangina [ɛ̃nɔrɑ̃ʒina]		eine Orangenlimonade
manquer [mɑ̃ke]		fehlen
Il ne manque rien.		Es fehlt nichts.
un pique-nique [ɛ̃piknik]		ein Picknick

B Exercices

1	**un monument** [ɛ̃mɔnymɑ̃]	ein (Bau)Denkmal/Monument
6	**un hobby/des hobbys** [ɛ̃ɔbi/deɔbi]	ein Hobby/Hobbys

Révisions

Verbes

voir	je vois, tu vois, il/elle/on voit, nous voyons, vous voyez, ils/elles voient
savoir	je sais, tu sais, il/elle/on sait, nous savons, vous savez, ils/elles savent

Les moyens de transport

* **un moyen de transport** [ɛ̃mwajɛ̃dətrɑ̃spɔr]	ein Verkehrsmittel	**le bateau**	das Schiff
le bus	der Bus	**la voiture**	das Auto
le métro	die Metro	* **la mobylette**	das Mofa
le tram	die Straßenbahn	* **la moto**	das Motorrad
le train	der Zug	**le vélo**	das Fahrrad
* **l'avion** *(m.)* [lavjõ]	das Flugzeug	**aller à pied**	zu Fuß gehen

* Wörter, die hier zur Vervollständigung zusätzlich erwähnt werden. Sie werden in den folgenden Lektionen nicht als bekannt vorausgesetzt.

En France

Paris

In Paris selbst leben ca. 2 Millionen Menschen, im Großraum Paris ca. 10,5 Millionen. Paris ist die Hauptstadt Frankreichs. Sie ist in 20 Bezirke gegliedert (ein Bezirk = *un arrondissement*).
Paris hieß *Lutèce*, als es noch ein kleines gallisches Fischerdorf war. Erst die Römer gaben dem Ort im 4. Jahrhundert nach Christus seinen heutigen Namen. ▷

10 VOCABULAIRE

Le métro

Die Pariser Metro besteht seit 1900. Das Streckennetz ist ca. 200 km lang. Pro Jahr werden über eine Milliarde Menschen befördert. Mit einem Einzelfahrschein darf man auf den innerstädtischen Linien innerhalb der Sperre so viel und so lange fahren, wie man möchte.
Zusätzlich zur Metro gibt es die RER-Linien (*Le RER* [ləɛrəɛr]: ***R****éseau* ***E****xpress* ***R****égional*: Regionales Express-Netz). Sie sind die schnellsten Verbindungen zwischen den Vororten und dem Stadtzentrum.

⟨Chanson⟩

le sommeil [ləsɔmɛj]	der Schlaf
longtemps [lõtɑ̃]	lange (Zeit)
la neige [lanɛʒ]	der Schnee
envahir qc [ɑ̃vair]	*hier:* etw. bedecken/ füllen
… a envahi …	… hat gefüllt …
l'écran *(m.)*	der Bildschirm
j'ai vu [ʒevy]	ich habe gesehen
courir	laufen
la terre	die Erde
reculer	zurückweichen
un appel au secours	ein Hilferuf
bousculer	(herum)stoßen
des enfants **qu'on** bouscule	Kinder, die man herumstößt
un rôle [ɛ̃rol]	eine Rolle
avant [avɑ̃]	vor/bevor
prendre la parole [… laparɔl]	das Wort ergreifen
il faut faire qc [ilfo …]	man muss etw. tun
là-bas [laba]	dorthin
servir	dienen/nützen
Ça ne sert à rien.	Das ist zwecklos.
plus facile	leichter
se taire [sətɛr]	schweigen
un œil/des yeux [ɛ̃nœj/dezjø]	ein Auge/Augen
tu verras [tyvɛra]	du wirst sehen
tout ce que [tuskə]	alles, was
si	wenn
une musique vient plaquer ses images sur des rythmes d'Afrique	eine Musik kommt mit ihren Bildern, die sie wie Akkorde in afrikanischen Rhythmen anschlägt
le paysage [ləpeizaʒ]	die Landschaft
un auteur [ɛ̃notœr]	ein Autor/eine Autorin
un compositeur [ɛ̃kõpozitœr]	ein Komponist/eine Komponistin

⟨Poème⟩

une cave	ein Keller
un œil/des yeux [ɛ̃nœj/dezjø]	ein Auge/Augen
une couleur	eine Farbe
clair/claire [klɛr]	hell
si	wenn

⟨En plus⟩

Jouez aux sept familles.

un jeu des sept familles [ɛ̃ʒødesɛtfamij]	ein Quartettspiel
jouer aux sept familles	Quartett spielen
Quel texte va avec quelle photo?	Welcher Text passt zu welchem Foto?
photocopier qc [fɔtɔkɔpje]	etw. fotokopieren
une photocopie [ynfɔtɔkɔpi]	eine Fotokopie
découper qc [dekupe]	etw. ausschneiden
coller qc [kɔle]	etw. kleben
chaque [ʃak]	jeder/jede/jedes
un carton [ɛ̃kartõ]	*hier:* eine Pappkarte

un modèle [ɛ̃mɔdɛl] ein Modell
en haut de [ɑ̃odə] oben auf
faire partie de qc [fɛrpartidə] zu etw. gehören
souligner qc [suliɲe] etw. unterstreichen
former qc [fɔrme] etw. bilden
un joueur/une joueuse [ɛ̃ʒwœr/ynʒwøz] ein Spieler/eine Spielerin
peut-être [pøtɛtr] vielleicht
un moyen de transport [ɛ̃mwajɛ̃dətrɑ̃spɔr] ein Verkehrsmittel
qui [ki] der/die/das *(Relativpronomen)*

Hilfen für die Aussprache (Seiten 112–114)

l'Arc de Triomphe [larkdətrijɔ̃f]
le boulevard Saint-Michel [ləbulvarsɛ̃miʃɛl]
le Centre Georges-Pompidou [ləsɑ̃trəʒɔrʒpɔ̃pidu]
les Champs-Elysées [leʃɑ̃zelize]
la Cité des Sciences (et de l'Industrie) [lasitedesjɑ̃sedəlɛ̃dystri]
La Défense [ladefɑ̃s]
Euro-Disney [ørɔdisnɛ]
le Forum des Halles [ləfɔrɔmdeal]
la gare de l'Est [lagardəlɛst]
la gare de Lyon [lagardəljɔ̃]
la Géode [laʒeɔd]
la Grande Arche [lagrɑ̃darʃ]
le parc de la Villette [ləparkdəlavilɛt]
la place Charles-de-Gaulle/place de l'Etoile [laplasʃarldəgol/plasdəletwal]
la porte de la Villette [lapɔrtdəlavilɛt]
le Quartier Latin [ləkartjelatɛ̃]
le RER [ləɛrəɛr]
la Sorbonne [lasɔrbɔn]

LISTE DES MOTS

- Die Zahlen verweisen auf das erstmalige Vorkommen der Wörter, z. B. **coûter 8A**, 4 kosten = Leçon 8 A , Exercice 4.
- **N** = D'une leçon à l'autre; **P** = En plus
- Das Zeichen ⟨ ⟩ bedeutet, dass das Wort an dieser Stelle nur fakultativ eingeführt und in den folgenden Lektionen nicht vorausgesetzt wird.
- Grammatische Basiswörter (z. B. die Personalpronomen *je, tu, …*), die fakultativen Wörter der Seite 99 *(Une chanson et un poème)* und des Quartetts (L 10) sowie die auf den Seiten selbst erklärten Wörter der fakultativen Teile *D'une leçon à l'autre* und *En plus* werden in der folgenden Liste nicht aufgeführt.

A

à 1 *verschiedene Bedeutungen, z. B. räumlich:* in, nach *(+Ziel); zeitlich:* bis, um
à deux **5,**13 zu zweit
à table **6A** bei/am Tisch
C'est à qui? **8A** Wer ist an der Reihe?
C'est à moi. **8A** Ich *(betont)* bin an der Reihe.
accorder qc 7B,3 etw. angleichen
acheter qc 8B etw. kaufen
une action 8B eine Aktion
adorer qc 4 etw. sehr gern mögen
l'âge *(m.)* **5,**6 das Alter
Tu as quel âge? **5,**6 Wie alt bist du?
un agent de police 9B,9 ein Polizeibeamter
Ah! 4 Ah!/Ach!/Oh!
Ah non, alors! **5** Also nein!
aider qn 7A jdm. helfen
Aïe! 6B Au!/Aua!
aimer qn 2B jdn. lieben/mögen
aimer bien qc **4** etw. gern mögen
aimer mieux qc **4** etw. lieber mögen
aimer la télé **5** gern fernsehen/Fernsehen mögen
aimer faire qc **7B** etw. gern tun
ajouter qc 7B,7 etw. hinzufügen
l'allemand 6B,1 das Deutsche/die deutsche Sprache
en allemand **2A** auf Deutsch
allemand/allemande 9B deutsch
aller 7A gehen/fahren
Ça va? **2B** Wie geht's?/Geht's (dir) gut?
Ça va. **2B** Es geht (mir) gut.
Je vais très bien. **7A** Es geht mir sehr gut.
aller au collège **7A** auf das „Collège" gehen
aller chez qn **7A** zu jdm. *(nach Hause)* gehen
Allez, … **7B** Los, …
aller faire qc **8B** etw. tun werden
Allô? 6B Hallo? *(am Telefon)*
alors 2A nun/jetzt/dann
Et alors? **2B** Na und?
Mince alors! *(fam.)* **3B** Mist!/Verflixt noch mal! *(ugs.)*
Ah non, alors! **5** Also nein!
Ça alors! **6A** Na, so was!/Donnerwetter!
l'alphabet *(m.)* **9A,**9 das Alphabet
une ambiance 9A eine Stimmung/Atmosphäre
un ami/une amie 3B ein (guter) Freund/eine (gute) Freundin
Amicalement … 7A Herzliche Grüße … *(Abschlussformel im Brief)*
amusant/amusante 10B unterhaltend, belustigend
un an 4 ein Jahr
avoir quatorze ans **5** vierzehn Jahre alt sein
l'anglais 6B,1 das Englische/die englische Sprache
un animal/des animaux 8B,6 ein Tier/Tiere
un anniversaire 4 ein Geburtstag
fêter l'anniversaire **4** (den) Geburtstag feiern
un appartement 2B eine Wohnung
appeler qn 8B jdn. rufen/anrufen
Je m'appelle … **1** Ich heiße … / Mein Name ist …
Tu t'appelles … **1** Du heißt …
Il/Elle s'appelle … **3A** Er/Sie/Es heißt …
apporter qc 3B etw. (mit)bringen
apprendre par cœur ⟨**5N**⟩ auswendig lernen
après 6A nach/danach
un après-midi 9A ein Nachmittag
un arbre 4 ein Baum
un architecte 2B,2 ein Architekt
arriver 3B (an)kommen
un artichaut 8A eine Artischocke
un ascenseur 7B ein Aufzug
assez (de) 8A genug/genügend
attaquer qc 7B etw. angreifen/etw. anbrechen/einer Sache zu Leibe rücken
attendre qn 7A auf jdn. warten/jdn. erwarten
l'attention *(f.)* **3B** die Aufmerksamkeit
Attention! **3B** Vorsicht!/Achtung!
Au revoir! 1 Auf Wiedersehen!
augmenter qc 8A etw. erhöhen
aujourd'hui 3A heute
aussi 3A auch
un autre soir 6A ein anderer Abend/an einem anderen Abend
avancer ⟨**7N**⟩ vorrücken
avancer de huit cases ⟨**7N**⟩ acht Felder vorrücken
avec 1 mit
Je fais du slalom avec. **7B** Ich laufe/mache damit Slalom.
avoir *(1.–3. Ps. Sg.)* **5,** *(1.–3. Ps. Pl.)* **6A** haben
avoir faim *(f.)* **5** Hunger haben
avoir soif *(f.)* **5** Durst haben
avoir quatorze ans **5** vierzehn Jahre alt sein
Tu as quel âge? **5,**6 Wie alt bist du?
avoir envie *(f.)* **6B** Lust haben
avoir un six ⟨**7N**⟩ eine Sechs haben *(beim Würfeln)*

B

une baguette 3B eine Baguette *(frz. Stangenweißbrot)*
un ballon 3B ein Ball
un ballon de foot **7A** ein Fußball
une banane 8A eine Banane
une bande 6B eine Bande
une BD (bande dessinée)/des BD 2A ein Comic(Heft)/Comics

un bateau-mouche/des bateaux-mouches 10A *Schiff, mit dem Besichtigungsfahrten auf der Seine in Paris durchgeführt werden*
un bâtiment 7B ein Gebäude
bavarder 3B plaudern/sich unterhalten
beaucoup 7A viel
merci beaucoup **7B** vielen Dank
beaucoup (de) **8A** viel(e) *(bei Mengen)*
une béquille 7B eine Krücke
bête 1 dumm/blöde
une bêtise 9A eine Dummheit/ein Unfug
Beurk! *(fam.)* **9A** Igitt! *(ugs.)*
un bidule *(fam.)* **4** ein Dingsbums *(ugs.)*
les «Bidules» **4** die „Dingsbums", *hier: Name einer Rockband*
bien 7A gut *(Adverb)*
aimer bien qc **4** etw. gern mögen
Eh bien, ... **10A** Nun, ...
Bien sûr! 4 Sicher!/Na klar!
A **bientôt! 1** Bis bald!
Bienvenue! 1 Herzlich willkommen!
un billet 8A ein Schein/Geldschein
un billet de 50 F **8A** ein Fünfzigfrancschein
un billet de cinéma **10A** eine Kinokarte
une bise *(fam.)* **9B** ein Kuss *(ugs.)*
faire la bise à qn *(fam.)* **9B** jdn. mit Wangenkuss begrüßen *(ugs.)*
bizarre 9A seltsam/komisch
Bof! *(fam.)* **6A** Na ja!/Ach! *(Ausdruck der Gleichgültigkeit, ugs.)*
une boîte 8A eine Dose/Schachtel/Kiste
une boîte de «Ronron» **8A** eine Dose „Ronron" *(Katzenfutter)*
bon/bonne 9A gut
Bon. **6A** Gut./Also gut.
le bon ordre **6B,** 7 die richtige Reihenfolge
Bonjour! 1 Guten Tag!
un bord 9A ein Ufer
à **bord 10B** an Bord
une boucherie 3A eine Metzgerei/Fleischerei
une boulangerie 3A eine Bäckerei
Boum! 3B Bums!
une bouteille 8A eine Flasche
une bouteille d'eau **8A** eine Flasche Wasser
Bravo! 6B Bravo!
un bus 7B ein (Auto)Bus

C

ça 4 das
Ça va? **2B** Wie geht's?/Geht's (dir) gut?
Ça va. **2B** Es geht (mir) gut.
C'est ça. **2B** Genau!/Das stimmt!
Ça alors! **6A** Na, so was!/Donnerwetter!
Et avec ça? **8A** Sonst noch etwas?
un cadeau/des cadeaux 7A ein Geschenk/Geschenke
un café 3A eine Kneipe
un cahier ⟨2N⟩ ein Heft
un/une camarade 9B ein Kamerad/eine Kameradin
une cantine 9A eine Kantine
une capitale 9B eine Hauptstadt
un carnet 10A ein Heft/Fahrkartenblock
une carotte 8A,4 eine Karotte/Möhre
une carte 7B eine Karte
jouer aux cartes **7B** Karten spielen
une carte postale **9A,**8 eine Postkarte
un carton 2A ein Karton
une case ⟨7N⟩ ein Spielfeld *(bei Brettspielen)*
une case spéciale **⟨7N⟩** ein besonderes Feld/Spezialfeld
un casque 6A ein Sturz-/Schutzhelm
une cassette 4 eine (Musik)Kassette
une cathédrale 10B eine Kathedrale
un CD/des CD 4 eine CD/CDs
ce/c' 1 das *(z. B. in „c'est ... " = das ist ...)*
C'est ça. **2B** Genau!/Das stimmt!
C'est à qui? **8A** Wer ist an der Reihe?
C'est à moi. **8A** Ich *(betont)* bin an der Reihe.
ce 7A dieser *(vor maskulinen Nomen)*
en ce moment **7A** im Augenblick/zur Zeit
cette 10B diese *(vor femininen Nomen)*
une chambre 2A ein (Schlaf)Zimmer
un champion/une championne 6B ein (Welt)Meister/eine (Welt)Meisterin/ein Champion
changer 10A wechseln/umsteigen
chaque ⟨7N⟩ jeder/jede/jedes
un chat 8A eine Katze
un chemin 7B,6 ein Weg
demander son chemin (à qn) **7B,**6 (jdn.) nach dem Weg fragen

cher/chère 7A lieb
Cher Laurent **7A** Lieber Laurent *(Anrede im Brief)*
chercher qn/qc 2B jdn./etw. suchen
chéri/chérie 2A Liebling
chez 4 bei
aller chez qn **7A** zu jdm. *(nach Hause)* gehen
un chien 8B ein Hund
un choc 3B ein Schock/Zusammenstoß
le chocolat 7A die Schokolade
en chocolat **7A** aus Schokolade
chouette *(fam.)* **10B** prima/klasse *(ugs.)*
le cinéma 10A das Kino
un citron 8A,4 eine Zitrone
une classe 3A,2 eine Klasse
en classe **3A,**2 in der Klasse
avoir classe **9A** Unterricht/Schule haben
un jour de classe **9B** ein Schultag
un client/une cliente 8A ein Kunde/eine Kundin
un clown 6B ein Clown
un club 6A ein Klub/Verein
un club d'écriture **9A** ein Schreibklub
un collège 7A ein „Collège" *(weiterführende Schule für alle 11–15-j. Schüler; entspricht der Sek. I)*
combien (de) 8A wie viel(e)
combien de temps? **8A** wie lange?
comme 4 wie *(im Vergleich)*
commencer qc ⟨7N⟩, 8B etw. anfangen/beginnen
comment 1 wie
Et toi, tu t'appelles comment? **1** Und du *(betont)*? Wie heißt du?
Comment ça va? **5** Wie geht's?
un commerçant/une commerçante 3B ein Händler/eine Händlerin
compliqué/compliquée 10A kompliziert
comprendre qc 7B etw. verstehen
un/une comptable 4 ein Buchhalter/eine Buchhalterin
compter qc 4 zählen
un concert 8B ein Konzert
un conducteur/une conductrice 4 ein Fahrer/eine Fahrerin
un conducteur de TGV **4** ein TGV-Lokführer
une connaissance 9A eine Bekanntschaft
faire la connaissance de qn **9A** die Bekanntschaft von jdm. machen/jdn. kennen lernen

content/contente 10A zufrieden, glücklich
un contrôle 9A eine Kontrolle/Leistungsüberprüfung
un contrôle de géographie **9A** ein Erdkundetest
un copain/une copine *(fam.)* **3B** ein Freund/eine Freundin *(ugs.)*
un correspondant/une correspondante 9A ein Brieffreund/eine Brieffreundin/ein Austauschpartner/eine Austauschpartnerin
un/une corres *(fam.)* **9A** ein Brieffreund/eine Brieffreundin *(ugs.)*
corriger qc 9B, 1 etw. korrigieren/verbessern
à **côté 3A** nebenan/daneben
à côté de **8B** neben
une cour 3B ein Hof
un cours 9A eine Unterrichtsstunde
les courses *(f., pl.)* **8A** die Einkäufe/Besorgungen
faire les courses **8A** (die) Einkäufe machen/einkaufen gehen
un cousin/une cousine 10A ein Cousin/eine Cousine
coûter 8A, 4 kosten
un crayon ⟨**2N**⟩ ein Bleistift
crier 5 schreien
une cuisine 2A eine Küche
faire la cuisine **6A** kochen

D

d'abord 7B zuerst/zunächst
d'accord 2B einverstanden/o.k.
une dalle 6B eine Steinplatte/eine Terrasse/ein großer Vorplatz
une dame 7B eine Dame
dangereux/dangereuse 6B gefährlich
dans 2A in
de/d' 2A *Hauptbedeutung:* von
un dé 4, 2 ein Würfel
jouer aux dés **4,** 2 würfeln
Jetez le dé. ⟨**7N**⟩ Werft den Würfel!/Würfelt!
décrire qc à qn 9B, 6 jdm. etw. beschreiben
déjà 7A schon
demain 5, 4 morgen
demander 2B, 4 fragen/bitten
demander qc à qn **5** jdn. etw. fragen
demander son chemin (à qn) **7B,** 6 (jdn.) nach dem Weg fragen
une démonstration 6A eine Vorführung
une démonstration de slalom **6A** eine Slalomvorführung
depuis 4 seit
derrière 8B hinter
descendre 8B aussteigen de...
désirer qc 8A etw. wünschen
un dessin 10A, 6 eine Zeichnung
dessiner 2B, 2 zeichnen
un détective 10A, 6 ein Detektiv/eine Detektivin
détester qc 4 etw. verabscheuen/überhaupt nicht mögen
le/la deuxième ... 7B der/die/das zweite ...
devant 3B vor *(örtlich)*
deviner qc 7B, 6 etw. erraten
un devoir 5 eine (Haus)Aufgabe
les devoirs d'anglais **7A** die Englisch(haus)aufgaben
un dialogue 1, 4 ein Dialog
une différence 5 ein Unterschied
difficile 8B schwierig/schwer
dimanche *(m.)* **4** Sonntag
dire qc à qn 9A jdm. etw. sagen
Dis donc. **9A** Sag mal!
la direction 10A die Richtung
discuter 7B sich unterhalten/diskutieren
Dis **donc. 9A** Sag mal!
donner qc à qn 5 jdm. etw. geben
le dos 10A der Rücken
draguer qn *(fam.)* **9B** jdn. anmachen *(ugs.)*/mit jdm. flirten
à droite 7B (nach) rechts
sur votre droite **10B** zu Ihrer Rechten/auf der rechten Seite
drôle 7B lustig/witzig

E

l'eau *(f.)* **8A** das Wasser
une école 7A eine Schule
écouter qn/qc 3B jdm. zuhören/etw. (an)hören
écrire qc 9A etw. schreiben
une écriture 9A eine Schrift/Handschrift
un club d'écriture **9A** ein Schreibklub
un/une élève 4, 3 ein Schüler/eine Schülerin
en 2A *verschiedene Bedeutungen:*
en allemand **2A** auf Deutsch
en plus ⟨**2P**⟩ zusätzlich
en classe **3A,** 2 in der Klasse
être en forme **6B** in Form sein
en chocolat **7A** aus Schokolade
en ce moment **7A** im Augenblick/zur Zeit
en vacances **9A** in Ferien/Urlaub
en géographie **9A** in Erdkunde
en métro **10A** mit der Metro
en patins **10B** auf Rollschuhen
encore 2A noch
un enfant 8B ein Kind
l'enfer *(m.)* **6A** die Hölle
avoir un look d'enfer *(fam.)* **6A** irre toll aussehen *(ugs.)*
enfin 6B endlich/schließlich
ensemble 2B zusammen/gemeinsam
ensuite 9A dann/danach
entrer 2A be-/eintreten/hereinkommen
avoir **envie** *(f.)* **6B** Lust haben
épeler qc 9A, 9 etw. buchstabieren
une épicerie 3A ein Lebensmittelgeschäft
un épicier/une épicière 8A ein Lebensmittelhändler/eine Lebensmittelhändlerin
est-ce que 6B *Frageformel*
et 1 und
Et alors? **2B** Na und?
un étage 7B eine Etage/ein Stockwerk
au premier étage **7B** im ersten Stock
une étagère 2A ein Regal(brett)/Bücherbord
une étiquette 2A ein Etikett/ein Aufkleber
être 4 sein
je suis **1** ich bin
tu es **1** du bist
ce sont **3A** das/es sind
Euh ... 6A Äh ... *(Ausdruck des Zögerns)*
un exemple 1, 1 ein Beispiel
par exemple **3A** zum Beispiel
un exercice 1 eine Übung
exister 6A existieren
expliquer qc à qn 7B, 6 jdm. etw. erklären
une expression 9A, 9 ein Ausdruck
extra *(fam.)* **4** stark/super *(ugs.)*

F

en **face (de) 10B** gegenüber (von)
facile 10A leicht
avoir **faim** *(f.)* **5** Hunger haben
faire qc 6A etw. machen
Que fait Julien? **2A** Was macht Julien?

Deux et deux font quatre. **3B** Zwei und zwei sind/macht vier.
Ils font le repas. **5** Sie bereiten das Essen zu.
faire la cuisine **6A** kochen
faire du sport **7A** Sport treiben
faire du patin à roulettes **7A** Rollschuh laufen
faire les courses **8A** (die) Einkäufe machen/einkaufen
faire la bise à qn *(fam.)* **9B** jdn. mit Wangenkuss begrüßen *(ugs.)*
une famille 4 eine Familie
fantastique 9B, 9 fantastisch/toll
une faute 6B ein Fehler
faire moins de fautes ⟨**9N**⟩ weniger Fehler machen
faux/fausse 4, 1 falsch
Vrai ou faux? **4,** 1 Richtig oder falsch?
un faux 10A, 6 eine Fälschung
fermer (qc) 8B (etw.) schließen
une fête 8A eine Feier/ein Fest
fêter qc 4 etw. feiern
février *(m.)* **7A** Februar
…, le 2 février **7A** …, den 2. Februar *(im Brief)*
une fille 3B ein Mädchen
la fin 5, 5 das Ende
une fleur 3A eine Blume
un flic *(fam.)* **9A** ein Polizist *(ugs.)*
flirter avec qn 9B, 9 mit jdm. flirten
une fois 10B einmal
le foot(ball) 7A der Fußball *(als Sportart)*
jouer au foot *(fam.)* **3B** Fußball spielen *(ugs.)*
une forêt 4 ein Wald
la forme 6B die Form
être en forme **6B** in Form sein
fou/folle 10A verrückt
une fraise 8A eine Erdbeere
le franc/F 8A der Franc *(Währungseinheit)*
un Français/une Française 7B, 4 ein Franzose/eine Französin
français/française 9A französisch
en français **2A,** 2 auf Französisch
avoir français **9A** Französisch *(als Sprache/Unterrichtsfach)* haben
le français standard **9B,** 9 das Standardfranzösisch
le français familier **9B,** 9 das umgangssprachliche Französisch
frapper 7B klopfen/schlagen
frapper à la porte **7B** an die Tür klopfen
un frère 4 ein Bruder
un frérot *(fam.)* **6B** ein Brüderchen *(ugs.)*
des frites *(f., pl.)* **8B** Pommes frites *(pl.)*
un fruit 3A eine Frucht/Obstsorte

G

Gagné! 5, 1 Gewonnen!
un garçon 3B ein Junge
garder qc 8B etw. behalten
une gare 7B, 6 ein Bahnhof
à **gauche 7B** (nach) links
sur votre gauche **10B** zu Ihrer Linken/auf der linken Seite
les gens *(m., pl.)* **8A** die Leute
la géographie 9A die Erdkunde/Geographie
la géo *(fam.)* **9A** die Erdkunde *(ugs.)*
un geste 10A eine Geste
une gomme ⟨**2N**⟩ ein Radiergummi
grand/grande 9A groß
les grands-parents *(m., pl.)* **4** die Großeltern
un groupe 2B, 5 eine Gruppe
un groupe de rock **4** eine Rockgruppe
un guide 10B ein (Fremden)Führer

H

habiter 3A wohnen
Julien habite 10, rue Daguerre. **3A** Julien wohnt in der Daguerrestraße 10.
Hé! 2B He!
…, hein? *(fam.)* **2B** …, nicht?/ja?/nicht wahr? *(ugs.)*
une heure 5 eine Stunde
Il est quelle heure? **5** Wie viel Uhr/Wie spät ist es?
Quelle heure est-il? **5,** 2 Wie viel Uhr/Wie spät ist es?
Vous avez l'heure? **9A,** 2 Wie viel Uhr ist es?/Wie spät ist es?
Il est sept heures. **5** Es ist sieben Uhr.
sept heures et quart **5** Viertel nach sieben
sept heures et demie **5** halb acht
neuf heures moins le quart **5** Viertel vor neun
à huit heures **5** um acht Uhr
6 heures moins 20 **9A** 20 vor 6
une heure de cours **9A** eine Stunde Unterricht
C'est l'heure. **9B** Es ist Zeit.
une histoire 3B, 10 eine Geschichte
histoire-géo *(fam.)* **9A** Geschichte-Erdkunde *(als Unterrichtsfach, ugs.)*
un hobby/des hobbys 10B, 6 ein Hobby/Hobbys
un homme 8B ein Mann/Mensch
un hôpital/des hôpitaux 4 ein Krankenhaus/Krankenhäuser
un hôtel 3A ein Hotel
hurler 6B schreien

I

ici 3A, 1 hier
une idée 4 eine Idee
un idiot/une idiote 6A ein Idiot/eine Idiotin
il y a ⟨**2N**⟩**, 3A** es gibt/es ist/es sind
une île 10B eine Insel
imiter qn 10B jdn. nachahmen
un immeuble 3A ein *(mehrgeschossiges)* Gebäude/Wohnhaus
impossible 4 unmöglich
un infirmier/une infirmière 4 ein Krankenpfleger/eine Krankenschwester
un inspecteur 4 ein Inspektor
un inspecteur de police **4** ein Polizeiinspektor
installer qc 2A etw. aufstellen/anschließen/installieren
un instrument de musique 7A, 7 ein Musikinstrument
intéressant/intéressante 9A interessant
intéresser qn 9B jdn. interessieren
un/une interprète 8B, 7 ein Dolmetscher/eine Dolmetscherin
une interview 6A, 2 ein Interview
inviter qn 8A, 3 jdn. einladen
inviter qn à faire qc **10A** jdn. einladen etw. zu tun

J

ne … **jamais 10A** nie/niemals
une jambe 7A ein Bein
un jambon 10B ein Schinken
un jardin 4 ein Garten
un jean 3B eine Jeans/ein Paar Jeans
jeter qc ⟨**7N**⟩ etw. werfen
Jetez le dé. ⟨**7N**⟩ Werft den Würfel!/Würfelt!

LISTE DES MOTS

un jeu/des jeux 7A,7 ein Spiel/Spiele
jeudi *(m.)* **9A,**4 Donnerstag
un/une jeune 10B ein Jugendlicher/eine Jugendliche
joli/jolie 9A hübsch
jouer 2A spielen
jouer au foot *(fam.)* **3B** Fußball spielen *(ugs.)*
jouer aux dés **4,**2 würfeln
jouer du piano **7A** Klavier spielen
jouer aux cartes **7B** Karten spielen
jouer aux dominos **7B,**2 Domino spielen
un joueur/une joueuse ⟨**7N**⟩ ein Spieler/eine Spielerin
un jour 6A ein Tag
un jour de fête **8A** ein Feiertag/Festtag
un jour de classe **9B** ein Schultag
une journée 8B ein Tag/Tagesablauf
une journée d'action **8B** ein Aktionstag
jusque 9A bis
jusqu'à 5 heures **9A** bis fünf Uhr
juste 5 gerecht

K

un kilo (de) 8A ein Kilo

L

là 3A,1 da/dort
laisser 10A lassen
le mercredi **9A** mittwochs
le lundi matin **9A** montagmorgens
une leçon 1 eine Lektion
d'une leçon à l'autre ⟨**2N**⟩ von einer Lektion zur anderen
un légume 3A ein Gemüse
une lettre 7A ein Brief
une ligne 7A,6 eine Linie
lire qc 9B etw. lesen
lire à haute voix ⟨**3N**⟩ laut lesen
une liste 7B,7 eine Liste
un lit 2A ein Bett
un livre ⟨**2N**⟩**, 7A** ein Buch
loin 10A weit
de loin **10A** von weitem
le look *(fam.)* **6A** das Aussehen/der „Look" *(ugs.)*
avoir un look d'enfer *(fam.)* **6A** irre toll aussehen *(ugs.)*
le loyer 8A die Miete
lundi *(m.)* **9A** Montag
les lunettes *(f., pl.)* **9B** die Brille

M

madame … 1 Frau …
Mme Rigot **1** Frau Rigot
mesdames *(f., pl.)* et messieurs *(m., pl.)* **6B** meine Damen und Herren
mademoiselle 1,3 Fräulein
un magasin 3A ein Geschäft/Laden
magnifique 10B herrlich/großartig
mai *(m.)* **10A** Mai
maintenant 1,3 nun/jetzt
mais 2A aber
une maison 4 ein Haus
à la maison **4** *(bei uns)* zu Hause
avoir **mal** *(m.)* **7B** Schmerzen haben
Tu as mal à la jambe? **7B** Hast du Schmerzen im Bein?/Tut dir dein Bein weh?
mal 10B schlecht *(Adverb)*
Pas mal. **10B** Nicht schlecht.
malade 8A krank
une maman 2A eine Mama/Mutti
manger qc 8B etw. essen
manquer 10B fehlen
Il ne manque rien. **10B** Es fehlt nichts.
un marché 3A ein Markt
mardi *(m.)* **9A,**4 Dienstag
les mathématiques *(f., pl.)* **9A** die Mathematik
(les) maths *(fam.)* **9A** Mathe *(ugs.)*
un matin 9A ein Morgen
mauvais/mauvaise 9A schlecht, böse
le/la même … 7A der-/die-/dasselbe …
Merci. 3B,10 Danke.
Merci beaucoup. **7B** Vielen Dank.
mercredi *(m.)* **6B** Mittwoch
la mère 2A die Mutter
une merguez 8B *stark gewürzte Bratwurst*
le métro 10A die Metro/U-Bahn in Paris
en métro **10A** mit der Metro
mettre qc 9B etw. legen/setzen/stellen
un micro 8B ein Mikrofon
midi 5,2 zwölf Uhr *(mittags)*
mieux 7B besser
aimer mieux qc **4** etw. lieber mögen
Mince!/Mince alors! *(fam.)* **3B** Mist!/Verflixt noch mal! *(ugs.)*
le minitel 8A,3 *entspricht dem deutschen BTX-System (Bildschirmtext)*
minuit 5,2 zwölf Uhr *(nachts)*
une minute 7A eine Minute
moi 1 ich *(betont bzw. ohne Verb)*
Moi, je suis … **1** Ich *(betont)* bin …
avec moi **2B** mit mir
Moi aussi. **4** Ich auch.
un mois 7A ein Monat
un moment 7A ein Moment/Augenblick
en ce moment **7A** im Augenblick/zur Zeit
monsieur … 1 Herr …
M. Lacombe **1** Herr Lacombe
mesdames *(f., pl.)* et messieurs *(m., pl.)* **6B** meine Damen und Herren
Monsieur le propriétaire **8B** *als Anrede:* Sehr geehrter Herr Eigentümer
monter 6B,7 steigen
montrer qc à qn 6A jdm. etw. zeigen
un monument 10B,1 ein (Bau)-Denkmal/Monument
un mot 2B,6 ein Wort
un musée 10B ein Museum
la musique 5,3 die Musik

N

ne … pas 5 nicht
ne … pas de **8A** kein(e) *(bei Mengen)*
ne … plus de **8A** kein(e) … mehr
ne … jamais **10A** nie/niemals
ne … plus **10B** nicht mehr
ne … rien **10B** nichts
noir/noire 9B,8 schwarz
un nom 9A,9 ein Name
un nombre 8A,2 eine Zahl
Non. 1 Nein.
Tu es Julien, non? **2B** Du bist Julien, nicht wahr?
Moi non. **6B,**5 Ich nicht.
Moi non plus. **6B,**5 Ich auch nicht.
noter qc 8A,3 etw. notieren
une nouvelle 7A eine Nachricht
un numéro 6B eine Nummer
un numéro de téléphone **8A,**3 eine Telefonnummer

O

Oh! 1 Oh!
Oh là là! **10A** Oh weh!
une orange 8A,4 eine Orange/Apfelsine
un orangina 10B eine Orangenlimonade
un ordinateur 2A ein Computer
l'ordre *(m.)* **6B,**7 die Reihenfolge
le bon ordre **6B,**7 die richtige Reihenfolge
organiser qc 8B etw. organisieren
un original/des originaux 10A,6 ein Original/Originale
ou 2A oder
où 2B wo
où **3A** wo *(Relativpronomen)*
oublier qc 6A etw. vergessen
Ouf! 2A Uff!/Puh!
Oui. 1 Ja.
Eh oui! **7B** Nun ja!/In der Tat!
ouvrir qc 9B etw. öffnen

P

une page 7A eine Seite
un palais 10B ein Palast/Schloss
une pantomime 3B,8 eine Pantomime
papa 2A,4 Papa/Vati
Pâques *(f., pl.)* **8A** Ostern
un paquet 8A ein Paket/Päckchen
un paquet de spaghettis **8A** ein Päckchen Spaghetti
par exemple 3A zum Beispiel
par semaine 9A wöchentlich/pro Woche
parce que 6A weil
Pardon. 3B,5 Verzeihung./Entschuldigung.
les parents *(m., pl.)* **4** die Eltern
une parfumerie 3A eine Parfümerie
parler à qn 7A mit/zu jdm. sprechen
Tu parles à un élève. **4,**3 Du sprichst mit/zu einem Schüler.
Parle de toi. **4,**8 Sprich über dich.
une partie 3B,1 ein Teil
une partie 7B eine Partie/Runde
ne … **pas 5** nicht
pas maintenant **5** nicht jetzt/jetzt nicht
ne … pas de **8A** kein(e) *(bei Mengen)*
Pas mal. **10B** Nicht schlecht.
passer (à la maison) 4 *(bei jdm. zu Hause)* vorbeigehen/vorbeikommen
passer ses vacances 9A seine/ihre Ferien, seinen/ihren Urlaub verbringen
passer qc à qn 7A jdm. etw. geben/überlassen
une passion 7A eine Leidenschaft
des patins *(m.)* **à roulettes** *(f.)* **6B** Rollschuhe
en patins **10B** auf Rollschuhen
un patineur/une patineuse 6A ein Rollschuhläufer/eine Rollschuhläuferin *(auch: Schlittschuhläufer/in)*
pauvre 2B arm
payer qc 8A etw. zahlen/bezahlen
penser (à qn) 8B (an jdn.) denken
perdre qc 7A etw. verlieren
le père 2A der Vater
un perroquet 1 ein Papagei
petit/petite 9A klein
peu (de) 8A wenig(e)
la peur 8B die Angst
avoir peur de qn/qc **8B** Angst vor jdm./etw. haben
une photo 6A ein Foto
prendre une photo **10B** ein Foto machen
une phrase 1,6 ein Satz
un piano 7A ein Klavier
jouer du piano **7A** Klavier spielen
un pied 10A,7 ein Fuß
à pied **10A,**7 zu Fuß
Huit heures **pile! 5** Punkt acht (Uhr)!
un pion ⟨**7N**⟩ eine Spielfigur
un pique-nique 10B ein Picknick
la place 10B der Platz
un plan 2B,2 ein Plan
le plan du métro **10A** der Metroplan
le plâtre 7A der Gips
avoir une jambe dans le plâtre **7A** ein Bein in Gips/ein Gipsbein haben
pleurer 6A weinen
en **plus** ⟨**2P**⟩ zusätzlich
Moi non plus. **6B,**5 Ich auch nicht.
ne … plus de **8A** kein(e) … mehr
ne … plus **10B** nicht mehr
un poème 4,9 ein Gedicht
une poissonnerie 3A ein Fischgeschäft
la police 4 die Polizei
une pomme 8A ein Apfel
une pomme de terre 8A eine Kartoffel
un pont 10A eine Brücke
une porte 7B eine Tür
porter qc 2A etw. tragen
poser qc 2A etw. setzen/stellen/legen
pour 2A für
pourquoi 6A warum
pouvoir 8A können
pouvoir faire qc **8A** etw. tun können
le premier/la première … 7B der/die/das erste …
le 1er mai **10A** der erste Mai
prendre qc 7B etw. nehmen
prendre la direction … **10A** die Richtung … nehmen/einschlagen
prendre une photo **10B** ein Foto machen
préparer qc 5 etw. vorbereiten/bereiten
présenter qn à qn 9B jdm. jdn. vorstellen
un prix 3B ein Preis
un problème 6B ein Problem
un professeur 4,3 ein Lehrer/eine Lehrerin
un/une prof *(fam.)* **9A** ein Lehrer/eine Lehrerin *(ugs.)*
un professeur d'allemand **9B** ein Deutschlehrer/eine Deutschlehrerin
une promenade 4 ein Spaziergang
prononcer qc 9A,9 etw. aussprechen
à **propos 2A** übrigens/apropos
un/une propriétaire 8A ein Eigentümer/Besitzer/eine Eigentümerin/Besitzerin
le public 6B das Publikum
puis 3B dann
et puis **5** und dann/und außerdem
une pyramide 10B eine Pyramide

Q

quand 6B wann
quand **7A** wenn *(zeitlich)*
un quartier 3B ein (Stadt)Viertel
la 4[e] = la quatrième **9A** *Klassenbezeichnung; entspricht dem 8. Schuljahr*
Que … 2A Was ..?
Que fait Julien? **2A** Was macht Julien?
Qu'est-ce que c'est? **2A** Was ist das?
Qu'est-ce qu'il y a sur la table de Julie? ⟨**2N**⟩ Was ist/liegt auf Julies Tisch?

Qu'est-ce qu'il y a dans le carton? **3A,** 3 Was ist/befindet sich in dem Karton?
Qu'est-ce que ... ? **6B** Was ... ? *(Fragepronomen)*
... que ... 6B ..., daß ... *(Konjunktion)*
une question 1, 5 eine Frage
Qui ... ? 1 Wer ... ?
Qui est-ce? **1** Wer ist das?
quitter qn/qc 3B jdn./etw. verlassen

R

raconter qc 3B, 10 etw. erzählen
la radio 6B, 5 das Radio
rater qc 6B etw. verfehlen
rater un virage **6B** aus der Kurve fliegen
la réception 7B die Rezeption/der Empfang
recommencer qc ⟨**7N**⟩ etw. wieder/neu anfangen
recommencer à zéro ⟨**7N**⟩ wieder von vorn/bei null beginnen
une récréation 9A eine Pause
une récré *(fam.)* **9A** eine Pause *(ugs.)*
reculer ⟨**7N**⟩ rückwärts gehen/zurückgehen
regarder qc 2A etw. sehen/ansehen/betrachten
la règle du jeu ⟨**7N**⟩ die Spielregel
remettre qc 9B etw. verschieben/verlegen
un rendez-vous 6B eine Verabredung/ein Termin
avoir rendez-vous **6B** eine Verabredung haben
rendre qc à qn 7A jdm. etw. (zurück)geben
rendre service à qn **7A** jdm. einen Dienst erweisen/helfen
rendre visite à qn **7B** jdn. besuchen
rentrer 3B heimgehen/heimkommen
un repas 2B ein Essen/eine Mahlzeit
répéter qc 9A etw. wiederholen
répondre à qn 7A jdm. antworten
une réponse 2B, 3 eine Antwort
ressembler à qc 6B, 1 einer Sache ähneln
un restaurant 3A ein Restaurant
rester 4 bleiben
rêver 8B träumen

ne ... **rien 10B** nichts
rigoler *(fam.)* **7A** lachen/Spaß haben *(ugs.)*
rimer 4, 9 sich reimen
le rock 4 der Rock/die Rockmusik
un roman 9A ein Roman
un roman policier **9A** ein Kriminalroman
une rue 1 eine Straße
la rue Daguerre **3A** die Daguerrestraße

S

un sac 4, 7 ein Sack/eine Tasche
un sac à dos **10A** ein Rucksack
une salade de fruits 9B, 7 ein Obstsalat
une salle de bains 2B ein Badezimmer
une salle de séjour 2B ein Wohnzimmer
Salut! *(fam.)* **1** Grüß dich!/Hallo! *(ugs.)*
Salut! *(fam.)* **1** Tschüs! *(ugs.)*
Salut, les copains! *(fam.)* **7B** Hallo, Freunde! *(ugs.)*
samedi *(m.)* **9A** Samstag/Sonnabend
un sandwich 10B ein Sandwich/belegtes Brot
un sandwich au jambon **10B** ein Sandwich mit Schinken
sans 6B ohne
sans arrêt **9A** unaufhörlich/dauernd
savoir qc 10A etw. wissen/können
une scène 1, 8 eine Szene
s'il te plaît 2B, 4 bitte *(wenn man jdn. duzt)*
s'il vous plaît **4,** 3 bitte *(wenn man mehrere Personen anspricht oder jdn. siezt)*
Au **secours! 2B** Hilfe!
un self-service 9A ein Selbstbedienungsrestaurant
un self *(fam.)* **9A** ein(e) Selbstbedienungskantine/-restaurant *(ugs.)*
une semaine 9A eine Woche
une serviette ⟨**2N**⟩ eine Schultasche/Aktentasche
seulement 6A nur
Si. 5 Doch.
signer qc 8B etw. unterschreiben
le silence 9B die Stille/Ruhe
un skateboard 3B ein Skateboard

un slalom 6A ein Slalom
une sœur 2B eine Schwester
une sœurette *(fam.)* **5** ein Schwesterchen *(ugs.)*
avoir **soif** *(f.)* **5** Durst haben
un soir 6A ein Abend
le soir **8A** abends
sonner 8A klingeln/läuten
une souris 2B eine Maus
sous 10A, 6 unter
souvent 4 oft
des spaghettis *(m., pl.)* **8A** Spaghetti *(Plural)*
le sport 7A der Sport
un sportif/une sportive 7A ein Sportler/eine Sportlerin
un stand 3A ein (Markt)Stand
une station 10A eine Station/Haltestelle
une station de métro **10A** eine U-Bahnstation/Metrostation
une stratégie ⟨**3N**⟩ eine Strategie *(eine Technik, die man anwendet, um ein Ziel zu erreichen)*
un stylo ⟨**2N**⟩ ein Kugelschreiber/Füller
une sucette 6A ein (Dauer)Lutscher
des sucreries *(f., pl.)* **7A** Süßigkeiten
la suite 2B, 5 die Fortsetzung
Super! *(fam.)* **3B** Super!/Toll! *(ugs.)*
un supermarché 8A ein Supermarkt
sur 2A auf/über
être **sûr/sûre de faire qc 10A** sicher/gewiss sein etw. zu tun
une surprise 8B eine Überraschung
surtout 10B vor allem/besonders
un symbole 10B ein Symbol
sympathique 9A sympathisch
sympa *(fam.)* **6A** sympathisch *(ugs.)*

T

une table ⟨**2N**⟩, **6A** ein Tisch
à table **6A** bei/am Tisch
un tableau/des tableaux 9A, 9 eine (Wand)Tafel/(Wand)Tafeln
une tablette de chocolat 7B eine Tafel Schokolade
taper dans le ballon 3B gegen den Ball treten/den Ball spielen
une tarte 8A ein Obstkuchen
le téléphone 8A das Telefon
téléphoner à qn 6B jdn. anrufen
la télévision 5 das Fernsehen
la télé *(fam.)* **5** das Fernsehen *(ugs.)*

regarder la télé(vision) **5** fernsehen
aimer la télé **5** gern fernsehen/Fernsehen mögen
à la télé **5** im Fernsehen
le temps 8A die Zeit
terminer qc 7A etw. beenden
une terrasse 3A eine Terrasse
la tête 7A der Kopf
un texte 2B, 1 ein Text
un TGV 4 ein TGV *(frz. Hochgeschwindigkeitszug, ähnlich dem ICE)*
un ticket 10A ein Ticket/Fahrschein
un ticket de métro **10A** ein Metrofahrschein
Tiens, regarde. 6A Da, sieh mal.
un titre 7B, 5 ein Titel
un titre de livre/des titres de livres **7B,** 5 ein Buchtitel/Buchtitel
toi 1 du *(betont bzw. ohne Verb)*
pour toi **2A,** 4 für dich
une tomate 8A, 4 eine Tomate
un tombeau/des tombeaux 10B ein Grabmal/Grabmäler
tomber 6B fallen/hinfallen
toujours 4 immer
toujours **9B** immer noch
un tour 3B ein (Spazier)Gang/Rundgang
C'est le tour de Luc. **6B** Luc ist an der Reihe.
C'est mon tour. ⟨**7N**⟩ Ich bin dran./Ich bin an der Reihe.
une tour 6A ein Turm/Hochhaus
un/une touriste 10B ein Tourist/eine Touristin
tourner 7B abbiegen/drehen
tout 8A alles
tout à coup 8A plötzlich
tout droit 7B geradeaus
tout le monde 7A alle/jeder/alle Welt
un train 9A, 3 ein Zug
un tram 10A, 7 eine Straßenbahn
travailler 2A arbeiten
traverser qc 7B etw. überqueren
très 7A sehr
le/la troisième … 7B, 6 der/die/das dritte …
trop 5 zu viel
une trousse ⟨**2N**⟩ ein Federmäppchen/Etui
trouver qc 2A etw. finden

V

les vacances *(f., pl.)* **9A** die Ferien/der Urlaub
passer ses vacances **9A** seine/ihre Ferien, seinen/ihren Urlaub verbringen
en vacances **9A** in Ferien/Urlaub
une vedette 8B ein Star/ein Hauptdarsteller/eine Hauptdarstellerin
un vélo 10A, 7 ein Fahrrad
vendredi *(m.)* **9A,** 4 Freitag
le ventre 7B der Bauch
un verbe 2A, 3 ein Verb
un verre 5 ein Glas
un vêtement 3A ein Kleidungsstück
une ville 9A, 5 eine Stadt
un virage 6B eine Kurve
une visite 7B ein Besuch
rendre visite à qn **7B** jdn. besuchen
visiter qc 9A etw. besichtigen
vite 7A schnell
le vocabulaire 2B, 2 der Wortschatz/das Vokabular
voilà 6A da/dort ist/sind
Voilà pour aujourd'hui. **7A** Das wär's für heute.
le/la/les voilà **10A** da ist er/sie; da sind sie
voir qn/qc 10A jdn./etw. sehen
un voisin/une voisine 1 ein Nachbar/eine Nachbarin
une voiture 8B ein Auto
vouloir qc 8A etw. wollen
je voudrais … **8A** ich möchte …
vouloir faire qc **8A** etw. tun wollen
vrai/vraie 4, 1 wahr/richtig
Vrai ou faux? **4,** 1 Richtig oder falsch?
une vue 10B eine Aussicht/ein Ausblick

W

un week-end 10A ein Wochenende

Z

zéro ⟨**7N**⟩ null

Prénoms masculins

Ahmed **3B**
Arthur **1**
Bernard **1**
Charles **1**
François **6B**
Jules **6B,** 7
Julien **1**
Laurent **7A**
Luc **3B**
Martin **1,** 9
Patrick **4**
René **5**

Prénoms féminins

Annette **8B,** 3
Brigitte **1,** 4
Catherine **1**
Cathy **2B,** 6
Christine **1,** 1
Françoise **9B,** 1
Isabelle **1**
Julie **2B**
Marie **4**
Martine **1,** 9
Minnie **2B**
Nathalie **3B**
Nicole **10A**
Yasmina **6A,** 2

Noms de famille

Blanchard **1**
Charvet **9A**
Grande **6B,** 7
Lacombe **1**
Lacroix **4**
Lecombe **1,** 9
Noblet **5**
Pennec **7A**
Petit **6B,** 7
Rigot **1**
Roche **8A**
Saïd **6A,** 2

Noms de villes

Aix-la-Chapelle **9A,** 3
Berlin **9A**
Bordeaux **3A,** 6
Brest **3A,** 6
Bruxelles **9A,** 3
Calais **3A,** 6

LISTE DES MOTS

Cologne **9A,**3
Fontainebleau **4**
Lille **3A,**6
Limoges **3A,**6
Lyon **3A,**6
Marseille **3A,**6
Moscou **9A,**3
Orléans **3A,**6
Paris **1**
Rennes **4**
Saint-Malo **7A**
Strasbourg **3A,**6
Toulouse **3A,**6

Noms géographiques

l'Allemagne *(f.)* **9B** Deutschland
la France **9B** Frankreich
la Seine **9A** *Fluss in Frankreich*

Noms divers

Alma-Marceau **10A** *Metrostation in Paris*
Charles-de-Gaulle-Etoile **10A** *Platz/Metrostation in Paris*
Denfert-Rochereau **10A** *Metrostation in Paris*
la gare du Nord **9A** *Bahnhof in Paris*
la gare Montparnasse **7B** *Bahnhof in Paris*
l'Hôtel des Invalides **10B** *historisches Bauwerk in Paris (heute u. a. mit dem Armee-Museum und dem Grabmal Napoleons)*
l'île de la Cité **10B** *Seine-Insel in Paris*
Mairie-de-Montreuil **10A** *Metrostation in Paris*
Montparnasse **6A** *Stadtviertel von Paris*
le musée d'Orsay **10B** *Museum in Paris (u. a. Gemälde der Impressionisten), früher Bahnhof*
le musée du Louvre **10B** *Museum in Paris (u. a. Gemälde, Skulpturen, Altertumssammlungen)*
Notre-Dame **10B** *gotische Kathedrale in Paris (erbaut 1163–1245)*
l'Obélisque *(m.)* **10B** *vierkantige, spitze Säule (Obelisk), die auf der Place de la Concorde steht*
le palais de Chaillot **10B** *Museumsgebäude in Paris (u. a. Marine-Museum, Museum der Geschichte des Menschen)*
la place de la Concorde **10B** *Platz in Paris*
le pont de l'Alma **10A** *Brücke in Paris*
la Pyramide **10B** *Pyramide aus Glas, die im Hof des Louvre steht*
la tour Eiffel **10B** der Eiffelturm *(erbaut 1889 nach Plänen des frz. Ingenieurs Gustave Eiffel)*
la tour Montparnasse **6A** *Hochhaus in Paris (210 m hoch)*
Trocadéro **10A** *Platz/Metrostation in Paris*

Noms de personnes connues

Patrick Bruel **5,**13 *frz. Popstar und Schauspieler*
Jacques Daguerre **3A** *Erfinder der Fotografie (1787–1851)*
Napoléon **10B** Napoléon Bonaparte, *frz. Kaiser von 1804–1815*
François Villon **9A** *frz. Dichter (1431–ca. 1463)*

Astérix ⟨**8N**⟩ *Name des Hauptthelden einer berühmten frz. Comicstrip-Reihe*
Idéfix ⟨**8N**⟩ *Hund von Obélix*
Obélix ⟨**8N**⟩ *Freund von Astérix*

Pour faire les exercices du livre

Hier sind die Übungsanweisungen zusammengestellt, die nicht in der *Liste des mots* aufgeführt sind.

	L	Ex.	S.	
Attention à la forme et à la place de l'adjectif.	**9 A**	5	80	Achtet auf die Form und die Stellung des Adjektivs.
Attention aux liaisons.	**9 B**	10	87	Achtet auf die Bindungen.
Avant l'écoute	**6 P**		101	Vor dem Hören
A vous.	**1**	1	10	Jetzt seid ihr dran.
Cherchez l'intrus.	**5**	3	41	Sucht den Eindringling.
Cherchez des mots qui commencent par ...	**10 B**	5	98	Sucht Wörter, die mit ... beginnen.
Complétez les phrases.	**2 A**	3	16	Vervollständigt die Sätze.
Continuez.	**1**	1	10	Macht weiter.
Ecouter et comprendre	**2 P**		100	Hören und verstehen
Ecoutez les scènes.	**2 P**		100	Hört die Szenen (an).
Ecoutez la chanson.	**4 P**		100	Hört das Lied (an).
Ecoutez le premier couplet.	**4 P**		100	Hört die erste Strophe (an).
Employez le pluriel.	**9 A**	5	81	Verwendet den Plural.
Encore une fois	**6 P**		101	Noch einmal
Faites l'exercice.	**1**	3	11	Macht die Übung.
Faites des dialogues.	**1**	4	11	Macht Dialoge.
Faites des phrases.	**1**	6	12	Macht Sätze.
Faites des poèmes.	**4**	9	36	Macht Gedichte.
Imaginez la suite.	**2 B**	5	20	Denkt euch die Fortsetzung aus.
Imaginez un titre pour l'histoire.	**5 P**		103	Denkt euch einen Titel für die Geschichte aus.
en **italique**	**10 A**	2	90	in Schrägdruck
Jeu de sons	**1**	9	13	Spiel mit Lauten
Jouez les scènes.	**1**	8	13	Spielt die Szenen.
Jouez en classe.	**2 N**		21	Spielt in der Klasse.
Lire et comprendre	**3 P**		102	Lesen und verstehen
Lisez les exemples.	**1**	4	11	Lest die Beispiele.
Lisez les réponses.	**2 B**	3	19	Lest die Antworten.
Lisez les verbes en '-er'.	**4**	2	32	Lest die Verben auf '-er'.
On dit ...	**1**	3	11	Man sagt ...
Posez des questions.	**1**	5	12	Stellt Fragen.
Posez encore d'autres questions.	**6 B**	4	53	Stellt noch andere Fragen.
Quelles questions est-ce que tu poses?	**6 P**		101	Welche Fragen stellst du?
Racontez l'histoire.	**3 B**	10	29	Erzählt die Geschichte.
Regardez les dessins.	**5 P**		103	Schaut euch die Zeichnungen an.
Relisez la leçon.	**2 B**	1	18	Lest die Lektion noch einmal.
Répétez.	**2 B**	6	20	Sprecht nach./Wiederholt.
Répondez.	**1**	5	12	Antwortet.
Traduisez les verbes en allemand.	**4**	2	32	Übersetzt die Verben ins Deutsche.
Travaillez en groupes.	**2 B**	5	20	Arbeitet in Gruppen.
Trouvez les verbes.	**2 A**	3	16	Findet die Verben.
Trouvez les mots qui vont ensemble.	**2 B**	6	20	Findet die Wörter, die zusammenpassen.
Trouvez le dessin qui va avec le texte.	**2 P**		100	Findet die Zeichnung, die zum Text passt.
Trouvez des mots qui riment.	**4**	9	36	Findet Wörter, die sich reimen.
Trouvez le terme général.	**5**	3	41	Findet den Oberbegriff.
Trouvez une autre fin.	**5**	5	41	Findet ein anderes Ende.
Trouvez le dessin qui va avec la fin de l'histoire.	**5 P**		103	Findet die Zeichnung, die zum Ende der Geschichte passt.

D'autres expressions utiles en classe

Weitere Redewendungen, die im Unterricht nützlich sind

● Pour parler au professeur

Je ne comprends pas le mot .../l'expression .../la phrase ... à la ligne ...	Ich verstehe das Wort .../den Ausdruck .../den Satz ... in der Zeile ... nicht.
Qu'est-ce que cela veut dire?	Was heißt das?
Que veut dire le mot .../l'expression .../la phrase ...?	Was heißt das Wort .../der Ausdruck .../der Satz ...?
Je ne sais pas.	Ich weiß nicht.
Est-ce que vous pouvez répéter, s'il vous plaît?	Können Sie bitte wiederholen?
Est-ce que vous pouvez expliquer ... encore une fois?	Können Sie bitte ... noch einmal erklären?
Est-ce que vous pouvez parler moins vite, s'il vous plaît?	Können Sie bitte langsamer sprechen?
Comment est-ce qu'on dit ... en français?	Wie sagt man ... auf Französisch?
Est-ce qu'on peut dire aussi ...?	Kann man auch ... sagen?
Comment est-ce qu'on prononce ...?	Wie spricht man ... aus?
Comment est-ce qu'on écrit ...?	Wie schreibt man ...?
Est-ce que vous pouvez traduire ..., s'il vous plaît?	Können Sie bitte ... übersetzen?
Qu'est-ce qu'on a comme devoirs?	Was haben wir als Hausaufgaben auf?
J'ai encore une question.	Ich habe noch eine Frage.
Je n'ai pas fait mes devoirs.	Ich habe meine Hausaufgaben nicht gemacht.
J'ai oublié mon cahier/mon livre/mes affaires de français à la maison.	Ich habe mein Heft/mein Buch/meine Französischsachen zu Hause vergessen.

● Pour parler à ses camarades

Nous en sommes à quelle leçon/à quel paragraphe?	Bei welcher Lektion/welchem Abschnitt sind wir?
On en est à quelle page/à quelle ligne?	Auf welcher Seite/Bei welcher Zeile sind wir?
Est-ce que tu peux m'aider?	Kannst du mir helfen?
Est-ce que tu peux me donner ...?	Kannst du mir ... geben?
Est-ce que tu as ... pour moi?	Hast du ... für mich?
Comment est-ce qu'on fait cet exercice?	Wie macht man diese Übung?
Quel rôle est-ce que tu prends?	Welche Rolle übernimmst du?
Tu commences/continues/distribues les cartes?	Beginnst du/Machst du weiter/Teilst du die Karten aus?
Qui commence à jouer/à poser des questions?	Wer beginnt zu spielen/Fragen zu stellen?
C'est à toi maintenant.	Jetzt bist du dran.
Et puis (après), c'est à ...	Und dann ist ... dran.

● Pour corriger les fautes

Il y a une faute.	Da ist ein Fehler.
Tu as fait une faute/une faute de grammaire/de prononciation/de vocabulaire/d'accord.	Du hast einen Fehler/einen Grammatikfehler/einen Aussprachefehler/einen Wortschatzfehler/einen Angleichungsfehler gemacht.
Corrigez (la faute).	Verbessert (den Fehler).
Répète la phrase/le mot, s'il te plaît.	Wiederhole bitte den Satz/das Wort.
Répète encore une fois, s'il te plaît.	Wiederhole bitte noch einmal.
Fais la liaison, s'il te plaît.	Mach bitte die Bindung.
Est-ce que c'est correct?	Ist das richtig?
Non, c'est faux/ce n'est pas correct.	Nein, das ist falsch/das ist nicht richtig.
Révisez le vocabulaire de la leçon 9 B.	Wiederholt das Vokabular der Lektion 9 B.

Comment est-ce qu'on écrit ce mot?
Ça s'écrit en/avec...

Wie schreibt man dieses Wort?
Das schreibt man in/mit....

rue Daguerre	s'écrit	**en deux mots.**	perroquet	s'écrit	avec **deux 'r'.**
rue	s'écrit	avec **une minuscule.**	café	s'écrit	avec **'e' accent aigu.**
Daguerre	s'écrit	avec **une majuscule.**	très	s'écrit	avec **'e' accent grave.**
grands-parents	s'écrit	avec **un trait d'union.**	allô	s'écrit	avec **'o' accent circonflexe.**
l'hôtel	s'écrit	avec **'l' apostrophe.**	ça	s'écrit	avec **'c' cédille.**

On écrit 'tu aimes' avec (un) 's'. Man schreibt ... mit (einem) 's'.
Epelez le mot.... Buchstabiert das Wort... !

Les lettres de l'alphabet:

A [a]	D [de]	G [ʒe]	J [ʒɪ]	M [ɛm]	P [pe]	S [ɛs]	V [ve]	Y [igrɛk]
B [be]	E [ə]	H [aʃ]	K [ka]	N [ɛn]	Q [ky]	T [te]	W [dubləve]	Z [zɛd]
C [se]	F [ɛf]	I [i]	L [ɛl]	O [o]	R [ɛr]	U [y]	X [iks]	

Les signes de ponctuation:

le point	der Punkt	la virgule	das Komma
le point d'interrogation	das Fragezeichen	les deux points	der Doppelpunkt
le point d'exclamation	das Ausrufezeichen	les guillemets [gijmɛ]	die Anführungszeichen

Bildquellen

ADS Ankel, Bielefeld: 101.3 - Archiv für Kunst und Geschichte, Berlin: 28.2 - Okapi, BAYARD PRESSE, Paris: 36.3; 53.1; 64.1; 84.1 - Dr. Norbert Becker, Mainz: 94.4; 112.4; 113.2, 3, 8; 114.5, 9, 10 - Monika Beutter, Esslingen: 22.2, 5, 10, 12; 64.2; 101.2; 102.1, 2, 5, 6; 113.10 - Pierre Bizalion, Castillones: 65.1 - Claire Bretécher, Paris: 105.1 - Geneviève Calbris, Paris: 138.1 - Editions Casterman, Tournai: 14.3 b; 15.8 - Erhard Dietl, München: 80.1 - Editions Denoël, Paris, (Sempé & Goscinny: Joachim a des ennuis): 88.2 - Diogenes Verlag AG, Zürich: 42.1; 48.6 - Düssel Art, Düsseldorf (Arthur Kittlitz jnr.): 26.1 und 2; 113.7 - Europe 1, Paris: 101.1 - Explorer, Paris: 94.3; 107.2; 112.6; 114.2; 142.1 - Vincent Filac, Ceyreste: 97.1 - Rudolf Hildebrandt, Stuttgart: 85.2; 102.3, 7 - Véronique Jäck, Renningen: 64.4; 89.1; 112.2; 114.8 - Christa Janik, Leinfelden-Echterdingen: 6.1; 21.2; 30.1; 37.3; 45.1; 55.1 und 10; 66.1; 76.5; 88.1 - Jerrican, Paris: 7.1; 32.1 und 2; 55.7; 60.2 und 5; 63.1, 4, 6, 7; 64.3; 94.6; 112.7 - Klett-Archiv, Stuttgart: 113.6 - Klett-Archiv (Christine Konietzko), Stuttgart: 102.4; 114.4 - Marco Polo, Paris (F. Bouillot): 12.1–5; 13.4 und 5; 19.1–3; 20.1; 22.1, 3, 4, 6, 7, 11; 31.1–4; 35.4–7; 36.1 und 2; 38.1–4; 39.1, 3–5; 46.1 und 4; 50.1 und 4; 56.1–6; 63.8; 64.2, 5; 68.1; 74.1; 77.1; 78.1–7; 87.1–5 - Mauritius, Stuttgart: 55.8 und 13; 60.1; 98.2 - Alain Méheust, St-Brieuc: 31.5 und 6; 35.2 und 3 - Monster Verlag + Agentur GmbH (Florenti-Marsaing): Einband - Klett-Archiv (Michèle Périgault), Stuttgart: 22.8 - Rapho, Paris: 55.2; 63.5; 79.1; 94.1; 109.1; 113.1, 5, 9; 114.3 - RATP, Paris: 114.1; Plan du métro - Reinhard-Tierfoto, Heiligkreuzsteinach-Eiterbach: 75.1–4 - Editions Albert René, Paris: 76.1–4 - SCOPE, Paris: 63.2 und 3 - SNCF, Paris: 112.8 - Super Bildarchiv, Grünwald: 112.5; 114.7 - Thylmann, Stuttgart: 21.1; 32.3–8; 39.2; 44.3; 55.2, 4, 5, 6, 11, 12; 57.1–12; 60.4 - Heiner Wittmann, Stuttgart: 113.4 - Witness Stock, Paris: 60.3; 64.3; 94.5; 101.4; 112.1; 114.6 - Zefa, Marburg: 94.2; 112.3

Bedauerlicherweise konnten wir trotz aller Bemühungen nicht alle Nutzungsberechtigten ausfindig machen.

page XIV

Plan du métro

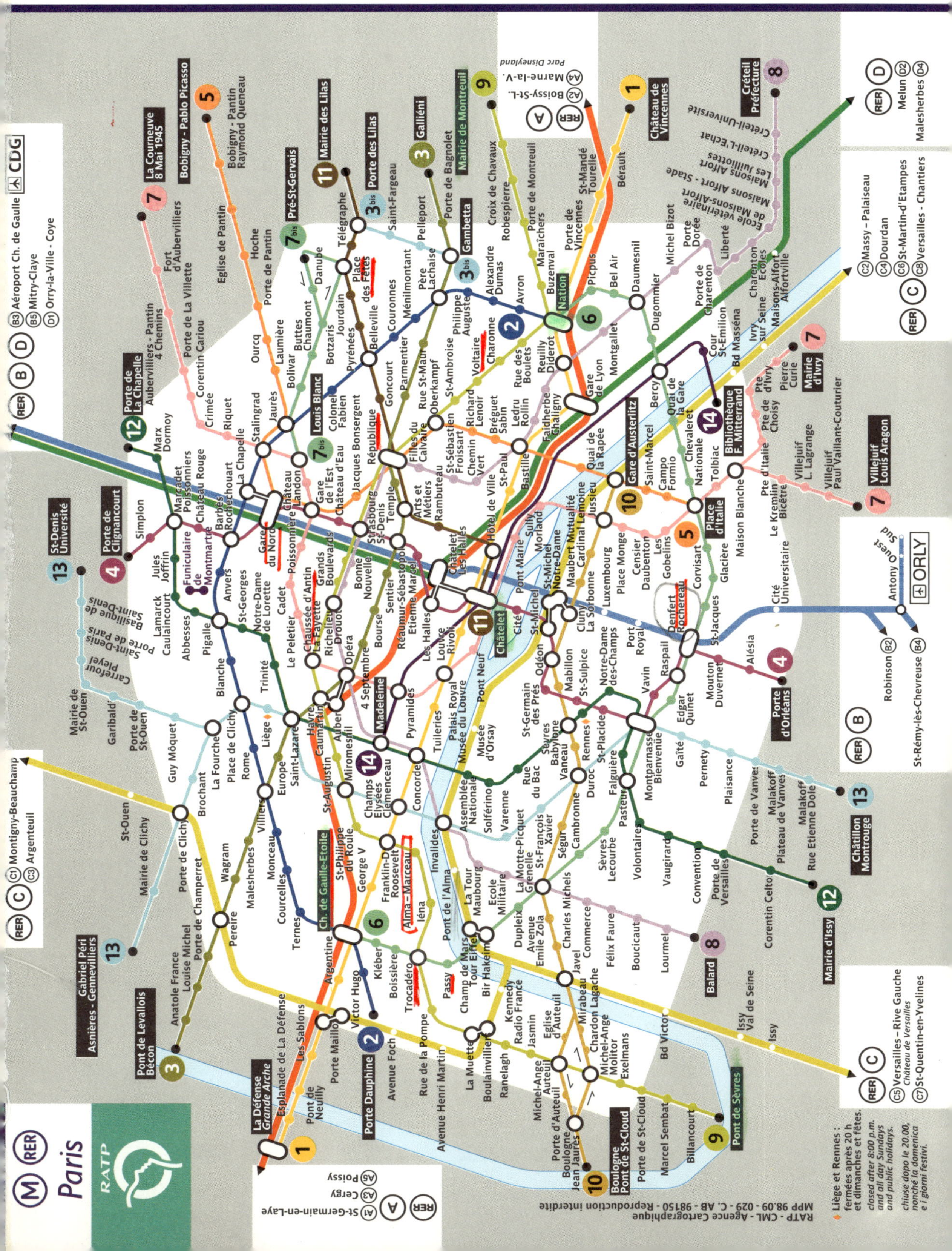

Clichy
Courbevoie
Levallois-Perret
La Défense
Grande Arche
Av. Peronnet Nord
Av. Peronnet Sud
Esplanade du Général-de-Gaulle
Bd. circulaire
Boulevard circulaire
Av. du Président-Wilson
Quai du Maréchal-Joffre
Seine
Quai Michelet
Île de la Grande-Jatte
Bd. de Verdun
Bd. Jean-Jaurès
Bd. Victor-Hugo
Rue V.-Hugo
Berthier
Avenue de Clichy
Neuilly
Boulevard Bineau
Quai de Dion Bouton
Île de Puteaux
Bd. du Gén.-Koenig
Avenue Charles-de-Gaulle
Palais des Congrès
Porte Maillot
Jardin d'Acclimatation
Boulevard
Av. de
Bd. Péreire
Batignolles-Monceau
Villiers
Bd. des Batignolles
Av. de Wagram
Bd. de Courcelles
Parc de Monceau
Malesherbes
Av. des Ternes
Av. de la Grande Armée
Rue du Faubourg St.
St-Augustin
Boulevard Haussmann
Arc de Triomphe
Place Ch.-de-Gaulle/Place de l'Étoile
Élysée
Madeleine
Avenue Foch
Avenue Victor-Hugo
Avenue Kléber
Av. Marceau
Avenue des Champs-Élysées
Palais de l'Élysée
Honoré
Bagatelle
Bois de Boulogne
Allée de Longchamp
Allée de la Reine-Marguerite
Allée du Bord de l'Eau
Pré Catelan
Lac Inférieur
Pont de l'Alma
New York
Grand Palais
Place de la Concorde
Place du Trocadéro
Quai d'Orsay
Palais de Chaillot
Tour Eiffel
Palais-Bourbon
Hippodrome de Longchamp
Allée de la
Lac Supérieur
Champ de Courses d'Auteuil
Boulevard Suchet
Rue de Passy
Passy
Av. de Bosquet
Hôtel des Invalides
Bd. des Invalides
St-Germain-des-Prés
Champ-de-Mars
Av. de Suffren
Radio-France
Front de Seine
Bd. de Grenelle
École Militaire
U.N.E.S.C.O.
Rue de Sèvres
Bd. Garibaldi
Avenue Émile-Zola
Avenue de Versailles
Rue de la Convention
Lecourbe
Rue de Vaugirard
Tour Montparnasse
Gare Montparnasse
Cimetière Montparnasse
Place de Catalogne
Rue Vercingétorix
Boulevard Jean-Jaurès
Bd. Exelmans
Parc des Princes
Pl. de la Porte de St-Cloud
Av. É.-Vaillant
Boulevard Victor
Palais des Sports
Parc des Expositions
Héliport
Av. du Général-Leclerc
Boulogne-Billancourt
Quai du Point du Jour
Bd. Lefebvre
Collège François-Villon
Rue d'Alésia
Boulevard Brune
Boulevard périphérique
Rue E.-Renan
Vanves
Quai de Stalingrad
Île St-Germain
Issy-les-Moulineaux
Malakoff
Av. de Verdun
Av. P.-Brossolette
Montrouge